汉译经济学文库

中级微观经济学精要

A Short Course in Intermediate Microeconomics with Calculus

［美］ 罗伯托·塞拉诺
(Roberto Serrano)
艾伦·M.费尔德曼
(Allan M. Feldman) 著

孙经纬 译

上海财经大学出版社

图书在版编目(CIP)数据

中级微观经济学精要/(美)塞拉诺(Serrano,R.),(美)费尔德曼(Feldman,A.M.)著;孙经纬译.一上海:上海财经大学出版社,2014.5
(汉译经济学文库)
书名原文:A Short Course in Intermediate Microeconomics with Calculus
ISBN 978-7-5642-1753-2/F·1753

Ⅰ.①中… Ⅱ.①塞… ②费… ③孙… Ⅲ.①微观经济学 Ⅳ.①F016

中国版本图书馆 CIP 数据核字(2013)第 215052 号

□ 责任编辑 黄 磊 李宇彤
□ 封面设计 钱宇辰
□ 责任校对 林佳依 卓 妍

ZHONGJI WEIGUAN JINGJIXUE JINGYAO
中级微观经济学精要

[美] 罗伯托·塞拉诺 (Roberto Serrano) 艾伦·M.费尔德曼 (Allan M. Feldman) 著
孙经纬 译

上海财经大学出版社出版发行
(上海市武东路 321 号乙 邮编 200434)
网 址:http://www.sufep.com
电子邮箱:webmaster @ sufep.com
全国新华书店经销
上海华教印务有限公司印刷装订
2014 年 5 月第 1 版 2014 年 5 月第 1 次印刷

787mm×1092mm 1/16 19.25 印张(插页:2) 420 千字
印数:0 001—4 000 定价:50.00 元

图字:09-2013-789 号

A Short Course in Intermediate Microeconomics with Calculus (ISBN 9781107623767) by Roberto Serrano and Allan M. Feldman, first published by Cambridge University Press 2013.

本书在中级层次上，以微积分为工具，简明介绍了微观经济学核心概念。罗伯托·塞拉诺(Roberto Serrano)与艾伦·M.费尔德曼(Allan M. Feldman)首先介绍了消费者理论，讨论了偏好和效用、预算约束、消费者的最优选择、需求以及消费者的劳动供给决策与储蓄决策；接着介绍了福利经济学：从社会角度看，在什么时候，一项政策比另一项政策更好；然后介绍了企业和企业利润最大化理论，讨论了竞争市场、垄断市场和双寡头市场等局部均衡模型；接着介绍了交换与生产的一般均衡模型，分析了由外部性、公共品和不对称信息导致的市场失灵。他们还简单介绍了不确定性条件下的决策理论和博弈论。本书仅在必要时才辅以图形分析，同时，尽量避免不必要的展开。

罗伯托·塞拉诺是美国布朗大学教授，他的研究遍及微观经济理论和博弈论的各个领域，成果发表在包括 *Econometrica*，*Journal of Political Economy*，*Review of Economic Studies*，*Journal of Economic Theory*，*Games and Economic Behavior*，*SIAM Review*，*Mathematics of Operations Research* 等顶级学术期刊上。他于 1988 年获得阿尔弗雷德·P.斯隆(Alfred P. Sloan)基金学者称号，于 2004 年获得范德逊·班柯·赫雷罗(Fundacion Banco Herrero)奖——授予 40 岁以下最杰出西班牙经济学家的奖项；他在布朗大学获得过一些教学奖。他担任一些学术刊物主编。从 2006 年到 2010 年，他担任布朗大学经济学系研究生部主任；自 2010 年起，他任经济学系系主任。

艾伦·M.费尔德曼是布朗大学经济学荣誉教授，他的研究成果发表在 *Review of Economic Studies*，*Econometrica*，*American Economic Review*，*Public Choice*，*Journal of Economic Theory*，*American Law and Economic Review* 等学术刊物上。他和罗伯托·塞拉诺合著了《福利经济学与社会选择理论》(*Welfare Economics and Social Choice Theory*)。费尔德曼教授在布朗大学讲授了 38 年的经济学课程，其中就有中级微观经济学。他曾任布朗大学经济学系本科生教学主任。

前言

欢迎学习中级微观经济学。你应该已学过经济学原理，了解经济学理论两个构成部分——微观经济学和宏观经济学——的主要方法和思想。你应该已学过微积分。微积分是微观经济学的基本分析工具，因为微观经济学中的很多内容涉及最大化（例如，效用或利润最大化）或最小化（例如，成本最小化）。微积分最适合分析最大化和最小化问题；借助微积分，微观经济学理论分析更直接、清晰和精确。

微观经济学研究私人部门的经济主体（消费者和企业）如何做决策。第一章是引论。接下来的两部分是微观经济学的主要内容：第一部分（第二章到第七章）介绍消费者理论。第二部分（第八章到第十章）介绍生产者理论即企业理论。第一部分为经济学原理中讲到的需求曲线提供基础，第二部分为供给曲线提供基础。

经济中的大部分决策由私人部门做出，但政府也做出许多重要经济决策。在本书中，在讨论税收、垄断、外部性和公共品时，我们将谈到政府决策。但是，我们的重心放在私人部门上。因为在市场经济中，私人部门是主角，并且，也应该是主角。

第三部分（第十一章到第十三章）将消费者理论和生产者理论结合在一起，研究市场。在这里，我们依据商品生产企业的市场力量划分各种类型的市场结构。市场力量与市场中企业的数量有关。第十一章探讨完全竞争的市场结构。在这种结构中，任何企业都没有力量影响它所出售的商品的价格，因为有许多企业在出售同一种商品。第十二章分析处于另一个极端的市场结构，我们称其为垄断。在这一市场结构中，只有一家企业提供商品。然后我们探讨介于这两种市场结构之间的结构，即第十三章中的寡头垄断市场结构。在这种结构中，两个企业在市场上相竞争。我们强调竞争与社会福利之间的关系。亚当·斯密最先研究了这种关系，他在 1776 年出版的《国富论》一书中指出，市场竞争这只看不见的手导致追求自身利益的买方和卖方实现了有益于整个社会的结果。

第三部分中的内容被称为局部均衡分析，因为它孤立地研究一个市场。第四部分（第十五章和第十六章）中的模型，则同时研究所有市场，因此被称为一般均衡分析。一般均衡分析，对理解各个市场之间的相互作用十分有用。各个市场之间的相互作用是经济的基本关系。第四部分的主要任务是把市场竞争导致社会最优状态的看不见的手理论推而广之。我们将看到，在某些条件下，在市场竞争与有效率的资源配置之间存在着强有力的联系。这些联系，即经济学家所说的福利经济学基本定理，对着迷于经济学理论的人和那些只想了解我们所生活的经济世界的人，都十分重要。

第五部分（第十七章、第十八章和第二十章）探讨了在什么条件下，甚至竞争的市场，都无法有效率地配置资源。这是个十分重要的研究领域，因为市场失灵现象十分普遍；在出现市场失灵时，政府、政策制定者和拥有信息的公民，必须考虑什么样的政策干预能最好地让不受规制的市场起作用。

本书中有两章内容不是从消费者理论到市场失灵理论的有机构成部分。第十四章介绍了博弈论的基础知识。今天，博弈论在经济学中被广泛应用，我们认为需要介绍这方面的知识，虽然没有第十四章，我们依然能介绍消费者、企业、竞争市场和市场失灵等理论。这一点也适用于第十九章，它介绍了不确定性和期望效用理论的基础知识。本书主要在完全信息条件下探讨决策问题和市场，但是，不确定性存在于很多经济现象中，并且，很多现代微观经济学理论围绕着不确定性展开。一些教师可能想在其课程中跳过这两章，但也有些教师想讲授这些内容。因此，为了能够腾出课时讲授这两章内容，我们建议如下处理方法：

在本书中，对企业理论，你有两种讲授方式。第八章介绍了只使用一种投入品的企业模型，没有涉及成本最小化问题。第九章和第十章介绍了使用多种投入品的企业模型，谈到了成本最小化问题。你可以把第八章看作是到达供给曲线的捷径。如果想讲授第十四章或第十九章中的一些内容，你可以只讲第八章而跳过第九章和第十章。讲授企业理论部分的另一捷径是跳过第十章中的短期多投入品模型。并且，在关于市场失灵的每一章中，前面几节一般介绍基本理论，后面几节介绍应用。教师可以根据时间和兴趣，选择或跳过其中的一些理论和应用。

本书源自罗伯托·塞拉诺在布朗大学讲授中级微观经济学课程时撰写的一些讲义。过去一些年里，布朗大学一些教师在讲授这门课程时也使用这些讲义。其中一位教师，艾米·塞拉诺（Amy Serrano，罗伯托·塞拉诺的妻子），建议把这些讲义变为一本书："它已经具有了书的骨架；也许只需围绕着这个骨架增添一些内容。"按照这一建议，罗伯托与艾伦启动了本书的撰写工作。

我们感谢布朗大学修读过中级微观经济学课程的学生，他们帮助我们形成了本书的内容，为我们讲授本书的内容提供了机会。马丁·拜斯法米利（Martin Besfamille）、德罗尔·勃伦娜（Dror Brenner）、佩德罗·达尔·勃（Pedro Dal Bo）、伊陈·昂（EeCheng Ong）和艾米·塞拉诺在布朗大学中级微观经济学课程中使用过本书各个版本的手稿。艾米提供了很多建议，建议提升了本书的清晰程度，对第七章中的表述尤其有价值。伊陈帮助完成了本书的习题和习题答案，完成了全书的校对和编辑工作。伊莉斯·费舍尔松（Elise Fishelson）对早期手稿中的每一章都提出了详细的修改建议；欧麦·奥扎克（Omer Ozak）帮助解决了一些图形和TEX问题；雷切尔·贝尔（Rachel Bell）在一些图形上提供了帮助。我们感谢芭芭拉·费尔德曼（Barbara Feldman，艾伦·费尔德曼的妻子）在撰写本书过程中对我们的鼓励。我们感谢剑桥大学出版社聘请的匿名审稿人，他们提供了有价值的建议。我们感谢剑桥大学出版社的编辑斯科特·帕里斯（Scott Parris）与克里斯·哈里森（Chris Harrison），感谢他们的鼓励和支持；我们感谢本书编辑德勃拉·温格（Deborah Wenger）。

目　录
CONTENTS

第二部分 企业理论

第三部分 局部均衡分析:市场结构

第五部分 市场失灵

第一章
引 论

经济学家研究经济学问题。但是，经济学问题的性质在变化。对古典经济学家[包括亚当·斯密(1723—1790)、大卫·李嘉图(1772—1823)、卡尔·马克思(1717—1883)和约翰·斯图尔特·穆勒(1806—1873)]，经济学问题是发现商品生产和商品在社会各阶级——土地所有者、资本家和工人——之间分配的规律。这些规律曾被认为类似自然规律或物理规律，类似牛顿的重力规律。历史因素和诸如工业革命等现象，导致"普适常数"，主导商品生产和财富分配。

在 19 世纪末，经济学研究方向发生巨变，由新古典经济学家包括威廉·斯坦利·亚努什(1835—1882)、李昂·瓦尔拉斯(1834—1910)、弗朗西斯·埃奇沃思(1845—1926)、威尔福利多·帕累托(1848—1923)和阿尔弗雷德·马歇尔(1842—1924)等导致的巨变。新古典革命是经济学研究对象的转变：不再寻找生产和分配的自然规律，而转向新的经济学问题，分析个人和企业决策。

本书介绍现代微观经济学，它基本上遵循新古典研究方向。对我们和对当代大部分微观经济学家而言，经济学问题是生活在稀缺世界上的"经济主体"面对的问题。经济学家认识到资源有限或受限制。这种资源约束适用于男人、女人、家庭、企业、政府和整个人类。一方面，我们的欲望和需要不受限制。我们想为自己、为家庭、为子女和为朋友得到更多更好的物质享受。即使我们本人不贪婪，我们依然希望子女得到更好的教育，我们想有更好的文化，祈求人民更加健康，希望人人长寿。经济学分析决策者在无法得到一切的前提下，如何在自己想要的各种东西之间做出选择。经济世界是有限资源与无限需要并存的世界，经济学问题是在给定的有限资源下如何最好地满足这些需要的问题。

微观经济学的核心假定是：经济决策主体是理性的。我们可以把这一假定作为信条。给定所有的选项，给定约束条件，决策主体选择最好的选项。当然了，(按照亚伯拉罕·林肯的说法)一些人总是在非理性地行动，每个人有时候会非理性地行动。尽管如此，我们依然把理性作为基本假定，特别是在涉及对商品与服务以及金钱的选择时。

经济学使用科学方法调查和理解经济学问题。与生物学、化学或物理学等自然科学一样，经济学中既有理论分析，也有经验实证分析。现代经济学理论通常是构造抽象的数学模型，目的是帮助我们理解经济世界的某些特征。有用的模型总是对世界做出简单化假定。(完全现实的经济学模型过于复杂而没有用处)。一个有用的模型中的假定应该是可行的或者是合理的假定,而不是荒谬的假定。例如,我们可以假定企业最大化利润,虽然一些企业在某些情况下不关心利润。我们可以假定消费者想有东西吃、有衣服穿和有房子住。但是,我们不能假定消费者把全部收入用在住房上而没有食品支出。在做出假定之后,经济学家运用推理和逻辑,得到结论。正是在这里,数学发挥作用。

正确的逻辑和数学论证,能明晰模型的结构,帮助我们避免错误结论。我们的目的是通过模型了解经济世界。例如,我们的逻辑结论可能是这样的:如果 A、B 和 C 三个假定成立,则 D 成立,其中 D=“在冰淇淋价格上升时,消费者对冰淇淋的消费数量下降”。如果 A、B 和 C 都是十分合理的假定,则我们有信心 D 成立。另一方面,如果我们进行了一番经验数据分析,发现 D 实际上不成立,我们就知道 A、B 或 C 假定中肯定有一个不成立。不管哪种结果,“A、B 和 C 蕴含 D”的逻辑命题让我们了解了经济世界的运行方式。

经济学分为微观经济学和宏观经济学两个分支。宏观经济学远距离研究经济,如同在太空中俯瞰经济。它研究总量,例如景气与衰退、国内生产总值、就业率与失业率、货币供给及通货膨胀等。微观经济学近距离研究经济。它探讨个人、家庭和企业如何决策,这些决策在市场上如何相互影响。个人决策影响市场变量,例如,买方需求量、卖方供给量和市场价格等。

当个人、家庭、企业和其他经济决策主体做出经济决策时,他们改变资源配置。如果许多人同时大量买入某些商品,他们就可能抬高这些商品的价格,增加生产这些商品的工人的数量和工资,提高销售这些商品的企业的利润,还可能压低生产其他商品的工人的工资和供给竞争商品的企业的利润。当经济学家孤立地分析一个市场而假定其他市场对这个市场没有任何影响时,他在进行局部均衡分析。局部均衡分析只研究一种商品的市场,假定其他商品的价格和数量保持固定。一般均衡分析则假定一个市场上发生的变化影响其他市场上的价格和数量。经济中所有市场相互影响,所有的价格和数量同时被确定。一般均衡分析比局部均衡分析更难、更复杂。这两种类型的分析都是微观经济学的构成部分,我们将在本书中介绍这两类分析。一般均衡分析能使微观经济学家得到总量经济指标,看到“宏观”。这就产生了微观经济学与宏观经济学之间的联系。

我们现在开始我们的课程,首先探讨各个家庭如何做出消费决策。这就是消费者理论。

第一部分

消费者理论

第二章

偏好和效用

2.1 导 论

我们生活的世界就像个购物中心。消费者走进购物中心，看到可供她购买的各种数量的各类商品。一个**消费束**，是各种商品（和服务）的一个数量组合。例如，一个消费束可能为两个苹果、一串香蕉、零块饼干和五罐可乐。我们把这个消费束写为(2,1,0,5)。当然了，消费者会认为某个消费束优于其他消费束。就是说，对这些消费束，她有自己的口味或偏好。

在本章，我们深入介绍关于**偏好的经济学理论**。我们将就消费者对不同消费束的感受做出各种假定。当消费者面对两个消费束而需要从中做出选择时，我们假定她能够把这两个消费束进行比较（这个假定被称为**完全性**）。我们假定在面对三个消费束时，消费者是理性的。就是说，如果她认为第一个消费束比第二个消费束好且第二个消费束比第三个消费束好，则她认为第一个消费束比第三个消费束好（这一假定被称为**传递性**）。我们还将分析经济学家施加于消费者偏好的其他假定：消费者希望各种商品的数量越多越好（这一假定被称为**单调性**）；消费者的无差异曲线（由偏好程度相同的消费束构成的集合）具有某个可行的曲度（这一假定被称为**凸性**）。我们将定义和讨论消费者在两种商品之间的替代比率，即**边际替代率**。

在讨论了消费者偏好后，我们介绍**效用函数**。效用函数用数值表示消费者对各个消费束的感受：如果她认为第一个消费束比第二个好，则效用函数赋予第一个消费束的数值大于赋予第二个消费束的数值；如果她认为两个消费束同样好，则效用函数赋予它们相同数值。我们探讨效用函数并介绍**边际效用**概念。不严格地说，边际效用是增加一件商品所增加的效用。我们将推导两种商品的边际效用与这两种商品的边际替代率之间的关系。我们还将列举一些具体的效用函数；在附录，我们将简短复习导数和偏导数概念。

在本章和后面几章中，我们经常假定经济中只有两种商品，用 x_1 和 x_2 表示商品 1 和商品 2 的数量。为什么假定只有两种商品呢？两个原因：首先是为简化分析（2 种商品模型比 3 种商品或 5 000 种商品模型简单很多，并且基本上没有因此丧失一般性);其次,我们常常只想分析某一种商品;在两商品模型中,我们能专注于我们想分析的商品,而称另一种商品为"其他所有商品"、"其他一切"或"其他东西"。在只有两种商品时,我们能在标准的两维空间图上描述任何消费束:用横轴表示第一种商品的数量,用纵轴表示第二种商品的数量。本章中所有的图形都以这种方式画出来。

本章的重点是消费者对商品束的偏好,或者说,她对自己可能消费的各种商品束的感受。一些消费束对这个消费者而言是**可行的**或者说是她**支付得起的**。就是说,在她的预算下,她买得起这些消费束。其他消费束是**不可行的**或者说是她**支付不起的**。就是说,在她的预算下,她买不起这些消费束。第三章将探讨消费者的预算。

2.2 消费者的偏好关系

消费者有定义在消费束上的偏好关系。我们用符号 X 和 Y 表示消费束。在只有两种商品时,X 是向量(x_1,x_2),其中 x_1 是商品 1 的数量,x_2 是商品 2 的数量。消费者能够比较任何一对商品束,并判断出其中哪一个更好或者它们是否同样好。如果她认为一个消费束比另一个好,我们就把她的这种感受称为**偏好关系**;我们用符号$\succ$表示偏好关系。$X\succ Y$ 意味着消费者认为 X 比 Y 好。在面对着 X 和 Y 时,她会选择 X。我们假定,如果 $X\succ Y$,则 $Y\succ X$ 不可能为真。换句话说,如果消费者认为 X 比 Y 好,则她不认为 Y 比 X 好!消费者的偏好会变化,例如会随着她对商品束了解得更多而变化。($\succ$关系有时被称为**严格偏好关系**而不是**偏好关系**,因为 $X\succ Y$ 意味着消费者确定地——毫不含糊地——认为 X 比 Y 好,或者说认为 X **严格优于** Y。)

如果消费者同等程度地喜欢 X 和 Y,我们就说她在 X 和 Y 之间**无差异**,并将这种情况写为 $X\sim Y$。"$\sim$"被称为**无差异关系**。对这位消费者,我们说 X 和 Y 是无差异的商品束。在这种情况中,如果要在它们之间做出选择,消费者可能选择 X,也可能选择 Y,也可能抛硬币决定,也还可能请我们代她做出选择。我们假定,如果$X\sim Y$,则 $Y\sim X$。就是说,如果消费者喜欢 X 的程度与喜欢 Y 的程度相同,则她喜欢 Y 的程度与喜欢 X 的程度相同。

你可能已发现,偏好符号与无差异符号分别类似于数学符号$>$和$=$,即类似于**大于**和**等于**关系。这并非偶然。并且,正如在数学中大于或等于关系综合了**大于或等于**,我们也有一个偏好关系符号,表示**优于或无差异**。我们用 $X\succeq Y$ 表示消费者认为 X 优于 Y 或 X 和 Y 无差异。($\succeq$关系有时被称为**弱偏好关系**。)

关于偏好的假定

在这里,我们对消费者的偏好关系和无差异关系施加一些基本假定,目的是描述理性消费者的行为。在本节正文中,我们假定两种商品都是消费者想要的商品;在习题中,我们将探讨其他可能性(商品为中性品或厌恶品)。

假定 1:**完全性**

对所有的消费束 X 和 Y，$X \succ Y$，$Y \succ X$ 或 $X \sim Y$。就是说，消费者或者确定地喜欢其中一个消费束，或者认为它们同样好。这一假定似乎一目了然，但有时并不如此。设想有两块幕布，幕布后放着些东西。消费者不知道两块幕布后放着什么东西。现在让她在左边幕布后和右边幕布后的东西之间做出选择。她如何选择呢？换句话说，如果她不知道 X 和 Y 是什么东西，她如何选择呢？完全性假定迫使她必须做出选择或者声明自己在 X 和 Y 之间无差异。消费者对消费束有**完全序**，这对本书中的分析十分重要。（第十九章和第二十章将分别分析不确定性和不完全信息下消费者的选择行为。）

假定 2：**传递性**

传递性假定包括四个部分：

第一，偏好关系的传递性：如果 $X \succ Y$ 且 $Y \succ Z$，则 $X \succ Z$。

第二，无差异关系的传递性：如果 $X \sim Y$ 且 $Y \sim Z$，则 $X \sim Z$。

第三，如果 $X \succ Y$ 且 $Y \sim Z$，则 $X \succ Z$。

第四，如果 $X \sim Y$ 且 $Y \succ Z$，则 $X \succ Z$。

偏好的传递性假定排除了非理性偏好。你的朋友说，在经济学与社会学之间，她偏好经济学；在社会学和心理学之间，她偏好心理学；在心理学与经济学之间，她偏好心理学。你建议她去看心理医生。对这一假定，我们也不能过于教条：在现实世界中，存在着一些有意思的例外现象，习题中给出了一个例子。

有了无差异关系的传递性假定（如果 $X \sim Y$ 且 $Y \sim Z$，则 $X \sim Z$），我们就有了**无差异曲线**。

无差异曲线是由消费者认为同样好的消费束（在只有两种商品时，由两维空间中的点）构成的集合；她对这些商品束无差异。在本书中，我们经常用到无差异曲线。图 2.1 画出了消费束 X 与 Y 和一条无差异曲线。这两个消费束位于同一条无差异曲线上，消费者认为它们同样好。

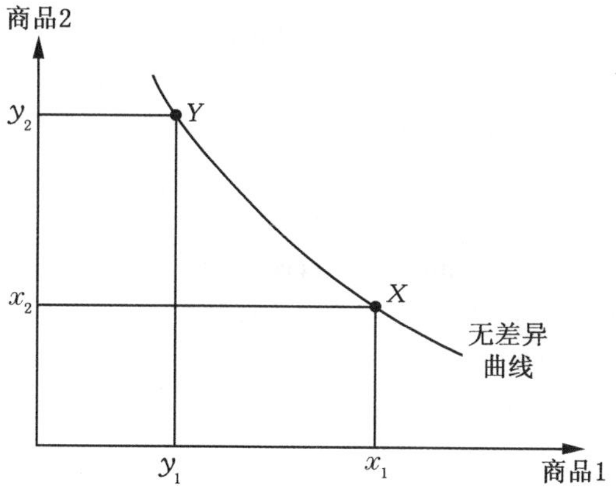

图 2.1　在消费束 X 上，消费者消费 x_1 件商品 1 和 x_2 件商品 2。在商品束 Y 上，消费者消费 y_1 件商品 1 和 y_2 件商品 2。X 和 Y 在同一条无差异曲线上，所以消费者对它们无差异。

假定 3:**单调性**

我们假定所有商品是消费者**想要的**东西,就是说,是消费者认为数量越多越好的东西。假设 X 和 Y 是两个商品束。如果:(1)X 中至少一种商品(甚至两种商品)的数量比 Y 中多,并且(2)X 中两种商品的数量至少与 Y 中一样多,则 $X \succ Y$。这一假定有时未必成立。假设一个商品束为某一数量的蛋糕和某一数量的冰淇淋,你想消费这个商品束。在吃掉三块蛋糕和六只冰淇淋后,你可能不想再吃下去。但是,如果商品的定义更加宽泛(如为教育和住房等),则单调性就是个很合理的假定。

根据单调性,我们有一些重要结论:对消费者想要的两种商品,表示偏好的无差异曲线不可能为粗线或向上倾斜,也不可能垂直或水平。图 2.2 中画出了一条向上倾斜的无差异曲线和一条很粗的无差异曲线。在任何一条无差异曲线上,消费者对任何一对消费束都是无差异的。对图 2.2 稍加分析,你就能发现,单调性假定排除了图中画出的这两类无差异曲线。基于同样的原因,它也排除了垂直和水平的无差异曲线。

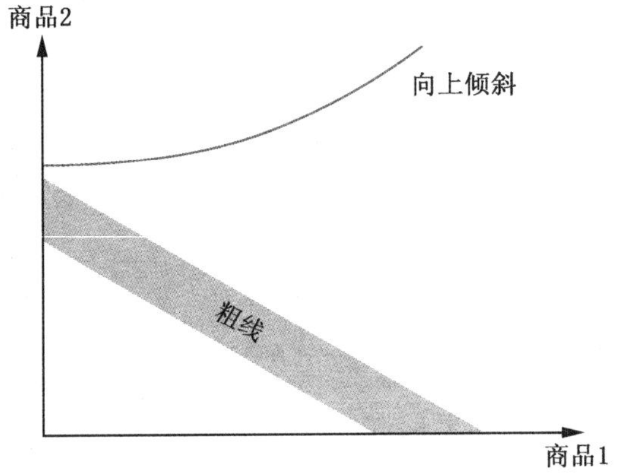

图 2.2　图中的两条无差异曲线各定义了一组同样好的消费束。例如,位于向上倾斜的曲线上的任何一对点 X 和 Y,$X \sim Y$。单调性假定为什么排除了这种向上倾斜的无差异曲线?它又如何排除了图中的粗无差异曲线?

图 2.3 画出了一条向下倾斜的细无差异曲线,它满足单调性假定。图 2.3 还根据单调性假定标出了**更优集(more preferred set)**和**更劣集(less preferred set)**;前者是由严格优于这条无差异曲线的商品束构成的集合,后者是由严格劣于这条无差异曲线的商品束构成的集合。

(无差异性的)传递性假定和单调性假定相结合,意味着任意两条不同的无差异曲线不相交,见图 2.4。

假定 4:**无差异曲线是凸的**

这一假定说的是:两个消费束的平均优于端点。我们在一条无差异曲线上任取两个不同的点。这两个点的(算术)平均,是连接这两个点的直线段的中点。这是标准平均,它赋予两个端点相等权重。**加权平均**则可能赋予这两个点不同权重;从几何角度说,加权平均可以是连接两个端点的线段上的任何一点而不一定是中

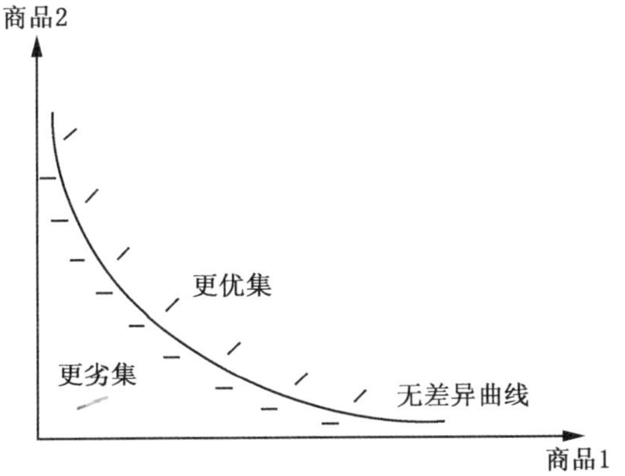

图 2.3　与单调性偏好相一致的是向下倾斜的细无差异曲线

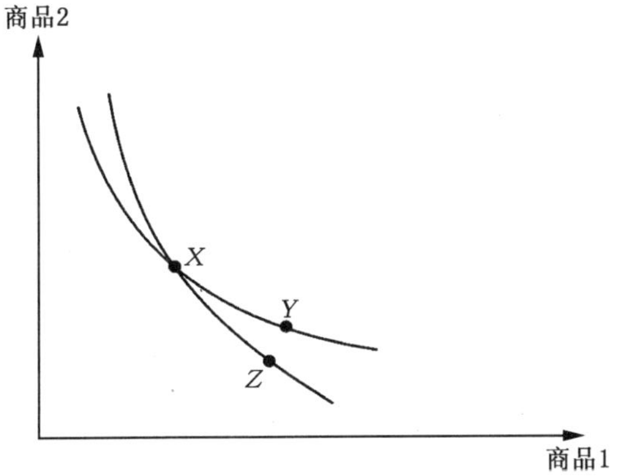

图 2.4　两条无差异曲线不相交。原因如下：假设两条无差异曲线在点 X 上相交。由于 Y 和 X 在同一条无差异曲线上，$Y \sim X$。由于 X 和 Z 在同一条无差异曲线上，$X \sim Z$。根据无差异关系的传递性特征，$Y \sim Z$。但是根据单调性，$Y \succ Z$。因此，两条无差异曲线相交导致矛盾结果。

点。无差异曲线的凸性假定说的是：对同一条无差异曲线上任意两个不同的点，连接它们的线段(除线段端点外)均位于无差异曲线上方。换句话说，如果我们对消费者无差异的两个点进行加权平均，则在加权平均点与两个初始点之间，她偏好前者。见图 2.5。

如果无差异曲线向下倾斜且是凸的，我们就说偏好具有**良好型态**。

当然了，在现实世界中，无差异曲线有时会是凹的。这种例子很多：消费者喜欢两个商品束，但是不喜欢它们的组合。你喜欢日本料理，喜欢巧克力冰淇淋，但不喜欢同时消费这两种商品；你喜欢古典音乐，喜欢嘻哈音乐，但不喜欢在同一晚上欣赏这两种音乐。你喜欢紫色服装，喜欢橙色服装，但是不喜欢一件外套上同时有这两种颜色。当然了，如果商品被定义得足够宽泛，例如定义为每年消费的古典音乐、每年消费的嘻哈音乐、今年穿的紫色服装和橙色服装，则无差异曲线的凸性

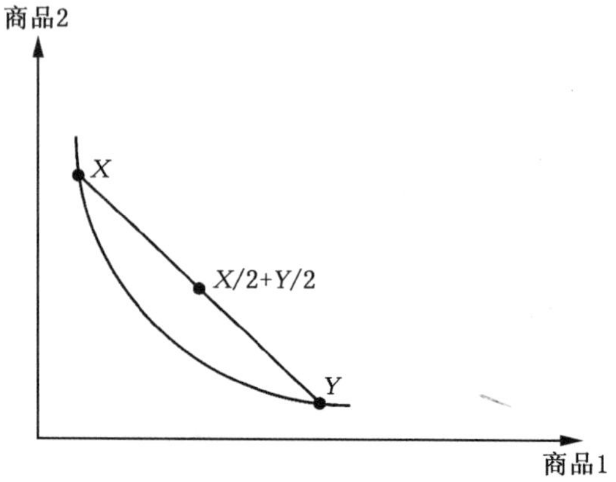

图 2.5　偏好的凸性意味着无差异曲线是凸的而不是凹的。就是说，在平均束与端点束之间，消费者偏好前者。例如，由 1/2 乘以 *X* 和 1/2 乘以 *Y* 构成的商品束 *X*/2+*Y*/2，优于 *X*，也优于 *Y*。

假定就十分合理。图 2.6 画出了一条凹无差异曲线。

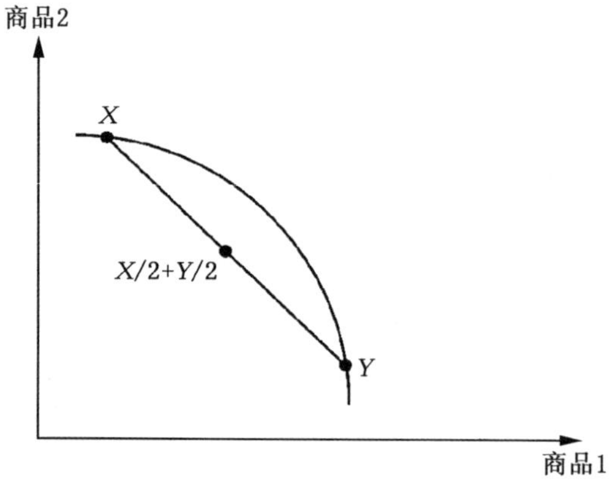

图 2.6　凹无差异曲线。消费者偏好端点 *X* 和 *Y*，不喜欢平均点 *X*/2+*Y*/2。

2.3　边际替代率

边际替代率是个重要和有用的概念，它描述了消费者用一种商品交换另一种商品的意愿。我们让消费者放弃一件商品 1，换取某一数量的商品 2。要使她在交换前后始终位于同一条无差异曲线上，她需要得到多少件商品 2？这个数量是她愿意放弃一件商品 1 而需得到的商品 2 的数量。

换一种问法。我们让消费者放弃某一数量的商品 2 而得到一件商品 1。要使她在交换前后始终位于同一条无差异曲线上，她需要放弃多少件商品 2？这是她为得到一件商品 1 而愿意放弃的商品 2 的数量。

上述两个问题的答案是，她**用商品 2 的数量衡量的一件商品 1 的价值**。这是商品 2 对商品 1 的边际替代率的直观解释。这是她在这两种商品之间的替代比率，使得在这一比率上，她可以用商品 2 交换商品 1 而依然位于交换发生之前的状态上。

我们用 Δx_1 表示商品 1 消费数量上的变化，Δx_2 表示商品 2 消费数量上的变化，设这两个变化把消费者从无差异曲线上的一个点移动到同一条无差异曲线上的另一个点。我们说过，对良好型态的偏好，无差异曲线向下倾斜，因此，其中一个变化必然是正的，另一个变化是负的。如果 $\Delta x_i>0$，则她得到了一些商品 i；如果 $\Delta x_i<0$，则她放弃了一些商品 i。在上面的第一个问题中，$\Delta x_1=-1$；在第二个问题中，$\Delta x_1=1$。在这两个问题中，我们真正想知道的是 Δx_2 的大小，即为减少一件商品 1 所需增加的商品 2 的数量，或为增加一件商品 1 而愿意放弃的商品 2 的数量。

这里不探讨消费者用一件商品 1 交换到的商品 2 的数量，而探讨比率 $\Delta x_2/\Delta x_1$。这一比率是消费者为放弃商品 1 而要求得到的商品 2 的交换率（当 $\Delta x_1<0$ 且 $\Delta x_2>0$ 时），或者说，是她为得到商品 1 而必须放弃的商品 2 的交换率（当 $\Delta x_1>0$ 且 $\Delta x_2<0$ 时）。我们假定 Δ 很小或者是无穷小。更确切地说，我们在 Δx_1 和 Δx_2 趋于零时，取极限。

由于我们假定 Δx_1 和 Δx_2 是对无差异曲线上的某个点的微小偏离，并且这一偏离依然使消费者位于同一条无差异曲线，所以，比率 $\Delta x_2/\Delta x_1$ 为这条无差异曲线在这个点的**斜率**。由于无差异曲线向下倾斜，

$$\Delta x_2/\Delta x_1=\text{无差异曲线的斜率}<0。$$

商品 2 对商品 1 的边际替代率，我们将其写为 $MRS_{x1,x2}$ 或 MRS，为：

$$MRS_{x1,x2}=MRS=-\Delta x_2/\Delta x_1=-\text{无差异曲线的斜率}。$$

更确切地说，

$$MRS=\lim_{\Delta x1,\Delta x2\to 0}-\Delta x_2/\Delta x_1=-\text{无差异曲线的斜率}。$$

图 2.7 画出了一条向下倾斜的无差异曲线和它在 X 点的切线。我们看到，X 点上的两个增量 Δx_1 和 Δx_2 使消费者又回到这条无差异曲线上。在图 2.7 中，$\Delta x_1>0$，$\Delta x_2<0$。如果消费者得到 Δx_1 件商品 1，她愿意放弃 $-\Delta x_2$ 件商品 2。她的边际替代率是在 Δx_1 和 Δx_2 趋于零时 $-\Delta x_2/\Delta x_1$ 的极限。就是说，她的边际替代率是 -1 乘以无差异曲线在 X 点的斜率或者说是 -1 乘以无差异曲线在 X 点的切线的斜率。

给定良好型态的偏好，当你沿一条无差异曲线向下向右移动时，MRS 递减。这是有道理的。当消费者消费越来越多的商品 1 同时依然位于同一条无差异曲线上时，她对再增加一件商品 1 的价值认定越来越低。为理解这一结论，我们看下面的故事。

一位富家女在沙漠中迷路。没有水，她几乎渴死。她虽然没有水（商品 1），却有 100 美元（商品 2）。一位贪婪的商人拉着水车在沙漠里卖水。他问："你愿意为第一杯水付多少钱？"（换句话说，当你没有水却有 100 美元时，你的货币对水的边际替代率是多少？）女士诚实到极点，回答说 25 美元。商人提议进行交易，第一杯水卖了 25 美元。商人又问："你肯定还口渴，是吧？你愿意为第二杯水付多少钱？"

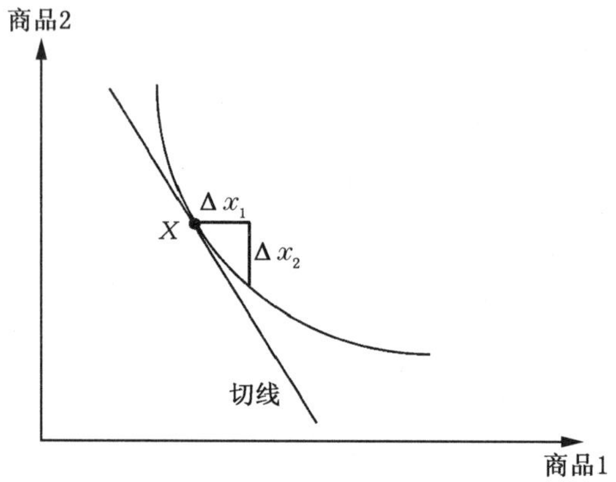

图 2.7　直观地说，边际替代率是以下两个问题的答案："如果我从你那里拿走 Δx_1 件商品 1，我需要给你多少件商品 2 才能使你回到本来的无差异曲线上？"或者"如果我给你 Δx_1 件商品 1，我可以从你这儿拿走多少件商品 2 才能使你回到本来的无差异曲线上？"图 2.7 回答的是后一问题。

（换句话说，在你已经喝了一杯水且拥有 75 美元时，你的货币对水的边际替代率是多少？）女士回答："是的，我还口渴。我愿意用 10 美元再买一杯水。"双方交易。她对这第二杯水的价值认定，即她的货币对水的边际替代率下降了不止一半。这一过程持续下去。当这位女士喝完第九杯或第十杯水时，她的边际替代率下降到零，因为此时，她对水的需要已不再紧迫。见图 2.8。

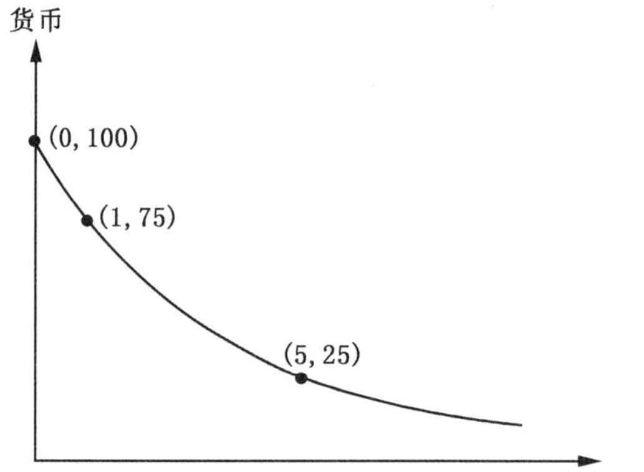

图 2.8　随着消费者消费更多的水，她逐渐感到满足，所以，边际替代率递减。她为增加一杯水的支付意愿越来越低。

2.4　效用函数

在数学上，函数比关系（如偏好关系和无差异关系等概念）更容易处理。我们现在构造函数，用函数表示消费者偏好。这种函数被称为**效用函数**。

设想赋予每个消费束一个数值。例如，对 $X=(x_1,x_2)$，赋予数值 $u(X)=u(x_1,x_2)=5$；对 $Y=(y_1,y_2)$，赋予数值 $u(Y)=u(y_1,y_2)=4$；如此等等。

我们称数字与消费束之间的这种对应关系为**消费者的效用函数**，如果

第一，$u(X)>u(Y)$ 当且仅当 $X>Y$；并且，

第二，$u(X)=u(Y)$ 当且仅当 $X\sim Y$。

消费束与数字之间的这种对应完美阐释了消费者偏好。更被偏好的消费束，对应更大的效用数值；消费者认为同样好的两个消费束，则被赋予相同的数值。正是在这一意义上，效用函数表示消费者的偏好。

消费者的效用函数是个“序数”函数，而不是“基数”函数。

序数命题只提供关于相对大小的信息。例如，“在詹尼和蒂芬妮之间，我更喜欢蒂芬妮”。**基数**命题则提供了可相加和相减等的大小的信息。例如，“比尔体重为 160 磅，庄尼体重为 120 磅”。于是我们知道比尔比庄尼重 40 磅，他们的体重之比为 4∶3，他们的体重之和为 280 磅。那么，效用是个序数概念还是个基数概念呢？以英国哲学家杰里米·边沁(Jeremy Bentham，1748—1832)为首的功利主义者认为，效用是个基数概念，与长度、重量等一样是可衡量的。对他们而言，以下说法有意义：“我从我的消费束中得到的效用是你从你的消费束中得到的效用的三倍”或“我对西印度洋游轮旅游的喜欢程度是你的两倍”。今天，我们把效用看作是个序数概念。我们关心的是一个人从一个消费束中得到的效用数值是大于、等于还是小于他从另一个消费束中得到的效用。对同一个人而言，从不同消费束中得到的效用数值的差或比率不重要。不同人之间的效用比较，没有意义。

根据对效用数值的序数解释，如果我有一个效用函数表示我的偏好，则这个函数加上一个常数，得到的转换依然表示我的偏好。如果把这个函数乘以一个正数，得到的转换依然表示我的偏好。如果我的所有效用数值都是正数，则取平方或者取正数幂，得到的转换依然表示我的偏好。简而言之，如果一个效用函数表示我的偏好，则对其进行**保持序不变的转换**，得到的函数依然表示我的偏好。下面的命题概括了这一点：

如果 $u(X)=u(x_1,x_2)$ 是表示消费者偏好的效用函数，f 是 u 的任意的序保持不变的转换，则函数 $f(u(X))=f(u(x_1,x_2))$ 依然是表示此人偏好的效用函数。

那么，无差异曲线与效用函数之间有什么联系呢？答案是：我们用无差异曲线表示给定的效用水平。前面说过，消费者的效用水平决定于她对两种商品的消费数量 x_1 和 x_2。我们用一个坐标轴表示 x_1，用另一个坐标轴表示 x_2，我们还需要一个坐标轴表示消费束 (x_1,x_2) 的效用水平 u。在三维空间中，效用函数看起来像个山坡。但是，三维图很难画，更容易处理的则是两维等值曲线图。

函数的**等值曲线**是这个函数定义域中的点集，在这个集合上，函数取常数值。如果你借助地势图郊游或爬山，你实际上在使用等值曲线图，图上的一条等高线就是一条等值曲线。气象图也是等值曲线图；**等巴线是**由有**相同**气压值的点构成的集合。(等巴的含义是相等的气压值。)

一条无差异曲线是消费束图上的一个点集，消费者对其中的点无差异。由于

她对这些点无差异，所以，它们带给她相同的效用。因此，无差异曲线是她的效用函数的等值曲线。要表示消费者的效用函数，我们可以在(x_1, x_2)空间中画出它的等值曲线即它的无差异曲线。这类似于把一座山的三维图转换为由等高线构成的两维地势图。图 2.9 画出了效用函数的三维图形和与之对应的等值曲线图或者说无差异曲线图。

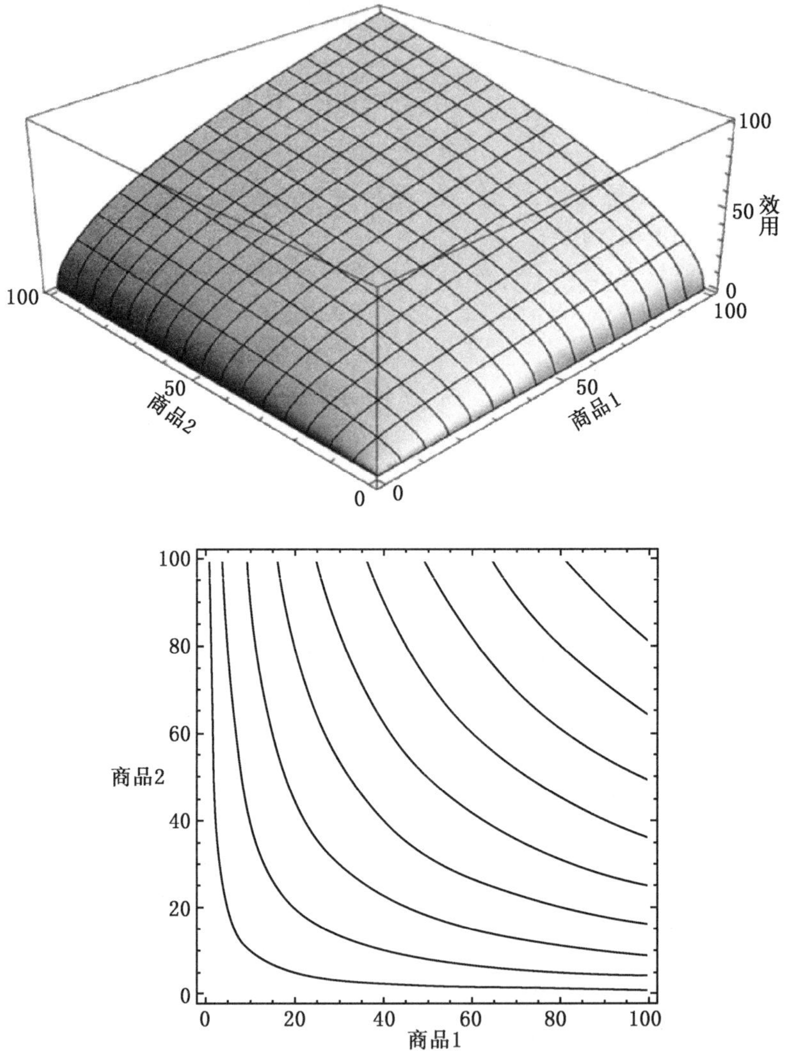

图 2.9　无差异曲线是效用函数的等值曲线

2.5　效用函数和边际替代率

我们再看边际替代率和表示消费者偏好的效用函数之间的关系。图 2.10 类似图 2.7。不严格地说，商品 2 对商品 1 的边际替代率等于$-\Delta x_2/\Delta x_1$。（严格地说，它等于$-\Delta x_2/\Delta x_1$的极限。）那么，它与消费者的效用函数之间有什么关系呢？

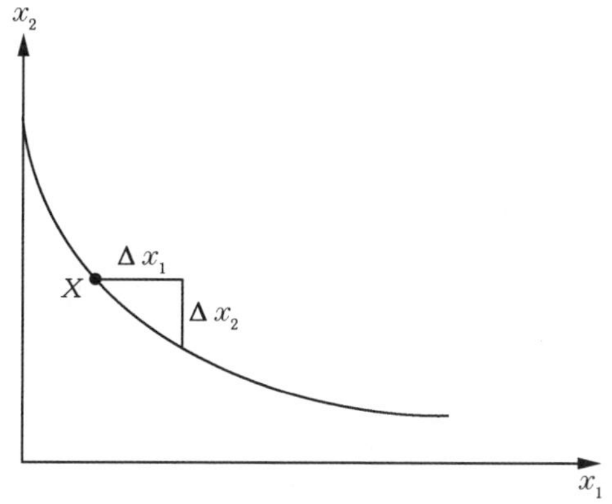

图 2.10 边际效用和边际替代率

商品 1 的边**际效用**是在商品 2 的数量保持不变而只增加商品 1 的数量时，消费者效用的增长速度。不严格地说，它是只**增加 1 件商品 1 所增加的效用**。设 Δx_1 是商品 1 的增量，商品 1 的边际效用 MU_1 为

$$MU_1=\lim_{\Delta x1\to 0}\frac{u(x_1+\Delta x_1,x_2)-u(x_1,x_2)}{\Delta x_1}。$$

如果这个表达式中没有变量 x_2，它就是函数 $u(x_1)$的导数。函数 $u(x_1,x_2)$是个两变量函数，只是在这个表达式中，第二个变量 x_2 保持不变。在 x_2 保持不变时，两变量函数 $u(x_1,x_2)$对 x_1 的导数被称为函数对 x_1 的**偏导数**。我们通常用符号 d 表示导数，例如，$\mathrm{d}f(x)/\mathrm{d}x$；用符号$\partial$表示偏导数。所以，商品 1 的边际效用可以写为

$$MU_1=\frac{\partial u(x_1,x_2)}{\partial x_1}=\frac{\partial u}{\partial x_1}。$$

商品 2 的边际效用 MU_2 为

$$MU_2=\lim_{\Delta x2\to 0}\frac{u(x_1,x_2+\Delta x_2)-u(x_1,x_2)}{\Delta x_2}=\frac{\partial u}{\partial x_2}。$$

由于边际效用得自效用函数，而效用是序数，所以，我们不能把边际效用理解为基数概念。我们不能说"下一个苹果带给我的边际效用为 3"。但是，我们可以说"下一个苹果带给我的边际效用为 3，下一串香蕉带给我的边际效用为 2"。这句话实际说的是"我更愿意增加一个苹果而不是一串香蕉"。

边际效用概念的主要用途是计算消费者的边际替代率。我们看图 2.10。在消费束 $X=(x_1,x_2)$上，增加 Δx_1 件商品 1 同时减少 Δx_2 件商品 2，消费者回到无差异曲线上。我们分析这些变化(记住：这些变化非常小)导致的效用变化：商品 1 数量的增加导致效用增加，增加幅度为商品 1 的边际效用乘以 Δx_1；商品 2 数量的减少导致效用下降，下降幅度为商品 2 的边际效用乘以 Δx_2。效用增加的数量和降低的数量之和等于零，因为消费者依然位于同一条无差异曲线上。我们于是得到下面的方程(其中，Δx_1 为正数，Δx_2 为负数)：

$$MU_1\Delta x_1+MU_2\Delta x_2=0。$$

于是，

$$-\frac{\Delta x_2}{\Delta x_1}=\frac{MU_1}{MU_2}。$$

因为 $MRS=-\Delta x_2/\Delta x_1$，我们得到

$$MRS=\frac{MU_1}{MU_2}。$$

我们于是有了计算消费者的边际替代率的简便工具。我们可以把边际替代率看作是(x_1,x_2)的函数，也可以把它看作是它在点(x_1,x_2)上的取值。

2.6 例 题

问题

对以下效用函数，求边际替代率函数或者说求 MRS。

(a)$u(x_1,x_2)=x_1x_2$；

(b)$u(x_1,x_2)=2x_2$；

(c)$u(x_1,x_2)=x_1+x_2$；

(d)$u(x_1,x_2)=\min\{x_1,2x_2\}$；

(e)$u(x_1,x_2)=x_2-x_1^2$。

答案

我们用 MRS 等于边际效用之比的结论求 MRS。对每个效用函数，我们首先求出边际效用，然后找到它们的比率。

(a)给定效用函数 $u(x_1,x_2)=x_1x_2$，

$$MU_1=\frac{\partial u(x_1,x_2)}{\partial x_1}=x_2,MU_2=\frac{\partial u(x_1,x_2)}{\partial x_2}=x_1。$$

因此，

$$MRS=\frac{MU_1}{MU_2}=\frac{x_2}{x_1}。$$

(b)给定效用函数 $u(x_1,x_2)=2x_2$，

$$MU_1=\frac{\partial 2x_2}{\partial x_1}=0,MU_2=\frac{\partial 2x_2}{\partial x_2}=2。$$

因此，

$$MRS=\frac{MU_1}{MU_2}=\frac{0}{2}=0。$$

(c)给定效用函数 $u(x_1,x_2)=x_1+x_2$，

$$MU_1=\frac{\partial(x_1+x_2)}{\partial x_1}=1,MU_2=\frac{\partial(x_1+x_2)}{\partial x_2}=1。$$

因此，

$$MRS=\frac{MU_1}{MU_2}=\frac{1}{1}=1。$$

(d)给定效用函数 $u(x_1,x_2)=\min\{x_1,2x_2\}$，边际效用决定于 $x_1<2x_2$ 或

$x_1>2x_2$。

如果 $x_1<2x_2$，则

$$MU_1=\frac{\partial\min\{x_1,2x_2\}}{\partial x_1}=1,MU_2=\frac{\partial\min\{x_1,2x_2\}}{\partial x_2}=0。$$

因此，

$$MRS=\frac{MU_1}{MU_2}=\frac{1}{0}=\infty。$$

如果 $x_1>2x_2$，则

$$MU_1=\frac{\partial\min\{x_1,2x_2\}}{\partial x_1}=0,MU_2=\frac{\partial\min\{x_1,2x_2\}}{\partial x_2}=2。$$

因此，

$$MRS=\frac{MU_1}{MU_2}=\frac{0}{2}=0。$$

如果 $x_1=2x_2$，MRS 没有定义。

(e)给定效用函数 $u(x_1,x_2)=x_2-x_1^2$，

$$MU_1=\frac{\partial(x_2-x_1^2)}{\partial x_1}=-2x_1,MU_2=\frac{\partial(x_2-x_1^2)}{\partial x_2}=1。$$

因此，

$$MRS=\frac{MU_1}{MU_2}=\frac{-2x_1}{1}=-2x_1。$$

习　题

1.在本章正文中，我们假定消费者的偏好满足传递性；我们同时提到，对这假定，存在一些反例。我们现在介绍两个反例。

(a)某个消费者喜欢在咖啡中加糖。但是，对一杯添加了 n 克糖的咖啡和一杯添加了 $n+1$ 克糖的咖啡，她分辨不出两者的区别。假设一勺糖重 6 克，再假设她只喜欢在咖啡中加一勺糖。她的偏好违背传递性，为什么？

(b)在这里，我们称一个由三人构成的委员会为“消费者”(团体行为常常类似“消费者”行为)。委员会使用多数通过的投票规则做决策。当委员会比较两个选项，例如选项 x 和 y 时，它采用投票方式确定结果。胜出的那个选项，更被委员会“偏好”。假设三个人的偏好序如下：对第一个人，x 是最好选项，y 是次好选项，z 是第三好选项。我们把这一偏好序写为如下形式：“第一个人：x,y,z”。假设另两人的偏好分别为：“第二个人：y,z,x”和“第三个人：z,x,y”。证明在这个例子中，多数通过的投票规则下产生的委员会偏好违背传递性。[这是法国哲学家和数学家马奎斯·德·孔多塞(Marquis de Condorcet，1743—1794)提出的著名的“投票悖论”。]

2.设效用函数为 $u(x_1,x_2)=x_1x_2$。

(a)画出两条无差异曲线，使它们对应的效用水平分别为 1 和 2。(这两条无差异曲线都是对称的渐近线。)

(b)画出商品 2 对商品 1 的边际替代率等于 1 的点的轨迹;画出边际替代率等于 2 的点的轨迹。

3.一所高校中不同的学生对经济学有不同偏好。对下面每个陈述,画出相应的无差异曲线。用横轴表示“经济学教材”,纵轴表示“其他一切科目的教材”。用箭头标明效用增加方向。

(a)我只关心我所学到的知识总量;至于学到的是经济学知识还是其他科目知识,对我而言,没有区别。就是说,所有科目的教材对我而言都是完全替代品。

(b)我痛恨现在所使用的经济学教材和其他一切经济学教材。我喜爱学校提供的其他一切课程。

(c)我真的喜欢经济学,因为我想理解经济现象。其他科目对我没有吸引力。

(d)我喜欢学校提供的所有的专业课程和通识课程。就是说,我喜欢阅读各类科目的图书,而不是专注于一个科目或忽视其他科目。

4.对以下每个效用函数,画出两条无差异曲线,使它们对应的效用水平分别为 1 和 2。简短描述消费者对两种商品的偏好。

(a)$u(x_1,x_2)=2x_2$;

(b)$u(x_1,x_2)=x_1+x_2$;

(c)$u(x_1,x_2)=\min\{x_1,2x_2\}$;

(d)$u(x_1,x_2)=x_2-x_1^2$。

5.唐纳德喜欢钓鱼(x_1)和躺在吊床上消磨时光(x_2)。他在这两种活动上的效用函数为 $u(x_1,x_2)=3x_1^2x_2^2$。

(a)计算钓鱼活动的边际效用 MU_1。

(b)计算在吊床上休闲带给唐纳德的边际效用 MU_2。

(c)计算 MRS,即他愿意用休闲活动交换钓鱼活动的比率。

(d)在上周,唐纳德每天钓鱼 2 个小时,在吊床上打发 4 个小时。利用(c)中得到的 MRS 公式计算他的 MRS。

(e)在本周,唐纳德每天钓鱼 8 个小时,在吊床上消磨 2 个小时。计算他在本周的 MRS。相对于上周,他的 MRS 增加还是减少?解释其中的原因。

(f)和上周相比,唐纳德在本周更幸福还是更悲惨?解释其中的原因。

6.你现在要在工作小时数(你厌恶工作)和货币(你喜欢的东西)之间做出选择。把工作小时数表示在横轴,把货币表示在纵轴。

(a)语言解释 MRS 的含义。

(b)在这里,你的 MRS 是正数还是负数?

(c)当你沿着一条无差异曲线增加工作小时数时,你的 MRS 递增、不变还是递减?解释其中的原因并画出几条无差异曲线。

附录　函数求导

这一附录只是帮你复习微积分知识而不能替代微积分课程。我们先看单变量函数。设函数 $y=f(x)$。它的导数为

$$y'=f'(x)=\frac{\mathrm{d}y}{\mathrm{d}x}=\lim_{\Delta x\to 0}\frac{f(x+\Delta x)-f(x)}{\Delta x}。$$

函数 f 的导数是在增加 x 时，f 的增长速度；它等于 f 的无穷小增量除以 x 的无穷小增量。

下面是几个单变量函数求导的例子：

(1)$y=4x, y'=4$；

(2)$y=7x^2, y'=14x$；

(3)$y=\ln x, y'=1/x$。

我们再看多变量函数。给定函数 $u(x_1,x_2)$，它可以是我们的效用函数。我们定义 u 对 x_1 和 x_2 的偏导数分别为：

$$\frac{\partial u}{\partial x_1}=\lim_{\Delta x1\to 0}\frac{u(x_1+\Delta x_1,x_2)-u(x_1,x_2)}{\Delta x_1},$$

$$\frac{\partial u}{\partial x_2}=\lim_{\Delta x1\to 0}\frac{u(x_1,x_2+\Delta x_2)-u(x_1,x_2)}{\Delta x_2}。$$

第一个偏导数给出了在 x_2 保持不变而只增加 x_1 时，u 的增长速度。第二个偏导数给出了在 x_1 保持不变而只增加 x_2 时，u 的增长速度。

我们如何求多变量函数的偏导数？方法和单变量函数的求导一样，只是在对 x_i 求导时，其他变量 x_j 被看作是常数。

这里是几个例子：

(1)$u(x_1,x_2)=x_1x_2$：$\frac{\partial u}{\partial x_1}=x_2, \frac{\partial u}{\partial x_2}=x_1$；

(2)$u(x_1,x_2)=x_1^2x_2^3$：$\frac{\partial u}{\partial x_1}=2x_1x_2^3, \frac{\partial u}{\partial x_2}=3x_1^2x_2^2$；

(3)$u(x_1,x_2)=\ln x_1+2\ln x_2$：$\frac{\partial u}{\partial x_1}=\frac{1}{x_1}, \frac{\partial u}{\partial x_2}=\frac{2}{x_2}$。

第三章
预算约束和消费者的最优选择

3.1 导 论

前一章探讨了消费者的偏好和效用函数。本章探讨消费者行为的约束因素和给定约束条件下消费者如何实现最好结果。消费者对一些消费束的偏好高于对另一些消费束的偏好。他想得到他最偏好的商品束，或者说，他想得到最高效用水平，但是他不可能买得起每个商品束。他有**预算约束**。消费者要在预算约束下做出最好选择或者说**最优选择**或者说**效用最大化选择**。

本章探讨消费者的标准预算约束并介绍由非市场配给机制如食品券等导致的特殊预算约束。我们还将分析跨时期消费的预算约束。

在探讨了各种预算约束后，我们分析关于消费者的基本经济学问题：在预算约束下，如何找到最优消费束，或者说，如何最大化自己的效用。我们用无差异曲线对此问题进行图形分析，用效用函数求此问题的解析解。在本章附录，我们介绍求解约束条件下函数最大化问题的拉格朗日函数方法。

3.2 标准预算约束、预算集和预算线

消费者的支出不可能超过他拥有的货币数量(在本章后半部分将探讨贷款问题)。我们称其拥有的金钱数量为其收入，写为 M。他要把这笔钱花费到商品 1 和商品 2 上。每种商品都有自己的价格，我们用 p_1 和 p_2 表示两种商品的价格。消费者的**标准预算约束**或者说**预算约束**要求他的支出金额(每种商品的价格乘以数量，再相加求和)必须小于或等于他拥有的金钱数量，即

$$p_1x_1+p_2x_2\leqslant M。$$

预算集是满足这一约束条件的所有消费束即消费者能买得起的所有消费束构成的集合。一般情况下，预算集中包含多个消费束。

预算线是使消费者的支出正好等于其收入的消费束构成的集合，即满足如下方程的消费束(x_1,x_2)构成的集合：

$$p_1x_1+p_2x_2=M。$$

见图 3.1。

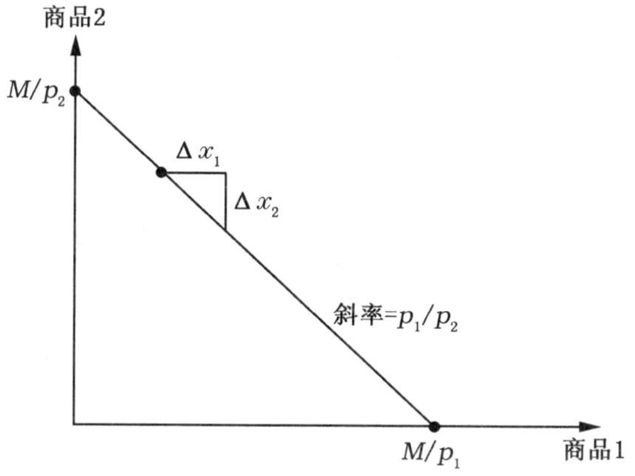

图 3.1　预算线是条向下倾斜的直线，它在两个坐标轴上的截距分别为 M/p_1 和 M/p_2，斜率为 $-p_1/p_2$。

预算线的水平截距是消费者用全部收入购买商品 1 时，即如果他消费的商品 2 的数量为 0 时，能买到的商品 1 的数量。它等于 M/p_1。如果把全部收入购买商品 2，则他能买到的商品 2 的数量为 M/p_2。由于单位商品的价格为常数，所以，预算线为连接两个截距点的直线。

预算线的斜率是负的。它的绝对值 p_1/p_2 被称为商品 1 的**相对价格**。它是消费者为增加 Δx_1 件商品 1 而必须放弃的商品 2 的数量 Δx_2。（请把它与商品 2 对商品 1 的边际替代率 *MRS*——消费者为增加 Δx_1 件商品 1 而愿意放弃的商品 2 的数量——进行比较。）

如果消费者想增加商品 1 的消费数量、减少商品 2 的消费数量，则预算线明确了这两种商品之间的替换比率。在图 3.1 中，Δx_1 是正数（商品 1 数量增加），Δx_2 是负数（商品 2 数量减少）。如果消费者在两种商品上的总支出保持不变，则商品 1 上增加的支出与商品 2 上减少的支出的和等于零，或者说，

$$p_1\Delta x_1+p_2\Delta x_2=0。$$

我们于是得到

$$-\frac{\Delta x_2}{\Delta x_1}=\frac{p_1}{p_2}。$$

3.3　预算线移动

如果消费者的收入变化或者商品价格变化，预算线就会变化。图 3.2 指出了在价格保持不变但收入上升时预算线的变化。

如果两种商品价格同比例下降，预算线也会发生图 3.2 中的变化。设新的价格分别为 $p_1'=kp_1$ 和 $p_2'=kp_2$，其中，$k<1$ 是两种商品价格的下降比例。新预算线的斜率为 $-p_1'/p_2'=-(kp_1)/(kp_2)=-p_1/p_2$。它在横轴上的截距为 $M/p_1'=M/kp_1=(1/k)M/p_1$。由于 $k<1$，截距变大。

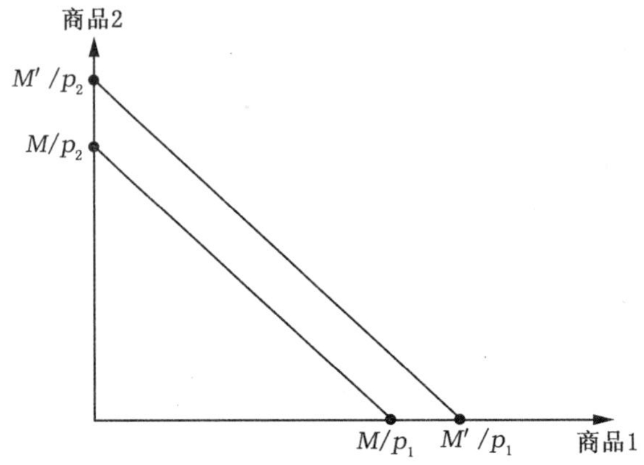

图 3.2　收入从 M 上升至 M'。预算线向外平行移动，横轴和纵轴上的截距分别为 M'/p_1 和 M'/p_2。

如果两种商品价格保持不变但收入下降，或者，如果收入保持不变而两种商品价格同比例上升，则预算线向内平移。

设一种商品的价格——例如 p_1——上升而另一种商品的价格和收入保持不变，我们分析预算线的变化。设 p_1'是新的价格，p_1 是初始价格，$p_1'>p_1$。如果消费者把所有收入支出于商品 1 上，他的消费数量下降，因为新的截距 M/p_1'小于初始截距 M/p_1。商品 2 轴上的截距没有变化。预算线变得陡峭，因为新预算线斜率的绝对值 p_1'/p_2 大于初始斜率的绝对值 p_1/p_2。图 3.3 描述了预算线的变化。

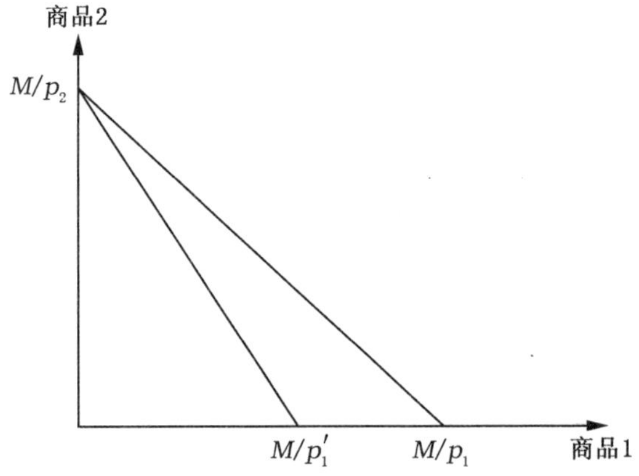

图 3.3　商品 1 的价格上升但商品 2 的价格和收入保持不变时，预算线的变化。

3.4　非标准预算约束

在上述标准预算约束中，首先，无论消费者想消费的商品数量为多少，所有商品价格都相同；其次，它假定价格与收入没有关系。第三，它假定除价格和消费者收入外，没有任何因素约束消费者行为。但是，现实世界中的预算约束常常不满足这些假定;现实世界中充满非标准预算约束。我们看两个例子。

例 1 买一送一

消费者有一张(只有一张)某杂货店的促销券。使用促销券,他能以一件商品的价格购买到两件商品。商品 1 的价格为 1 元钱。消费者的收入为 $M=5$,商品 2 的价格为 $p_2=1$。在这里,如果 $x_1\leqslant 2$,则 $p_1\leqslant 1/2$;如果 $x_1>2$,则 $p_1=1$(见图 3.4)。商品 2 轴上的截距为 $M/p_2=5$,商品 1 轴上的截距等于 6。

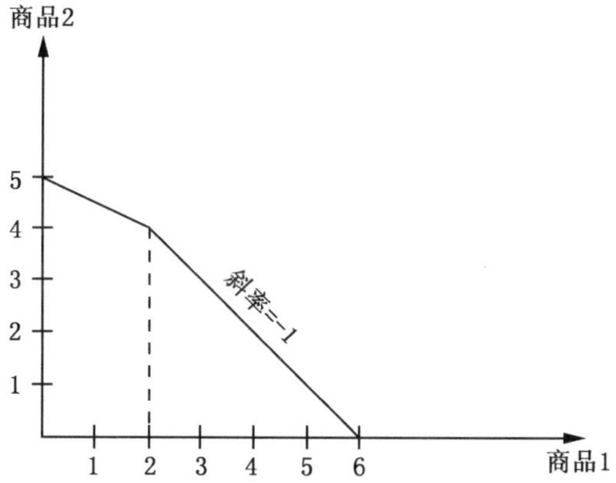

图 3.4 买一送一促销券下的预算约束

例 2 配给券

在战争时期(或在其他紧急状态中),政府有时会配给稀缺商品(如食品和燃料等)。在这种资源配置模式下,商品 1 和商品 2 的价格分别为 p_1 和 p_2,但是对所购买的每件配给商品(假定为商品 1),购买者还需要政府发放的配给券。设消费者的收入为 $M=100$;$p_1=1$,$p_2=2$;设消费者有 50 件商品 1 的配给券。纵轴截距为 50。在 $x_1<50$ 时,预算线斜率为 $-1/2$。在点(50,25)上,预算线变为垂线;消费者购买的商品 1 的数量不能超过 50 件,因为他只有 50 件商品 1 的配给券。见图 3.5。

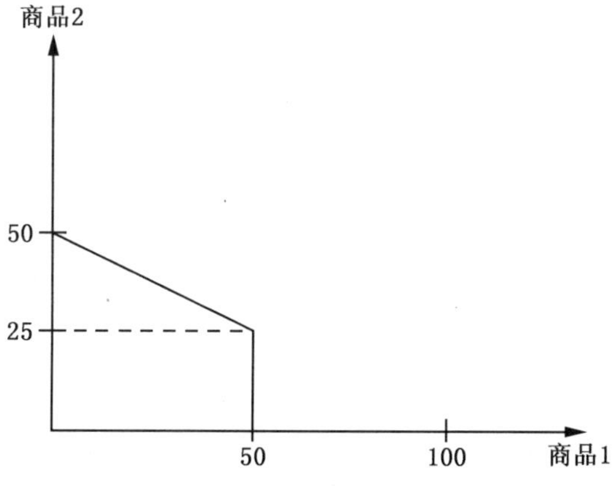

图 3.5 商品配给

3.5 跨时期收入和消费

我们探讨消费者在选择不同时间上的消费时所面对的预算约束，这类约束被称为**跨时期预算约束**。假定只有两个时期（“今年”和“明年”）：x_1 为今年的消费，x_2 为明年的消费。为简化分析，我们假定在今年和明年，消费品的价格都为 1。[设定单位商品的价格为 1 的做法，被称为**标准化商品价格**（**normalizing the price**）。价格为 1 的商品有时被称为**计价商品**。]我们假定商品的价格在今年和明年相同，实际上是假定不存在通货膨胀。（在本章的一些习题中，我们引入通货膨胀；在第五章中，我们还将谈到通货膨胀。）

设消费者今年的收入为 M_1，明年的收入为 M_2。消费者显然可以选择 $x_1=M_1$ 和 $x_2=M_2$。就是说，他可以把今年的全部收入用于今年的消费，把明年的收入用于明年的消费；他没有借款也没有储蓄。

消费者也可以选择把今年的部分收入储蓄起来。就是说，他在今年只把 M_1 中的一部分用于消费，剩余部分留到明年；他在明年的支出于是等于今年未用完的收入加明年的全部收入。（我们假设他拥有单调偏好：总是希望商品数量越多越好，因此会在明年年底前花掉一切收入。）

首先假设消费者把今年没有用掉的收入藏在床垫下，留到明年使用。换句话说，他把没有花掉的钱藏在安全地方，他无法从储蓄上得到任何利息收入。他现在的预算约束是：他在明年的消费 x_2 等于他今年藏在床垫下的储蓄 M_1-x_1 加上明年的收入 M_2。就是说：

$$x_2=(M_1-x_1)+M_2\text{，或者，}x_1+x_2=M_1+M_2\text{。}$$

这里把预算约束写为等式而非不等式形式，是因为消费者最终将花掉自己的全部收入。

现在假定消费者没有把钱藏在床垫下，而是把没有用掉的收入存到银行（或者投资），他因此得到固定且确定的收益率 i（在这里，i 为利率，表示为小数形式）。现在，他在第一年的储蓄（M_1-x_1）将被他在第二年连本带利收回（即乘以 $1+i$），得到 $(1+i)(M_1-x_1)$。消费者的预算约束于是为

$$x_2=(1+i)(M_1-x_1)+M_2\text{，或者，}(1+i)x_1+x_2=(1+i)M_1+M_2\text{。}$$

上式两边同除以 $(1+i)$，得到

$$x_1+\frac{x_2}{1+i}=M_1+\frac{M_2}{1+i}\text{。}$$

经济学家称 $\frac{1}{1+i}$ 为**贴现因子**。**现值**指的是某一未来收入或某些未来收入或某个不同时期的收入流，被折算为**当期**或**当年**收入。$\frac{x_2}{1+i}$ 是**第二年的消费**（在第一年）**的现值**。$\frac{M_2}{1+i}$ 是**第二年的收入**（在第一年）**的现值**。预算方程左边的项 $x_1+\frac{x_2}{1+i}$，是**消费者的消费流的现值**；右边的项 $M_1+\frac{M_2}{1+i}$，是**消费者的收入流的现值**。

预算方程说的是消费流的现值等于收入流的现值。

在前面的分析中，我们假定消费者把第一年的收入 M_1 中的一部分储蓄起来，以求第二年的消费高于第二年的收入 M_2。现在假定他的做法正好相反。他现在用第二年的收入做抵押，在第一年借钱增加这一年的消费。为简化分析，我们假定储蓄者和借款者面对着相同的利率。（这一假定并不现实。在现实世界中，储蓄者得到的利率一般低于借款者支付的利率。要认识到这一点，你不妨比较你的信用卡透支余额适用的利率和银行支付给储蓄者的利率。）

如果消费者希望第二年的支出小于第二年的收入，则 $x_2<M_2$ 或者说 $M_2-x_2>0$。设想消费者在第一年到银行，问："在明年，我可以还给你 M_2-x_2 数量的钱。根据这一预期还款额，你在今年能借给我多少钱?"银行家心中盘算：如果在今年我给你数额为 L 的贷款，在明年，我不仅得把这笔钱拿回来，还得有利息收入。我得连本带利拿回 $(1+i)L$ 数量的钱。令 $(1+i)L=M_2-x_2$，求解 L，得到 $L=\frac{M_2-x_2}{1+i}$。（当然了，在现实世界中，这一过程更复杂。银行家会要求借款人为贷款提供抵押品，房地产按揭贷款便如此；对无抵押贷款，银行索取的利率可能很高，以求借此抵补贷款违约造成的损失。）

我们现在可以写出消费者为借款者时的预算约束。他在今年的消费 x_1，等于他在今年的收入 M_1 加上他从银行获得的贷款 $\frac{M_2-x_2}{1+i}$。就是说，

$$x_1=M_1+\frac{M_2-x_2}{1+i},$$

或者说，

$$x_1+\frac{x_2}{1+i}=M_1+\frac{M_2}{1+i}。$$

这正是储蓄者的预算约束方程！

我们概括这一节的分析。消费者在今年有笔收入，在明年有笔收入；他在今年要发生消费支出，在明年也要发生消费支出。我们假定消费者可以储蓄或者借款，并且对储蓄者和借款者利率相同。我们的分析表明，这个消费者有个简单的预算约束，它把今年和明年的消费数量、今年和明年的收入以及利率联系在一起。对这个预算约束，我们有个简单且直观的解释：消费者消费流的现值必须等于其支出流的现值。这便是跨时期选择理论的结论。我们得到的这个预算约束——或者，更一般地说，现值概念——在金融理论和实务中起着重要作用。

3.6 消费者的最优选择：图形分析

我们在消费者理论开篇便说过，给定消费者能支付得起的所有的消费束，他将选择其中最被他偏好的消费束。这是他的**最优选择**。换句话说，他将选择与其预算线相一致的最高无差异曲线。见图 3.6。

那么，消费者的最优选择必须满足哪些条件呢?

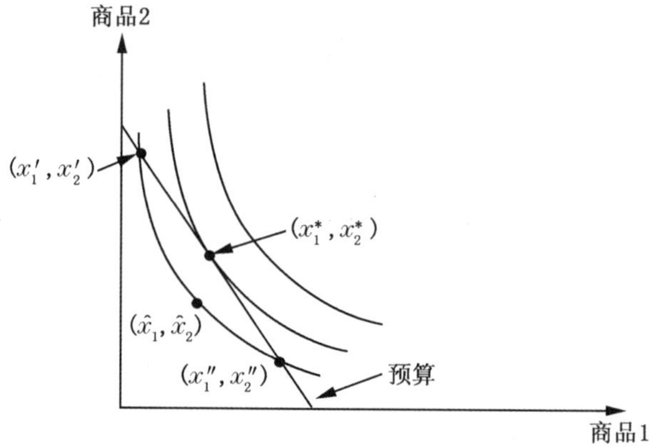

图 3.6　消费者的最优选择是(x_1^*，x_2^*)

首先，在最优点上，消费者的无差异曲线与预算线正好接触，见图 3.6。

图 3.6 告诉我们的不止这些。它告诉我们的是一种标准情况，在这种情况中，无差异曲线与预算线在(x_1^*，x_2^*)上相切。就是说，两条曲线的斜率都有定义且相等。(在后面的一些例子中，我们将看到曲线斜率没有定义或不相等时的情况。)在图 3.6 中，由于两条线的斜率相等，所以斜率的绝对值相等。无差异曲线在某个点的斜率的绝对值为这个点上的边际替代率，预算线的斜率的绝对值为 p_1/p_2。因此，在图 3.6 画出的标准情况中，

$$MRS = p_1/p_2。$$

前面把边际替代率解释为消费者为增加一件商品 1 而**愿意**放弃的商品 2 的数量，把价格比率 p_1/p_2 解释为增加一件商品 1，**市场要求**消费者放弃的商品 2 的数量。在图 3.6 中的最优点(x_1^*，x_2^*)上，消费者愿意放弃的数量等于市场要求他放弃的数量。

现在任取一个点，例如，图 3.6 中的消费束(x_1'，x_2')，使得在这个点上，$MRS \neq p_1/p_2$。在这个消费束上，我们探讨消费者放弃商品 2 和增加商品 1 的可能性。给定商品 1 的增加数量，消费者愿意放弃的商品 2 的数量，大于市场要求他放弃的数量(无差异曲线相对陡峭，预算线相对平坦)。他因此愿意按照市场价格进行交易，沿着预算线向下向右移动，使自己的情况变得更好。消费束(x_1''，x_2'')上的调整过程正好相反；在最优消费束(x_1^*，x_2^*)上，则没有任何调整。

最优点肯定位于预算线上，就是说，

$$p_1x_1 + p_2x_2 = M,$$

因为我们假定偏好具有单调性：消费者总是希望商品数量越多越好。所以，他会花完所有收入。图 3.6 中的消费束($\hat{x}_1$，$\hat{x}_2$)不是最优消费束，不会被消费者选择，因为消费者更偏好($\hat{x}_1$，$\hat{x}_2$)右上方的他能支付得起的消费束，即包含的两种商品的数量更多的消费束。

消费者的最优选择背后的原理始终是购买能支付得起的最被偏好的消费束，或者说，到达他能支付得起的最高的无差异曲线。这里的边际替代率条件实际上

假定商品 2 对商品 1 的边际替代率有定义，并且最优消费束中包含的两种商品的数量都为正。那么，如果没有这些假定，消费者的最优选择又会是什么呢？我们看下面的例子。

例 3 边际替代率没有定义。设 $u(x_1, x_2)=\min\{x_1, x_2\}$；$p_1=2$，$p_2=1$。当效用函数具有这种形式时，我们说商品 1 和商品 2 是**完全互补**品。就是说，商品 1 始终与商品 2 按照 1∶1 的比例被一起消费，如左脚鞋子和右脚鞋子；除非你失去一条腿，否则你总是把右脚鞋子与左脚鞋子搭配消费。在 $x_1=x_2$ 时，*MRS* 没有定义，因为在 $x_1=x_2$ 时，这一效用函数是不可微的。对这种效用函数，我们用图形求解消费者的选择问题（见图 3.7）。

在这里，因为偏好的单调性，预算线方程 $p_1x_1+p_2x_2=M$ 依然成立。我们需要的另一方程是 $x_1=x_2$。给定消费者的这一偏好，消费者不会选择不满足这一条件的消费束。

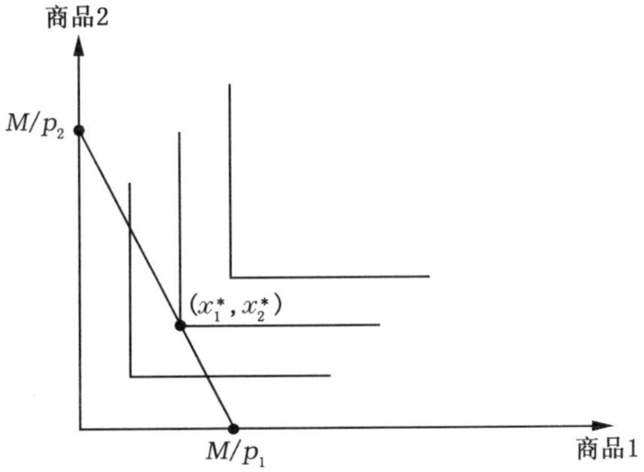

图 3.7 完全互补品

例 4 角解。设 $u(x_1, x_2)=x_1+x_2$。当效用函数为这一形式时，我们说商品 1 和商品 2 是**完全替代**品。对无法分辨可口可乐与百事可乐的消费者，这两种可乐商品便是完全替代品。一瓶可口可乐可以替换一瓶百事可乐而对效用没有任何影响。显然，如果 $p_1<p_2$，消费者会把全部收入支出于商品 1 上。这一效用函数是可微的，*MRS* 处处等于 1。如果价格比率 $p_1/p_2\neq 1$，则不可能出现无差异曲线与预算线相切的情况，见图 3.8。这意味着最优选择肯定位于预算线的某个端点上，即位于商品 1 轴上或者商品 2 轴上。（这种最优选择被称为**角解**。）消费者将只喝可口可乐或只喝百事可乐。他喝哪一种可乐，决定于哪一种可乐更便宜。

在本书使用的最优选择例子中，无差异曲线都与预算线相切。这样做的目的是简化分析。

3.7 消费者的最优选择：预算约束下的效用最大化

我们说过，消费者从他能支付得起的消费束中选择他最偏好的消费束。这个

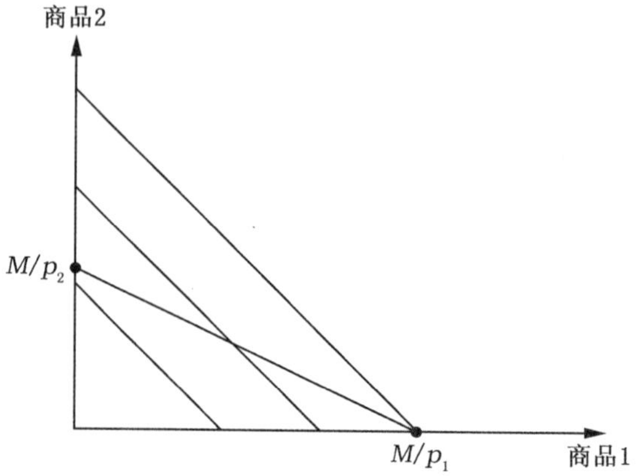

图 3.8　完全替代品。在图中，预算线斜率的绝对值 p_1/p_2 小于 1。消费者只购买商品 1。

消费束便是他的最优选择。前一节通过找到与消费者的预算线相一致的最高无差异曲线，找到这个消费束。这里仍探讨消费者的选择问题，但把它理解为消费者在预算约束下最大化自己的效用函数的问题。在本节，我们假定消费者的最优选择是无差异曲线与预算线的切点。

消费者的最优选择(x_1^*,x_2^*)是如下问题的解：

$$\max u(x_1,x_2) \quad \text{s.t.} \quad p_1x_1+p_2x_2=M。$$

这是个微积分问题：在约束条件下，目标函数 $u(x_1,x_2)$被最大化。如果没有这个约束条件，给定偏好的单调性假定，效用函数没有最大值。因此，我们不能首先最大化 $u(x_1,x_2)$，然后再考虑约束条件。我们有三种方法求解这一问题。

(1)直接求解法。首先，利用约束方程求解其中一个变量，把得到的结果代入目标函数中，借此把目标函数简化为单变量函数，再最大化目标函数。（这个函数有最大值。）例如，我们利用约束方程求解 x_2，得到

$$x_2=\frac{M-p_1x_1}{p_2}。$$

把这一结果代入 $u(x_1,x_2)$中，得到函数

$$u(x_1,\frac{M-p_1x_1}{p_2})。$$

在这里，x_2 已从效用函数中消失。我们把这一函数对 x_1 求导，令导数等于零。求解以此方式得到的方程，我们得到 x_1^*。把这一结果带回预算方程，得到 $p_1x_1^*+p_2x_2=M$；再利用这个式子解出 x_2^*。

这种直接求解法，可能会很繁琐，我们将尽力避免使用这种方法。

(2)图形法。我们可以利用图形求解：在消费者的最优选择上，无差异曲线和预算线相切。就是说

$$MRS=p_1/p_2。$$

我们把这个方程与预算约束方程 $p_1x_1+p_2x_2=M$ 相结合，求解两个未知数(x_1^*,x_2^*)。在本书，我们常用这种方法。

(3)拉格朗日函数方法。求解约束条件下最大化问题的标准方法如下：首先构

造一个函数，称为拉格朗日函数，它把目标函数和约束函数结合在一起。在我们的最大化问题中，拉格朗日函数为：

$$L=u(x_1,x_2)+\lambda(M-(p_1x_1+p_2x_2))。$$

在这个函数中，λ 是个特殊变量，被称为**拉格朗日乘数**。我们找出 L 对 x_1，x_2 和 λ 的一阶条件，这些一阶条件可以转化为 $MRS=p_1/p_2$ 和 $p_1x_1+p_2x_2=M$。我们利用这些一阶条件求解最优商品数量（x_1^*，x_2^*）和最优的λ^*。这一方法比方法 1 和 2 更流畅，并且拉格朗日乘数有自己的经济含义：它告诉我们，收入上升 1 元钱时，消费者的效用增加多少。本书主要使用图形法，因为它比拉格朗日函数方法简单。我们将在本章附录中详细介绍拉格朗日方法。

3.8 例 题

问题 1

第一部分：设 $p_1=1$，$p_2=2$，消费者的收入为 $M=10$。写出消费者的预算约束，并对以下两个效用函数，求解效用最大化消费束：

(a)$u(x_1,x_2)=x_1+x_2$

(b)$u(x_1,x_2)=x_1x_2$

第二部分：设价格变化为 $p_1=2$ 和 $p_2=1$。消费者的新的预算约束是什么？在上述两个效用函数下，效用最大化的消费束发生怎样的变化？

问题 1 的答案

首先，就给定的两个效用函数而言，消费者想花掉全部收入。他想位于预算线上，而不是位于预算线下方。就是说，预算约束是个方程，而非不等式。

第一部分：一般预算约束为 $p_1x_1+p_2x_2=M$。当价格为$(p_1,p_2)-(1,2)$时，我们得到 $x_1+2x_2=10$。这条预算线的斜率的绝对值为 $p_1/p_2=1/2$，商品 1 轴（即横轴）上的截距为 $M/p_1=10$，商品 2 轴（即纵轴）上的截距为 $M/p_2=5$。

(a)给定 $u(x_1,x_2)=x_1+x_2$，消费者的无差异曲线是直线，其斜率的绝对值等于 $MRS=MU_1/MU_2=1/1=1$。无差异曲线与预算线不可能相切，因为无差异曲线的斜率的绝对值为 1，预算线斜率的绝对值为 1/2。为找到角解，我们可以画出类似于图 3.8 的图，或者直接计算在预算线端点处的效用水平。如果消费者用全部收入购买 10 件商品 1，$u(10,0)=10$；如果他用全部收入购买 5 件商品 2，$u(0,5)=5$。他的最优消费束因此为$(x_1^*,x_2^*)=(10,0)$。

(b)给定 $u(x_1,x_2)=x_1x_2$，他的无差异曲线是条双曲线。切点条件是 $MRS=p_1/p_2$，或者说，是

$$MRS=\frac{MU_1}{MU_2}=\frac{x_2}{x_1}=\frac{p_1}{p_2}=\frac{1}{2}。$$

我们得到 $x_1=2x_2$。他的预算约束为 $x_1+2x_2=10$，代入 $x_1=2x_2$，得到 $4x_2=10$。消费者问题的解于是为 $x_1^*=5$ 和 $x_2^*=2.5$。

第二部分：设价格变化为$(p_1,p_2)=(2,1)$。预算约束条件变为 $2x_1+x_2=10$。预算线的斜率的绝对值现在为 $p_1/p_2=2/1=2$，商品 1 轴（即横轴）上的截距

为 $M/p_1=5$，商品 2 轴（即纵轴）上的截距为 $M/p_2=10$。

(a)给定 $u(x_1,x_2)=x_1+x_2$，消费者的无差异曲线是直线，其斜率的绝对值等于 $MRS=MU_1/MU_2=1/1=1$。无差异曲线与预算线不相切。我们直接计算在预算线端点上的效用水平，得到最优消费束 $(x_1^*,x_2^*)=(0,10)$。

(b)给定 $u(x_1,x_2)=x_1x_2$，无差异曲线是条双曲线。切点条件是 $MRS=p_1/p_2$。于是

$$MRS=\frac{x_2}{x_1}=\frac{p_1}{p_2}=\frac{2}{1}$$

我们得到 $x_1=x_2/2$。预算约束为 $2x_1+x_2=10$，代入 $x_1=x_2/2$，得到 $2x_2=10$。解于是为 $x_1^*=2.5$ 和 $x_2^*=5$。

我们最后分别就这两个效用函数探讨在 p_1/p_2 由 1/2 变化为 2/1 时，最优消费束的变化。对于效用函数 $u(x_1,x_2)=x_1+x_2$，最优消费束从(10,0)变化为(0,10)。对于效用函数 $u(x_1,x_2)=x_1x_2$，最优消费束从(5,2.5)变化为(2.5,5)。

这一故事告诉我们，当预算线斜率变化时，对直线型无差异曲线，消费者用一种商品**彻底**替换另一种商品；但是对曲线型（双曲线型）无差异曲线，两种商品之间的替代程度**不是很高**。

问题 2

效用函数 $u(x_1,x_2)=x_1^{\alpha}x_2^{\beta}$ 被称为**柯布－道格拉斯**效用函数（以数学家查尔斯·柯布和经济学家、美国伊利诺伊州参议员保罗·道格拉斯名字命名。企业理论部分将更详细地讨论这个函数）。其中，α 和 β 都是正数。假设消费者在预算约束 $p_1x_1+p_2x_2=M$ 下最大化这个效用函数。消费者想把全部收入支出于效用最大化消费束 (x_1^*,x_2^*) 上。求证：

(a) $x_1^*=\left(\frac{\alpha}{\alpha+\beta}\right)\frac{M}{p_1}$，

(b) $x_2^*=\left(\frac{\beta}{\alpha+\beta}\right)\frac{M}{p_2}$。

问题 2 的答案

(a)这里的无差异曲线类似双曲线；但是当 $\alpha\neq\beta$ 时，无差异曲线并不围绕着始自原点的 45 度线对称。我们能求得

$$MU_1=\alpha x_1^{\alpha-1}x_2^{\beta},MU_2=\beta x_1^{\alpha}x_2^{\beta-1}。$$

根据切点条件，无差异曲线的斜率肯定等于预算线的斜率，就是说，

$$MRS=\frac{MU_1}{MU_2}=\frac{\alpha x_1^{\alpha-1}x_2^{\beta}}{\beta x_1^{\alpha}x_2^{\beta-1}}=\frac{\alpha x_2}{\beta x_1}=\frac{p_1}{p_2}。$$

于是，$\beta p_1x_1=\alpha p_2x_2$。我们得到

$$p_1x_1=\alpha p_2x_2/\beta \text{ 或 } p_2x_2=\beta p_1x_1/\alpha。$$

预算约束为 $p_1x_1+p_2x_2=M$。

利用 $p_2x_2=\beta p_1x_1/\alpha$ 和预算约束条件，我们得到

$$p_1x_1+\beta p_1x_1/\alpha=M，\text{或者说，}(\alpha p_1x_1+\beta p_1x_1)/\alpha=M。$$

于是，

$$x_1^* = (\frac{\alpha}{\alpha+\beta})\frac{M}{p_1}。$$

(b)利用 $p_1x_1=\alpha p_2x_2/\beta$ 和预算约束条件，我们得到

$$\alpha p_2x_2/\beta+p_2x_2=M，或者说，(\alpha p_2x_2+\beta p_2x_2)/\beta=M。$$

于是，

$$x_2^* = (\frac{\beta}{\alpha+\beta})\frac{M}{p_2}。$$

习　题

1.某消费者的初始预算约束为 $p_1x_1+p_2x_2=M$，其中，p_1 和 p_2 为初始价格，M 为初始收入水平。

(a)如果 p_1 上升 1 倍，p_2 下跌一半，则消费者的新的预算约束方程是什么？预算线的斜率发生什么变化？

(b)如果 p_1 上升 1 倍，M 上升到原来的 3 倍，则新的预算约束方程是什么？预算线的斜率发生什么变化？

2.某个消费者的效用函数为 $u(x_1,x_2)=x_1x_2^2$。

(a)设 $p_1=3,p_2=2,M=90$。写出这个消费者的预算方程。

(b)利用切点条件 $MRS=MU_1/MU_2=p_1/p_2$，求解在上述价格和收入下，这个消费者的最优消费束。

3.某个消费者喜食苹果(a)和香蕉(b)。他有一笔预算专用于购买这两种商品。利用全部预算，他能买到 10 个苹果和 30 根香蕉或买到 15 个苹果和 15 根香蕉。苹果的价格为 3 元。

(a)求这个消费者在水果上的预算和香蕉的价格。

(b)设此人的效用函数为 $u(a,b)=a+b$。他将消费多少个苹果和多少根香蕉？

4.假设只有两种商品：南瓜(x_1)和果汁(x_2)。南瓜的单价为 2 元。如果只购买 1 瓶或 2 瓶果汁，则每瓶果汁 7 元；如果购买数量超过 2 瓶，则超过 2 瓶的部分，价格为每瓶 4 元。

(a)消费者乔治的收入为 54 元。画出他的预算线，求预算线在 x_1 轴和 x_2 轴上的截距和预算线的折点，并在图上标出这些点。

(b)设乔治的效用函数为 $u(x_1,x_2)=x_1+3x_2$。在图上画出一些无差异曲线，求解他的最优消费束(x_1^*,x_2^*)。

(c)消费者保罗的收入为 22 元。在图上画出他的预算线，求他的预算线在 x_1 轴和 x_2 轴上的截距与预算线的折点，并在图上标出这些点。

(d)设保罗的效用函数为 $u(x_1,x_2)=\min\{3x_1,2x_2\}$。在图上画出一些无差异曲线，求解他的最优消费束($x_1^*,x_2^*$)。

5.某个消费者刚得到 50 元零花钱，这是他在未来两周的全部开销来源，因为他父母每两周给他一笔零花钱。设 c_1 是他在本周的消费(用购买到的商品的件数

表示），c_2 是他在下周的消费（用购买到的商品的件数表示）。商品在本周的价格为 1 元。由于通货膨胀，下周的价格更高。设通货膨胀率 π 为每周 1%，或者说，为 0.01。（在本书，π 不表示圆周率。在本章和第五章，π 表示通货膨胀率。在第八章及以后，π 表示利润。）就是说，商品在下周的价格为 $1(1+\pi)=1.01$（元）。这个消费者可以在当地银行借款或储蓄。无论是借款还是储蓄，利率 i 皆为每周 1%，或者说，为 0.01。他的效用函数为 $u(c_1,c_2)=\ln c_1+\ln c_2$。

(a)写出这个消费者的预算约束，首先将其表示为抽象形式（即用 M、π 和 i 表示），然后代入有关值。

(b)求解他的最优消费束（c_1^*,c_2^*）。

(c)设通货膨胀率上升到 10%，利率下降到零。求解消费者的最优消费束。

6.某个消费者在本时期消费（c_1）和下时期消费（c_2）上的偏好可以表示为效用函数 $u(c_1,c_2)=c_1^2c_2$。假设本时期消费品的价格为 1 元；利率 i 为 10%，通货膨胀率 π 为 5%。这个消费者在本时期的收入为 100 元，在下个时期的收入也为 100 元。

(a)写出这个消费者的预算线的表达式，并画出图形。这条预算线在 c_1 和 c_2 轴上的截距是什么？请在图上标明。这条预算线的斜率是什么？请简短解释其含义。零储蓄点在什么位置上？请简短解释。

(b)求解消费者的最优消费束（c_1^*,c_2^*）。我们称此消费束为 S。他是个储蓄者还是个借款者？在图上标明点 S，并画出过此点的无差异曲线。

(c)设利率下跌到 5%。在图上画出新的预算线。求解消费者的新的最优消费束 S'。

(d)在这个新的最优点 S' 上，消费者的情况变好还是变差？

附　录
约束条件下的最大化：拉格朗日函数方法

法国数学家和天文学家约瑟夫·路易斯·拉格朗日（Joseph Louis Lagrange，1735—1813），提出了约束条件下最大化（或最小化）函数的求解方法，称为拉格朗日函数法。消费者在预算约束下最大化效用；在后面我们还将看到，企业在产量约束下最小化成本或在成本约束下最大化利润。**拉格朗日方法**，或者说**拉格朗日函数法**，经常被经济学家使用。我们在效用最大化背景下阐述这种方法：一个消费者，在预算约束 $p_1x_1+p_2x_2=M$ 下，最大化一个良好型态的效用函数 $u(x_1,x_2)$。我们假定消费者的最优选择为一条无差异曲线和预算线的切点。

拉格朗日方法表现为如下几个步骤：

我们首先写出所要最大化的效用函数：

$$u(x_1,x_2)。$$

我们再把消费者的预算约束写为：

$$M-(p_1x_1+p_2x_2)=0。$$

我们再写出新的目标函数，称为**拉格朗日函数**：

$$L(x_1,x_2,\lambda)=u(x_1,x_2)+\lambda(M-(p_1x_1+p_2x_2))。$$

这里的 λ 是个新变量，称为**拉格朗日乘数**。直观地看，拉格朗日函数是在初始目标函数 $u(x_1,x_2)$ 的基础上，加上 λ 乘以至少在最优点上其值应等于零的一个表达式[即 $M-(p_1x_1+p_2x_2)$]。这里要看到，L 是 x_1、x_2 和 λ 三个变量的函数。

我们最大化 L。就是说，我们对**无约束条件的** L 的**最大化问题**推导出一阶条件。这一过程能使我们得到消费束(x_1^*,x_2^*)，它是初始**约束条件下的最大化问题**的解。这是因为，无约束条件的 L 的最大化问题的一阶条件，蕴含约束条件下 $u(x_1,x_2)$ 的最大化问题的一阶条件。而且，在这一过程，我们还得到了有相当好的直观含义的 λ^*。

我们用两个例子演示拉格朗日方法。

例 5 设 $u(x_1,x_2)=x_1x_2$，$p_1=1$，$p_2=2$，$M=10$，即正文中例题 1(b)。拉格朗日函数为：

$$L=x_1x_2+\lambda(10-(x_1+2x_2))。$$

L 的最大化问题的一阶条件为：

$$\frac{\partial L}{\partial x_1}=x_2-\lambda\times 1=0,$$

$$\frac{\partial L}{\partial x_2}=x_1-\lambda\times 2=0,$$

$$\frac{\partial L}{\partial \lambda}=10-(x_1+2x_2)=0。$$

合并前两个一阶条件，得到 $x_2/x_1=1/2$。这正是我们所熟悉的 $MRS=p_2/p_1$ 条件，见例题 1(b)。最后一个条件则是预算约束。求解最优消费束，我们得到$(x_1^*,x_2^*)=(10/2,10/4)=(5,2.5)$。求解最优拉格朗日乘数，我们得到 $\lambda^*=2.5$。

如何理解 λ^* 呢？我们首先看拉格朗日函数的一般特征。如果把拉格朗日函数 L 对货币收入求导，我们得到 λ^*。这表明 λ 是在放松预算约束即增加收入 M 时，L 的增长速度——因此也是目标函数 $u(x_1,x_2)$ 的增长速度。

现在回到上面的例子。我们增加 M，例如增加 1 元钱，增加至 11 元钱。根据条件 $MRS=p_2/p_1$，我们得到 $x_2/x_1=1/2$；现在，预算约束为 $11-(x_1+2x_2)=0$。联立求解这两个方程，得到$(x_1^{**},x_2^{**})=(11/2,11/4)$。

M 的上升增加了消费者的效用。u 上的变化为 $\Delta u=11/2\times 11/4-10/2\times 10/4=15.125-12.5=2.625$。于是，

$$\frac{\Delta u}{\Delta M}=\frac{2.625}{1}\approx\lambda^*。$$

就是说，拉格朗日乘数 λ^* 大约等于收入上升 1 元钱时，消费者所增加的效用。如果我们让 ΔM 趋于零，则“大约等于”就变为“正好等于”，或者说，

$$\frac{\partial u}{\partial M}=2.5=\lambda^*。$$

所以，**拉格朗日乘数 λ^* 是随着收入上升或者说随着预算约束条件放松，消费者效用的增长速度。**

例 6 设 $u(x_1,x_2)=x_1^2x_2^3$，$p_1=2$，$p_2=3$，$M=10$。拉格朗日函数为

$$L=x_1^2x_2^3+\lambda(10-(2x_1+3x_2))。$$

L 取最大值的一阶条件为

$$\frac{\partial L}{\partial x_1}=2x_1x_2^3-\lambda\times 2=0,$$

$$\frac{\partial L}{\partial x_2}=3x_1^2x_2^2-\lambda\times 3=0,$$

$$\frac{\partial L}{\partial \lambda}=10-(2x_1+3x_2)=0。$$

对前两个一阶条件，我们把 $-\lambda p_i$ 项移到等号右边，再把第一个方程两边的项分别除以第二个方程两边的项，得到

$$\frac{2x_2}{3x_1}=\frac{2}{3}，因此，x_1=x_2。$$

利用最后一个条件，即消费者的预算约束条件，我们求得最优消费束为 $(x_1^*,x_2^*)=(2,2)$。最后求解 λ^*，我们得到 $\lambda^*=x_1^*(x_2^*)^3=(x_1^*)^2(x_2^*)^2=2^4=16$。

第四章

需求函数

4.1 导　论

第三章讨论了消费者最优选择。我们现在知道在价格为 p_1 和 p_2 和收入为 M 时，消费者如何决定购买多少件商品 1 和商品 2。给定预算约束 $p_1x_1+p_2x_2=M$，消费者最大化自己的效用 $u(x_1,x_2)$。我们把他所选择的效用最大化消费束写为(x_1^*,x_2^*)。

由于对任意的 p_1、p_2 和 M 值，我们都能得到消费者的最优选择，所以，我们实际上得到了两个函数：$x_1^*=x_1(p_1,p_2,M)$和 $x_2^*=x_2(p_1,p_2,M)$。给定任意的价格和收入值，这两个函数告诉我们消费者购买的商品 1 和商品 2 的数量，即他对两种商品的**需求量**。我们称这两个函数为他对商品 1 和商品 2 的**个人需求函数**。（为简化符号，在本章中我们省略其中的 * 号。）

本章探讨个人需求函数。每个需求函数中都有三个独立变量。由于这个特点，我们无法用图形直观描述个人需求函数。（因为这需要用到四维空间。）我们研究在只有一个独立变量变化时，需求如何变化。这种分析方法称为**比较静态分析**，因为我们是在比较当一个外生变量如某种商品的价格或收入从一个水平变化为另一个水平时，消费者对商品 1 和商品 2 的最优消费。从现在开始，我们只分析商品 1 的需求函数。

在第 4.2 节，我们让价格保持不变，把需求看作是收入的函数。我们推导恩格尔曲线，它把消费者对某种商品的最优消费数量表示为收入的函数。我们定义正常商品（更高收入导致更高的消费数量）和低档商品（更高的收入导致更低的消费数量）。在第 4.3 节，我们把需求看作是商品本身的价格的函数，讨论消费者的标准需求曲线（它把最优消费数量看作是商品本身的价格的函数）和反需求曲线（它把价格看作是需求数量的函数）。在第 4.4 节，我们把商品 1 的需求看作是商品 2 的价格的函数；在第 4.5 节，我们探讨收入效应和替代效应。**收入效应**是指由收入变化导致的消费的变化；**替代效应**指由相对价格的变化导致的消费的变化。我们有几种方法衡量替代效应，我们讨论三种不同方法，并用图形说明这些方法。在第 4.6 节，我们讨论补偿需求曲线。在第 4.7 节，我们介绍**弹性**概念，经济学家用这个概念衡量一个变量的变化(例如,p_1 或 M 的变化)所导致的另一变量的变化(例如,商品 1 的需求量的变化)。在第 4.8 节,我们介绍如何加总所有消费者的个人需求曲线而得到**市场需求曲线**。

4.2 需求是收入的函数

消费者对商品 1 的需求函数为 $x_1 = x_1(p_1, p_2, M)$。在本节,p_1 和 p_2 保持不变,我们面对的函数实际上是 $x_1(M)$。就是说,在 p_1 和 p_2 保持不变时,消费者对商品的需求是消费者收入的函数。

在图 4.1 中,随着收入上升(就是说,随着我们向外移动预算线),消费者想购买的商品 1 的数量增加。具有这一特征的商品,即随着收入上升,消费者的需求数量上升的商品,被称为**正常商品**。"正常"一词告诉我们,大部分商品是正常商品。更富有的消费者消费更大的房子(更大的面积、更多个卧室、更多个浴室、更多个卫生间、更大的厨房、更多个衣物间)、更大的庭院和更大或更好的车子;她更频繁地旅行或度假;她购买更多衣服和鞋子。(听说过伊梅尔达·马科斯吗?她是菲律宾前总统的妻子,拥有数千双鞋子,当然了,她还有其他人格缺陷。)更富有的消费者购买更多的娱乐享受、更多的教育和更多的心理治疗。

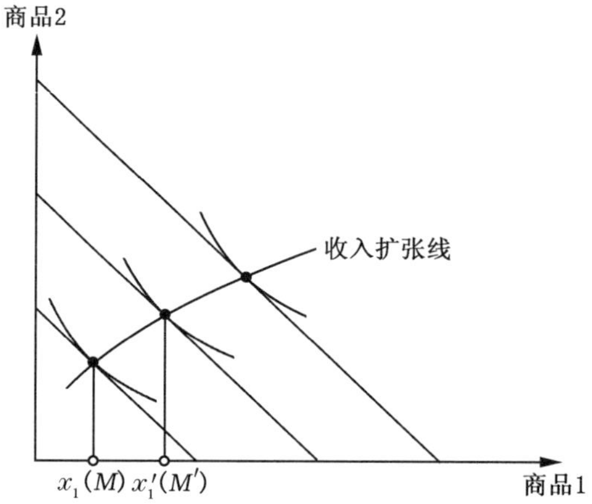

图 4.1 把消费者在不同收入水平上的最优选择连接到一起的曲线,称为收入扩张线

图 4.2 则用另一种形式描述这种商品。我们把收入表示在纵轴上,把消费者对商品 1 的需求量表示在横轴上,我们从收入扩张线上得到(x_1, M)和(x_1', M')两个需求量—收入数对。我们连接这些点,得到一条曲线,称为商品 1 的**恩格尔曲线**。[厄恩斯特·恩格尔(Ernst Engel,1821—1896)是德国统计学家和经济学家,最早研究这类曲线]。

在恩格尔曲线图和在本章所讨论的其他曲线图上,我们始终把独立变量表示**在纵轴上**,把依赖变量表示**在横轴上**。这种做法与数学上的处理方法正好相反。在数学上,我们把依赖变量表示在纵轴上。自英国大经济学家阿尔弗雷德·马歇

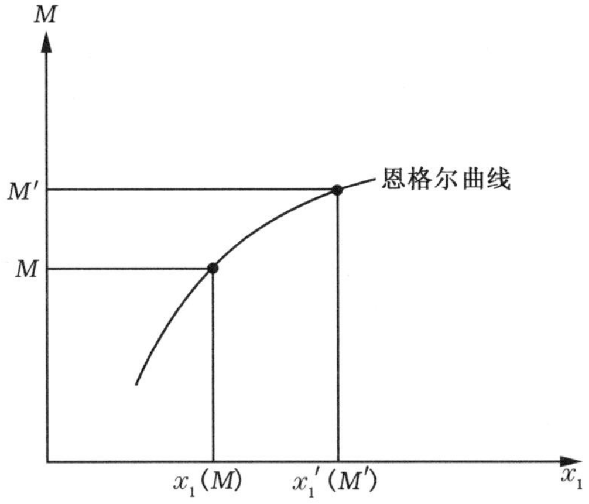

图 4.2　正常商品的恩格尔曲线

尔(Alfred Marshall,1842—1924)以来,经济学家一直使用这种"错误的"画图方式——马歇尔在19世纪末便使用这种方法。我们替马歇尔道歉。

当然了,对有些商品,更富有的消费者消费更少的数量。这类商品与正常商品正好相反,它们被称为**低档商品**。随着收入上升,消费者消费更少数量的低档商品。城际客运巴士服务便是一个例子:随着人们变得富裕,他们不再乘坐大巴,而是乘坐火车、飞机或者自己驾车。麦当劳的薯条可能是一种低档品(虽然它们味道不错)。随着收入增加,消费者光顾麦当劳的次数可能下降。图4.3画出了低档商品的收入扩张曲线。我们没有画出低档商品的(向下倾斜的)恩格尔曲线。

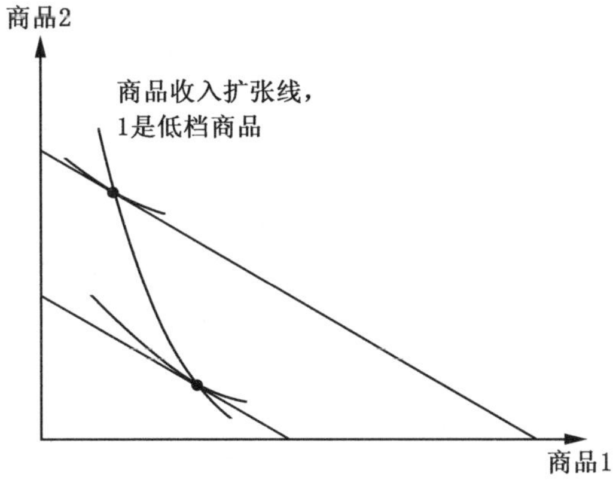

图 4.3　低档商品的收入扩张线

但是,一种商品不可能在消费者的所有收入水平上都为低档商品。如果他的收入为零,则他对商品1的消费量肯定为零(因为我们假定所有商品的价格都为正)。如果他的收入略大于零,则他对任何商品的消费数量都大于或等于收入为零时的消费数量。因此,在 $M=0$ 时,没有商品是低档品。想想麦当劳店中的薯条。在消费者很穷时,当他手中的钱稍微多点时,他就可能到麦当劳店买更多薯条。但是，随着他变得非常富有，他光顾麦当劳的次数越来越少。

4.3　需求是价格的函数

我们说过，消费者对商品 1 的需求决定于商品 1 的价格、商品 2 的价格和他的收入：$x_1=x_1(p_1,p_2,M)$。在本节，我们假定 M 和 p_2 保持不变。我们探讨商品 1 的价格和消费者想消费的商品 1 的数量之间的关系，即研究 $x_1(p_1)$。图 4.4 画出了在商品 1 价格下降时，消费者的最优消费束(x_1,x_2)的变化。让商品 1 的价格不断变化，我们便得到了**提供曲线**。

我们说过，随着收入上升，消费者对"正常"商品的需求量上升。**价格**上升的效应正好相反。就是说，随着商品价格上升，消费者对这种商品的需求量通常下降。如果这种情况发生在商品 1 上，就是说，随着 p_1 上升，x_1 下降，我们就说商品 1 是**一般商品**。

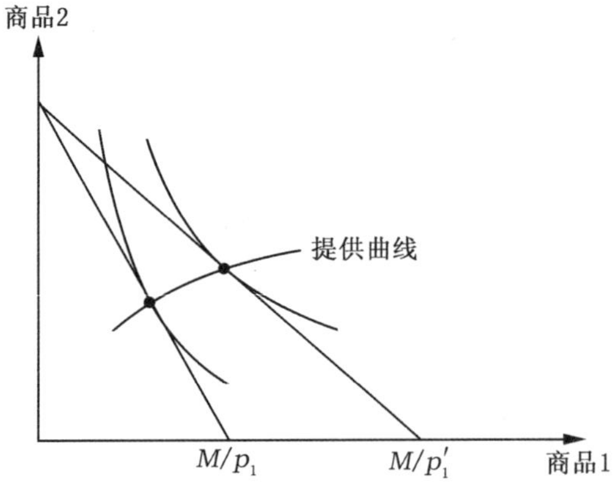

图 4.4　把消费者在不同价格水平上的最优选择连接在一起的曲线，称为提供曲线。图 4.4 画出了一般商品的提供曲线。

在图 4.5，我们把独立变量即 p_1，表示在纵轴；把依赖变量即消费者购买的商品 1 的数量，表示在横轴。我们画出与消费者的最优选择相对应的点(p_1,x_1)和(p_1',x_1')等，并把它们连接到一起。我们于是得到消费者的**需求曲线**。在图 4.5，价格与需求量反方向变化。

大部分商品是一般商品。就是说，它们都遵循**需求法则**：随着价格上升，需求量下降；随着价格下降，需求量上升。换句话说，需求曲线一般向下倾斜。但是，有些商品不是一般商品，不遵循需求法则。这些商品被称为**吉芬商品**——以英国统计学家和经济学家罗伯特·吉芬(Robert Giffen，1837—1910)名字命名。（我们依然使用吉芬商品一词，但是，它的起源可能存疑。这个概念可能源自阿尔弗雷德·马歇尔于 1895 年出版的《经济学原理》第三版："正如吉芬所指出的，面包价格上涨让贫困的劳动家庭手头拮据，大大提高了货币对这些家庭的边际效用，迫使这些家庭削减对肉类和比面包更贵的其他谷物食品的消费；面包依然是他们能得到和能

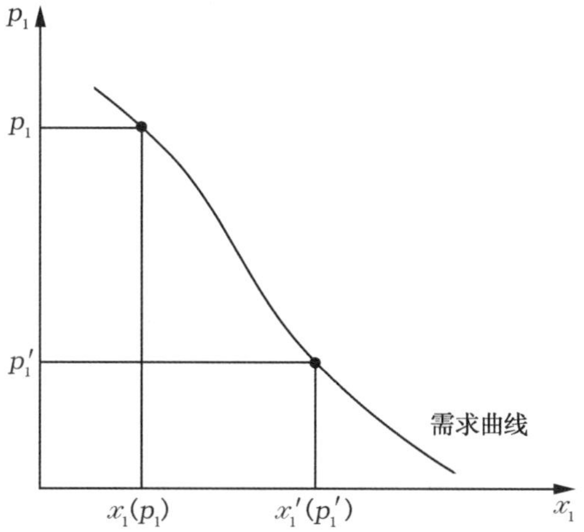

图 4.5 一般商品的需求曲线

买回家的最便宜的食品，所以，这些家庭消费更多而不是更少的面包。"2009 年，维基百科对马歇尔的这段话提出质疑："学者们在吉芬的著作中没能找到关于吉芬商品的只言片语。"当然了，有人对维基百科的这段话提出质疑。）

不管我们把这类商品称为吉芬商品还是马歇尔/吉芬商品，它们都违背需求法则。穷人消费大量面包，因为他买不起牛奶、鱼、肉和蔬菜。面包价格上升，使他变得更穷。他对此的反应是削减昂贵食品上的支出（可能还有衣物、住房等上的支出）。结果，他消费更多的面包。图 4.6 描述了吉芬商品。随着价格 p_1 上升，消费者对商品 1 的需求上升。

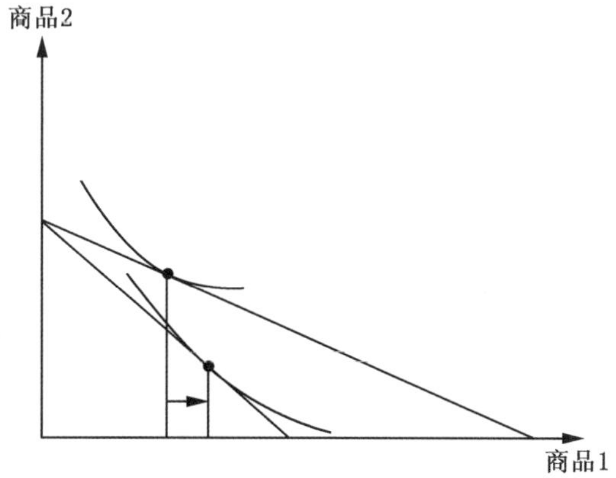

图 4.6 商品 1 是吉芬商品时的提供曲线

关于吉芬商品，还有一点需要指出。我们身边一些人，他们为炫富目的而消费某些商品，**原因是**这些商品价格昂贵。这是一些人戴劳力士手表或开劳斯莱斯车或购买 30 米长的游艇的原因。这种需求可能违背需求法则：如果劳力士手表的价格为 20 美元而不是2 000美元，这些人可能不会买劳力士手表。但是，这类商品不是吉芬商品。它们被称为**凡勃伦商品**——以托尔斯坦 · 凡勃伦（Thorstein Veblen,1857—1929)名字命名。这些商品不属于标准的消费者行为模型分析范畴。在标准模型中,消费者的偏好和他的效用函数只决定于他所消费的商品的内在特征,而不直接决定于商品价格。具体地说,标准经济学模型没有考虑消费者通过购买昂贵玩具炫耀财富的心理特征。要分析这种行为,我们需要别的模型,但是我们无法在本书中面面俱到。

反需求曲线

我们再看一般商品的需求曲线(图 4.5)。我们有时需要"垂直地"而不是(如此前那样)"水平地"分析需求曲线上的点。就是说,我们不再说在每个价格上,都有个需求量和这个价格对应——如需求曲线所告诉我们的那样;而是说,对应每个需求量,消费者愿意支付某个价格。对一般商品,消费者的支付意愿随需求量上升而下降:对更大数量的商品,消费者只愿意支付更低的(单位)价格。以这种方法——对每个数量,明确相应的价格——定义的需求曲线,被称为**反需求曲线**。它把价格看作是数量的函数,写为 $p_1(x_1)$。在后面探讨消费者剩余概念时,我们还将讨论反需求曲线概念。

4.4 需求是其他商品的价格的函数

我们依然把商品 1 的需求看作是商品 1 的价格、商品 2 的价格和消费者的收入三个变量的函数,就是说,$x_1=x_1(p_1,p_2,M)$。但是,在本节,我们固定 p_1 和 M,只探讨商品 1 的需求与商品 2 的价格之间的关系,即 $x_1(p_2)$。

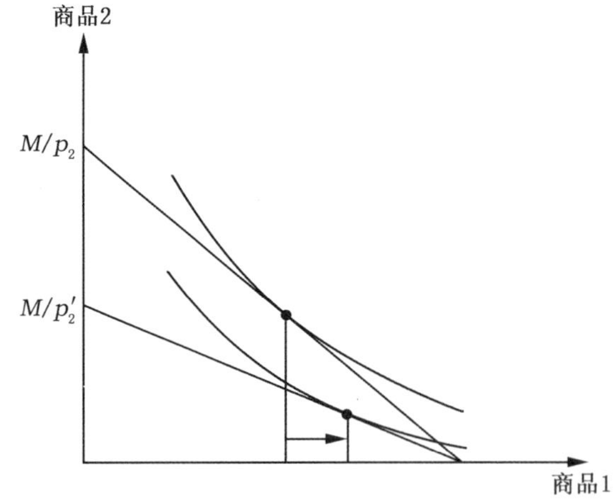

图 4.7 替代品提供曲线:随着商品 2 价格上升,商品 1 需求量下降。

商品 1 和商品 2 被称为**替代品**,如果其中一种商品价格上升,导致另一种商品需求量上升。就是说,随着相对价格变化,一种商品被另一种商品替代。替代品之间的关系既可能十分紧密,也可能不很紧密。埃克森公司销售的汽油与壳牌公司销售的汽油是十分接近的替代品;石油公司可能声称两种汽油在一些方面有差别,实际上它们几乎完全相同。出售不同品牌汽油的加油站会发现，如果其中一种汽油提高价格而另一种的价格不变，消费者就会购买价格便宜的汽油，而不管它是由埃克森还是由壳牌生产。两个品牌的同一种药，如 Advil 和 Motrin，是替代品。鸡肉和猪肉可能是替代品，其中一种肉价格上升，对另一种肉的需求量可能上升。图 4.7 用提供曲线描述了替代品的特征。我们也可以用价格/数量图描述替代品，把商品 2 的价格表示在纵轴，把商品 1 的数量表示在横轴。这种图被称为**交叉需求曲线**。

商品 1 和商品 2 被称为**互补品**，如果其中一种商品价格上升，导致另一种商品需求量下降。喷墨打印机和墨盒是互补品，手机和彩铃是互补品，(大排量)汽车和汽油是互补品。在 2008 年，随着美国汽油价格高涨，对大排量轿车和皮卡的需求量大幅下降，一些汽车制造商业绩下滑。图 4.8 用提供曲线描述了互补品的特征。

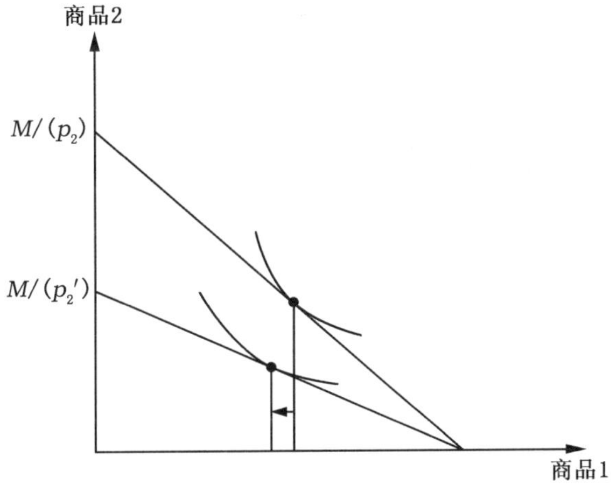

图 4.8　互补品的提供曲线：随着商品 2 价格上升，商品 1 需求量下降。

关于替代品和互补品，还有一点需要注意：我们有时不能轻易地说商品 1 和商品 2 是“替代品”。可能存在这种情况：随着商品 2 价格**上升**，消费者对商品 1 的需求量上升(就是说，商品 1“替代”商品 2)；但是，随着商品 1 价格上升，消费者对商品 2 的需求量**下降**(就是说，商品 2 是商品 1 的“互补品”)。我们看个例子。

设消费者的效用函数为

$$u(x_1,x_2)=(x_1-1)(x_2+1),$$

其中，$x_1\geqslant 1$。我们可以把商品 1 理解为“食品”，$x_1=1$ 是刚能满足生存需要的食品数量。在仅有 1 件食品时，消费者勉强活着，得到的效用为零；在食品数量不足 1 件时，消费者饿死。商品 2 是“其他商品”。如果你在图上画出此人的无差异曲线，你就能看到，无差异曲线渐近于直线 $x_1=1$，但与横轴相交。商品 1 的边际效用为 x_2+1，商品 2 的边际效用为 x_1-1。边际替代率因此为$\dfrac{x_2+1}{x_1-1}$。令边际替代率等于相对价格，得到 $p_1(x_1-1)=p_2(x_2+1)$。将这个结果与标准预算约束条件 $p_1x_1+p_2x_2=M$ 结合，得到消费者对商品 1 和商品 2 的需求函数：

$$x_1=\frac{M+p_1+p_2}{2p_1},$$

$$x_2=\frac{M-p_1-p_2}{2p_2}。$$

从第一个需求函数即食品的需求函数中，我们看到，随着其他商品的价格即 p_2 上升，消费者购买更多食品（它们因此是"替代品"）。从第二个需求函数即其他商品的需求函数中，我们看到，随着食品价格 p_1 上升，消费者购买的其他商品的数量下降（它们因此是"互补品"）。这个例子告诉我们，"替代品"和"互补品"概念有助于我们直观理解商品之间的关系；但是，在数学上，这两个概念并不精确。

4.5 替代效应和收入效应

在第 4.2 节，我们讨论了收入变化如何影响消费者对商品 1 的需求量。对正常商品，收入上升导致需求量上升；对低档商品，收入上升导致需求量下降。在第 4.3 节，我们讨论了商品 1 的价格变化如何影响消费者对商品 1 的需求量。一般情况下，商品 1 价格下降导致消费者对商品 1 的需求量上升。但是，如果商品 1 为少见的吉芬商品，则价格下降导致需求量下降。我们现在更深入地探讨在 p_1 下降而 p_2 和 M 保持不变时，消费者对商品 1 的需求发生怎样的变化。我们将看到，由 p_1 下降所导致的消费者需求量的变化包括两个部分：第一，商品 1 的**相对价格**（即商品 1 的价格对商品 2 价格的比率，或者说 p_1/p_2）下降。相对价格的这种变化导致消费者购买**更多的**商品 1 和**更少的**商品 2。第二，由于一种商品价格下降而其他商品的价格和收入保持不变，消费者实际上变得富有。如果商品 1 是正常商品，则这一变化导致消费者购买更多的商品 1；如果商品 1 是低档商品，则消费者购买更少的商品 1。第一种效应——消费者购买更多的商品 1，因为相对于商品 2，商品 1 变得便宜——被称为**替代效应**。第二种效应——消费者变得富有，因此，在商品 1 是正常商品时，购买更多的商品 1；在商品 1 是低档商品时，购买更少的商品 1——被称为**收入效应**。

简单地说，消费者对价格 p_1 下降做出反应，这个反应可分解为两个部分：替代效应（由相对价格变化而诱发的效应）和收入效应（因消费者变得富有而导致的变化）。我们（至少）有两种方法进行这种效应分解。第一种方法由俄罗斯经济学家叶甫根尼·斯拉茨基（Evgeny Slutsky，1880—1948）在 1915 年撰写的一篇关于消费者理论的论文中提出。第二种方法由 20 世纪伟大的英国经济学家约翰·希克斯爵士（Sir John Hicks，1904—1989）在 1939 年出版的著作《价值与资本》（*Value and Capital*）中提出。

图 4.9 描述了斯拉茨基分解过程。他把价格变化导致的消费者反应分解为收入效应和替代效应。在图 4.9 中，当商品 1 的价格从 p_1 下降到 p_1' 时，消费者从初始预算线上的 x 点移动到新预算线上的 y 点。斯拉茨基虚构了一条预算线，它位于初始预算线和新预算线之间，斜率等于新预算线的斜率，且穿过初始选择 x。面对着这条虚构预算线，消费者选择消费束 z。斯拉茨基把替代效应定义为从 x 到

z 的变化，把收入效应定义为从 z 到 y 的变化。从 z 到 y 的变化是在斜率相同的预算线之间的变化，因此不涉及相对价格变化。

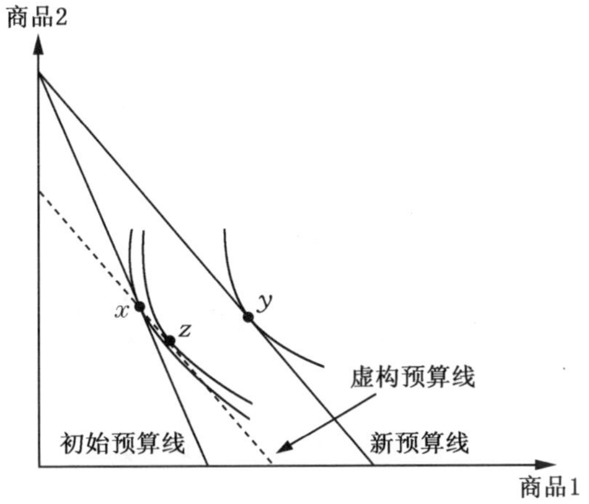

图 4.9　斯拉茨基替代效应是从 x 到 z 的变化；收入效应是从 z 到 y 的变化。

希克斯认为斯拉茨基的分解方法有问题：在点 x 和点 z 之间，消费者更喜欢点 z。从初始预算线上的 x 点到新预算线上的 y 点的变化实际上使消费者更富有，从初始预算线上的 x 点到虚构预算线上的 z 点的变化亦如此。希克斯认为，要进行正确分解，需要使用另一条虚构的预算线和另一个虚构的点 z，它们必须使消费者在 x 与 z 之间无差异。和斯拉茨基的分解一样，这条虚构预算线应该与新预算线的斜率相同。就是说，虚构预算线的斜率应该等于新的相对价格而不是初始相对价格。它还应该与初始无差异曲线相切。我们于是有图 4.10。图 4.10 演示了希克斯收入效应与替代效应的分解。在图 4.10，消费者开始自 x 点，结束于 y 点。从 x 到 y 的变化被分解为从 x 到 z 的变化和从 z 到 y 的变化。从 x 到 z 的变化发生在同一条无差异曲线上，只反映了相对价格的变化，消费者的效用依然保持在初始水平上。从 z 到 y 的变化则只反映收入变化，相对价格依然保持在初始水平上，消费者却移动到更高的预算线上。

我们可以用图 4.9 或图 4.10 确定商品 1 是一般商品还是吉芬商品。我们只需看 y 点位于 x 点右边（一般商品）还是左边（吉芬商品）。要确定商品 1 是正常商品还是低档商品，我们需要把 z 点与 y 点进行比较。如果 y 点位于 z 点右边，商品 1 为正常商品；如果 y 点位于 z 点左边，商品 1 为低档商品。

斯拉茨基和希克斯都把商品 1 需求量上的变化分解为两个部分：替代效应和收入效应。前者反映相对价格变化导致的后果，后者反映消费者变得富有时（如果 p_1 上升而不是下降，则消费者变得贫穷）所导致的后果。经济学家依然使用斯拉茨基方法构造价格指数，因为斯拉茨基分解建立在可观察到的量即消费束上。但是，对分析消费者福利水平改善（或下降）的经济学家，希克斯方法更好。因为在希克斯分解图上，点 x 与点 z 位于同一条无差异曲线，因此，从 z 到 y 的变化更精确地反映了价格变化导致的消费者福利的变化。在本书，我们主要使用希克斯方法。

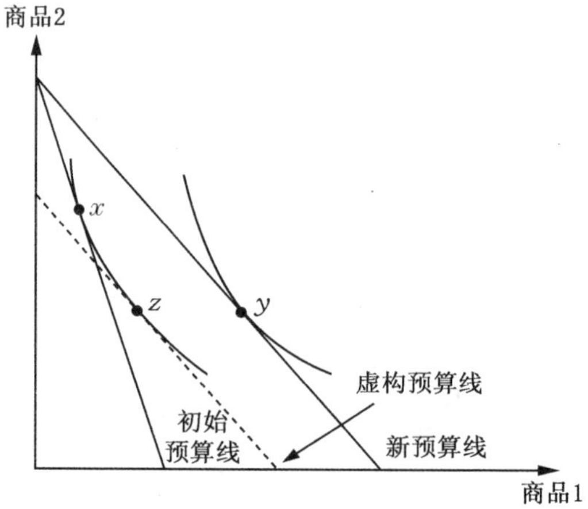

图 4.10　希克斯替代效应是从 x 到 z 的变化；收入效应是从 z 到 y 的变化。

我们最后设 p_1 上升而不是下降，并画出相应的替代效应/收入效应图。价格上升意味着消费者福利下降，这一点如同收入下降。这里实际上有两种分解方式，它们都与希克斯思路一致。在图 4.9 和图 4.10 的讨论中，我们虚构了一条预算线，它与新预算线平行且与初始无差异曲线相切。就是说，它的斜率等于新的相对价格 p_1'/p_2。沿用这一逻辑，我们可以构造另一条预算线——它与初始预算线平行且与新的无差异曲线相切。就是说，它的斜率等于初始相对价格 p_1/p_2。在图 4.11，因为 p_1 上升，预算线向内移动。以初始无差异曲线和新的相对价格为基础，希克斯效应为从 x 到 z 的移动。而由尼古拉斯・卡尔多(Nicholas Kaldor，1908—1986)提出的替代效应，则以新的无差异曲线和斜率等于初始相对价格的虚构预算线为基础。卡尔多替代效应是从 w 到 y 的变化。哪一种替代效应正确呢?答案是:它们都正确。但是，两种方法得到的结果略有差异。

我们看到，在任何一幅替代效应/收入效应图上，替代效应始终是负的(至少小于或等于零)。就是说，在价格下降时，因为替代效应，需求量上升；在价格上升时，因为替代效应，需求量下降。但是，收入效应可能为正也可能为负。如果商品为正常商品，则收入效应是负的。就是说，在价格下降时，因为收入效应，需求量上升。如果商品为低档商品，则收入效应是正的。就是说，在价格下降时，因为收入效应，需求量下降。简言之，对正常商品，收入效应和替代效应同方向起作用:在价格下降时，减少的数量两种效应都告诉我们，消费者在增加消费。对低档商品，替代效应和收入效应反方向起作用:在价格下降时，替代效应告诉我们，消费者在增加消费；收入效应告诉我们，消费者在减少消费。最终的净效应并不确定；如果收入效应(即消费减少的数量)超过替代效应(即消费增加的数量)，我们得到吉芬商品。本章的习题要求你画出吉芬商品的希克斯替代效应/收入效应图。

4.6　补偿需求曲线

第 4.3 节讨论了需求曲线。抽象地说，商品 1 的需求 $x_1(p_1, p_2, M)$ 是个三变

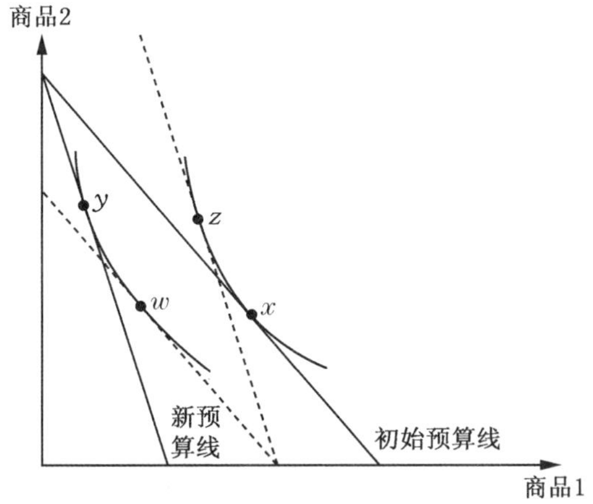

图 4.11　图 4.11,希克斯替代效应:以初始无差异曲线为基础,从 x 到 z 的变化。卡尔多替代效应:以新的无差异曲线为基础,从 w 到 y 的变化。

量函数。我们固定 p_2 和 M,探讨了商品 1 的需求量如何决定于其价格,即探讨了 $x_1(p_1)$。利用标准需求曲线分析,我们能画出需求曲线,用它探讨在商品 1 价格变化时,商品 1 的需求量如何变化。我们现在知道,商品 1 需求量的变化是替代效应和收入效应之和。**补偿需求曲线**是分析需求的另一工具,它是需求曲线的变种,告诉我们仅由替代效应导致的商品 1 需求量的变化。

补偿需求曲线假定消费者始终保持在同一效用水平上(或者始终位于同一条无差异曲线)。就是说,我们固定住效用水平和价格 p_2,只改变价格 p_1。要改变 p_1 同时保持效用不变,我们必须同时改变 M。(在构造标准需求曲线时,我们保持 p_2 和 M 不变,只改变 p_1。)图 4.12 描述了补偿需求曲线的构造方法。在图 4.12,我们画出了三条预算线。由于预算线的斜率的绝对值等于 p_1/p_2,所以,最平坦的预算线对应着最低的价格 p_1,最陡峭的预算线对应着最高的价格 p_1。

要构造补偿需求曲线(注意:图 4.12 没有画出补偿需求曲线),对图 4.12 中的 x_1 与最低的价格 p_1,我们画出数对(x_1, p_1);对图中的 x_1' 与中间水平的 p_1,和图中的 x_1'' 与最高的价格 p_1,我们亦画出相应数对;如此等等。从图 4.12 可以看出,随着 p_1 上升,商品 1 的需求量肯定下降。换句话说,从图 4.12 中一个最优消费束到另一个最优消费束的变化,是替代效应(就是说,它们是由相对价格变化所导致的变化,因为效用始终保持不变)。而且,补偿需求曲线肯定向下倾斜,因为替代效应是负的。

如果商品是吉芬商品,则标准需求曲线可能违背需求法则,因为正的收入效应可能超过负的替代效应。但补偿需求曲线始终满足需求法则(就是说,它始终向下倾斜),因为它只涉及替代效应。

4.7　弹　性

此前几节探讨了随着 p_1、p_2 或 M 的变化,商品 1 的需求量如何变化。本节

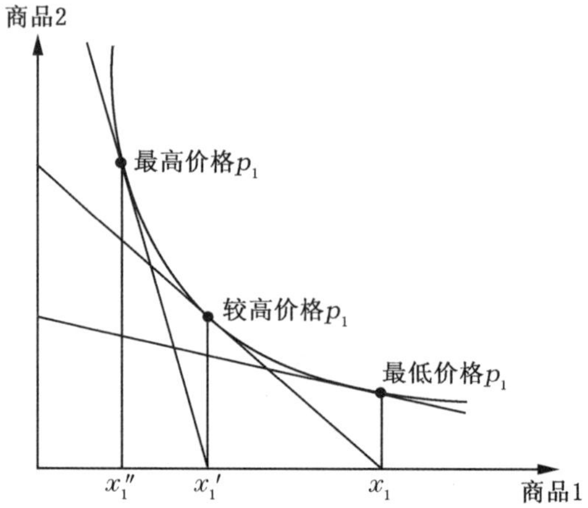

图 4.12　构造补偿需求曲线：在最低的价格 p_1 上，消费者选择 x_1；在较高的价格 p_1 上，消费者选择 x_1'；在最高的价格 p_1 上，消费者选择 x_1''。

介绍弹性概念。经济学家用弹性概念衡量一个变量的变化所导致的另一变量的变化。

自然科学家在分析一个变量的变化如何影响另一变量时，通常使用两个变量变化之比率。如果 v 表示速度，t 表示时间，F 表示力，m 表示密度，则 $\frac{\mathrm{d}v}{\mathrm{d}t}=\frac{F}{m}$。在高中物理学中，这个关系被称为牛顿第二运动定律，写为 $F=ma$。经济学家一般不使用 $\mathrm{d}x_1/\mathrm{d}p_1$ 这样的比率关系，因为它们对计量单位敏感：如果 x_1 的单位从盎司变为磅、克或千克，$\mathrm{d}p_1$ 的单位从美元变为澳元、欧元或日元，我们得到的结果就会变化。但是，如果比率关系表示为"x_1 的百分比变化/p_1 的百分比变化"的形式，则结果就为纯数字，不涉及计量单位。不管商品或货币的计量单位是什么，这种比率关系不会改变。

因为这个原因，经济学家们通常使用**弹性**。A 对 B 的**弹性**等于 A 的百分比变化除以 B 的百分比变化。更直观地说，它衡量 B 的百分之一的变化所导致的 A 的百分比变化。我们现在探讨商品 1 的需求量对商品 1 的价格的弹性，或者说，探讨需求的价格弹性。直观地说，需求的价格弹性是价格变化百分之一所导致的需求量的百分比变化。由于价格上升时，需求量下降，所以，价格上升百分之一，需求量将下降某个百分数。这两个变量反向变化。为避免正负号即正变化和负变化所造成的麻烦，我们只看大小或者说只看绝对值。就是说，需求的价格弹性是需求量的百分比增长对价格的百分比增长的比率的绝对值。如果弹性大于 1，我们就说需求**富有弹性**；如果弹性小于 1，我们就说需求**缺乏弹性**。

我们从需求曲线上的点(p_1, x_1)开始。设 $\mathrm{d}p_1$ 是价格 p_1 的变化，$\mathrm{d}x_1$ 是由价格的这一变化导致的需求量的变化。在这里，如果 $\mathrm{d}p_1>0$，则 $\mathrm{d}x_1<0$；如果 $\mathrm{d}p_1<0$，则 $\mathrm{d}x_1>0$。价格上的百分比变化于是为

$$\frac{\mathrm{d}p_1}{p_1}\times 100;$$

需求量的百分比变化为

$$\frac{\mathrm{d}x_1}{x_1}\times 100。$$

在这两个百分比变化中，一个为正数（增加），另一个为负数（减少）。我们用符号 $\varepsilon_{x1,p1}$ 表示**需求的价格弹性**：

$$\varepsilon_{x1,p1}=\left|\frac{\frac{\mathrm{d}x_1}{x_1}\times 100}{\frac{\mathrm{d}p_1}{p_1}\times 100}\right|=-\frac{\mathrm{d}x_1}{\mathrm{d}p_1}\frac{p_1}{x_1}。$$

不难看出，需求的价格弹性与需求曲线的斜率（的倒数的绝对值）$-\frac{\mathrm{d}x_1}{\mathrm{d}p_1}$**有关**，但是两者并**不相等**。因为，弹性是**百分比**变化之比率而不是变化之比率。我们看个例子。

例 1 给定一条简单的线性需求曲线（见图 4.13）：$x_1(p_1)=100-p_1$。对任意的线性需求曲线，$\frac{\mathrm{d}x_1}{\mathrm{d}p_1}$都为常数；对给定的这条需求曲线，$\frac{\mathrm{d}x_1}{\mathrm{d}p_1}$等于$-1$。在需求曲线的中点（50，50）上，$\varepsilon_{x1,p1}=\frac{p_1}{x_1}=1$。

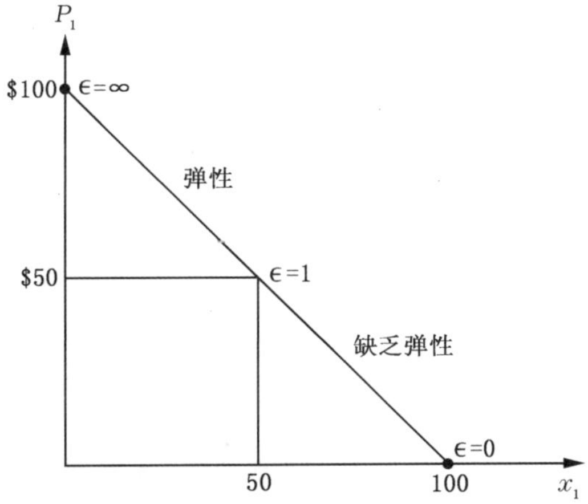

图 4.13 线性需求曲线的价格弹性。在富有弹性的区域，$\epsilon>1$；在缺乏弹性的区域，$\epsilon<1$。

需求的价格弹性与消费者在商品上的支出之间的关系

消费者在商品 1 上的支出为$E_1(p_1)=p_1x_1(p_1)$。其中，$x_1(p_1)$是需求，表示为价格的函数。我们探讨在 p_1 上升时，消费者在商品 1 上的支出如何变化。把 E_1 对 p_1 求导，我们得到：

$$\frac{\mathrm{d}E_1}{\mathrm{d}p_1}=x_1+p_1\frac{\mathrm{d}x_1}{\mathrm{d}p_1}=x_1(1-\varepsilon_{x1,p1})。$$

这个结果告诉我们，在价格上升后，如果 $\varepsilon_{x1,p1}<1$，则消费者在商品 1 上的支出上升；如果 $\varepsilon_{x1,p1}=1$，支出不变；如果 $\varepsilon_{x1,p1}>1$，支出下降。当消费者对商品 1 的需求缺乏弹性时（例如，低工资劳动力对面包或燃料等必需品的需求），则随着价格上升，消费者在这种商品上支出更多。如果消费者的需求富有弹性(例如，消费者对如出国旅游等可有可无的商品需求)，则随着价格上升，消费者在这种商品上的支出下降。

4.8 市场需求曲线

到目前为止，我们始终在探讨单个消费者的行为。商品 1 的**市场需求**是所有消费者对商品 1 的需求的加总。假设整个经济中只有 100 个人，他们有相同的线性需求曲线 $x_1(p_1)=100-p_1$。我们如何找到市场需求曲线呢？方法很简单：我们只需牢记需求是价格的函数，即价格是独立变量，需求量是依赖变量。换句话说，给定 p_1，我们只需把所有人对商品 1 的需求量相加。市场需求曲线因此为：

$$D_1(p_1)=\sum_{i=1}^{100} x_1^i(p_1)=100(100-p_1)=10\ 000-100p_1。$$

由于我们把依赖变量表示在横轴(马歇尔留下的传统)而不是纵轴(把依赖变量表示在纵轴是标准的数学处理方式)，所以，如果在图上加总，我们就必须横向而不是纵向加总。由于消费者不可能消费负数量的商品 1，所以，当需求函数为 $x_1=50-p_1$ 且 $p_1=75$ 时，消费者消费的商品 1 的数量并不是 -25 件，而是零件。下面的例子(见图 4.14)说明了这一点。假设市场上只有两个消费者。第一个消费者对商品 1 的需求为 $x_1^1=100-p_1$；第二个消费者对商品 1 的需求为 $x_1^2=50-p_1$。在这里，正确的做法是把两个人对商品 1 的需求量 x_1 相加，而不是把 p_1 相加。(表现在图上，是横向加总而不是纵向加总。)我们得到

$$D_1(p_1)=x_1^1+x_1^2=150-2p_1。$$

在 $p_1\leqslant 50$ 时，这个结果没有任何问题。例如，如果 $p_1=25$，我们从市场需求方程中得到 $150-50=100$，它等于消费者 1 的需求量(75)加消费者 2 的需求(25)。但是，如果 $p_1=75$，则从市场需求方程中我们得到 0。这一结果有问题。当 $p_1=75$ 时，第二个消费者的需求量为零而不是 -25。

我们能避免这一问题。在有两个或更多个消费者时，如果其中有人的需求曲线与纵轴相交，我们就首先画出每个人的需求曲线，并把其中的零需求部分作为需求曲线的一部分画出来，然后把这些曲线加总。

4.9 例　题

问题

某个消费者对棒球赛门票(x)和足球赛门票(y)的偏好可以表示为柯布—道格拉斯效用函数 $u(x,y)=x^a y^{1-a}$，其中 $0\leqslant a\leqslant 1$。我们称这个消费者为 CD 先生。CD 先生的收入为 M，门票的价格分别为 p_x 和 p_y。

(a)推导 CD 先生对棒球赛门票和足球赛门票的需求函数。这两种商品是正常商品还是低档商品，是一般商品还是吉芬商品，互为互补品还是替代品？为什么？

(b)你能用语言描述 $a=0$ 和 $a=1$ 时的偏好吗？如果 $a=1/2$ 呢？

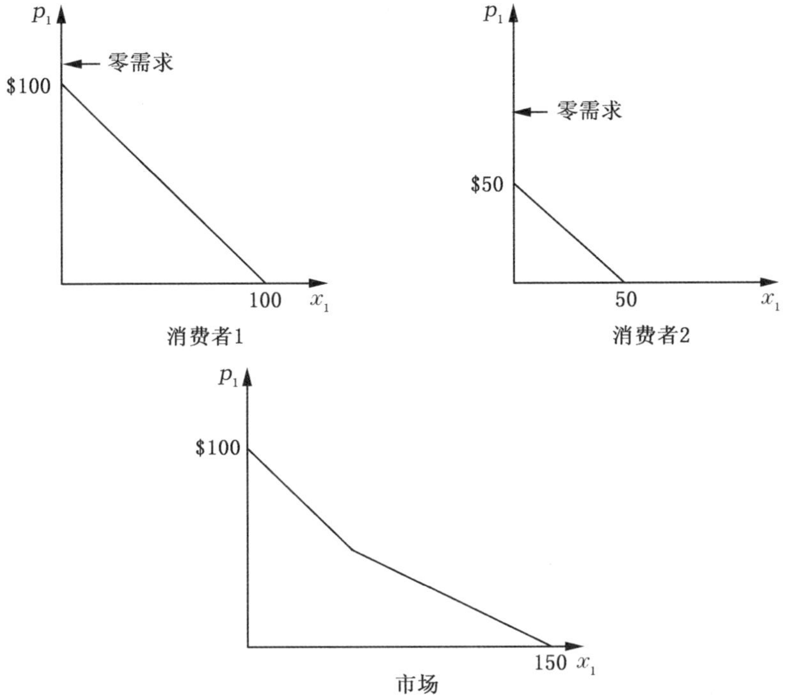

图 4.14　消费者各不相同时的市场需求

答案

(a)利用效用最大化条件 $MRS=MU_x/MU_y=p_x/p_y$，得到

$$MRS-\frac{MU_x}{MU_y}-\frac{ax^{a-1}y^{1-a}}{(1-a)x^ay^{-a}}=\frac{ay}{(1-a)x}=\frac{p_x}{p_y}。$$

因此，

$$p_xx=\frac{a}{1-a}p_yy。$$

用这一表达式替换预算线方程 $p_xx+p_yy=M$ 中的 p_xx，我们得到

$$\frac{a}{1-a}p_yy+p_yy=\frac{a}{1-a}p_yy+\frac{1-a}{1-a}p_yy=\frac{1}{1-a}p_yy=M。$$

CD 先生对足球赛门票和棒球赛门票的需求函数分别为

$$y(\cdot)=(1-a)\frac{M}{p_y}\text{ 和 }x(\cdot)=a\frac{M}{p_x}。$$

这两种商品是正常商品，因为对每种商品，随着收入 M 上升，需求量上升。这两种商品既不是互补品也不是替代品，因为其中任何一种商品价格上升（或下降）对另一种商品的需求量没有任何影响。

(b)如果 $a=0$，则 CD 先生从 x 中得不到任何效用，他只关心 y；只要手中有钱，他就会把钱支出于 y 上。如果 $a=1$，则 CD 先生只关心 x；只要手中有钱，他就会把钱支出于 x 上。如果 $a=1/2$，则不管两种商品的价格为多少，他都将一半的钱花在 x 上，另一半的钱花在 y 上。

习 题

1.设效用函数为 $u(x_1,x_2)=x_1x_2$。

(a)求证商品 1 的需求函数为 $x_1(p_1,p_2,M)=M/2p_1$。

(b)商品 1 是正常商品还是低档商品，是一般商品还是吉芬商品？商品 1 和 2 是替代品还是互补品？

2.设效用函数为 $u(x_1,x_2)=x_1x_2$，初始状态为 $p_1=1$、$p_2=1$ 和 $M=10$。

(a)商品 1 的价格上升到 2.50。求证消费者对商品 1 的需求量的变化为 -3。

(b)利用希克斯分解方法，证明这一变化可以分解为替代效应 $-(5-\sqrt{10})$ 和收入效应 $-(\sqrt{10}-2)$。

3.假设某吉芬商品价格下降。用希克斯分解方法画图分解收入效应和替代效应。

4.WL 教授在喝咖啡时，总是一杯咖啡（商品 x）搭配一勺糖（商品 y）。他从不改变两种商品之间 1∶1 的搭配比例。他对两种商品的偏好可以表示为效用函数 $u(x,y)=\min\{x,y\}$[在这里，WL 为经济学家瓦西里·列昂惕夫（Wassily Leontief，1905—1999），他最早分析这种函数]。在 $x=y$ 时，这个函数不可微。就是说，在 $x=y$ 时，u 的偏导数不存在。假设 WL 的收入为 2 元，一杯咖啡的价格为 0.2 元，一勺糖的价格为 0.05 元。

(a)求解 WL 的最优消费。

(b)假设政府实行进口税，咖啡和糖的价格分别上升到 0.25 和 0.08 元（每杯咖啡被征税 0.05 元，每勺糖被征税 0.03 元）。求解 WL 的新的最优消费。他缴纳了多少税收？

(c)推导 WL 对咖啡和糖的需求函数。这两种商品是正常商品还是低档商品，是一般商品还是吉芬商品，互为替代品还是互补品？

5.萨米与吉米是孪生兄弟。每人每周有 2 元零花钱，萨米对棒球卡（商品 x）和"名人卡"（商品 y）的偏好可以表示为效用函数 $u(x,y)=xy$。假设这两种商品的单价都为 1 元。

(a)求解萨米的最优消费。

(b)设 p_x 上升到 2 元。萨米的最优消费是什么？

(c)要使萨米的福利回到初始水平，他的父母需要多给他多少零花钱？

(d)吉米的偏好可以表示为 $v(x,y)=\ln x+\ln y$。就吉米的消费，回答上述问题(a)、(b)和(c)，并说明。

6.某公司销售曲奇饼（商品 x）和香蕉（商品 y。）它向客户提供如下交易方案：香蕉的单价固定为 1 元。消费者购买的前三个曲奇饼免费；购买三个以上曲奇饼时，每个曲奇饼的价格为 1 元。某消费者的效用函数为 $u(x,y)=x(y+3)$，收入为 5 元。

(a)画出消费者的预算线。

(b)求解他的最优消费。

第五章

劳动力和储蓄的供给函数

5.1 导 论

每个人,除了需求商品和服务外,还为企业提供生产要素。具体地说,他们为企业提供劳动力并通过储蓄为企业提供资本(即货币)。本章第一部分研究消费者关于消费和闲暇的决策,这一决策决定劳动力供给。我们将探讨有关消费/闲暇选择的标准预算约束,它涉及工资率、消费、投入工作的时间和用于休闲的时间。我们还将探讨一些特殊的预算约束,例如,包含非劳动收入的预算约束。我们还将分析所得税对消费者的劳动/闲暇决策的影响。从这一分析中,我们能得到有关固定税率所得税与累进税率所得税的相对合理性的一些结论。

我们然后探讨消费者的储蓄决策。我们讨论借款和储蓄,探讨跨时期预算约束,例如第三章中的预算约束。消费者的储蓄通过金融系统到达企业(希望如此!),构成企业为生产商品和服务所使用的资本。我们分析消费者的储蓄决策,阐述消费者的储蓄如何决定于利率和通货膨胀率,如何决定于消费者收入流量的时间特征。

5.2 消费和闲暇之间的选择

我们现在探讨消费者如何选择提供多少劳动力。在我们的简单模型中,消费者把时间分配在工作和不工作上。如果工作,他就赚得工资;有了工资,他就可以消费。我们假定他通过工作获得收入;利用工资收入,进行消费。这是关于人们为什么工作的一个简单解释。一些学者认为人们为工作而工作,工作是道德选择,“游手好闲是犯罪”。换句话说,人们应该工作,人们会选择去工作,即使没有报酬。(伟大的英国哲学家和逻辑学家伯特兰德·罗素(Bertrand Russell,1872—1970)的观点则相反。在《闲暇颂》(*In Praise of Idleness*)一书中,他写道,“我希望在读了本书后,基督教青年会的领袖们会发起一场运动,诱使优秀青年游手好闲。如果他们做到这一点,我也就不枉此生”。)经济学家赞同罗素的观点;工作本身不是奖励;“工作”是厌恶品而不是商品。事实上,至少对投入到工作中的绝大部分时间,人们通常要求得到报酬。

为分析工人提供的劳动量，我们在模型中引入两种“商品”：一种商品为消费品；另一种商品为**闲暇**即没有投入到工作中的时间。工人们从消费商品中得到效用，也从闲暇中得到效用。要消费更多商品，他需要工作更长时间，享受更少闲暇。我们用 c 表示消费。一单位的消费品是某一数量的商品和服务。我们用 p 表示单位消费品的价格，用 L 表示闲暇。（L 为单位时间里的闲暇。如果单位时间为一天，L 就为每天享受的闲暇小时数，如 16 个小时。）消费者的效用决定于(L,c)。在图 5.1，我们用横轴表示闲暇 L，用纵轴表示消费 c。我们用 T 表示单位时间里的总小时数——例如，在一天里，$T=24$。我们用 l 表示单位时间里的工作小时数，如每天 8 个小时。消费者在预算约束下，求解自己最偏好的(L,c)，得到关于 l 的决策即投入到工作中的小时数。这里假定消费者能自由选择自己工作的小时数。这一假定可能不成立，如果每个工作日中的总小时数固定的话。

预算约束

收入为 M 的消费者，在商品 1 和商品 2 的价格分别为 p_1 和 p_2 时，对两种商品数量的选择满足标准预算约束条件：

$$p_1x_1+p_2x_2\leqslant M。$$

在消费/闲暇模型中，要找到预算约束，我们需要增加一个变量。消费者通过工作赚取收入。设 w 为**工资率**，即每小时赚到的货币数量。消费者的收入如果全部来自工作收入，则为 wl。预算约束要求“支出小于或等于收入”。就是说，

$$pc\leqslant wl。$$

在单位时间里，劳动小时数与闲暇小时数之和等于总小时数。换句话说，

$$l+L=T。$$

替换预算约束条件中的 l，得到

$$wL+pc\leqslant wT。$$

这一约束条件在形式上接近标准约束条件，并且有相当好的经济学含义。从形式上看，消费者的全部收入等于他把全部时间（例如，每天 24 个小时）全部用于工作时所获得的全部工资收入。消费者使用这一总收入，以价格 p 购买消费品 c，以每个小时 w 元的价格购买闲暇。经济学家称工资率为**闲暇的机会成本**，因为每消费一小时的闲暇，你放弃 w 元收入，即你把这个小时用于工作上而能得到的收入。

图 5.1 画出了预算线，其中，L 表示在横轴上，c 表示在纵轴上。

在图 5.1，预算线的横轴截距为 T 点。在这个点上，消费者只消费闲暇而不消费商品，这是最大的闲暇数量，是“**超级懒人**”的选择。预算线的纵轴截距为点 wT/p，这是最大的工作小时数，是“**超级工作狂**”的选择。预算线斜率的绝对值 w/p，是用消费品数量表示的闲暇的相对价格或者说是**实际工资**。实际工资是多工作一小时所增加的消费品数量。

偏　好

那么，偏好具有什么特征呢？我们继续使用第二章中关于偏好的基本假定。

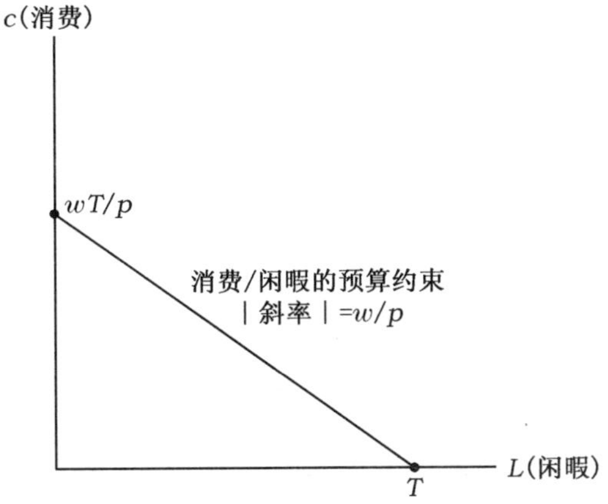

图 5.1 闲暇与消费的预算约束

具体地说，我们假定消费品和闲暇都是消费者想要的东西。我们假定常见的良好型态的偏好，即无差异曲线向下倾斜且凸向原点。当然了，也可能存在极端偏好，如超级工作狂的偏好（水平或接近水平的无差异曲线）或者超级懒人的偏好（垂直或接近垂直的无差异曲线）。图 5.2 画出了典型消费者的效用最大化选择——他只把部分时间投入工作中同时消费正数量的商品。这个消费者的最优选择是点(L^*, c^*)。就是说，他工作 l^* 个小时，享受 L^* 个小时的闲暇，消费 c^*。

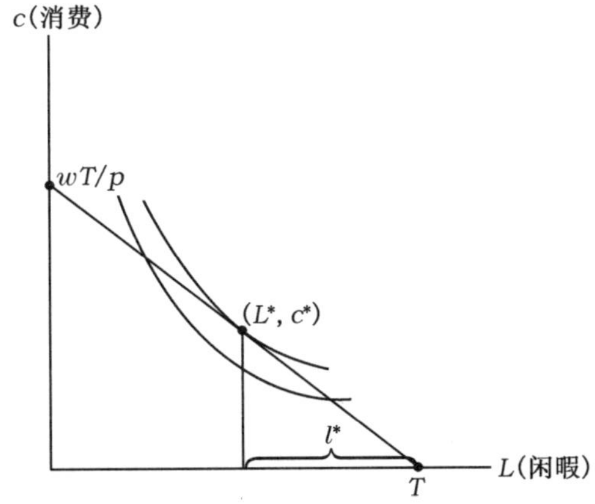

图 5.2 消费者对闲暇和消费品的最优选择为(L^*, c^*)

5.3 劳动力供给中的替代效应和收入效应

第四章讨论了需求函数。对这里的消费/闲暇模型，我们做类似工作。我们把 w 和 p 看作是外生变量，求解最大化效用的消费品需求 $c^*=c(w,p)$和对闲暇的需求 $L^*=L(w,p)$。一旦得到闲暇的需求函数，我们就能求出劳动力供给函数，因为 $l(w,p)=T-L(w,p)$。就是说，给定工资率和消费品的价格，我们可以求出消费者投入到工作中的小时数。如果 p 保持固定而 w 变化,则劳动力供给仅是工资率 w 的函数:$l(w)$。

我们以(经济学家)常用方式,用纵轴表示 w,用横轴表示消费者的劳动力供给 $l(w)$,在图上画出劳动力供给函数。我们得到**劳动力供给曲线**。那么,劳动力供给曲线的斜率应该为正(即更高的工资率意味着更多的劳动)还是为负(即更高的工资率意味着更少的劳动)? 我们等会儿回答这个问题。

第四章讨论了收入效应和替代效应,定义了正常商品、低档商品、一般商品和吉芬商品。随着商品 1 价格 p_1 上升,通过替代效应,消费者减少商品 1 的消费;如果商品 1 是**正常商品**,则通过收入效应,消费者依然减少商品 1 的消费。随着 p_1 上升,最终的净效应是 x_1^* 下降,需求曲线向下倾斜。如果商品 1 是低档商品,则 p_1 上升所导致的净效应不确定。

我们现在进行类似分析:工资率 w 如何影响消费者所选择的闲暇数量 L^*? 如何影响他所选择的工作小时数 $l^*=T-L^*$? 你可能觉得这里的分析不过是第四章的简单应用:随着 w 上升,消费者减少闲暇,提供更多劳动力。实际上,由于数学上的原因,这里的分析与第四章不完全相同,而更加复杂。第四章中的约束条件为

$$p_1x_1+p_2x_2\leqslant M;$$

这里的预算约束为

$$wL+pc\leqslant wT。$$

这里的分析不是第四章理论的简单应用,原因能从这两个约束条件中看出:随着 w 变化,现在的预算约束条件的左右两边都变化。认识到这一点,我们就可以继续分析下去。

假定在初始状态,消费者在预算约束下最大化效用,见图 5.2。现在,工资率上升,从 w 上升到 w'。这一变化如何影响消费者对闲暇的需求和对劳动力的供给呢?

图 5.3 明确了替代效应。在工资率上升时,消费者用消费品替代闲暇;他想消费更多商品,减少闲暇,投入更多时间到工作中。

但是,如果闲暇是正常商品,则随着工资上升,消费者消费更多闲暇。就是说,随着 w 上升,替代效应意味着“减少对闲暇的消费”,收入效应意味着“增加对闲暇的消费”,因为预算约束条件右边部分即 wT 上升。工资率 w 上升的净效应因此不确定。基于这一原因,消费者所提供的劳动数量 l^* 上的净效应不确定。

如果替代效应大于收入效应,则 w 的上升导致消费者选择更少的闲暇和更多的劳动小时数。在这种情况下,消费者的供给曲线向上倾斜(更高的工资导致更高的 l^*)。图 5.4 描述了这种情况。当替代效应小于收入效应时,w 的上升将减少 l^*,供给曲线因此向下倾斜。请你画出这种情况的图形。

一些数据研究发现,在工资率水平很低时,替代效应大于收入效应。随着工资率(和收入)上升,收入效应变得重要,最终超过替代效应。就是说,在 w 很低时,随着 w 上升,消费者减少对闲暇的消费数量;在 w 很高时,随着 w 上升,消费者最终消费更多闲暇(即减少工作时间)。我们于是得到了经济学家所谓的**向后弯曲的**

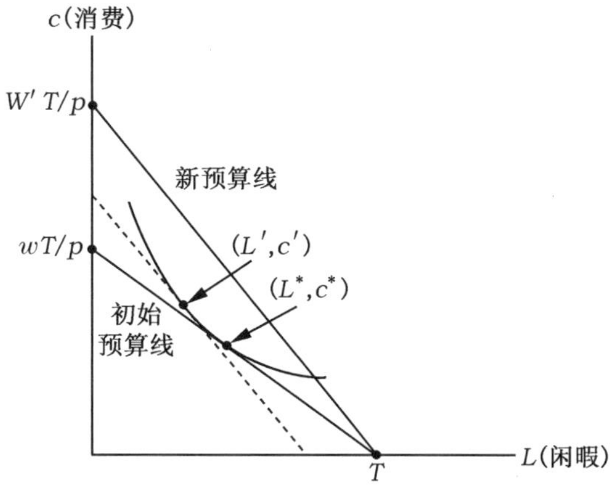

图 5.3　对闲暇的需求或劳动力供给的替代效应。在工资上升时，消费者减少对闲暇的消费（替代效应为 $L'-L^*<0$），工作更长时间。

劳动力供给曲线。

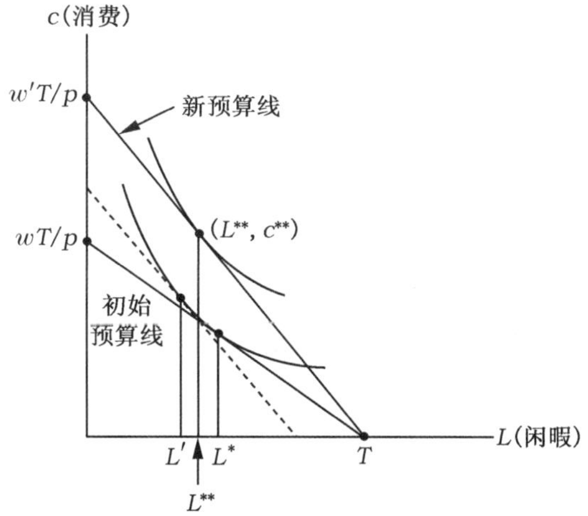

图 5.4　替代效应大于收入效应。由于替代效应，消费者减少闲暇（$L'<L^*$）；由于收入效应，消费者增加闲暇（$L'<L^{**}$）。替代效应更大，所以，消费者最终消费的闲暇下降（$L^{**}<L^*$）。换句话说，消费者工作更长时间。

5.4　其他类型的预算约束

在本节，我们在消费/闲暇模型中引入更现实、更复杂的预算约束。

非劳动收入

假设消费者在单位时间得到 M 元非劳动收入，例如父母给的零花钱或遗产、政府发的福利或者证券或银行账户孳生的收入。此时，预算约束为：

如果 $T-L>0, pc\leqslant w(T-L)+M$；

如果 $T-L=0, pc\leqslant M$。

整理第一个式子，得到

$$wL+pc\leqslant wT+M。$$

图 5.5 画出了这个预算约束条件。

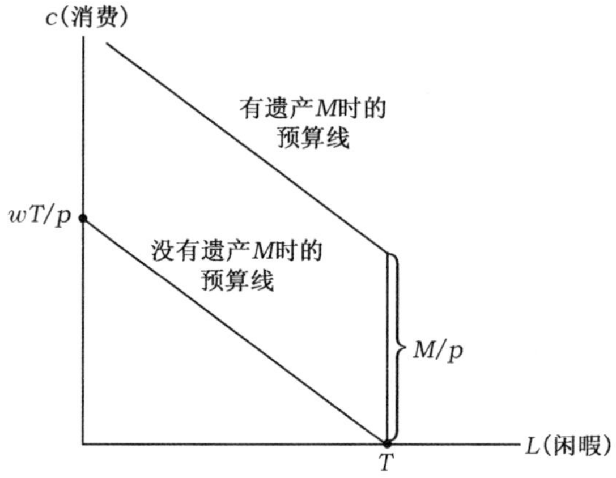

图 5.5　有非劳动收入 *M* 时和没有非劳动收入 *M* 时的预算约束

我们可以进行比较静态分析，探讨在 M 变化时，消费者的选择所发生的变化。例如，消费者在开始时没有非劳动收入，后来得到一笔遗产。这个消费者的劳动力供给会发生怎样的变化？图 5.6 给出了答案：如果闲暇是正常商品，则当消费者得到遗产 $M>0$ 时，他减少劳动时间。

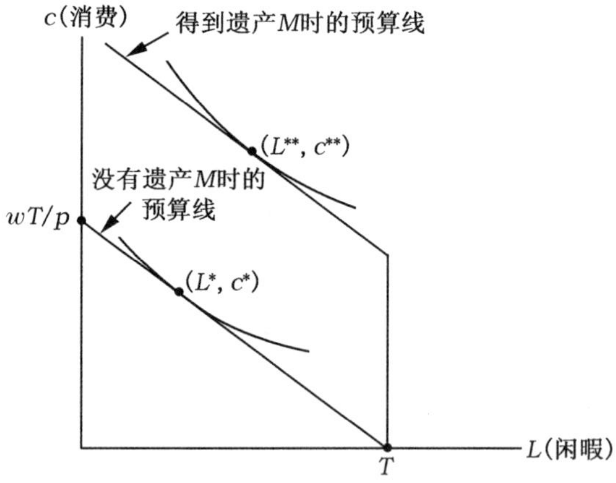

图 5.6　如果闲暇是正常商品，则在得到遗产 *M* 后，消费者减少劳动时间(消费更多闲暇)

失业救济金

政府常为不工作的人提供失业救济金。假定政府提供固定数量的失业救济金 U 给消费者，当且仅当消费者不工作，或者说，当且仅当 $L=T$。假定消费者没有非劳动收入。预算约束条件为：

$$\text{如果 } L<T, pc\leqslant w(T-L);$$
$$\text{如果 } L=T, pc\leqslant U。$$

在这里，如果消费者工作，他将失去救济金。在图 5.7 中，失业救济金数量等于 U。如果消费者不工作，他位于 A 点。如果工作，他位于 B 点，即位于预算线与无差异曲线的切点。A 点在穿过 B 点的无差异曲线下方。这意味着在 B 点和 A 点之间，消费者偏好 B 点。所以，在失业救济金为 U 时，他工作。假设救济金为 U'。由于点 C 在穿过 B 点的无差异曲线上方，在 C 点和 B 点之间，消费者偏好 C 点。所以，在失业救济金为 U' 时，他不工作。简短地说，太高的失业救济金可能诱使消费者不工作。

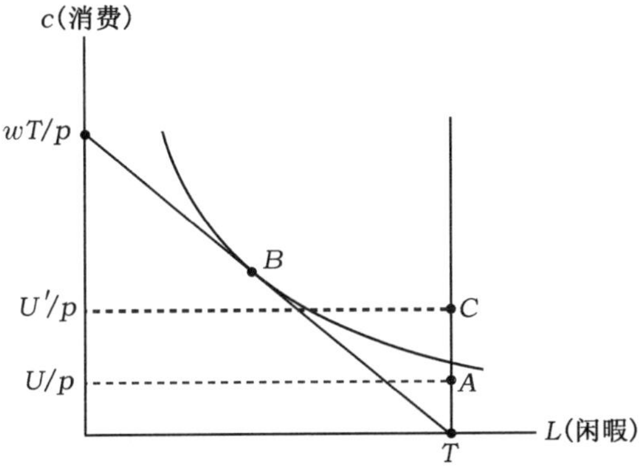

图 5.7　有失业救济金时的预算约束。救济金 U 对消费者的行为没有影响，因为 A 点在穿过 B 点的无差异曲线下方。U' 却使消费者不工作，因为 C 点位于穿过 B 点的无差异曲线上方。

超时工作

企业（政府和其他机构），常常对工作时间超过标准时间（例如，每周工作 40 个小时以上）的工人，支付加班工资。在这种情况中，对标准小时数以上的加班部分，工资率通常增加。例如，加班工资率从 w 提高到 $1.5w$（即 1.5 倍的加班工资）。图 5.8 描述了加班工资如何影响消费者的预算线。在图 5.8，在工作 $T-L'$ 小时以内，消费者得到的小时工资率为 w；对超过 $T-L'$ 部分，消费者得到 $w'>w$ 的小时工资率。从图 5.8 看，没有加班时的那部分预算线的斜率的绝对值为 w/p，加班时的那部分预算线的斜率的绝对值为 w'/p。在图 5.8，加班工资率 w' 使工人在加班（"超时点"）与不加班 (L^*, c^*) 之间无差异。

在图 5.8，有图中所示的无差异曲线的消费者在超时点和 (L^*, c^*) 之间无差异，所以，图中的 w' 是最低工资率，即为使消费者超时工作而必须提供给他的最低工资率。（我们说过，消费者能自由选择自己的工作小时数。）在超时工资率 w' 上，消费者在超时工作与不超时工作之间无差异。但是，在更高的超时工资率水平上，消费者选择超时工作。请你用图形描述这种情况。

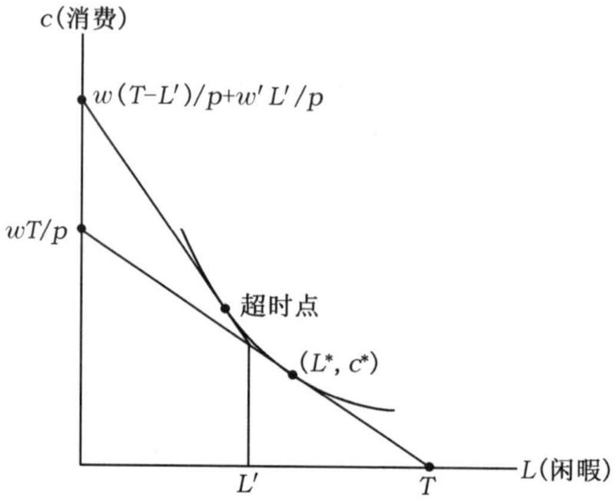

图 5.8　预算线：对工作小时数超过 $T-L'$ 的部分，企业支付加班工资。在超时工资率 w' 上，消费者在超时工作（"超时点"）和不加班工作（L^*，c^*）之间无差异。

5.5　对工资收入征税

上述消费/闲暇模型能揭示有关税收的一些有意思的结论。在世界范围里，政府收入的主要来源之一是对工人的收入征税。在美国，联邦所得税主要是对雇员的收入征税，社会保障税主要是对工资征税（因此被称为**工资税**）。

美国等大部分国家实行累进所得税制。纳税人的**平均税负**是作为税收缴纳给政府的那部分收入占纳税人全部收入的比重。所得税是**累进税**，随着纳税人收入上升，他的平均税负上升。在美国，联邦所得税分档征收，税率随收入档次而提高。2011 年，典型纳税人应税收入中的 8 500 美元适用 10％的税率（就是说，其收入每增加 1 美元，税收增加 0.10 美元），接下来的 26 000 美元适用 15％的税率（就是说，收入每增加 1 美元，增加 0.15 美元），如此等等。美国共有六个应税收入档次，分档税率从最低一档适用的 10％至最高一档适用的 35％（35％是在应税收入为 379 150美元时，开始适用的税率）。这种递增的分档税率制称为累进税制，如果纳税人超过了最低应税收入档次的话。

美国的社会保障税不实行累进税制。在社会保障税制下，在某个收入水平（2011 年为 106 800 美元）以下，实行统一的固定税率；对全部收入中超过这个水平的部分，不需要缴社会保障税。一旦纳税人的收入超过这个水平，社会保障税实际上是**累减的**。就是说，随着收入上升，纳税人的平均税负下降。（这并不是说社会保障税整体——税收和以这类税收提供资金支持的福利——是累减的。社会保障税作为一个整体，即税收加上有关福利，实际上具有累进特征。）美国的医保税实行**固定税率**。在医保税下，所有工人以相同税率缴税，不管他们赚得 1 美元还是赚得 10 亿美元。（对典型雇员，社会保障税和医保税在雇员和雇主之间平均分摊。对工资没有超过社会保障税规定的上限的人，社会保障税和医保税相加得到的总税率，在 1990 年为 15.3％。在 2011 年和 2012 年，雇员承担的税率临时下调 2％。）

很明显，税收采用累进制、固定税率制还是累减制，对工人、政府和整个经济及社会都十分重要。在现在的美国，这是个重要的政治话题，在将来也始终是个重要的政治话题。我们用我们的模型分析税收的一些特征。

我们假设一个十分简单的累进税制，它只有两个应税收入档次：收入中低于某一标准的部分，税率为零；收入中超过这个标准的部分，税率为 50%。假设对收入标准的设定使得我们探讨的这位消费者在单位时间里必须工作 $T/3$ 个小时才能达到这个标准。（如果单位时间为 1 天，则 $T=24$，$T/3=8$。设 w 为小时工资率，每天的标准收入为 $8w$。如果 $w=15$ 元，工人每周工作 5 天，每年工作 52 周，则他每年的收入为 $8\times15\times5\times52=31\ 200$ 元。就是说，在我们的设计中，对（年）收入中的 31 200 元，消费者不支付所得税；对超过 31 200 元的部分，消费者得为超过的每 1 元钱缴纳 0.5 元税收。）

图 5.9 画出了消费者的预算约束和他的选择（L^*，c^*）。从图 5.9 上看，消费者的收入之高使他必须缴纳所得税。假设政府放弃分档税制而采用固定税率制，税率为 t。我们分析这种变化对消费者的影响。在固定税率下，消费者的预算约束为一条直线，它在横轴的截距为 T，在纵轴的截距为 $w(1-t)T/p$。预算线斜率的绝对值为 $w(1-t)/p$。假设我们对税率 t 的选择使得新的直线预算线穿过点（L^*，c^*）。这一税率使得从累进税制到固定税率制的转变对消费者而言是**中性的**。就是说，如果他愿意，他可以继续消费税制改革前所消费的闲暇/消费组合。

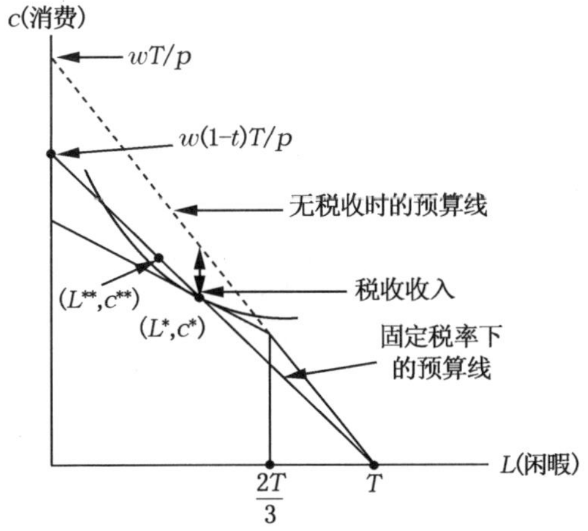

图 5.9 （只有两个应税收入档次时的累进税制）预算约束。相对于累进税制，固定税率制对消费者更好，对政府更好，消费者工作更长时间。

从图 5.9，我们得到三个结论：(1)在两档累进税制转为固定税率制时，我们所探讨的消费者福利提高；(2)在改革后，这位消费者工作更长时间；(3)在改革后，政府从这位消费者身上征收到更多所得税。

结论(1)之所以成立，是因为固定税率预算线肯定在（L^*，c^*）点穿过消费者的无差异曲线。消费者因此能在更高的无差异曲线上找到新的最优点。结论(2)之所以成立，是因为在固定税率下消费者所选择的点（L^{**}，c^{**}）肯定位于（L^*，

c^*)左边。因此,$L^{**}<L^*$,$l^{**}>l^*$。结论(3)之所以成立,是因为对任意给定的 L 和 $l=T-L$,从无税收预算线上,我们得到 wl/p,即用消费品数量表示的消费者的总收入;而从固定税率预算线上,我们得到 $w(1-t)l/p$,即用消费品数量表示的消费者的税后收入。因此,对给定的 L 和 $l=T-L$,无税收预算线和固定税率预算线之间的垂直距离为 wtl/p,即用消费品数量表示的政府从消费者身上征收的税收。随着我们向左移动,这个垂直距离上升。

我们于是有了三个结论:相对于累进税,在固定税率下,消费者福利上升、工作更长时间并且缴纳更多税收。那么,累进税在世界范围内为什么没有被取消呢?答案是:**对一个消费者**,图 5.9 中的分析有说服力,但它仅对一个消费者的情况有说服力。设想还有个消费者,他也有类似图 5.9 中的预算形式,但是他的工资率仅为第一个人的一半。在两档累进税率结构下,第二个人可能不缴纳所得税(除非他每天工作 16 个小时,但这种情况绝少发生)。在这种情况中,如果实行固定税率,则此人的福利下降。所以,我们的结论是:用固定税率制替代累进税率制,对高收入者,甚至对平均收入者,更有利(高收入者工作更长时间,增加政府收入),却可能使低收入者福利下降。

5.6 储蓄和借款:跨时期消费选择

本章前面几节描述了关于消费者行为的消费/闲暇模型,得到了消费者在时间与劳动力决策上的一些结论。他在**劳动力市场**上出售劳动,换取工资。下面几节探讨消费者在资本市场上的行为。消费者把自己的储蓄投入资本市场或者向**资本市场**借款。我们探讨消费者如何决定储蓄数量即提供给他人的贷款的数量(他对**储蓄的供给**)或者向他人借多少钱。我们为此回到第 3.5 节中的**跨时期预算约束**条件上。跨时期预算约束条件揭示了消费者在现在和在未来的消费数量。就是说,它揭示了今年的消费和明年的消费之间的替代关系。消费者关于这一替代关系的决策直接把我们引向他对储蓄或者借款数量的选择上。

假定只有两个时期,称其为"今天"和"明天"、"今年"和"明年"或"第一年"和"第二年"。第三章用 x_1 和 x_2 表示两个年份中的消费数量,本章则使用符号 c_1 和 c_2,即消费/闲暇模型中使用的符号。c_1 为消费者在今年消费的商品和服务的数量,c_2 为他在明年消费的商品和服务的数量。今年的一件消费品和明年的一件消费品在数量上相等,两者间唯一的区别在于消费时间不同。

和第三章一样,我们依然假定消费品在今年的价格为 1 元,即 $p_1=1$。但是,这里引入通货膨胀。设通货膨胀率为 π,表示为小数形式。(在本章,π 表示通货膨胀率;在第八章及以后各章中,π 表示利润。)一件消费品在明年的价格于是为 $p_2=1+\pi$。第三章假定不存在通货膨胀,消费品在今年和明年的价格都为 1 元钱。本章放弃这种处理方式。

我们用 M_1 表示消费者在今年的货币收入,用 M_2 表示他在明年的货币收入。在第三章,由于没有通货膨胀,所以就货币的购买力而言,今年的 1 元钱等于明年的 1 元钱。在本章,由于引入了通货膨胀,情况改变。我们现在必须认识到,今年

的 M_1 元钱，在今年能买到 M_1 件消费品。由于通货膨胀，明年的 M_2 元钱在明年只能买到 $M_2/(1+\pi)$ 件消费品。

预算约束

在今年的收入为 M_1 和明年的收入为 M_2 时，消费者显然可以在今年消费 $c_1=M_1$ 件消费品，在明年消费 $c_2=M_2/(1+\pi)$ 件消费品。就是说，$(M_1, M_2/(1+\pi))$ 满足他的预算约束。如果他是这么消费的，则他不需要去资本市场；他没有把第一年的任何收入变为储蓄和借给他人，也没有以预期的明年收入为抵押品向他人借款。

$(M_1, M_2/(1+\pi))$ 始终是消费者可以选择的点，我们称它为**零储蓄点**。这个点正是莎士比亚悲剧《哈姆雷特》中的波洛尼厄斯所建议的点："不要借债，不要放债；放债让你失去放出去的债务和朋友，借债让你丧失节俭的品性。"（和《哈姆雷特》中的大多数人物一样，波洛尼厄斯下场很惨。）

消费者也可能希望今年的消费小于 M_1，省下一些钱，以使明年的消费多于 $M_2/(1+\pi)$。他省下 M_1-c_1。和第三章一样，我们假定，如果消费者储蓄，他就能以每个时期 i 的利率从储蓄上赚取利息。假定 $i\geqslant 0$。（这一假定对**名义**利率，即未减去通货膨胀率的利率，基本成立。但在 2008 至 2009 年的金融危机中，美国国债利率实际上为负利率。）对在今年储蓄的消费者，他的预算约束条件告诉我们，他明年在消费品上的支出必须小于或等于他明年的收入加上今年的储蓄加上他从储蓄上获得的利息收入。就是说，

$$(1+\pi)c_2\leqslant M_2+(1+i)(M_1-c_1)。$$

整理得到：

$$(1+i)c_1+(1+\pi)c_2\leqslant(1+i)M_1+M_2。$$

上式两边同除以 $1+i$，得到

$$c_1+\frac{1+\pi}{1+i}c_2\leqslant M_1+\frac{1}{1+i}M_2。$$

这个结果与第三章中的预算约束几乎完全相同。两者之间的区别是：(1)在这里，我们得到的是不等式（**预算约束**的表达式）而不是等式（**预算线**的表达式）；(2)我们用 c 代替了 x；(3)我们引入了通货膨胀率 π。

和第三章一样，这里假定借款人支付的利率和储蓄者得到的利率相同，都为 i。这个假定脱离现实，但很容易修正，我们将在本章习题中完善关于利率的假定。对在今年借款和在明年还款的消费者，今年的消费大于今年的收入，他借入 c_1-M_1。在明年，他要归还这笔借款还要支付利息。他的预算约束告诉我们，他在明年的消费支出必须小于或等于他在明年的收入减去今年的借款数量再减去利息。就是说，

$$(1+\pi)c_2\leqslant M_2-(1+i)(c_1-M_1)。$$

这个结果和储蓄者的约束条件表达式完全相同。因此，对贷款者、借款者或不借不贷的消费者，跨时期预算线的方程都为

$$c_1+\frac{1+\pi}{1+i}c_2=M_1+\frac{1}{1+i}M_2。$$

图 5.10 画出了一条跨时期预算线。它穿过零储蓄点$(M_1, M_2/(1+\pi))$即消费者不借不贷时的消费束。它在横轴上的截距为$M_1+M_2/(1+i)$，这是**消费者收入流的现值**。如果超级没有耐性的消费者想在今年消费掉全部收入而在明年不消费，这个点就给出了他的消费数量。它在纵轴上的截距为$((1+i)M_1+M_2)/(1+\pi)$。如果超级有耐性的消费者想在明年消费掉全部收入而在今年不消费，这个点就给出了他的消费数量。跨时期预算线斜率的绝对值为$(1+i)/(1+\pi)$。

这个比率是今年的消费品的相对价格或者说是今年的一件消费品能交换到的未来消费品的数量。这个比率如果很高，则消费品在今年很贵；如果很低，则消费品在今年很便宜。这一比率还有一个重要含义。经济学家用下面的式子定义**实际利率** δ：

$$\frac{1}{1+\delta}=\frac{1+\pi}{1+i}。$$

我们于是得到$\delta=(1+i)/(1+\pi)-1$。就是说，δ 约等于 $i-\pi$（换句话说，实际利率大约等于名义利率减通货膨胀率）。根据 δ 的定义，跨时期预算线的斜率的绝对值等于 $1+\delta$。

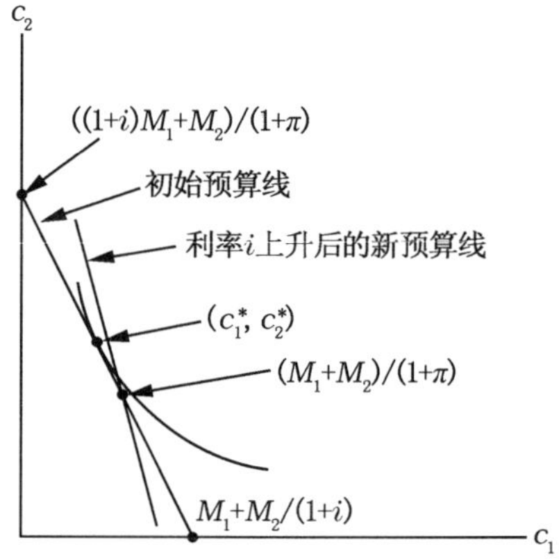

图 5.10　储蓄者的跨时期预算约束。图中“新预算线”给出了在利率上升后，储蓄者的消费行为所受到的约束。

给定这一约束条件——它告诉消费者可行的选项是什么——消费者选择使其达到最高无差异曲线或者说最大化其效用的当期消费与未来消费组合。图 5.10 还画出了消费者的一条无差异曲线；给定这条无差异曲线和“初始”预算线，消费者选择(c_1^*, c_2^*)，节省 $M_1-c_1^*$。图 5.10 中还画出了一条“新预算线”，即利率上升后的预算线。

5.7　储　蓄

给定 M_1、M_2、π 和 i，消费者选择使效用达到最大的 c_1^* 和 c_2^*。我们称他所选择的储蓄为 s^*，定义 $s^*=M_1-c_1^*$。如果 $s^*>0$，他在**储蓄**；如果 $s^*<0$，他在**借款**；如果 $s^*=0$，他位于零储蓄点，无储蓄也无借款。消费者的储蓄数量是变量

M_1、M_2、π 和 i 的函数。当然,储蓄还决定于消费者的偏好或效用函数。我们现在探讨 s^* 如何决定于利率 i。

首先假定今年和明年的消费品都是正常商品。就是说,如果消费者的预算线向外移动但预算线斜率的绝对值 $(1+i)/(1+\pi)$ 不变,则消费者消费更多数量的两种商品:在今年消费更多商品,明年也消费更多商品。M_1 和 M_2 如果都上升,就能导致这种变化。

我们探讨储蓄者的行为,他的预算线如图 5.10 所示。假设除 i 外,所有变量都保持不变;现在,i 上升。我们得到一条新预算线。它依然穿过点 $(M_1, M_2/(1+\pi))$,但更陡峭,并且,点 (c_1^*, c_2^*) 在它的下方。i 的上升,产生收入效应和替代效应。由于 (c_1^*, c_2^*) 位于新预算线下方,我们的消费者——他现在是个储蓄者——欢迎利率上升;他在今年能购买更多商品,在明年能购买更多商品——他变得富裕。由于收入效应,他在今年对消费品的需求上升。换句话说,由于收入效应,他的储蓄(收入减当期消费)下降。

新预算线更陡峭。它的斜率的绝对值 $(1+i)/(1+\pi)$ 是当期消费的相对价格。相对于明年的消费品,今年的消费品变贵。由于替代效应,消费者在今年对消费品的需求下降。换句话说,由于替代效应,他的储蓄(收入减当期消费)上升。

综上所述,对于储蓄者,在 i 上升时,收入效应告诉他要"消费更多,储蓄更少";替代效应则告诉他要"消费更少,储蓄更多"。因此,i 的上升,对今年的消费品需求和储蓄的净影响不确定。在 i 上升时,储蓄者可能储蓄得更多(如果替代效应更大),也可能储蓄得更少(如果收入效应更大)。

图 5.11 把图 5.10 中关键区域放大。我们虚构了一条预算线,它的斜率和新预算线斜率相同;图 5.11 中还画出了一条新的无差异曲线,并标出了位于这条线上的新的最优点 (c_1^{**}, c_2^{**})。在图 5.11 中,替代效应为初始消费点 (c_1^*, c_2^*) 到初始无差异曲线与虚构预算线的切点之间的虚线箭头。收入效应则为这个切点到新消费点 (c_1^{**}, c_2^{**}) 的虚线箭头。新的消费点 (c_1^{**}, c_2^{**}) 可能位于初始消费点 (c_1^*, c_2^*) 左边,也可能位于 (c_1^*, c_2^*) 右边。所以说,i 的上升,对今年的消费品需求和储蓄的净影响不确定。

在上面的分析中,我们探讨了 i 的上升对储蓄者的影响。

现在分析借款者的行为。图 5.12 描述了借款者的情况。我们看到,图 5.10 和图 5.12 中的无差异曲线和零储蓄点十分相似。只是在图 5.10 中,初始预算线和新预算线比较陡峭,而图 5.12 中的两条预算线比较平坦。两幅图所描述的消费者也十分相似:在图 5.10 中,消费者为储蓄者,因为利率很高;在图 5.12 中,消费者为借款者,因为利率很低。

假设利率 i 上升。我们于是有一条新预算线,见图 5.12。它仍穿过点 $(M_1, M_2/(1+\pi))$,但现在更陡峭,并且点 (c_1^*, c_2^*) 在它的**上方**。由于点 (c_1^*, c_2^*) 位于新的预算线的上方,我们的消费者——他现在是个借款者而不是储蓄者——由于利率上升而受到伤害:他现在买不起利率上升前所消费的点——他变得贫穷。由于收入效应,他在今年对消费品的需求量下降。换句话说,由于收入效应,他的储蓄 $s^*=M_1-c_1^*$ 下降。(这里要记住:对借款者,s^* 是负数;当我们说他储蓄得更

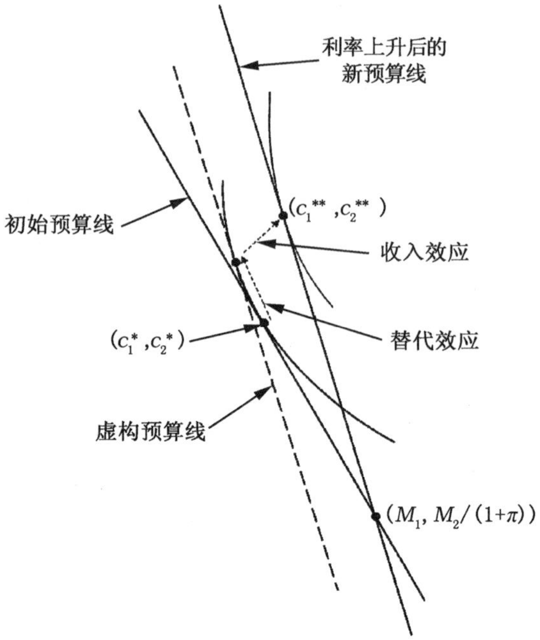

图 5.11　图 5.10 中关键区域的放大图，标出了收入效应和替代效应。在利率上升时，由于替代效应，储蓄者储蓄得更多；由于收入效应，储蓄者储蓄得更少。净效应不确定。

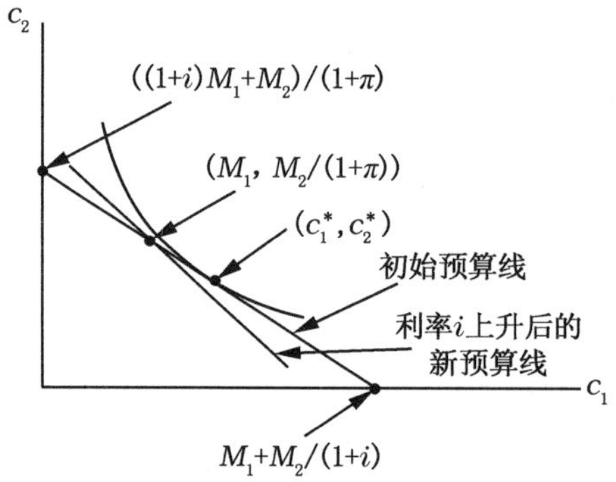

图 5.12　借款者的跨时期约束，"新预算线"给出了利率上升时消费者面对的可能的选项。

多时，我们实际上在说他的借款额减少。）

新预算线比初始预算线陡峭。和储蓄者一样，借款者的储蓄因为替代效应而增加。（更陡峭的预算线表明当期消费变贵。这意味着当期消费减少，储蓄增加。）因此，对借款者而言，利率上升对今年的消费 c_1^* 和储蓄 $s^*=M_1-c_1^*$ 产生的净效应是确定的。随着 i 上升，借款者在今年消费得更少、储蓄得更多。换句话说，他降低借款数量。

综合上述分析，我们的结论是：i 上升，对储蓄者的影响不确定，对借款者的影响却是确定的。对借款者来说，更高的 i，意味着储蓄得更多，或者说，借款更少。

而对储蓄者来说，更高的 i，可能导致储蓄上升，也可能导致储蓄减少。

最后要强调的是，同一个消费者，在有相同收入流和相同偏好的前提下，有时会选择成为储蓄者，有时会选择成为借款者。他是储蓄者还是借款者，决定于其跨时期预算线的陡峭程度，或者说，决定于 $(1+i)/(1+\pi)$。图 5.10 和图 5.12 的主要区别在于初始利率水平 i。对给定的 π，在 $i=0$ 时，消费者借款数量达到最大。（前面说过，利率不可能为负。因此，最平坦的跨时期预算线的斜率的绝对值为 $(1+0)/(1+\pi)$。）随着 i 上升到 0 以上，借款数量单调递减（就是说，负储蓄单调递增）直至到达一个"转折"利率水平，在这个利率水平上，消费者不储蓄也不借款。随着 i 上升到这一水平以上，消费者有正储蓄。但是，随着利率进一步上升，消费者可能达到最大储蓄数量，此后，他的储蓄数量可能下降。就是说，对高于转折水平的利率 i，当消费者是储蓄者时，i 和 s^* 之间不再有单调关系。

请你画出一条储蓄供给曲线，用纵轴表示利率 i，用横轴表示储蓄 s^*。画图时要注意，对于储蓄者，s^* 是正数；对于借款者，s^* 是负数。在图上标明"转折"利率水平。

5.8 例　题

问题

消费者潘妮要决定分配多少钱到今天的消费 c_1 和明天的消费 c_2 上。她的效用函数为 $u(c_1,c_2)=c_1c_2$。她今天的收入为 $M_1=100$ 元，明天的收入为 $M_2=100$ 元。利率为 10%（即 $i=0.10$）。假设单位消费品在今天的价格为 1 元，通货膨胀率为 5%（即 $\pi=0.05$）。假设她可以以上述利率在银行储蓄或向银行借款。当然了，她能借到的最大贷款数量为 $100/(1+i)$，即明天收入的现值。

(a)写出她的预算线的方程。

(b)求解她的最优消费 (c_1^*,c_2^*)。她在今天的储蓄或借款额为多少？

(c)设通货膨胀率上升，达到 10%。(b)的答案如何变化？

(d)假设消费者米莉的收入流和潘妮相同，但效用函数为 $u(c_1,c_2)=\sqrt{c_1}+c_2$。就这位消费者，回答问题(a)和(b)。

答案

(a)跨时期预算约束要求消费支出流的现值必须小于或等于收入流的现值。在预算线上，这两个现值必须相等。消费支出的现值为 $c_1+((1+\pi)/(1+i))c_2$，收入的现值为 $M_1+(1/(1+i))M_2$。预算线方程为

$$c_1+\frac{1+\pi}{1+i}c_2=M_1+\frac{1}{1+i}M_2\Rightarrow c_1+\frac{1.05}{1.10}c_2=100+\frac{100}{1.10}。$$

预算线斜率的绝对值为 $(1+i)/(1+\pi)=1.10/1.05$。

(b)现在应用切点条件。在最优点上，边际替代率等于预算线斜率的绝对值，即 $MRS=MU_1/MU_2=(1+i)/(1+\pi)=1.10/1.05$。效用函数为 $u(c_1,c_2)=c_1c_2$，所以，$MU_1=c_2$，$MU_2=c_1$。切点条件于是为

$$\frac{c_2}{c_1}=\frac{1+i}{1+\pi}=\frac{1.10}{1.10},$$

因此，$c_1=(1.05/1.10)c_2$。把这个结果代入预算线方程中，得到

$$\frac{1.05}{1.10}c_2+\frac{1.05}{1.10}c_2=100+\frac{100}{1.10}。$$

最优解因此为 $c_1^*=(1.05/1.10)100=95.455, c_2^*=100$。

(c)当 π 从 5%上升到 10%时，预算线方程变为

$$c_1+\frac{1.10}{1.10}c_2=100+\frac{100}{1.10}。$$

切点条件变为

$$\frac{c_2}{c_1}=\frac{1+i}{1+\pi}=\frac{1.10}{1.10}=1,$$

得到 $c_1=c_2$。把这一结果代入预算线方程，得到 $c_1^*=95.455, c_2^*=95.455$。就是说，通货膨胀上升导致消费者福利下降，她对此的反应是降低明天的消费，因为明天消费变贵。

(d)米莉的效用函数为 $u(c_1,c_2)=\sqrt{c_1}+c_2$，显然，她更重视明天的消费，因为 c 通常大于$\sqrt{c}$。但是，她不会完全放弃今天的消费。今天的消费带给她的边际效用为$\frac{1}{2}c_1^{-1/2}$，明天的消费带给她的边际效用为 1。她的切点条件因此为

$$\frac{MU_1}{MU_2}=\frac{\frac{1}{2}c_1^{-1/2}}{1}=\frac{1+i}{1+\pi}=\frac{1.10}{1.05}。$$

我们得到 $c_1^{-1/2}=2.20/1.05$。因此，$c_1^*=(1.05/2.20)^2\approx0.227\,8$。

她的预算线方程和潘妮的相同：

$$c_1+\frac{1.05}{1.10}c_2=100+\frac{100}{1.10}。$$

于是，$c_1^*\approx0.227\,8, c_2^*\approx199.761\,4$。

习　题

1.在消费/闲暇模型中，设消费者的效用函数为 $u(L,c)=Lc$，消费品的价格为 $p=1$。证明这个消费者每天的劳动供给曲线为 $l(w)=12$ 小时。(就是说，无论工资率为多少，消费者的偏好都使得他在每一天里工作半天。)

2.某个消费者得到一笔非劳动收入，决定不再工作。用横轴表示闲暇，纵轴表示消费，在图上画出他的偏好、预算约束和最优消费束，标明坐标轴上的截距和最优消费束。

3.假设对储蓄者，利率为 i_1；对借款者，利率为 i_2。$i_1<i_2$。

(a)画出消费者的跨时期预算线。

(b)设 $i_1>i_2$。用图形说明消费者在借入大量债务和储蓄大量金钱之间可能无差异。

4.A 先生对当前消费(c_1)和未来消费(c_2)的偏好表示为效用函数 $u(c_1,c_2)=c_1^{1/3}c_2^{2/3}$;B 先生的偏好表示为 $v(c_1,c_2)=c_1^{2/3}c_2^{1/3}$。假设当期消费品的价格为 1,利率和通货膨胀率都等于 5%。A 先生和 B 先生的收入在今天和明天都为 100 元。

(a)写出预算线的方程并画图表示,在图上标明两个坐标轴上的截距、斜率和零储蓄点,并求解这些值。

(b)求解 A 和 B 的最优消费束。他们是储蓄者还是借款者?

(c)对给定的收入、价格和通货膨胀率,求解 A 和 B 的储蓄供给曲线。假设他们是经济中全部的消费者。求解经济中储蓄的总供给曲线。在图上画出这三条供给曲线。

(d)设利率上升到 10%。求解这两个消费者的新的消费束。和初始状态相比,他们的福利改善还是恶化?请说明。

5.画出消费者的储蓄供给曲线,把 i 表示在纵轴上,s^* 表示在横轴上。记住,在一个利率区间上,s 取正值;在另一个利率区间上,s 取负值。你要把这一点在图上体现出来。标明转折利率,即使得消费者从借款人变为储蓄者的利率水平。

6.分析 π 下降对储蓄者的当期消费 c_1^* 和储蓄 s^* 的影响。它产生的效应与 i 上升时产生的效应相同吗?在分析时,要考虑到储蓄者的预算约束,探讨 π 的下降或 i 的上升是如何影响这一预算约束的。

第六章

福利经济学1:单人模型

6.1 导 论

本章介绍福利经济学。福利经济学探讨社会福利:哪些制度、哪些政策、哪些市场结构、哪些商品或财富的分配方式,使社会变得更好或更差。自亚当·斯密(1723—1790)时代,这类问题就吸引着经济学家。如果我们把社会视同一个人,政府的职能是决定诸如税收等政策,并且我们面对的唯一的问题是分析在政策A和政策B之间,哪一个政策使这个人的情况变得更好,则福利经济学分析是件相当容易的事。这便是第6.2节和第6.3节所进行的工作。本章的附录介绍显示偏好理论,并将这一理论与第6.2节中的一些内容联系在一起。

但是,如果我们想知道一个人对政策A的偏好超过他对政策B的偏好的程度时,福利经济学分析就有些难。第6.4节探讨这一问题。

当社会中有两个人或更多人时,如果我们想确定对这个多人社会,政策A是否比政策B更好,福利经济分析就相当复杂。第6.5节用例子说明了这一点,下一章将探讨多人模型。福利经济学的另一分支,探讨竞争市场与经济学家所谓的**"帕累托效率"**或**"帕累托最优"**概念之间的关系。我们将在关于交换经济和生产经济的部分探讨这一问题。

6.2 从量税和等价所得税之间的福利比较

我们现在只看一个消费者,称其为**典型消费者**。她有收入M;经济中只有两种商品,价格分别为p_1和p_2。此消费者拥有良好型态的偏好,有标准效用函数,效用决定于商品数量(x_1,x_2)。她的效用最大化消费束为$x^*=(x_1^*,x_2^*)$,是如下最大化问题的解:

$$\max u(x_1,x_2) \quad \text{s.t.} \quad p_1x_1+p_2x_2\leqslant M。$$

我们知道,(x_1^*,x_2^*)在预算线上,是预算线与无差异曲线的切点,即在这个点上,$MRS=p_1/p_2$。

政府现在对商品1征从量税。商品1上的从量税,是消费者为所消费的每件商品 1 向政府交纳一笔固定数量的货币。美国各个州政府征收的汽油税便是从量税:每加仑汽油交纳某一数量的美分。从量税不同于从价税,后者为价格的百分比,而不是就每件商品交纳固定数量的货币。美国各个州(和市、县)征收的销售税是从价税。2010 年,美国的销售税(州、市和县三个层面销售税合计)在 0%~9% 之间不等:在特拉华州、新罕布什尔州和俄勒冈州为 0%,在加州、伊利诺伊斯州和田纳西州为 9%。(欧盟的增值税也实行百分比税率,但它与美国的销售税不同。增值税在生产过程的一些环节上征收,当投入品或未完工产品在企业之间销售时、当最终产品被最后一个企业卖给消费者时征收。生产企业在每个环节上所实现的增值即销售价格与原材料和其他投入品的成本之间的差,乘以规定的百分比税率,便得到所需缴纳的税收。)

我们现在探讨从量税。设 t 为商品 1 上的从量税。一旦实现这一税制,消费者为一件商品 1 承担的成本就从 p_1 上升到 p_1+t。她的预算约束变为 $(p_1+t)x_1+p_2x_2\leqslant M$。她求解如下最大化问题:

$$\max u(x_1,x_2) \quad \text{s.t.} \quad (p_1+t)x_1+p_2x_2\leqslant M。$$

我们称这一问题的解为 $x^{**}=(x_1^{**},x_2^{**})$。政府得到的税收等于 tx_1^{**}。

为与从量税或从价税比较,我们设想政府对典型消费者的收入 M 征税。本章不讨论她如何获得这笔收入(她可能在给定工资率下工作若干小时,她可能继承了一笔遗产,如此等等)。我们不讨论这一重要问题,只是假定政府从消费者口袋中拿走了一笔钱,这种税收既没有为消费者创造赚取这笔收入的激励,也没有消除她赚取这笔收入的激励。你可以认为这种税收是无法避免的甚至是消费者没有预测到的。消费者必须支付的、同时又独立于她可能做出的任何决策的税收,被称为**人头税**。在现实世界中,人头税极为少见。选民税是一种人头税:社会中每个人或每个成年人都得缴纳一笔固定数额的税收。所以说,**选民税**是种人头税。美国南部一些州曾经推行选民税,目的是阻止黑人和贫穷白人投票。目前,在美国,这种税收被普遍认为违宪。

设 T 为人头税税额。如果没有从量税,则人头税制将使典型消费者的预算约束变为 $p_1x_1+p_2x_2\leqslant M-T$。假设人头税税额 T 的设定使得由此实现的税收正好等于从量税所实现的税收,即 $T=tx_1^{**}$。在两种税收形式之间,典型消费者偏好哪一种呢?在人头税下,她求解如下最大化问题:

$$\max u(x_1,x_2) \quad \text{s.t.} \quad p_1x_1+p_2x_2\leqslant M-T=M-tx_1^{**}。$$

对消费者而言,消费束 $x^{**}=(x_1^{**},x_2^{**})$ 依然可行,因为它在从量税下是个可行的选项。就是说,x^{**} 位于人头税预算线上。但是人头税预算线的斜率为 p_1/p_2,而在点 x^{**} 上,典型消费者的边际替代率 $=(p_1+t)/p_2$。就是说,在这个点上,她的无差异曲线肯定与人头税预算线相交。她将选择自己更偏好的另一个点(见图 6.1)。我们称她更偏好的这个点为 $x^{***}=(x_1^{***},x_2^{***})$。这里的结论是,在人头税下,如果人头税所实现的税收收入等于从量税所实现的税收收入,则消费者选择 x^{***}。和从量税下的选择相比,她更偏好 x^{***}。简言之,对我们的消费者而言,等价人头税比从量税更好,且能为政府筹得相同数量的收入。见图 6.1。

为什么人头税更好呢?在某种意义上,我们的典型消费者的决策,受人头税的

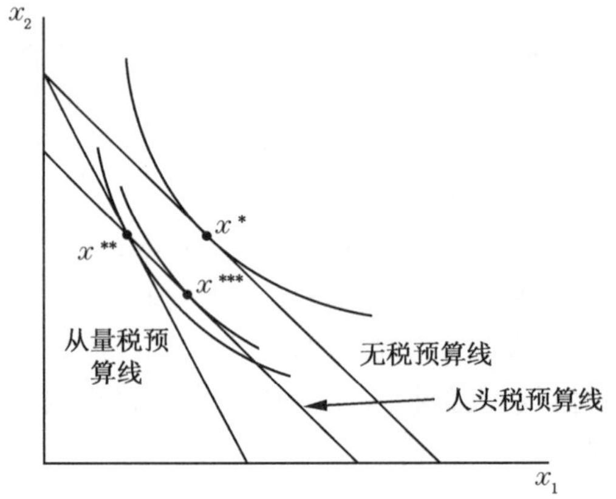

图 6.1　从量税和收入上的人头税

影响比受从量税的影响小。和从量税相比，在人头税下，她的收入减少了 $T=tx_1^{**}$，她变得贫穷；但是，虽然收入下降，她面对的却是没有扭曲的市场价格。另一方面，在从量税下，她也变得贫穷，因为她现在买不起无税收时所选择的商品束，而且，由于从量税扭曲了相对价格，所以，从量税迫使他用商品 2 替代商品 1。

我们最后思考一个问题：对这个消费者而言，人头税比从量税更好。但是，好了多少呢？我们将在第 6.4 节回到这个问题上。

6.3　退　税

政府有时会对鱼子酱等商品征收从量税，因为政府认为消费鱼子酱是过度奢侈的行为。但政府可能想以某种方式返还这笔税收，以补偿鱼子酱税给典型消费者造成的损失。例如，政府可以在每年末给典型消费者寄去一张支票，金额等于她缴纳的鱼子酱税。对消费者而言，这一政策使她的情况变得更好、相同还是更差呢？就我们的分析目的而言，我们假定典型消费者没有把她在一年中为购买鱼子酱而缴纳的从量税与年末收到的这笔退税联系在一起。换句话说，这是笔人头退税。

在政府实行从量税/退税机制前，典型消费者在价格(p_1, p_2)和收入 M 的约束下最大化自己的效用。就是说，她求解如下问题：

$$\max u(x_1, x_2) \quad \text{s.t.} \quad p_1x_1+p_2x_2 \leqslant M。$$

设消费束 $x^*=(x_1^*, x_2^*)$是消费者的选择，在没有退税机制时的选择。图 6.2 中标出了这个点。

现在，政府决定对商品 1 即鱼子酱征从量税，并将得到的税收一次性返还消费者。一件商品 1 对典型消费者的成本变为 p_1+t，t 是单位商品需缴纳的税收。政府得到的税收收入为 t 乘以典型消费者所消费的鱼子酱的数量。政府在收到这一税收时，就把它返还给消费者。设 R 为退税额。$x^{**}=(x_1^{**}, x_2^{**})$是消费者现在选择的消费束，它是如下效用最大化问题的解：

$$\max u(x_1,x_2) \quad \text{s.t.} \quad (p_1+t)x_1+p_2x_2\leqslant M+R。$$

在这里要看到，$R=tx_1^{**}$。但是，消费者并不根据这一信息采取行动。就是说，他没有把 R 的这一表达式代入预算约束中并借此“解出”tx_1 项。但是，**我们**知道 $R=tx_1^{**}$，因此在(x_1^{**}，x_2^{**})上，下面的等式肯定成立：

$$(p_1+t)x_1^{**}+p_2x_2^{**}\leqslant M+tx_1^{**}。$$

我们于是得到：

$$p_1x_1^{**}+p_2x_2^{**}=M。$$

就是说，点 x^{**} 满足她的初始预算约束。换句话说，在消费者的选择为 x^* 时，x^{**} 是买得起的。所以，相对于 x^* 点，在 x^{**} 上，消费者的情况肯定变得更差。见图6.2。

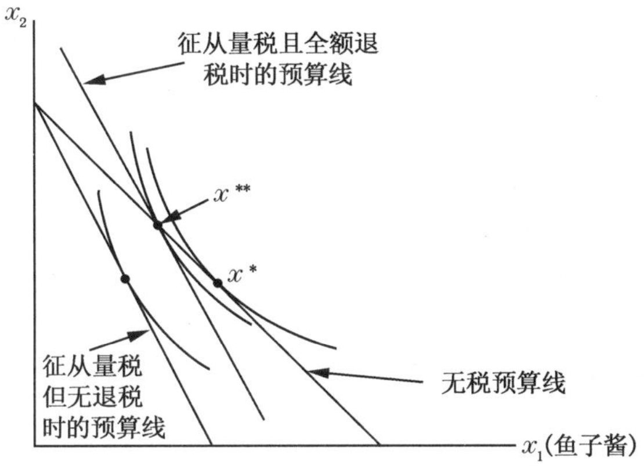

图6.2 退 税

在现实世界中，诸如此类的机制十分常见。只是在现实世界的机制中，政府所采取的政策通常有更严肃和重要的动机。(在我们的例子中，政府的动机是反对消费鱼子酱这一过于奢侈的行为——这显然不是个严肃动机。)我们看一个现实世界中的此类机制，在它的背后，有着相当严肃的动机。2009年初，美国一些国会议员提交了一份碳排放税议案(这份议案要求电力和汽油等产品的用户缴纳碳排放税)。为缓解对典型消费者的不利影响，这份议案同时提议削减工资税。对典型消费者，新增加的电力与燃料上的税负正好被所减免的工资税抵消。前面的分析指出，这种做法对典型消费者不是件好事，但是，当你把减少的碳排放考虑在内时，坏事可能变为好事。(这份议案没能在美国国会中通过。)

第十七章将讨论污染基础上的外部性。

6.4 在单人模型中，衡量福利变化

前一节的从量税和人头税分析，没有衡量典型消费者对A政策的偏好**超过他**对B政策的偏好**的程度**。现在讨论这一问题。我们依然假定整个经济由一个人构成。

我们看图 6.1 对从量税和等价人头税的比较。从前面的分析，我们知道，消费者偏好人头税而不是从量税。在人头税下，她选择 x^{***}；在从量税下，她选择 x^{**}。x^{***} 所在的无差异曲线高于 x^{**} 所在的无差异曲线。如果有人问，“她对 x^{***} 的偏好到底有多大?”我们可能会说：“在这两个点上，她的效用水平分别为 $u(x^{**})=7$ 和 $u(x^{***})=9$，所以，她对 x^{***} 的喜欢程度比对 x^{**} 的喜欢程度高出两个效用单位。”(这个例子没有给出具体效用函数，所以，7 和 9 两个效用数字完全是虚构。)

这一答案有问题。它虽然没有说错，但它告诉我们的只是在 x^{***} 和 x^{**} 之间，消费者偏好 x^{***}。就是说，由于效用函数是序数函数，一个点的效用比另一个点高两个效用单位，或者高 0.2 个效用单位，或者高 200 个效用单位，揭示的内容完全相同。

关于典型消费者对一个点的偏好高出另一个点的程度问题，我们如果想得到有意义的结论，就需要用更实在的单位如商品件数或货币数量衡量。用效用衡量，对回答这一问题没有用处。

第四章在讨论希克斯替代效应时，找到了方法，把用效用衡量的得失，转变为用货币衡量的得失。你不妨再研究一下图 4.10，想一想希克斯是如何把初始消费束到新消费束的变化，分解为收入效应和替代效应。替代效应告诉我们，在保持效用固定的前提下，由于价格变化，消费者所选择的消费束如何变化；收入效应则告诉我们，由于消费者的收入变化，即消费者实际上变得更富有或更贫穷，消费者所选择的消费束如何变化。收入效应抽象掉了相对价格变化，而把初始无差异曲线上的点向新无差异曲线上的点的变化，看作是收入变化导致的结果(用货币数量衡量)。这就为我们衡量……变化所导致的消费者得失提供了简便且客观的方法：衡量收入效应的货币值。

图 4.11 指出，以希克斯理论为基础进行收入效应/替代效应分解，我们实际上有两种方法：其一是希克斯提出的方法；其二是卡尔多提出的方法。希克斯使用新的点上的相对价格，构造与初始无差异曲线相切的预算线；卡尔多用初始点上的相对价格，构造与新的无差异曲线相切的预算线。

在继续讨论之前，我们定义几个术语。假设消费者从一个消费点移动到另一个点。利用希克斯分解或卡尔多分解，我们知道，消费者的这一变化能分解为替代效应和收入效应。不管使用哪种分解方法，收入效应都是从一个消费束到另一个消费束的移动，使得在这两个消费束上，都有一条预算线(分别为真实的预算线和虚构的预算线)与无差异曲线相切。这两条预算线相互平行，因为它们以相同的价格为基础。**收入效应对应的货币数量**或者说**收入效应的货币值**，是两条平行的预算线之间的货币差；就是说，是从一条预算线移动到另一条预算线所需的货币数量。消费者收益(或损失，如果收益数字为负数的话)的**补偿变差**是希克斯收入效应即以新价格为基础的收入效应对应的货币数量。消费者收益(或损失，如果收益数字为负数的话)的**等价变差**是卡尔多收入效应即以初始价格为基础的收入效应对应的货币数量。

我们借助一个例子理解上述概念。

例 1　对简单的积形式的效用函数,用货币衡量在 p_1 上升时,消费者福利的变化

设消费者的效用函数为 $u(x)=u(x_1,x_2)=x_1x_2$,收入为 $M=18$,初始价格为 $p_1=1$ 和 $p_2=1$。为在预算约束下最大化自己的效用,消费者让自己的边际替代率等于价格比率 p_1/p_2。我们于是得到:

$$MRS=\frac{MU_1}{MU_2}=\frac{x_2}{x_1}=\frac{p_1}{p_2}。$$

因此,$p_1x_1=p_2x_2$。利用预算约束 $p_1x_1+p_2x_2=M$,我们得到 $2p_1x_1=M$。她对商品 1 的需求函数因此为

$$x_1=\frac{M}{2p_1}。$$

在初始价格水平 $(p_1,p_2)=(1,1)$ 上,由于 $M=18$,她的效用最大化消费束为 $x^*=(x_1^*,x_2^*)=(9,9)$。她的初始效用水平为 $u(x^*)=9\times9=81$。

现在假设商品 1 的价格上升到 $p_1=2.25$,M 和 p_2 则保持在初始水平上。消费者的情况恶化,因为她买不起此前所消费的商品束。

我们现在计算她的损失。

首先用需求函数找到她对商品 1 的新的需求量:$x_1^{**}=M/2p_1=18/(2\times2.25)=4$。利用预算线,我们求得 $x_2^{**}=9$。她的新的效用最大化消费束为 $x^{**}=(x_1^{**},x_2^{**})=(4,9)$。她的新的效用水平为 $u(x^{**})=4\times9=36$。

表 6.1 记录了我们算出的数量和成本。在表中,初始价格(1,1)和新的价格(2.25,1)表示在列中。表中第一行为初始效用最大化消费束 x^*,第二行为新的效用最大化消费束 x^{**}。"初始价格"和"新的价格"列中的各个项目是在这些价格下得到的消费束的货币成本。例如,在初始价格下,x^* 的成本为 18 元;在新的价格下,x^{**} 的成本也是 18 元。

表 6.1　　**补偿变差与等价变差**

	初始价格 $(p_1,p_2)=(1,1)$	新的价格 $(p_1,p_2)=(2.25,1)$
1. $x^*=(9,9)$	18 元	
2. $x^{**}=(4,9)$		18 元
3. $y=(6,13.5)$		27 元
4. $z=(6,6)$	12 元	
5. y 到 x^{**} (C.V.)		−9 元
6. x^* 到 z(E.V.)	−6 元	

从初始最优点 x^* 到新的最优点 x^{**} 的变化中,消费者的效用下降 81−36=45 个效用单位。但是,这一信息不是很有用,因为效用函数是序数函数。

并且,在从 x^* 到 x^{**} 的变化中,消费者的收入保持不变,始终为 18 元。就是说,损失为 18−18=0(元)。但只有傻瓜才认为自己没有损失。

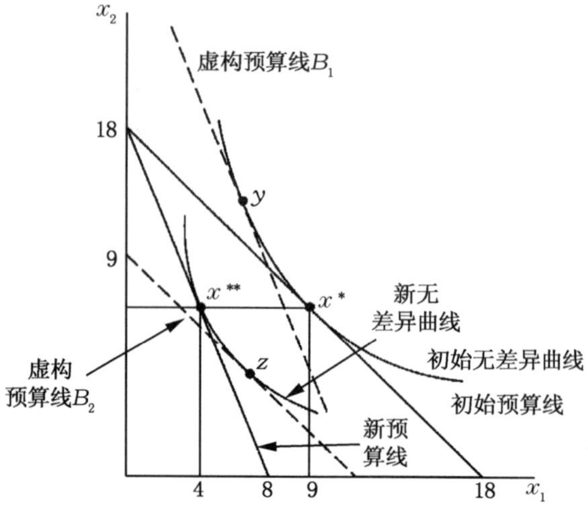

图 6.3 我们有两种方法用货币量表示消费者的损失。补偿变化是从 y 到 x^{**} 的收入效应的货币值(它以新价格为基础);等价变化是从 x^* 到 z 的收入效应的货币值(它以初始价格为基础)。

那么,如何把消费者的损失表示为货币数量呢?我们把从 x^* 到 x^{**} 的变化分解为收入效应和替代效应,用收入效应的货币值表示消费者的损失。我们有两种相近的分解方法:补偿变差(希克斯)方法,它所虚构的预算线与初始无差异曲线相切且斜率决定于新的价格;等价变差(卡尔多)方法,它所虚构的预算线与新的无差异曲线相切且斜率决定于初始价格。

我们用图 6.3 阐述这两种方法。消费者的初始最优点为 $x^*=(9,9)$,新的最优点为 $x^{**}=(4,9)$。为得到**补偿变差**,我们虚构一条预算线,它与初始无差异曲线相切,但斜率以新的价格为基础,斜率的绝对值等于 2.25/1=2.25。它是图中的预算线 $B1$。替代效应为从 x^* 到 y 的移动,收入效应为从 y 到 x^{**} 的移动。为求出 y,我们利用 $y=(y_1,y_2)$ 位于初始无差异曲线的事实,得到 $y_1y_2=81$;使用无差异曲线在 y 点斜率的绝对值等于 2.25 的事实,我们得到 $MRS=y_2/y_1=2.25$ 或 $y_2=2.25y_1$。利用这两个结果,我们得到 $2.25y_1^2=81$,或者说,$y_1^2=81/2.25=36$。因此,$y_1=6$,$y_2=13.5$。(即表 6.1 中的第三行)。在新的价格 $(p_1,p_2)=(2.25,1)$ 上,y 的成本为 $2.25\times6+1\times13.5=27$;在新的价格上,$x^{**}$ 的成本为 18。所以,收入效应的货币值为 $18-27=-9$(表 6.1 中的第五行)。就是说,利用补偿变差概念,从初始点 x^* 到新的点 x^{**} 的变化,等价于消费者损失了 9 元。

现在求等价变差。我们构造一条预算线,它与新的无差异曲线相切,斜率的绝对值为 1/1=1,即与初始价格水平相一致。它是图中虚构的预算线 $B2$。替代效应现在为 z 到 x^{**} 的变化,收入效应为 x^* 到 z 的变化。为找到 z,我们利用 $z=(z_1,z_2)$ 位于新的无差异曲线的事实,得到 $z_1z_2=4\times9=36$;利用无差异曲线在 z 点斜率的绝对值等于 1 的事实,我们得到 $MRS=z_2/z_1=1$ 或 $z_2=z_1$。利用这两个结果,我们得到 $z_1^2=36$。因此,$z_1=6$,$z_2=6$。(即表 6.1 中的第四行。)在初始价格 $(p_1,p_2)=(1,1)$ 上,z 的成本为 $1\times6+1\times6=12$;在初始价格上,x^* 的成本为

18。因此,收入效应的货币值为12－18＝－6。(即表6.1中的第六行。)就是说,利用等价变差概念,从初始点 x^* 到新的点 x^{**} 的变化等价于消费者损失6元。

现在,我们能够说:消费者从 x^* 到 x^{**} 的变化,使得她的情况恶化。她失去了45个单位的效用,这意味着她的情况恶化,然而,数字“45”没有任何具体含义。但是,消费者的选择的变化能够用货币数量衡量。用补偿变差概念衡量(即希克斯收入效应),结果为－9元;用等价变差概念衡量(即卡尔多收入效应),结果为－6元。

在结束本节前,我们要指出补偿变差和等价变差概念存在的问题。我们回到图6.3上。现在,假设消费者开始自 x^{**} 但结束于 x^*,而不是开始自 x^* 但结束于 x^{**}。换句话说,我们颠倒移动方向。此前的“初始状态”变为现在的“新的状态”,此前的“新的状态”变为现在的“初始状态”。对从 x^{**} 到 x^* 的变化,根据补偿变差,消费者得到6元的收益(z 到 x^* 的收入效应的货币值);根据等价变差,消费者得到9元的收益(从 x^{**} 到 y 的收入效应的货币值)。一切都纠缠在一起。但这还不是最糟糕的。

我们让消费者走个来回:从 x^* 到 x^{**},再从 x^{**} 回到 x^*。根据补偿变差,从 x^* 到 x^{**} 的变化使消费者损失9元钱,从 x^{**} 回到 x^* 的变化使消费者得到6元钱。就是说,根据补偿变差概念,从 x^* 点开始并最后回到 x^* 点的变化,消费者**净损失**3元钱。这显然是荒谬的,是个悖论,因为消费者最终回到了初始选择上。

我们看到,从一个消费束到另一个消费束的变化给消费者实现的收益(或损失)的补偿变差和等价变差,反映了消费者的所得或损失。这两个指标用货币数量衡量消费者的收益(或损失),因此,比用效用衡量消费者的收益或损失的做法,更具有操作性。另一方面,至少对某些效用函数,这两个概念可能产生荒谬的结果——根源在于收入效应概念本身模棱两可,使得问题复杂。

6.5 衡量多个人的福利:一个例子

我们用例子说明政府如何在不同的政策之间做出选择。在这个例子中,社会中有许多人而不再只有一个人。换句话说,我们不再探讨不同的政府政策以及这些政策如何影响典型消费者。我们探讨不同的政府政策和这些政策如何影响有不同偏好和不同效用函数的多个消费者。

前一节深入探讨了如何用补偿变差和等价变差概念,衡量预算约束变量即商品价格变化带给消费者的收益或损失。这两个概念把效用变化,转化为货币数量。在下面的例子中,我们用相近但不十分精确的概念衡量福利变化:支付意愿。我们假定所有消费者都要在政府提供的两个政策选项之间做出选择,每个消费者(或家庭)愿意为每个政策支付某一数量的货币。这个例子比前一个例子简单,因为这里不涉及相对价格变化。

这个例子指出,如果政府通过把各个家庭的支付意愿相加而做出选择,它就会过于重视富人们的偏好。

例2 用货币衡量社会对两个政策的偏好。(如果学校无法同时为音乐类课

程和艺术类课程提供资金的话，它们应该教授音乐还是艺术呢？)

假设这个国家分为两个区域：东部和西部。东部人民喜爱音乐但对视觉艺术兴趣不大。西部人民热爱视觉艺术但对音乐兴趣不大。假设两个地区中家庭数量相同。一个公共教育机构负责为两个地区提供教育服务。这个机构资金短缺，只能提供音乐教育或艺术教育但**无法**同时提供这两类课程教育。它也无法为一个地区提供音乐教育而为另一个地区提供艺术教育。设政策 M 为这个国家所有学校都开设音乐课程，政策 A 为在这个国家所有学校开设艺术教育课程。假设每个地区中每个家庭都愿意为自己所喜欢的课程类型(音乐或视觉艺术)支付最高不超过家庭年收入 2%的资金，为自己所不喜欢的课程支付最高不超过家庭年收入 1%的资金。

假设每种课程类型的社会福利等于这个国家所有家庭的支付意愿的加总，假设政府选择有最大总支付意愿的课程类型。我们称这种做法为**简单支付意愿法**。

这种社会偏好衡量的方式存在问题：这一决策依赖这个国家两个地区的总家庭收入。如果东部地区更富裕，则政府选择 M；如果西部地区更富裕，则政府选择 A。政府提供富裕地区所偏好的课程类型。更糟糕的是，如果这个国家有一个超级富裕家庭，而其他家庭都是中等收入家庭，则政府决策仅决定于这个超级富裕家庭居住在东部还是西部。许多经济学家反对这种决策方式。

那么，我们应该放弃这种简单支付意愿法，而只采用补偿变差、等价变差或其他类似概念吗？这可能会导致类似例 1 即单个人的福利分析中的那种悖论或不一致性，并且，在多人世界中，这种悖论或不一致性进一步加重。下一章继续讨论这些问题。我们将引入一个假定，称为**拟线性**假定，它能防止出现例 1 中的悖论和例 2 中的不和谐结果。

6.6 例　题

问题

国王想在自己的王国中增设一所大学，大学耗资 1 亿元。为筹得资金，他决定向全体国民征税。这个国家有 100 万国民，他们情况相同。每个人只消费两种商品：水果(f)和花生(n)。他们有相同的效用函数：$u(f,n)=f\cdot(n+2)$。他们有相同的收入，$M=1\ 000$ 元。水果和花生的价格分别为 $p_f=4$ 元和 $p_n=4$ 元。国王的经济咨询委员会提交了三份方案供他选择：

(a)对每单位水果征收 1 元钱的从量税；

(b)对每单位花生征收 1 元钱的从量税；

(d)对每位国民征收 100 元钱的人头税。

这些方案如何影响这个王国的国民呢？每个方案能筹得多少资金？

答案

在没有税收时，每个国民的预算约束都为 $4f+4n=1\ 000$。效用最大化的切点条件为

$$MRS=\frac{MU_f}{MU_n}=\frac{n+2}{f}=\frac{p_f}{p_n}=\frac{4}{4}=1。$$

我们得到 $n=f-2$。把这个结果代入预算约束条件中,得到最优消费束$(f^*,n^*)=(126,124)$。无税收时的效用于是为 $u(f^*,n^*)=126(124+2)=15\ 876$。

(a)政府对每单位水果征收 1 元钱税收,于是,消费者必须为自己所消费的每一单位的水果支付 4+1=5 元。预算约束现在为 $5f+4n=1\ 000$。切点条件现在为

$$MRS=\frac{n+2}{f}=\frac{5}{4}。$$

我们得到 $n=(5/4)f-2$。把这个结果代入预算约束条件中,得到最优消费束$(f^*,n^*)=(100.8,124)$。在对水果征税时,消费者的效用为 $u(f^*,n^*)=100.8(124+2)=12\ 701$。政府从一个消费者那里征得的税收为 $1\times100.8=100.8$(元),总税收于是为 100 万乘以这一税收额,得到 10 080 万元。

(b)政府对每单位花生征收 1 元钱税收,于是,消费者必须为自己所消费的每单位的花生支付 4+1=5 元。预算约束现在为 $4f+5n=1\ 000$。切点条件现在为

$$MRS=\frac{n+2}{f}=\frac{4}{5}。$$

我们得到 $n=(4/5)f-2$。把这个结果代入预算约束条件中,得到最优消费束$(f^*,n^*)=(126.25,99)$。在对花生征税时,消费者的效用为 $u(f^*,n^*)=126.25(99+2)=12\ 751$。政府从一个消费者那里征得的税收为 $1\times99=99$(元),总税收于是为 100 万乘以这一税收额,得到 9 900 万元。

(c)政府对每个国民征收 100 元人头税,价格不变,即$(p_f,p_n)=(4,4)$。但是,消费者的收入下降 100 元。预算约束现在为 $4f+4n=900$。切点条件现在为

$$MRS=\frac{n+2}{f}=\frac{4}{4}=1。$$

我们得到 $n=f-2$。把这个结果代入预算约束条件中,得到最优消费束$(f^*,n^*)=(113.5,113.5)$。在人头税下,消费者的效用为 $u(f^*,n^*)=113.5(111.5+2)=12\ 882$。政府从一个消费者那里征得的税收为 100 元,总税收于是为 100 万元乘以这一税收额,得到 10 000 万元。

习　题

1.某个消费者每月在蓝莓(b)和奶油(c)上的预算为 200 元。他的效用函数为 $u(b,c)=bc$。蓝莓的单价为 4 元,奶油的单价为 2 元。

(a)求解这个消费者的最优消费束,计算他得到的效用。

(b)假设政府对每单位奶油征收 25 分钱的税收。这个消费者的最优消费束是什么?

(c)政府考虑对蓝莓消费提供补贴。在依然对奶油征收 25 分钱税收和对蓝莓实行价格补贴时,如果政府想使消费者得到的效用等于(a)中的效用,则蓝莓的净

价格应是多少？

2.某个消费者每周有 45 元零花钱，他把这笔钱专用于购买牛奶(m)和饼干(c)。他的效用函数为 $u(m,c)=mc^2+100$。一杯牛奶的价格为 1 元，一块饼干的价格为 3 元。

(a)求消费者的最优消费束，计算他得到的效用。

(b)假设对所消费的每块饼干，政府对征税 1 元。在周末，政府给消费者寄去一张退税支票，退税额等于他所缴纳的饼干税。消费者没有把退税支票与他所缴纳的饼干税联系在一起。求解消费者的新的消费束，说明与(a)中情况相比，他现在情况更糟。

3.世界上只有两种商品：x 和 y。威廉的效用函数为 $u(x,y)=\min\{x,y\}$，玛丽的效用函数为 $v(x,y)=x+y$。如果政府对商品 x 征税，则威廉的效用如何变化，玛丽的效用如何变化？

4.某个消费者在香槟(c)和苏打饮料(s)上的效用函数为 $u(c,s)=10c^4s$。1 瓶香槟的价格为 32 元，1 瓶饮料的价格为 1 元。消费者每个月在这两种商品上的预算为 80 元。

(a)求消费者的最优消费束(c^*,s^*)和他的效用水平。

(b)研究发现，香槟对健康有益。政府国会因此通过了补贴香槟消费的法案。在政府补贴下，香槟的净价为 16 元。求解消费者的新的消费束(c^{**},s^{**})和他的效用水平。

(c)用希克斯的收入效应与替代效应概念，计算收入效应的货币值。

5.一对夫妻在住房(商品 x，单位为平方米)和其他商品(商品 y)上的效用函数为 $u(x,y)=x^2y$。假设这对夫妻的收入为 30 000 元，x 的初始价格为 100 元，y 的初始价格为 1 元。当地政府提供以下两种住房补贴方案，这对夫妻喜欢其中哪种方案？两种方案给政府造成的成本各是多少？请简要说明。

(a)无论所购买的住宅面积为多少，政府一次性补贴 3 000 元。

(b)对住宅价格提供补贴，使每平方米住宅的净价为 80 元。

6.政府任命你为经济部长。假设所有商品可以归为两类：x 和 y；所有消费者的偏好都为 $u(x,y)=\min\{x,y\}$。设 x^* 和 y^* 是两类商品的初始需求量。设 $p_x=10$，$p_y=10$。1/3 的消费者为 A 类消费者，每人的收入为 500 元；1/3 的消费者为 B 类消费者，每人的收入为 400 元；剩下 1/3 的消费者为 C 类消费者，每人的收入为 300 元。你向政府提交以下方案：

(a)对每个人征所得税。A 类消费者每人缴纳 68 元，B 类消费者每人缴纳 40 元，C 类消费者每人缴纳 12 元。

(b)同时对两种商品按购买数量提供补贴，单位商品的补贴标准为 $s_x=1$ 和 $s_y=1$。这一补贴标准使得新的(扣除补贴的)价格 p_x-s_x 和 p_y-s_y 满足 $s_xx^{**}+s_yy^{**}=T$ 和 $(p_x-s_x)/(p_y-s_y)=p_x/p_y$。其中，$p_x$ 和 p_y 是两种商品的初始价格，x^{**} 和 y^{**} 是价格干预后的需求量，T 是全部税收收入。

有人认为这份方案不能接受，因为它恶化了中间消费者的福利。你能证明此人的理由不成立吗？如果这一政策得到实施，谁从中受益，谁的福利下降？计算每类人群在政策实施之前和之后的最优消费束,计算相应的效用水平。

附录 显示偏好

在第二章开始的消费者理论中,我们首先假定每个消费者都有自己的偏好;然后,对偏好和表示偏好的效用函数施加了一些假定;然后,利用偏好、效用函数和预算约束,得到需求曲线,讨论了需求曲线应该具有的特征。这一分析过程始自一般情况下无法直接观察到的偏好或效用的特征,结束于可直接观察到的需求特征。

在20世纪30、40年代,20世纪伟大的美国经济学家保罗·萨缪尔森(1915—2009)提出了另一种理论,它的起点是需求的特征而不是偏好或效用的特征。它从需求出发。由于需求是可观察到的,所以,这一理论在某种意义上比标准消费者理论更容易进行数据检验。萨缪尔森(等人)对消费者的选择施加了一系列假定,借此产生了与标准的偏好基础上的消费者理论相同的逻辑结构。

萨缪尔森理论的基本内容如下:给定商品价格和消费者收入,假设消费者在能选择消费束(y_1,y_2)时,选择了消费束(x_1,x_2)。则她的行为直接表明在(x_1,x_2)和(y_1,y_2)之间,她偏好(x_1,x_2),或者说,**直接揭示了她的偏好(x_1,x_2)**。萨缪尔森进而对消费者所选择的消费束施加了一个基本假定:**在(x_1,x_2)和(y_1,y_2)之间,如果消费者直接揭示了对(x_1,x_2)的偏好,则她不会直接揭示出对(y_1,y_2)的偏好**。这一假定,虽然包含"偏好"一词,却纯粹是对消费者选择或没有选择的消费束的陈述。就是说,它是关于消费者所选择的消费束——这是能够直接观察到的——的陈述;而不是关于偏好关系或效用函数——这是无法观察到的——的陈述。

萨缪尔森关于选择的这一基本假定,在今天被称为**显示偏好弱公理(Weak Axiom of Revealed Preference, WARP)**。图6.4在两幅图上各画出了一对预算线。在两幅图上,当自己的预算线为B_x时,消费者选择点(x_1,x_2)。每幅图还有一条预算线B_y,它比B_x平坦。当自己的预算线为B_y时,消费者选择消费束(y_1,y_2)。在这两幅图上,(y_1,y_2)都位于B_x上。就是说,在消费者选择(x_1,x_2)时,她能够选择(y_1,y_2)。左方的图与显示偏好弱公理相一致,右方的图并非如此。

就是说,在左方的图上,在(x_1,x_2)和(y_1,y_2)之间,消费者直接揭示出对(x_1,x_2)的偏好,但没有揭示出对(y_1,y_2)的偏好。在右方的图上,在(x_1,x_2)和(y_1,y_2)之间,消费者直接揭示出对(x_1,x_2)的偏好,同时揭示出对(y_1,y_2)的偏好。

显示偏好弱公理有时被强化为**显示偏好强公理(Strong Axiom of Revealed Preference, SARP)**。SARP的基本思想是:在(x_1,x_2)和(y_1,y_2)之间,消费者**间接地揭示出对(x_1,x_2)的偏好**,如果存在多个消费束(称其为AB_1、AB_2等)使得在(x_1,x_2)和AB_1之间她直接揭示出对(x_1,x_2)的偏好,在AB_1和AB_2之间她直接揭示出对AB_1的偏好,如此等等,直至在这串消费束中的最后一个消费束AB_k和(y_1,y_2)之间她直接揭示出对AB_k的偏好的话。SARP说的是,**在(x_1,x_2)和(y_1,y_2)之间,如果消费者间接地揭示出对(x_1,x_2)的偏好,则在(x_1,x_2)和(y_1,y_2)之间,她不会间接地揭示出对(y_1,y_2)的偏好。**

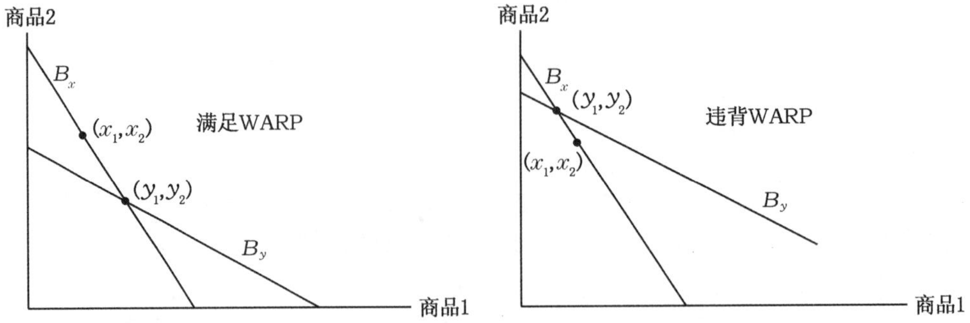

图 6.4　在左图中，WARP 得到满足；在右图中，WARP 被违背。在预算线 B_x 下，消费者选择 (x_1,x_2)；在预算线 B_y 下，消费者选择 (y_1,y_2)。

图 6.5 画出了三个消费束和使这三个消费束成为消费者选择的三条预算线。三个消费束是 (x_1,x_2)、(y_1,y_2) 和 (z_1,z_2)，相对应的三条预算线是 B_x、B_y 和 B_z。这幅图阐述了 SARP 的基本思想。因为 (x_1,x_2) 被间接揭示出优于 (z_1,z_2)，但 (z_1,z_2) 没有被间接揭示出优于 (x_1,x_2)。

在本节最后，我们阐述如何把显示偏好理论融入本章的福利经济学分析和此前的消费者理论中。

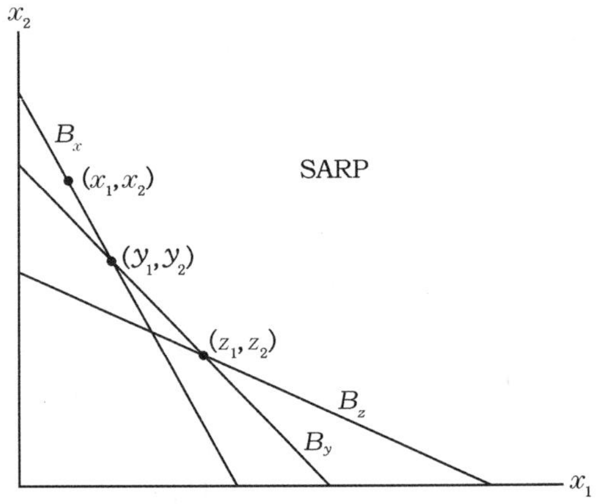

图 6.5　SARP

首先看本章第二节，具体地说，看图 6.1 中从量税与等价所得税的福利比较。为理解显示偏好的作用，我们看图 6.1，分析其中三个点 (x_1^*,x_2^*)、(x_1^{**},x_2^{**}) 和 (x_1^{***},x_2^{***}) 以及图中标记为"无税收"、"从量税"和"所得税"的三条预算线。我们不考虑图中的无差异曲线。很明显，在这三个消费束上，消费者揭示出她偏好无税收消费税 (x_1^*,x_2^*)。在图 6.1 中，在 (x_1^{**},x_2^{**}) 和 (x_1^{***},x_2^{***}) 之间，消费者直接揭示出她偏好 (x_1^{***},x_2^{***})。并且，点 (x_1^{***},x_2^{***}) 必定位于它现在所在的位置即位于 (x_1^{**},x_2^{**}) 的右下方，因为如果它位于 (x_1^{**},x_2^{**}) 的左上方，则 WARP 被违背。你应该能弄清楚其中原因。

我们再看第 4.5 节中，具体地说，图 4.9 对斯拉茨基替代效应的分析。图 4.9 与图 6.1 几乎完全相同，并且十分接近图 6.4 中左面的图。所以，我们能把显示偏好分析应用到替代效应上。具体地说，不借助无差异曲线，我们依然能够看到，WARP 意味着斯拉茨基替代效应为负。

第七章
福利经济学 2:多人模型

7.1 导 论

前一章主要探讨单人社会的福利。如果我们想对以同一方式影响同质人口(由许多个典型消费者构成的人口)的各种税收政策进行比较分析,我们可以把整个社会看作是由一个人(一个典型消费者)构成的社会。但是,如果人们之间差异很大(有不同的偏好和不同的收入水平),受政策影响不同,我们可能就不能用这种方式分析社会。

本章假定社会中有两个或更多个人。如果政策 A 和政策 B 以不同方式影响这些人,我们如何确定政策 A 是否优于政策 B 呢？这是本章要回答的问题。第 6.5 节谈到了这一问题,我们现在更深入探讨这一问题。

第二章说过,效用是个序数概念。把两个人或更多人的效用水平相加而得到社会福利的做法,没有任何意义。在这种情况下,我们能否把以某种方式反映对这些政策的个人价值认定的数值相加,用得到结果比较各种政府政策、制度或市场结构呢?

经济学家使用**消费者们剩余**概念进行政策比较,本章便探讨消费者们剩余概念。我们首先回顾前一章中的例 1 和例 2,然后引入**拟线性偏好**或者说**拟线性**假定,借此排除例 1 和例 2 中存在的问题。我们对单个消费者定义**消费者剩余**概念。我们将看到,在拟线性假定下,用补偿变差、等价变差或消费者剩余上的变化等概念衡量的消费者福利变化,得到相同结果(这就排除了例 1 中的问题)。我们还将看到,在拟线性假定下,消费者对商品 1 的需求与收入无关(这就排除了例 2 中的问题)。我们然后对两个或更多个人定义**消费者们**剩余的概念,并用例子说明这个概念。我们最后探讨拟线性假定的适用性:它有时能相当好地反映现实,例如,当我们所研究的商品上的收入效应很小时;但是,在其他情况下,它是个不现实和不恰当的假定。

7.2 拟线性偏好

第六章中的两个例子都有自己内在的问题。我们将这两个例子概述如下:

例 1 对简单的积形式的效用函数，用货币衡量在 p_1 上升时消费者福利的变化

消费者的效用函数为 $u(x)=x_1x_2$，她的收入为 $M=18$，初始价格为 $p_1=1$ 和 $p_2=1$。给定这些价格，她选择效用最大化消费束 x^*。设商品 1 的价格上升到 $p_1=2.25$。现在，她选择效用最大化消费束 x^{**}。她的情况恶化：效用变化-45。根据补偿变差分析，她的福利下降 9 元；根据等价变差分析，她的福利下降 6 元。在这两个概念下，消费者的福利损失的货币值不一致，这可能导致矛盾的结论。这种不一致性意味着可能存在衡量误差。后文将指出，这一问题可以溯源至收入效应概念。

例 2 用货币衡量社会对两个政策的偏好。学校应该教授音乐还是艺术？(如果社会无法同时为这两类课程提供资金的话)

政府必须在政策 M(音乐课程)与政策 A(艺术课程)之间做出选择。这个国家有两个地区：东部和西部。两个地区对 M 和 A 有不同偏好。我们通过加总简单支付意愿，衡量两个政策的社会福利。简单支付意愿只决定于收入水平；每个家庭愿意为它所喜欢的课程支付 2%的家庭年收入；为另一类课程支付 1%的家庭收入。这种社会福利衡量方法存在问题：它依赖于收入分布。社会在 M 和 A 之间的选择，决定于富人们是居住在东部还是西部。

我们现在引入一个假定，它能防止这类问题。在一些情况下，这个假定能相当好地反映现实；但是，在另一些情况下，它反映不了现实。第 7.6 节将阐述这一点。

这里的关键是假定社会中消费者所面对的商品和这些消费者的效用函数具有某种特征。有一种商品以相同方式进入每个人的效用函数：它以简单的被加项的形式进入函数中。如果这种商品是苹果，则每个人的效用函数都可以写为

$$u_i(\text{一切商品})=v_i(\text{除苹果外的一切商品})+\text{苹果}。$$

其中，函数 v_i 表示消费者 i 从苹果以外的所有商品上获得的效用。在这种情况下，我们可以把消费者 i 效用变化表示为苹果的数量变化。使用这种衡量方式，不会存在任何问题，因为一只苹果就是一只苹果。(当然了，旭苹果不同于红富士苹果，新鲜苹果不同于烂苹果！)而且，如果我们让苹果的价格为 1 元钱，则消费者 i 的效用变化就可以用货币表示。这种衡量方式依然没有任何问题，因为一元钱就是一元钱。

如果我们探讨的是社会福利而不是一个人的福利，我们就可以把所有人的苹果或货币数量相加，而不是把所有人的效用相加：把所有人的苹果或货币数量相加的做法完全合理，而把所有人的效用相加的做法完全不合理。

正式地说，我们的方法如下：假定只有两种商品。第一种商品以不同方式进入各个人的效用函数中。就是说，不同人对一件第一种商品有不同的价值认定。第二种商品则以简单的被加项的形式进入每个人的效用函数中。假定第二种商品用货币衡量，就是说，$p_2=1$。(当我们用所选择的计量单位计量一种商品以使它的价格为一元时，我们称这种商品为**计价商品**。)我们可以把商品 2 看作是真实的“商品”，即消费者真实消费的东西，我们也可以把它看作是相对价格不变的其他一切商品的综合。我们称商品 2 为**货币商品**，但我们不能把它与消费者的收入 M 混淆。

我们现在探讨消费者的行为。当我们只探讨一个消费者的行为时，我们不需要用下标 i 指代这个消费者。她的效用 u 是她所消费的两种商品 (x_1, x_2) 的函数。我们说她有**拟线性偏好**，如果她的效用函数可以写为

$$u(x_1, x_2) = v(x_1) + x_2。$$

其中，v 是 x_1 的递增凹函数。在这里，x_2 以简单的被加项的形式进入消费者的效用函数中。

我们说，各个人的效用函数都满足**拟线性偏好**，如果它们都能被写成这种形式，第二种商品数量以同一种方式进入每个人的效用函数，但 $v(x_1)$ 项一般因人而异。

拟线性假定排除了例 1 中所使用的那种简单的积形式的效用函数。

7.3 单个消费者剩余

注意本节的标题：这里研究单个人的行为。我们的消费者在预算约束下最大化自己的效用：

$$\max u(x_1, x_2) = v(x_1) + x_2 \quad \text{s.t.} \quad p_1x_1 + p_2x_2 = M。$$

描述其选择的两个方程分别为预算线方程和切点条件 $MRS = v'(x_1)/1 = v'(x_1) = p_1/p_2 = p_1$。

函数 v 是凹函数。这一假定保证了消费者的偏好是凸的。就是说，消费者的无差异曲线有标准的曲度。沿着任何一条无差异曲线向右移动，曲线变得平坦。但是，拟线性还告诉我们，消费者的无差异曲线有一些很特殊的性质。如果我们固定 x_1，则消费者的边际替代率是常数，等于 $v'(x_1)$，即第一种商品在 x_1 上的边际效用；如果我们在平面上画出一些无差异曲线，则从某个给定的 x_1 上向上看，(1)在给定的 x_1 上，无差异曲线的斜率是常数。并且，(2)任取两条无差异曲线，无论 x_1 多大，两条曲线之间的垂直距离是常数。就是说，在拟线性假定下，**任何两条无差异曲线都是彼此的垂直移动**。不严格地说，无差异曲线"平行"。(这里使用了引号，是因为平行通常被看作是直线的几何特征。)本章末的习题要求你证明性质(2)。图 7.1 画出了拟线性偏好假定下消费者的无差异曲线。

在例 1 中，当消费者从 x^* 点移动到 x^{**} 点，她的补偿变差(损失 9 元)和她的等价变差(损失 6 元)不相等。这就产生了矛盾。我们说过，拟线性假定排除了例 1 中使用的积形式的效用函数。实际上，拟线性不仅排除了例 1 中的效用函数，还排除了补偿变差与等价变差不相等的可能性。就是说，它排除了例 1 中出现的矛盾。图 7.2 说明了这一点。

图 7.2 以例 1 中的收入与价格为基础，但使用拟线性效用函数 $u(x_1, x_2) = v(x_1) + x_2$。在图 7.2 中，和图 6.3 一样，补偿变差为 y 到 x^{**} 的收入效应，它以新的价格为基础；等价变差为从 x^* 到 z 的收入效应，它以初始价格为基础。由于拟线性，图中两条无差异曲线之间的垂直距离始终为常数。由于 $p_2 = 1$，由于 y 和 x^{**} 之间的垂直距离与 x^* 和 z 之间的垂直距离相等，所以补偿变差等于等价变差。例 1 中的悖论不复存在。

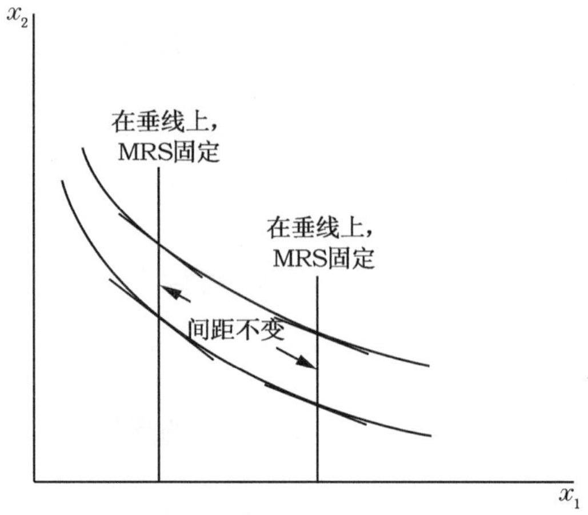

拟线性偏好

“无差异曲线平行”

图 7.1　拟线性偏好的无差异曲线

我们现在推导拟线性假定下消费者的需求函数。消费者在 $p_1x_1+x_2=M$ 的约束下，最大化 $v(x_1)+x_2$。（在这里，$p_2=1$。）根据切点条件，$v'(x_1)=p_1$。设 v'^{-1}是函数 v'的反函数。$x_1=v'^{-1}(p_1)$告诉我们在价格为 p_1 时消费者消费的商品 1 的数量。换句话说，v'^{-1}是消费者对商品 1 的需求函数。她对商品 2 的需求为 $x_2=M-p_1x_1$。为简化分析，这里假定消费者的收入 M 足够大，足以保证她在两种商品上的支出都大于零。

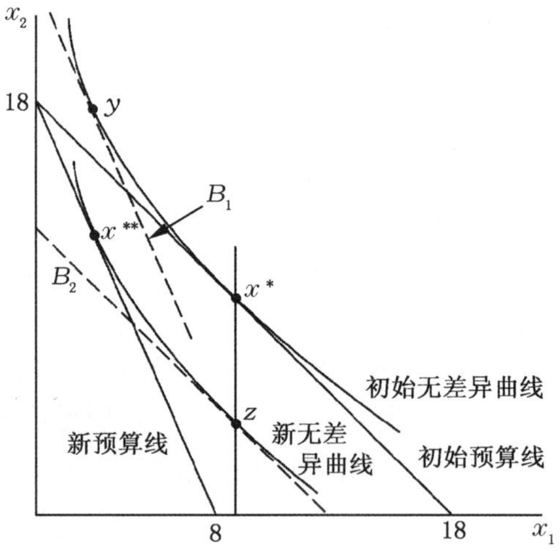

图 7.2　拟线性假定下从 x^* 到 x^{**} 的移动。这里不再有矛盾的结果

这里要看到，在拟线性假定下，消费者对商品 1 的需求与收入 M 没有关系，她对商品 1 的需求只决定于商品 1 的价格 p_1（或者，更一般地说，决定于商品 1 的相对价格 p_1/p_2）。我们因此排除了例 2 中不合理的结果。

我们很容易画出消费者对商品 1 的需求曲线:我们只需画出需求函数方程 $x_1=v'^{-1}(p_1)$,或者说,画出反需求函数方程 $p_1=v'(x_1)$。(需求和反需求的图形完全相同,两者的唯一区别是:需求曲线反映从价格到数量的关系,反需求曲线反映从数量到价格的关系。)在图 7.3 中,我们还取了一个具体价格 p_1^*,画出了过此点的水平线。当我们把这幅图理解为从价格到数量的关系时,它告诉我们在任何一个价格上,消费者消费的商品 1 的数量。当我们把它理解为从数量到价格的关系时,它告诉我们每个 x_1 对应的价格 $p_1=v'(x_1)$。但是,$v'(x_1)=MRS$。就是说,对给定的 x_1,(反)需求曲线的高度为消费者为增加一件商品 1 而愿意放弃的货币数量或商品 2 的件数(这里要记住:$p_2=1$)。("增加的一件"常被经济学家称为**边际单位**。)很自然地,我们称(反)需求曲线的高度为消费者对一个边际单位的商品 1 的**支付意愿**。

这里还要看到,方程 $v'(x_1)=p_1$ 中没有出现 M 或 x_2。就是说,消费者对 x_1 的需求(它只决定于 p_1)和她对增加一件商品 1 的支付意愿(它决定于 x_1),与她的收入或她所消费的商品 2 的数量没有任何关系。所以说,我们在这里和在本章后半部分所使用的支付意愿概念,避免了例 2 中所描述的简单支付意愿概念存在的问题。

现在看图 7.3 中的水平线。它在点(x_1^*, p_1^*)穿过需求曲线。当消费者支付价格 p_1^* 和消费 x_1^* 件商品 1 时,他为增加一件或一个边际单位的商品 1 即第 x_1^* 件商品 1 的支付意愿为 p_1^*。但是,对任意的 $x_1<x_1^*$,她的支付意愿更高。对第一件商品、第二件商品……她的支付意愿分别为需求曲线在相应点上的高度。在某种意义上,当她在价格 p_1^* 上购买 x_1^* 件商品时,她实际上占到了便宜,因为她以低于其支付意愿的价格买到了第一件商品、第二件商品……对边际单位即第 x_1^* 件商品 1 之前消费的每件商品,她实际上都占到便宜。

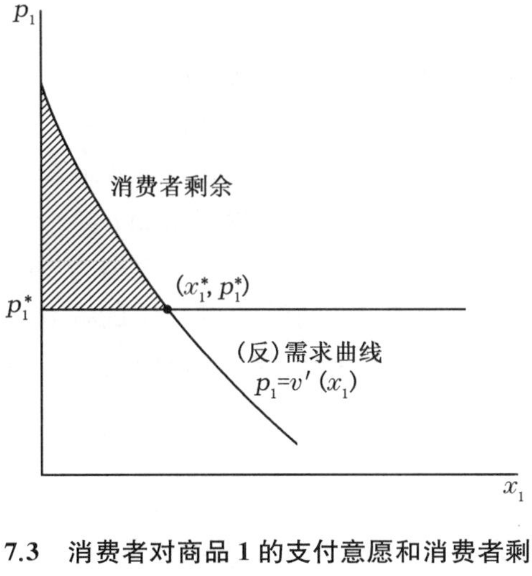

图 7.3 消费者对商品 1 的支付意愿和消费者剩余

我们现在探讨如何衡量消费者从现在的局面中即能够买到和消费 x_1^* 件商品 1(同时购买和消费 $M-p_1^* x_1^*$ 件商品 2)中得到的好处。**消费者剩余**是把消费者对增加一件商品的支付意愿，在所消费的所有数量上加总，再减去她实际支付的货币数量。这便是图 7.3 中需求曲线下方和过 p_1^* 的水平线上方区域的面积。在拟线性假定下，消费者剩余对收入水平或其他商品的消费数量不敏感。最后要指出的是，消费者剩余是用货币数量（或者说，用商品 2 的数量）衡量的，而不是用消费者的效用数量衡量的。因此，我们可以把两个消费者的消费者剩余相加。

7.4 例子：拟线性偏好下单个消费者的剩余

我们看个例子，它与例 1 类似，但消费者的偏好为拟线性偏好。在例 1 中，补偿变差和等价变差不一致，我们得到了矛盾的结论。但是，在现在探讨的例子中，我们将看到，补偿变差和等价变差正好相等（从而消除了这种不一致性和矛盾），并且都等于消费者剩余的变化。

例 3 在 p_1 上升时，对拟线性效用函数，计算补偿变差、等价变差和消费者剩余上的变化。

和例 1 一样，消费者的收入为 $M=18$，初始价格为 $p_1=1$ 和 $p_2=1$。这里的变化依然为商品 1 的价格上升到 $p_1=2.25$。但是，与例 1 不同，效用函数现在为

$$u(x_1,x_2)=\ln x_1+x_2。$$

这个效用函数是拟线性函数。令 MRS 等于价格比率，我们得到

$$MRS=\frac{MU_1}{MU_2}=\frac{1}{x_1}=\frac{p_1}{p_2}=p_1。$$

消费者对商品 1 的需求函数为 $x_1=1/p_1$。

这里要看到，消费者对商品 1 的需求与收入无关。在开始时，价格为 $p_1=1$ 和 $p_2=1$，她选择 $x_1^*=1$；因为她的预算约束为 $x_1+x_2=M=18$，所以，$x_2^*=17$。就是说，她的初始效用最大化消费束为 $x^*=(x_1^*,x_2^*)=(1,17)$，她的初始效用水平为 $u(x^*)=\ln 1+17=17$。

现在商品 1 的价格上升到 $p_1=2.25$，M 和 p_2 依然保持在原来水平上。消费者情况恶化，因为她买不起价格上涨前所消费的消费束。

我们首先用需求函数求出消费者对商品 1 的需求量：$x_1^{**}=1/p_1=1/2.25=4/9$。利用预算约束 $2.25(4/9)+x_2=18$，我们得到 $x_2^{**}=17$。她的新的效用最大化消费束为 $x^{**}=(x_1^{**},x_2^{**})=(4/9,17)$，新的效用为 $u(x^{**})=\ln(4/9)+17=17-\ln(9/4)=16.19$。从初始点 x^* 到新的点 x^{**} 的变化，使她的效用下降 $17-16.19=0.81$ 个效用单位。和例 1 一样，这一信息不很有用，因为我们不知道如何解释效用单位。

现在用补偿变差（以新的价格为基础的收入效应）和等价变差（以初始价格为基础的收入效应）衡量消费者福利的变化。图 7.2 有助于我们的分析，它给出了所有有关的点和线，当然了，其中的横坐标和纵坐标不再有用，因为这幅图并不反映我们所使用的拟线性效用函数。

消费者的初始最优点为 $x^*=(1,17)$，新的最优点为 $x^{**}=(4/9,17)$。为求解消费者损失的补偿变差，我们需要找到与图 7.2 中的 y 点相对应的点。我们知

道 y 位于初始无差异曲线上,所以,$\ln y_1 + y_2 = u(x^*) = 17$。我们知道 y 位于 x^{**} 正上方,所以,$y_1 = x_1^{**} = 4/9$。y 的纵坐标因此为 $y_2 = 17 - \ln(4/9) = 17 + \ln(9/4)$,$y$ 与 x^{**} 之间的垂直距离等于 $17 + \ln(9/4) - 17 = \ln(9/4) = 0.81$。由于 $p_2 = 1$,消费者损失的补偿变差为 0.81 元。

等价变差值为图 7.2 中 x^* 和 z 之间的垂直距离。它的求解过程类似求解补偿变差,这里不进行具体计算。但是有一点要记住:在拟线性假定下,随着 x_1 变化,两条无差异曲线之间的垂直距离始终为常数。所以,消费者损失的等价变差也是 $\ln(9/4)$,或者说,是 0.81 元。

我们现在计算 p_1 从 1.0 变化到 2.25 时,消费者剩余上发生的损失。图 7.3 描述了消费者剩余概念。在价格为 p_1^*、消费者消费 x_1^* 件商品 1 时,消费者剩余为需求曲线(更准确地说,反需求曲线)下方和 p_1^* 上方区域的面积。图 7.4 把这一方法应用于例 3 中的消费者,她的反需求函数为 $p_1 = 1/x_1$。

在图 7.4 上,当价格为 $p_1 = 1$ 时,消费者剩余为反需求曲线下方和 $p_1 = 1$ 上方区域的面积。当价格为 $p_1 = 2.25$ 时,消费者剩余为反需求曲线下方和 $p_1 = 2.25$ 上方区域的面积。**消费者剩余的变化**因此为这两个区域之间的曲边梯形,即图中斜划线部分。我们需要求出这一梯形的面积。我们称其为 CS。首先要看到,CS 等于一个(斜划线)长方形的面积加上(斜划线)三角形 ABC 的面积。长方形的面积为 $(4/9)\times(9/4-1)=(4/9)\times(5/4)=5/9$。

为求出图 7.4 中曲边三角形 ABC 的面积,我们首先对反需求函数积分,积分区间为 $x_1 = 4/9$ 到 $x_1 = 1$。我们得到反需求曲线下方直至横轴在 $x_1 = 4/9$ 和 $x_1 = 1$ 之间区域的面积。我们然后从积分值中减去三角形 ABC 正下方的长方形的面积,即减去 $(5/9)\times 1 = 5/9$。

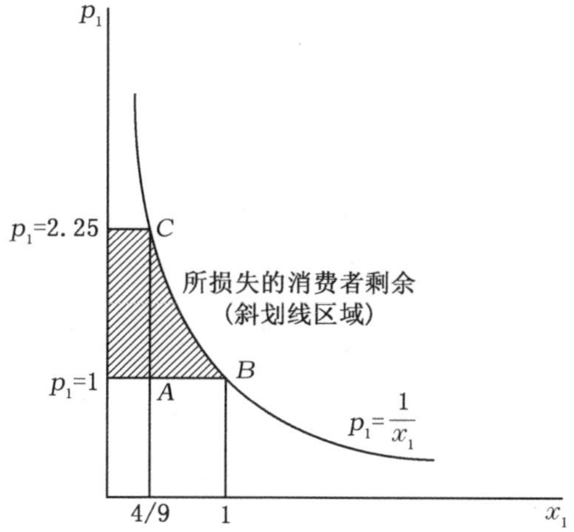

图 7.4 在 p_1 从 1.0 变化到 2.25 时,斜划线区域的面积为所损失的消费者剩余。在这个拟线性偏好例子中,补偿变差、等价变差和消费者剩余的变化正好相等。

简言之,CS 等于从 $x_1 = 4/9$ 到 $x_1 = 1$ 区间上反需求曲线的积分减去(ABC 下方的长方形的面积)5/9,再加上(ABC 左方的长方形的面积)5/9。就是说,CS 等

于从 $x_1=4/9$ 到 $x_1=1$ 区间上反需求曲线的积分。我们得到：

$$CS=\int_{x_1=4/9}^{x_1=1}\frac{1}{x_1}\mathrm{d}x_1=\ln 1-\ln\frac{4}{9}=0+\ln\frac{9}{4}=0.81。$$

综上所述，当 p_1 从 1.0 变化到 2.25 时，拥有拟线性偏好的消费者发生损失。不管是用补偿变差、等价变差还是消费者剩余概念，我们得到的损失值相同，都为 0.81 元。并且，在这里，用效用单位衡量，她的损失也为 0.81。

7.5 消费者们剩余

现在讨论多人经济中的**社会福利**。

假设有一群消费者，他们每个人都有拟线性偏好。我们分别对每个消费者进行上述分析，于是为每个消费者得到一条需求曲线，它告诉我们在商品 1 的价格为 p_1 时，消费者 i 对商品 1 的需求量。我们把第 i 个人的需求函数写为 $x_{i1}=v_i^{-1}(p_1)$，然后把所有人的需求函数相加。就是说，对每个 p_1，我们把各个消费者的需求量相加。(由于经济学家用横轴表示商品 1，用纵轴表示 p_1，所以我们有时说“把需求曲线水平相加”。见第四章。)设 $x_1(p_1)$ 为以此方法得到的**市场需求**曲线。根据本节所做的假定，市场需求曲线独立于各个消费者的收入，也独立于各个消费者对另一种商品的消费数量。

和个人需求曲线一样，我们有两种方式理解市场需求曲线 $X_1(p_1)$。我们可以认为数量决定于价格。在每个价格 p_1 上，有一个市场需求量 $X_1(p_1)$，它是所有消费者的个人需求量的加总：$X_1(p_1)=x_{11}(p_1)+x_{21}(p_1)+\cdots$我们也可以认为价格决定于总需求量，而总需求量决定于消费者 1、消费者 2……的需求量。此时，给定市场需求量 X_1，我们有各个消费者对商品 1 的需求量构成的一列数字，它们的和等于 X_1。在这列数字上，消费者 1 对增加一件商品的支付意愿为 p_1，消费者 2 对增加一件商品的支付意愿为 p_1……

现在把价格 p_1 固定在 p_1^* 上。设与 p_1^* 相对应的市场需求量为 X_1^*。每个消费者有自己的个人需求曲线，有自己的消费者剩余值，即在单价 p_1^* 上，她能购买到自己想要数量的商品 1 而实现的消费者剩余。对消费者 i，消费者剩余表示为货币或商品 2 的数量。对所有的消费者，把每个人的消费者剩余的货币值相加得到的结果，依然是个有意义的值。我们以此方式得到的是**消费者们剩余**——它是所有消费者剩余的加总。

通过简单的图形分析，我们也能求出消费者们剩余，而不用分析各个消费者的个人需求曲线。对给定的价格 p_1^*，我们计算市场需求曲线下方和穿过 p_1^* 的水平线上方区域的面积。就是说，对市场需求曲线，我们把它理解为从数量到价格的关系，把它积分，积分区间为 $X_1=0$ 到 $X_1=X_1^*$。我们从积分结果中减去 $p_1^*X_1^*$，就得到了**消费者们剩余**。

消费者们剩余概念的正式数学定义如下：设 $X_1(p_1)$是市场需求函数(反映从价格到市场需求量的关系)，$V_1(X_1)$是反市场需求函数(反映从市场数量到价格的关系)。设 p_1^* 是给定的市场价格，X_1^* 是与它相对应的市场需求量。我们把消费

者们剩余缩写为 CsS。给定(p_1^*,X_1^*),消费者们剩余为

$$CsS=\int_{X_1=0}^{X_1=X_1^*} V_1(X_1)\mathrm{d}X_1-p_1^* X_1^*。$$

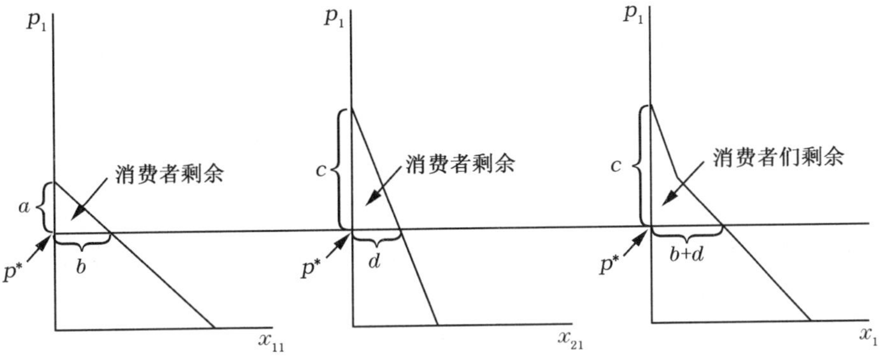

图 7.5　两个消费者的消费者剩余和消费者们剩余

图 7.5 画出了两个消费者对商品 1 的个人需求曲线——为简化分析,我们假定了线性需求曲线——和一条市场需求曲线,它是两条个人需求曲线的(水平)加总。市场价格为 p_1^*。在市场需求曲线图上,我们画出了消费者们剩余。请你证明,在图 7.5 上,消费者们剩余等于消费者 1 的剩余加消费者 2 的剩余。

例 4　建座桥?

这个例子是消费者剩余概念的典型应用。

政府考虑建座桥。图纸已设计好,现在的问题是建或不建。如果建,则(单位时间里)要发生成本 100 万元;如果不建,则成本为零。假定拟线性偏好。对这座桥,当地的计量经济学家估计市场需求曲线为 $X(p)=1\ 000\ 000-200\ 000p$,其中,$p$ 是单位时间里政府对使用这座桥所征收的价格,或者说,是**使用费**。政府想建桥,条件是从社会角度看,值得建这座桥。从社会角度看值得建这座桥当且仅当**社会净收益**非负;就是说,当且仅当在政府规定的价格上,消费者们的剩余加上政府获得的净利润(收入减去成本,或者说 $pX(p)-1\ 000\ 000$),大于或等于零。那么,政府应该建这座桥吗? 如果建的话,价格应定为多少?

为决定是否建这座桥,我们计算在最大化消费者们剩余的使用费水平上即在 $p=0$ 时的消费者们剩余。在 $p=0$ 时,消费者们剩余三角形的高度为 5 元,底边为 1 000 000,面积因此为 2 500 000 元。这一数字超过建桥的成本,所以这座桥应该建。

但是,政府可能不愿意把桥建好后只收 0 元钱使用费。它可能要求使用费收入能让它收回建桥成本。假设它要求使用费收入正好能收回成本,或者说,要求 $pX(p)=1\ 000\ 000$。我们得到 $5p-p^2=5$,$p=(5-\sqrt{5})/2=1.382$。

那么,把使用费定为 $p=1.382$ 元是否是最好的政策呢? 这里请你比较三种不同政策下的净社会收益(即消费者剩余加上政府收入减去建桥成本):建桥并收取 $p=0$ 元使用费;建桥并收取 $p=1.382$ 元使用费;建桥并收取最大化政府收入的使用费。

7.6 关于拟线性偏好的一点说明

在拟线性假定下,(单个人的)消费者剩余概念和(多个人的)消费者们剩余概念相当合理。如果没有这个假定,这两个概念就值得商榷。我们不应该忽视这个问题,不应该轻视拟线性假定的作用,因为许多可行的效用函数不是拟线性函数。例如,不管是例 1 中使用的效用函数 $u(x_1,x_2)=x_1x_2$,还是它的更一般的形式 $u(x_1,x_2)=x_1^{\alpha}x_2^{\beta}$,都不是拟线性函数。(这些形式的函数被称为柯布一道格拉斯函数)。这些效用函数和其他很多函数,都无法写为 $v(x_1)+x_2$ 的形式,并且,这些效用函数的无差异曲线都不具有本章中拟线性效用函数的无差异曲线所具有的特征:给定 x_1,MRS 是常数;给定任意两条无差异曲线,随着 x_1 的变化,两条曲线之间的垂直距离始终为常数。对这类效用函数,商品 1 上的收入效应不等于零。于是,正如例 1 所指出的,补偿变差和等价变差产生矛盾结果,并且商品 1 的需求决定于收入 M。简言之,拟线性是个重要假定,但一般的效用函数不满足这个假定。我们不应该轻视这个假定。

经济学家有时为避免拟线性假定,使用**补偿需求曲线**计算消费者剩余和消费者们剩余。在这种需求曲线下,收入效应已被过滤掉,例 1 和例 2 中不一致的结果因此被避免。对于收入效应很小的商品(例如苹果、牙膏或上下班路上必须经过的桥梁通行等商品),经济学家依然可以使用拟线性假定,因为收入效应很小,从而避免了消费者剩余和消费者们剩余概念中存在的逻辑问题。但是,在应用这些概念分析有显著收入效应的市场时(例如住房、医疗保健等市场时),我们应该意识到这些概念的局限性。在回答例 2 中提到的问题时,拟线性假定使我们的结论独立于收入分布。拟线性使得需求独立于收入,也使得每个消费者收入的边际效用都等于 1。但是,我们真的认为比尔·盖茨对增加一元钱收入的价值认定与你老家小镇上最穷的人的价值认定一样吗?

7.7 例 题

问题

美国罗得岛州考虑建设一条从普罗维登斯(Providence,地名)到纽波特(Newport,地名)的高速公路。对两个城市间高速公路服务的总需求为 $x=100\ 000-20\ 000P$,其中,x 为车流量,P 为过路费。假定拟线性偏好。这条高速公路的总成本估计为 300 000 美元。(所有的价格与成本都已折算为单位时间里的价格与成本。)州政府决定不对道路收费。如果消费者们剩余超过这一工程的总成本,则这一工程将上马。

(a)这条高速公路应该建设吗?

(b)纽波特市政府在考虑进行一场广告宣传活动(口号是:纽波特——海边的城市!),广告费投入为 10 000 美元,这将把这条高速公路的需求提高 1 倍:$x=200\ 000-40\ 000P$。这场宣传活动和这条高速公路的建设应该进行吗?

答案

(a)这是条线性需求曲线,它在纵轴上的截距为 100 000/20 000=5,在横轴上的截距为 100 000。消费者们剩余为需求曲线下方和横轴($P=0$ 的轴)上方区域的面积。这个区域是个三角形,高为 5,底边为 100 000。消费者们剩余因此等于这个三角形的面积:$\frac{1}{2}\times 5\times 100\ 000=250\ 000$(元)。因此,政府不应该建这座桥。

(b)进行这场广告推广活动使需求曲线向外移动。需求曲线在纵轴上的截距为 200 000/40 000=5,和初始截距相等;在横轴上的截距为 200 000。消费者们剩余等于高为 5、底边为 200 000 的三角形的面积:$\frac{1}{2}\times 5\times 200\ 000=500\ 000$(元)。由于 500 000 元钱大于建桥成本(300 000 元)和广告推广费用(10 000 元)之和,所以政府应该进行这场广告推广活动并上马这个建设项目。

习　题

1.某消费者有拟线性偏好。她的两条无差异曲线分别对应 $u(x_1,x_2)=5$ 和 $u(x_1,x_2)=10$。求证:无论 x_1 为多大,这两条无差异曲线之间的垂直距离为常数。

2.在例 3 中,补偿变差、等价变差和消费者剩余上的变化都为−0.81 元。效用的变化为−0.81 个效用单位。你能说明为什么用效用数量表示的福利变化与用货币数量表示的福利变化正好相等?

3.在图 7.5 中,(用简单的几何原理)证明消费者们剩余等于消费者 1 的剩余加消费者 2 的剩余。

4.我们看例 4 中的建桥例子。

(a)计算 $p=0$ 和 $p=(5-\sqrt{5})/2=1.382$ 时的净社会收益。

(b)求解最大化政府过桥费收入 $pX(p)$ 的价格水平。如果政府选择了最大化其收入的价格,则社会净收益为多少?

(c)解释下面这句话:由于建桥成本固定为 1 000 000 美元,因此在 $p=0$ 时,社会净收益达到最大。你能找到计算社会净收益的公式吗?

5.我们看例 1 中的效用函数 $u(x)=u(x_1,x_2)=x_1x_2$。假设消费者的收入为 $M=18$,初始价格水平为 $p_1=1$ 和 $p_2=1$。现在,商品 1 的价格上升到 $p_1=2.25$。例 1 说过,消费者对商品 1 的需求函数为 $x_1=M/2p_1$。求解 p_1 上升所导致的消费者剩余的损失。(提示:使用例 3 中的方法,画出类似图 7.4 的图形,然后积分。)

6.某个消费者的效用函数为 $u(x,y)=10x+\frac{1}{3}x^3+y$。

(a)求解他对商品 x 的需求函数 $x(p_x)$。在 $p_x=1$ 和 $p_y=1$ 时,他购买多少数量的商品 x?

(b)求解他对商品 x 的反需求函数 $p_x(x)$。他的消费者剩余是多少?

(c)假设商品 x 的价格上升到 $p_x=6$ 而 p_y 保持不变。他对商品 x 的需求量是多少?他的消费者剩余是多少?

第二部分

企业理论

第八章

企业理论 1:单投入品模型

8.1 导　论

生产是投入品到产出品的转化。生产过程一般发生在企业内部。企业购买或雇用各种投入品,把它们结合在一起,利用现有技术,生产出各种产品和服务,然后出售自己所生产的产品和服务。例如,生产视频游戏的企业,雇用各种类型劳动力(游戏专家、程序员、销售人员、会计和律师等),购买或租赁各种资本品(办公空间、电脑设备、互联网接入服务和家具等),制造和销售游戏。又如,农场的土地和机械的数量在短期中大体固定,它雇用劳动力生产粮食。在农场这个例子中,我们可以把生产过程想象为使用一种投入品生产一种产品的过程。

本章所介绍的简单生产模型只涉及一种投入品和一种产品,我们称其为**单投入品/单产品模型**。但是,在现实世界中,大部分企业生产多种产品。所以本章还将简短介绍单投入品/多产品模型,探讨如何求解这种企业的利润最大化问题。下一章将探讨企业使用多种投入品生产一种产品时的决策,即**多投入品/单产品**模型。

一般教材通常不介绍单投入品/单产品模型。大部分微观经济学课本首先讨论两种投入品/单产品模型,即下一章将介绍的模型。但我们认为,这两种模型即单投入品/单产品模型和多投入品/单产品模型中的任何一种,都能让读者接触到企业理论的一些最重要的结论。本书为读者提供了这样一个选择机会。

第二和第三章在介绍消费者理论时,讨论了消费者的目标(找到最偏好的消费束,或者说,最大化效用)和其约束条件(预算约束)。我们现在讨论企业的目标和约束条件。就企业的目标而言,我们假定它最大化利润,即最大化收入与生产成本之间的差。在这一假定上,存在些争议。一些人认为企业在最大化市场份额而不是利润,还有人认为企业经理们更想最大化自己的收入而不是企业利润。而且,许多重要的社会机构,例如大部分政府机关和许多学校、慈善基金会、大学和医院等,是非营利性机构。我们的模型不适合分析这类机构。但是,经济学家认为,利润动机——钱!钱!钱!——是生产和销售商品与服务的行业中私人企业的动机。

那么企业承受的约束是什么呢?企业面对着两类约束条件:首先是技术上的

约束。企业只能利用现有科技知识进行生产活动,在自然世界施加的限制下进行生产。例如,一家快递公司,无论它的管理多么有效率,都无法把包裹在发件前一天送达。这是自然规律。(世界上最大的制药企业)辉瑞制药公司生产不出能治愈所有癌症的灵丹妙药。原因很简单:在当前的科技水平下,它是做不到这一点。这些技术约束体现于**生产函数**概念中。生产函数是对在给定的技术约束下企业如何把投入品转化为产品的数学描述。其次,企业还面对着市场约束。这是企业在所使用的投入品的价格与数量上和在所销售的产品的价格与数量上受到的限制。

本章首先介绍单投入品/单产品模型。在第 8.2 节中,企业把产量作为选择变量;在第 8.3 节中,企业把投入品数量作为选择变量。在第 8.2 节中,我们推导企业的产品供给函数或者说供给曲线;在第 8.3 节中,我们推导企业对投入品的需求函数或者说需求曲线。第 8.4 节探讨单投入品/多产品模型。

8.2 竞争企业的问题:产量决策

生产函数

我们假定企业使用一种投入品生产一种产品。产品数量为 y,投入品数量为 x。(例如,一个农场利用 x 个劳动力生产 y 吨粮食。)企业面对的技术约束反映于**生产函数** $y=f(x)$中。这个函数告诉我们,企业在使用 x 件投入品时所能实现的最大产量为 y。

我们赋予生产函数的第一个基本假定是**单调性**假定:随着 x 增加,y 增加。正式地说,生产函数的一阶导数 $f'(x)$是正的。在大部分情况中,这是个很合理的假定。在一个种植粮食的农场中,工人数量越多,产量就越大。当然了,如果农场只有 10 亩地而在这 10 亩地上已挤满了工人,单调性就不再是个合理假定。但是,企业想赚钱。想赚钱的企业不会雇用如此多的工人以至于使增加工人所增加的产量为负。

我们赋予生产函数的第二个假定与它的曲度有关。对这个假定,我们有两个不同的版本:一个简单的版本和一个更现实的版本。简单的假定是**凹性**假定。凹性假定说的是:只要 x 的增加导致 y 增加,则随着 x 不断变大,y 的增幅越来越小。翻译为数学语言,这一假定说的是:只要生产函数的一阶导数 $f'(x)$为正,则其二阶导数 $f''(x)$为负。这一假定又被称为**收益递减**假定。以只拥有 10 亩土地的农场为例。假设农场已有 n 个工人,现在增加一个工人。这将增加粮食产量,如增加了 100 千克粮食;而从 $n+1$ 个工人增加到 $n+2$ 个工人,产量依然增加,但所增加的产量更小,如为 90 千克;如此等等。

大卫·李嘉图(1771—1823)是葡萄牙犹太人后裔,英国议员,最伟大的古典经济学家之一[在这个群体中,还有亚当·斯密(1723—1790)和托马斯·马尔萨斯(1766—1834)]。他曾发表演讲反对“谷物法”,即对进口到英国的谷物征收关税的法案。在演讲中,他阐述了收益递减假定的合理性。他说,如果没有收益递减规律,我们就可以投入越来越多的劳动力伺候种植在花盆中的粮食,一个花盆中的粮食产量就能喂饱全部英国人甚至全世界人口。他的归缪论证让对手相信收益递减规律确实存在。但是,直至1846年,"谷物法"才被废除。

更接近现实的曲度假定是:生产函数在开始时是凸的,然后转为凹的。正式地说:$f'(x)$始终是正的,但是,$f''(x)$在开始时是正的,然后为零,然后为负(此后,一直为负)。就是说,在x很小时,随着x增加,$f'(x)$增加;但是在x很大时,$f'(x)$递减。这种情况有时被描述为:在企业规模很小时,"收益递增";在企业规模很大时,"收益递减"。随着企业从无到有而不断壮大,它越来越具有效率——如果x为工人数量,则增加一个工人所增加的产量将随x变大而越来越大;直至企业达到最大效率,即增加一个工人所增加的产量达到最大;此后,增加工人所增加的产量变得越来越小。在现实世界中,许多生产函数具有这个特征,所以我们将其称为**现实世界的凸性/凹性**假定或者**现实世界**假定。由于后面将谈到的原因,这一假定又被称为**U型平均成本曲线**假定。

图8.1中画出了两个生产函数。第一个生产函数始终是凹的;第二个生产函数则为现实世界的生产函数,它先是凸的,然后变为凹的。

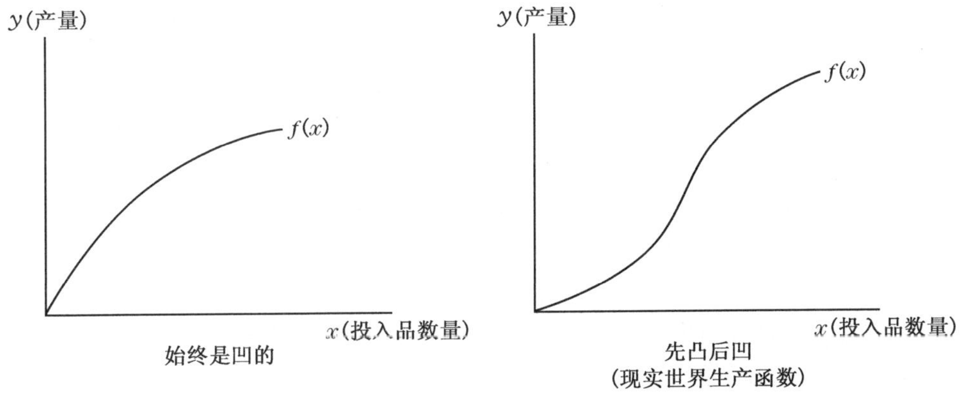

图8.1　两个生产函数:(a)始终凹的生产函数;(b)现实世界生产函数

我们假定$f(0)=0$。就是说,我们的企业总是可以不使用任何投入品且不生产任何产品。换句话说,我们的企业总是可以关门停产,不使用任何投入品,不生产任何产品,利润为零。

价格或市场约束

前面讨论了技术约束,现在讨论市场约束。我们假定企业在完全竞争市场上开展经营。当我们说企业(或消费者)在**竞争市场**上时,我们实际上在说企业(或消费者)接受给定的价格。我们假定企业在它购买或雇用投入品x的市场上是竞争的,在它出售产品y的市场上是竞争的。设w是投入品价格(w表示"工资"),p是产品价格。对我们的竞争企业而言,w和p都是给定的和固定的。就是说,不是企业能控制的。企业在决定如何实现最大利润时,作为价格接受者在行动。企业在投入品市场上和在产品市场上是竞争的,对小企业而言,这是个合理的假定(这里的"小",意指这些企业使用的投入品数量在投入品总量中占很小比重,所提供的产量在行业产量中占很小比重)。例如,美国中西部的一个农场,即使粮食种植面积达到 1 000 公顷,它每年的粮食产量在美国粮食年产量中所占比重依然微不足道。在产品市场上,这家农场是个竞争企业,它雇用的劳动力数量在当地劳动力市场上只占很小比重。所以说,这家农场在投入品市场上和在产品市场上都是竞争企业。另一方面,有些超大规模的企业在购买粮食,其中一些企业规模之大使得它们的购买决策能影响粮食的市场价格。这类企业在粮食市场上不是竞争企业。这一例子告诉我们,在任何市场上,都有买方和卖方;并且在买方或在卖方,可能存在竞争行为或非竞争行为。

利润

现在介绍利润。**利润**是收入与成本之间的差。我们用 π 表示利润。(第三章和第五章用 π 表示通货膨胀率。从本章开始,π 表示利润。)利润通常表示为单位时间里的货币数量,或者说表示为**流量**形式,例如"每月 500 元"利润或"每年 10 亿元"利润。在这里,只要不引起混淆,我们就省略其中的时间因素。收入是企业从产品销售中实现的货币收入,在这里,收入等于 $py(x)$。**成本**是企业为购买投入品而支出的货币数量,在这里,成本等于 wx。和利润一样,收入与成本都表示为单位时间里的货币数量,我们省略其中的时间因素。

企业通过选择投入品数量 x 和/或产品数量 y 而最大化自己的利润 π:

$$\pi = py - wx。$$

我们用 $y(x)$ 替换上式中的 y,于是,利润只是 x 的函数:

$$\pi(x) = py(x) - wx。$$

企业现在寻找能最大化利润的投入品数量 x。

我们也可以先解出生产函数的反函数:$x = f^{-1}(y)$,然后用这个函数替换利润表达式中的 x,利润于是只是 y 的函数:

$$\pi(y) = py - wf^{-1}(y)。$$

企业现在寻找能最大化利润的产量 y。

本节采用后一种方法:先"求解"投入品变量 x,把利润表示为 y 的函数,再通过寻找最大化 $\pi(y)$ 的产量水平,求解利润最大化问题。

我们看生产函数的反函数 $x = f^{-1}(y)$。对任意产量水平 y,这个函数告诉我们企业生产这一产量所需的投入品数量 x。在只有一种投入品时,企业没什么好考虑的。如果它想生产和销售产量 y,它所需要的投入品数量必然为 $x = f^{-1}(y)$。但是,在企业使用两种或更多种投入品时,这一决策阶段变得复杂,因为对给定的产量水平 y,企业必须找到能以最小成本生产出给定产量的投入品组合。下一章将探讨这一问题。

在这里,如果企业想生产和销售 y 件产品,它就必须购买或雇用 x 件投入品。从这个角度看,函数 $f^{-1}(y)$ 给出了企业的**条件投入品需求**或者说**条件要素需求**。图 8.2 对现实世界的生产函数,即先凸后凹的生产函数,画出了相对应的要素需求函数。图 8.2 中画出的这个函数,是图 8.1 中第二个函数的反函数。把图 8.1 中的坐标轴互换,即把 x 画在纵轴上和把 y 画在横轴上,就得到图 8.2。这个函数在开始时是凹的,然后变为凸的。

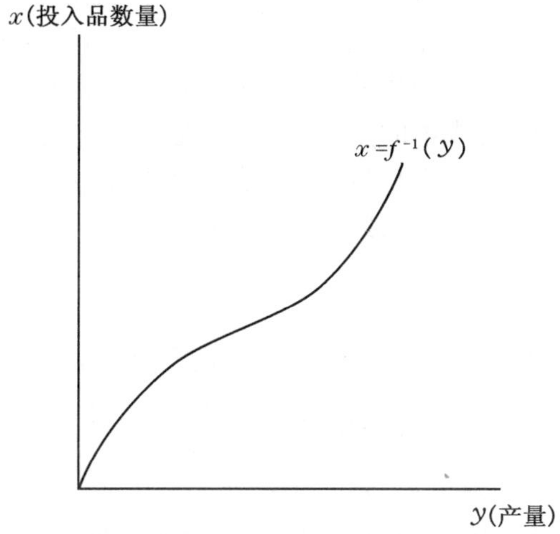

图 8.2 现实世界中的条件要素需求函数

总成本、平均成本和边际成本

我们继续探讨企业的利润(利润现在是 y 的函数)最大化问题,即最大化$\pi(y)=py-wf^{-1}(y)$。我们称 $wf^{-1}(y)$为企业的**总成本函数**,写为 $C(y)$。它是用货币数量表示的成本,即企业生产 y 件产品时必须发生的成本。图 8.3 画出了总成本函数或者说总成本曲线。我们看到,在简单的单投入品模型中,总成本曲线只是条件要素需求曲线的拉伸。图 8.3 在总成本曲线上取点 P,画出了从原点开始的穿过点 P 的射线 l_1 和在点 P 上与总成本曲线相切的直线 l_2。P 点的横坐标为 y^0。图上的 Q 点,对应着产量 y^*,是始自原点的一条射线与总成本曲线的切点。

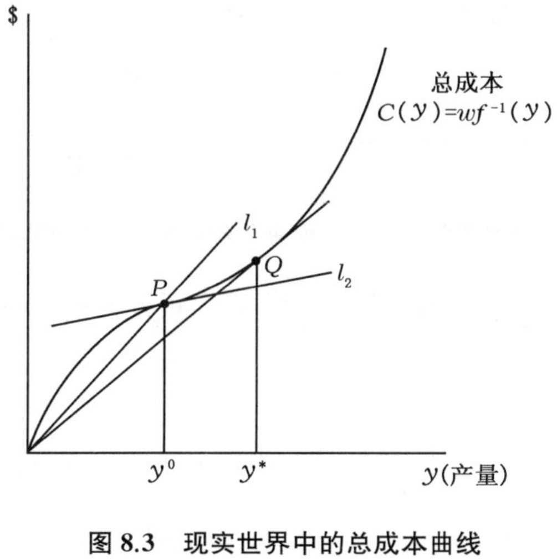

图 8.3 现实世界中的总成本曲线

我们看图 8.3 中的几条线。首先看 l_1。l_1 的斜率十分重要，它等于 P 点的高度即生产产量 y^0 的总成本除以 P 点的横坐标即 y^0。就是说，l_1 的斜率等于生产给定产量的总成本除以这一产量。它是生产给定产量的**平均成本**。再看 l_2 在 P 点的斜率。它是总成本曲线的切线的斜率，或者说，它是总成本曲线的斜率。它告诉我们，随着产量的变化，总成本的变化速度；直观地说，它是当企业位于 P 点时，增加一件产品所增加的成本。它是生产这一给定产量的**边际成本**。

确切地说，任意产量 y 的**平均成本**——写为 $AC(y)$——为

$$AC(y)=\frac{C(y)}{y}。$$

对任意产量 y，**边际成本**——写为 $MC(y)$——定义为总成本函数对 y 的导数，即

$$MC(y)=C'(y)=\frac{\mathrm{d}C(y)}{\mathrm{d}y}。$$

从图 8.3 中直线 l_1 和 l_2 的斜率上，我们能看到几个特征：第一，平均成本在开始时（总成本曲线在原点或原点附近的斜率）是个很大的正数，然后单调下降直至在图中 Q 点上（对应着产量 y^*）取得最小值，然后单调递增。第二，边际成本在开始时（总成本曲线在原点或原点附近的斜率）是个很大的正数，然后单调递减直至（在图 8.3的 P 点上）到达最低点，然后单调递增。第三，在平均成本取最小值的点上（在 Q 点上），平均成本和边际成本肯定相等。第四，在这个点左方，平均成本大于边际成本；在这个点右方，平均成本小于边际成本。

根据现实世界成本概念具有的这些特征，我们可以画出平均成本曲线和边际成本曲线，见图 8.4。

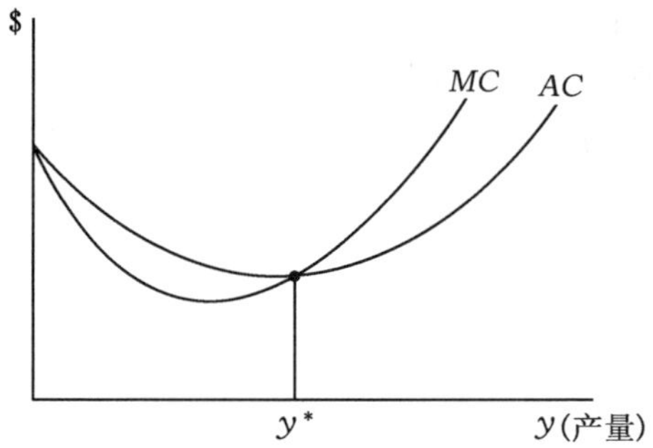

图 8.4　现实世界中的边际成本曲线和平均成本曲线。平均成本曲线的最低点出现在 y^* 上。

平均成本和边际成本之间的这种关系，很容易在数学上推导出来。根据定义，

$$AC(y)=C(y)/y。$$

等号两边对 y 求导，得到

$$\frac{\mathrm{d}AC(y)}{\mathrm{d}y}=\frac{yC'(y)-C(y)}{y^2}。$$

在平均成本曲线最低点上，$AC(y)$ 的导数等于零，即

$$\frac{yC'(y)-C(y)}{y^2}=0,$$

或者说,

$$MC(y)=C'(y)=C(y)/y=AC(y)。$$

就是说,在平均成本最低点上,平均成本等于边际成本。在平均成本最低点的左方,平均成本随着 y 的增加而递减,或者说,

$$\frac{dAC(y)}{dy}=\frac{yC'(y)-C(y)}{y^2}<0。$$

我们于是得到 $C'(y)<C(y)/y$,或者说,边际成本小于平均成本。同理,我们能够证明,在平均成本最低点的右方,边际成本大于平均成本。

利润最大化问题:产量为选择变量

现在对竞争企业求解利润最大化问题:

$$\max \pi(y)=py-wf^{-1}(y)=py-C(y)。$$

这里要注意,产量 y 必须大于或等于零,并且,企业可以选择 $x=0$。当 $x=0$ 时,$y=0$,$\pi=0$。

一旦对每个价格 p,我们都找到这一问题的解,我们也就找到了企业的供给曲线。就是说,对每个价格 p,我们得到了企业提供到市场上的产量 y。由于企业总是可以选择 $\pi=0$,所以它所选择的产量 y 肯定实现非负利润,即

$$\pi(y)=py-C(y)\geqslant 0。$$

把这一不等式两边同时除以 y,得到 $p\geqslant AC(y)$,这意味着

$$p\geqslant \min AC(y)。$$

我们于是知道,如果产品的市场价格 p 不足以抵补企业的最小平均成本,则企业不生产。图 8.5 中画出了“不生产”状态。在图 8.5 上,我们任取产量水平 y',在这个产量上(和在任意产量上),价格 p 小于平均成本。

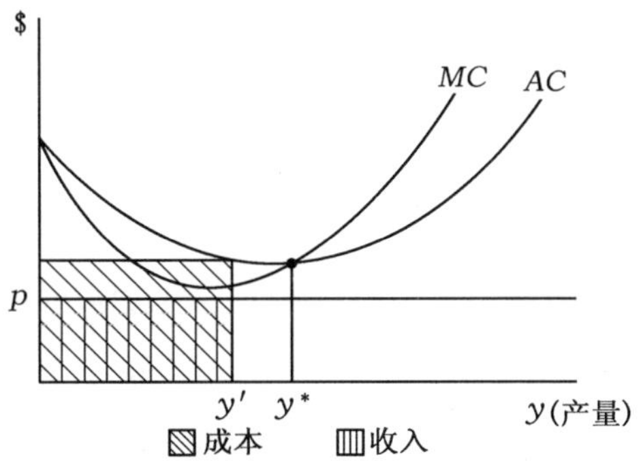

图 8.5 在 $p<\min AC(y)$ 时,企业供给量为零。因为在价格为 p 时,在产量水平 y' 上,企业亏损。这一结论对任一产量水平都成立,因此,企业不生产。

设市场价格 p 大于最小平均成本。此时,企业应该生产多少产品呢?利润最大化的一阶条件要求 $\pi(y)$ 的导数等于零。令 $\pi(y)$ 的导数等于零,我们能找到这个函数的最大值和最小值。为找到函数的最大值,我们让一阶导数等于零(一阶条件),同时要求二阶导数小于或等于零(二阶条件)。利润最大化的一阶条件为:

$$\frac{d\pi(y)}{dy}=p-\frac{dC(y)}{dy}=p-MC(y)=0。$$

我们因此得到竞争企业利润最大化的基本条件：

$$p=MC(y)。$$

利润最大化的二阶条件为：

$$\frac{d^2\pi(y)}{dy^2}=\frac{d(p-MC(y))}{dy}\leqslant 0,$$

我们于是得到

$$\frac{dMC(y)}{dy}\geqslant 0。$$

简言之，在利润最大化产量水平上，价格等于边际成本，并且，边际成本上升（或者，至少不下降）。在利润最大化产量水平上，边际成本曲线不可能向下倾斜。

综上所述，对竞争性企业，利润最大化的特征是：(1)如果 p 小于最小平均成本，则企业不生产；(2)如果企业生产，则在它所选择的产量水平 y 上，$p=MC(y)$，并且，边际成本上升（或者，至少不下降）。

图 8.6 对现实世界生产函数，画出了平均成本曲线、边际成本曲线和穿过价格 p 的水平线。这条水平线与边际成本曲线相交于两个点：在一个交点上，利润最小；在另一个交点上，利润最大。在"最小利润"点上，价格 p 小于平均成本，这意味着利润是负的。并且，在这个点上，边际成本下降，所以，这个点不满足最大值的二阶条件。（它满足利润**最小值**的二阶条件。）

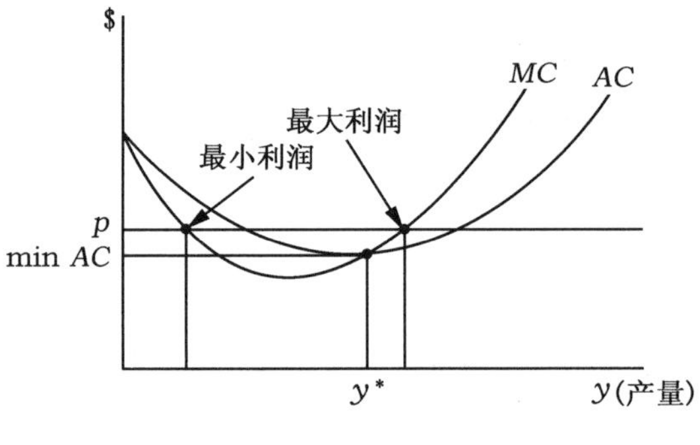

图 8.6　在企业所选择的产量水平上，$p=MC(y)$，并且，$MC(y)$的斜率是非负的。

现在对现实世界生产函数，描述竞争企业的供给函数。如果 $p<\min AC(y)$，企业的供给量为零。就是说，在图 8.6 上，如果市场价格小于 $\min AC(y)$，则供给曲线与纵轴重合。如果 $p\geqslant\min AC(y)$，则在企业所选择的产量 y 上，$p=MC(y)$，并且，$MC(y)$上升（或者，至少不下降）。就是说，在图 8.6 上，如果 $p\geqslant\min AC(y)$，供给曲线与 $MC(y)$曲线位于 $AC(y)$上方的部分重合。图 8.7 画出了竞争企业的供给曲线。

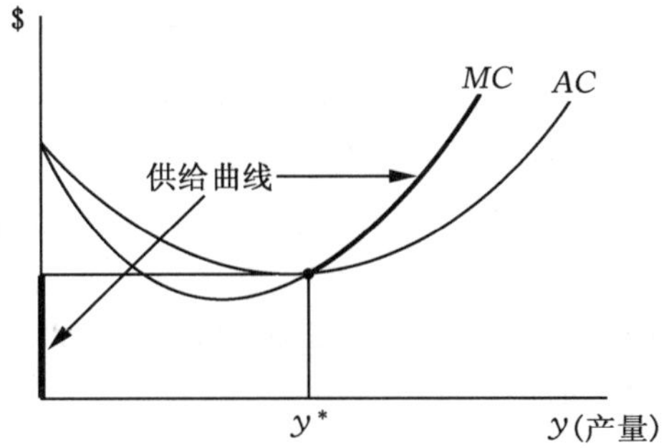

图 8.7 竞争企业的供给曲线在 $p<\min AC(y)$ 时,供给量等于零。在 $p=\min AC(y)$ 时,供给量为 y^*。在 $p>\min AC(y)$ 时,供给曲线与 MC 曲线重合。

8.3 竞争企业的问题:投入品决策

我们说过,给定生产函数 $y=f(x)$,企业通过对产量 y 和/或投入品 x 的选择,最大化自己的利润 $\pi=py-wx$。在 8.2 节,我们用生产函数的反函数替换了利润表达式中的 x,然后最大化

$$\pi(y)=py-wf^{-1}(y)。$$

就是说,我们把利润看作是产量的函数,找到利润最大化条件,推导出企业的产品供给函数。现在从另一个角度分析这一问题:把利润看作是**投入品数量**的函数,求解利润最大化的新的、同样重要的条件,推导企业对投入品的需求函数。

换句话说,在本节,给定

$$\pi(x)=pf(x)-wx,$$

我们探讨企业如何最大化利润。

边际产出和平均产出

我们首先介绍几个与生产函数有关的概念。我们让 x 上升很小数量,例如,上升一个单位,则产量增加。我们不严格地把增加一件投入品所增加的产量,称为投入品的边际产出。例如,在农场,增加一个工人,增产 100 千克粮食。确切地说,投入品的边际产出是生产函数的导数:

$$MP(x)=\frac{\mathrm{d}f(x)}{\mathrm{d}x}=f'(x)。$$

我们见过这个函数。在描述生产函数的曲度时,我们讨论过这个概念。

直观地说,边际产出是增加一件投入品所增加的产量。这一概念不同于平均产出。**平均产出**被定义为企业所使用的全部投入品上实现的平均产量:

$$AP(x)=\frac{f(x)}{x}。$$

给定我们对现实世界生产函数所做的曲度假定,$MP(x)$ 和 $AP(x)$ 在开始时随着 x 的上升而上升,然后随着 x 的继续上升而下降。为理解这一性质,我们看

图 8.1中的生产函数。在“现实世界”生产函数图上，边际产出是函数 $f(x)$的切线的斜率，平均产出是从原点到 $f(x)$的射线的斜率。我们看到，$MP(x)$（切线斜率）首先上升，然后下降；$AP(x)$（始自原点的射线的斜率）也是首先上升，然后下降。并且，在 $x=0$ 时，边际产出与平均产出相等（都等于生产函数在原点的斜率）。边际产出先取得最大值（图 8.1 中函数 $f(x)$的折点），平均产出后（在始自原点的射线与 $f(x)$相切的投入品水平上）取得最大值。在图 8.1 上，我们看到，在边际产出最大的点上，$AP(x)$等于 $MP(x)$。我们于是得到图 8.8，它描述了现实世界企业的边际产出曲线和平均产出曲线。

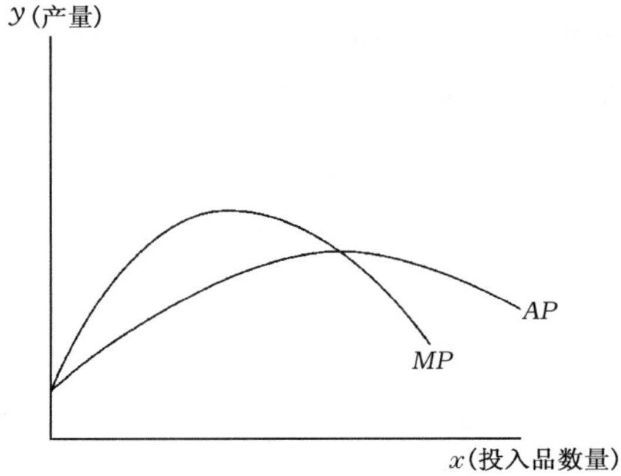

图 8.8　边际产出曲线和平均产出曲线

边际产出与平均产出都表示为产品数量。为把产品数量转换为货币数量，我们把它们乘以产品价格 p，得到**边际产出价值**（**value of marginal product，VMP**）和**平均产出价值**（**value of average product，VAP**）。就是说，这两个概念分别被定义为：

$$VMP(x)=pMP(x) \quad \text{和} \quad VAP(x)=pAP(x)。$$

我们把图 8.8 中的图形乘以 p，即把所有的点向上移动，便得到这两个函数的图形。见图 8.9 和图 8.10。

利润最大化：投入品数量为选择变量

现在讨论利润最大化问题。企业最大化 $\pi(x)=pf(x)-wx$。我们知道，如果企业选择 $x=y=0$，则利润为零，所以，企业不会接受负利润。既然它不接受负利润，它将选择 $x>0$ 以使 $\pi(x)=pf(x)-wx\geqslant 0$，就是说，使 $pf(x)/x\geqslant w$，或者说，使 $VAP(x)\geqslant w$。我们于是得到了一个条件。企业如果选择使用投入品，则这个条件必须得到满足：

$$\max VAP(x)\geqslant w。$$

换句话说，投入品价格 w 必须小于或等于 VAP 曲线的最大值。

如果这一条件得到满足，我们就可以利用一、二阶条件探讨企业为最大化利润所使用的投入品数量。一阶条件要求 $\pi(x)$的导数等于零；二阶条件要求在利润最大化的投入品数量上，这一导数下降(或者，至少不上升)。一阶条件为：

$$\frac{d\pi(x)}{dx}=p\frac{df(x)}{dx}-w=VMP(x)-w=0。$$

我们得到

$$VMP(x)=w。$$

二阶条件要求 $d\pi(x)/dx$ 的导数小于或等于零：

$$\frac{d^2\pi(x)}{dx^2}=\frac{dVMP(x)}{dx}\leqslant 0。$$

就是说，$VMP(x)$曲线向下倾斜(或者，至少不向上倾斜)。

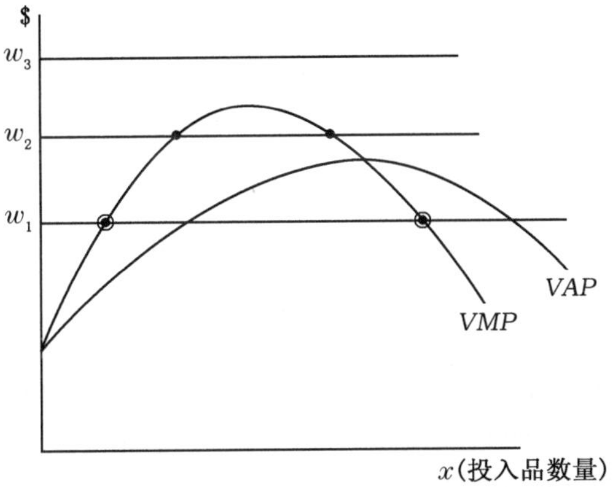

图 8.9　企业通过对 x 的选择最大化利润。在企业所选择的 x 上，$VMP(x)$向下倾斜。

图 8.9 中以图 8.8 为基础，通过乘以因子 p，把图 8.8 中的两条曲线向上伸展，借此得到 $VMP(x)$曲线和 $VAP(x)$曲线。在图 8.9 上，我们选取了三个投入品价格水平：w_1、w_2 和 w_3。在 w_2 和 w_3 上，投入品价格很高，在 $VAP(x)$曲线最大值上方。面对这两个价格，企业选择 $x=y=0$，利润 $\pi=0$。在价格为 w_1 时，在许多投入品数量 x 上，$VAP(x)\geqslant w_1$。企业通过一阶条件，即 $VAP(x)=w_1$，解得利润最大化投入品数量 x。这个条件生成了两个点，即图中带圆圈的两个点。但是，只在右边的点上，二阶条件即 $VMP(x)$曲线向下倾斜的条件得到满足。

在图 8.9 上，对一切可能的投入品价格水平 w 重复这一过程，我们就得到企业对投入品的需求曲线，见图 8.10。不要把投入品需求曲线与企业的**条件**投入品需求混淆，后者反映的是为生产给定产量水平 y，企业所需的投入品数量。我们现在探讨的需求曲线则告诉我们，对给定的投入品价格 w，企业为实现最大利润而需使用的投入品数量。从图 8.10 可以看出，对高于 VAP 最大值的投入品价格 w，企业不使用任何投入品；因为，如果使用投入品，它得到负利润。但是，在投入品价格跌到 VAP 最大值以下时，企业就能实现正利润。它所购买或雇用的投入品数量位于 VMP 曲线上(一阶条件)，但只位于这一曲线向下倾斜的部分(二阶条件)。

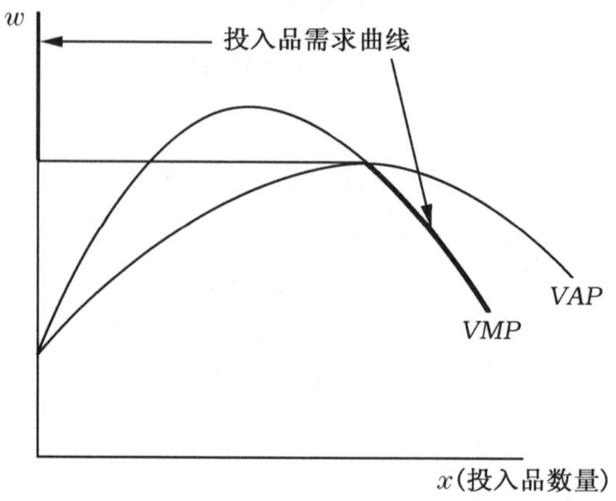

图 8.10　利润最大化企业的要素需求曲线

8.4　多产品企业

现实世界的大部分企业生产多种产品。本节探讨的企业,使用一种投入品,生产多种产品。我们探讨如何把本章此前几节中推导出的条件,推广至这种情况中。和此前一样,我们既可以通过研究产出也可以通过研究投入品来分析这种企业。通过投入品进行研究,需要用到下一章多投入品/单产品模型中介绍的分析技术,我们把这个角度的分析留作习题。这里从产出角度展开分析。

假设企业用一种投入品 x,生产两种产品 y_1 和 y_2。在第 8.2 节的单产品模型中,我们从生产函数 $y=f(x)$ 入手,利用它的反函数 $x=f^{-1}(y)$,推导出关于 y 的利润最大化条件 $p=MC(y)$。现在进行类似分析。在这里,问题有些复杂。在有两种(或更多种)产品时,我们没有生产函数 $(y_1,y_2)=f(x)$。为什么呢?原因很简单,给定投入品数量 x,企业能生产出不同的 (y_1,y_2)。但是,我们能定义**反生产函数** f^{-1}。$x=f^{-1}(y_1,y_2)$ 告诉我们,如果企业要生产 y_1 件产品 1 和 y_2 件产品 2,它就需要使用 x 件投入品。因此,本节用反生产函数 f^{-1} 表示企业的技术约束。生产函数 $f(x)$ 本身没有定义,但我们依然使用符号 f^{-1}。

第 8.2,在只有一种产品时,假定了单调性。就是说,随着 x 增加,y 增加,或者说,$\mathrm{d}y/\mathrm{d}x=\mathrm{d}f(x)/\mathrm{d}x>0$。这里对反生产函数 f^{-1} 做类似假定。对 $i=1,2$,我们假定 $\partial x/\partial y_i=\partial f^{-1}(y_1,y_2)/\partial y_i>0$。就是说,如果企业想增加一种产品的产量同时保持另一种产品产量不变,则它需要使用更多投入品。

第 8.2 节对生产函数所做的第二个假定涉及它的曲度。这一假定有两个版本:简单版本假定生产函数是凹的;现实版本则假定生产函数在开始时是凸的然后变为凹的。生产函数的凹性体现为反函数的凸性(见图 8.1 中凹生产函数的图)。因此,在本节中,对应着简单版本生产函数,我们假定 f^{-1} 是个(**严格**)**凸函数**。不严格说,f^{-1} 的严格凸性的含义如下。设 $x^0=f^{-1}(y_1^0,y_2^0)$,$x^1=f^{-1}(y_1^1,y_2^1)$。取产出向量 (y_1^0,y_2^0) 和 (y_1^1,y_2^1) 的均值:$(0.5y_1^0+0.5y_1^1,0.5y_2^0+0.5y_2^1)$。要生产这一产出向量,企业所需的投入品数量应该小于 x^0 和 x^1 的均值,即小于 $0.5x^0+0.5x^1$。某种意义上,通过对投入品向量进行平均,企业能够从中受益。例如,因为它能够重新安排每种产品上的投入品数量。

和第 8.2 节一样,我们假定:如果企业不使用任何投入品,则两种产品产量都为零。

就企业面对的市场约束而言,我们依然假定企业在所有的市场上都是竞争企业。就是说,在产品市场和投入品市场上,它都是价格接受者。设 p_1 和 p_2 是两种产品的价格,w 是投入品价格。在 $\pi(y_1, y_2)\geqslant 0$ 的约束下(前面说过,企业可以不使用任何投入品,不生产任何产品,从而使 $\pi=0$),企业最大化利润:

$$\pi(y_1, y_2)=p_1y_1+p_2y_2-wx=p_1y_1+p_2y_2-w\,f^{-1}(y_1, y_2)。$$

假设利润非负且企业选择生产,则两种产品的产量为多少呢?利润最大化的一阶条件为:

$$\frac{\partial \pi}{\partial y_1}=p_1-w\frac{\partial f^{-1}(y_1, y_2)}{\partial y_1}=0,$$

$$\frac{\partial \pi}{\partial y_2}=p_2-w\frac{\partial f^{-1}(y_1, y_2)}{\partial y_2}=0。$$

$w\partial f^{-1}(y_1, y_2)/\partial y_i$ 是什么呢?它是投入品的价格乘以在产品 j 产量不变时多生产一件产品 i 所需增加的投入品的数量。就是说,它是**产品 i 的边际成本**,或者说,是MC_i。因此,利润最大化的两个一阶条件为:

$$p_1=MC_1 \text{ 和 } p_2=MC_2。$$

这两个条件与单产品模型中的条件 $p=MC$ 相一致。要最大化利润,企业所生产的**每种**产品的产量都应该使价格等于边际成本。如果非负利润条件得到满足,则上述方程组的解给出了企业在产品 1 和产品 2 上的**供给函数**。一般情况下,两种产品的产量取决于它们的价格。就是说,两种产品的供给函数可以写为 $y_1(p_1, p_2)$和 $y_2(p_1, p_2)$。

给定f^{-1}的凸性假定,我们无需验证利润最大化的二阶条件。但是,在更一般的情况中,例如第 8.2 节所描述的现实世界生产函数,我们需要验证二阶条件。正如第 8.2 节所指出的,二阶条件是边际成本非递减条件的推广。

8.5 例　题

问题

一个竞争企业的生产函数为 $y=10+(x-1\,000)^{1/3}$。投入品 x 的价格为 $w=1$。

(a)证明这个企业的总成本曲线为 $C(y)=1\,000+(y-10)^3$。

(b)证明边际成本曲线最低点对应的产量为 $y=10$,平均成本曲线最低点对应的产量为 $y=15$。

(c)证明在 $p<75$ 时,企业的供给量为零;在 $p\geqslant 75$ 时,企业的供给量为 $y(p)=10+\sqrt{p/3}$。

答案

(a)求解 x，把它表示为 y 的函数。我们把生产函数改写为：

$$y-10=(x-1\,000)^{1/3}。$$

等号两边取立方，得到：

$$(y-10)^3=(x-1\,000),$$

于是，生产函数的反函数为

$$x=1\,000+(y-10)^3。$$

由于成本为 wx 并且 $w=1$，所以，成本函数为 $C(y)=1\,000+(y-10)^3$。

(b)边际成本是成本函数的导数，因此，

$$MC(y)=\frac{\mathrm{d}C(y)}{\mathrm{d}y}=3\,(y-10)^2。$$

为找到边际成本曲线的最低点，我们对 $MC(y)$ 求导，令导数等于零：

$$\frac{\mathrm{d}MC(y)}{\mathrm{d}y}=6(y-10)=0。$$

我们得到 $y=10$。

平均成本为

$$AC(y)=\frac{C(y)}{y}=\frac{1\,000+(y-10)^3}{y}。$$

对 $AC(y)$ 求导，令导数等于零：

$$\frac{\mathrm{d}AC(y)}{\mathrm{d}y}=\frac{y(3\,(y-10)^2)-(1\,000+(y-10)^3)1}{y^2}=0。$$

我们得到

$$3\,y(y-10)^2=1\,000+(y-10)^3,$$

上式可简化为

$$(2y+10)(y-10)^2=1\,000,$$

于是得到 $y=15$。就是说，在 $y=15$ 时，平均成本最小。

(c)在 $y=15$ 时，平均成本达到最小，此时，

$$AC(15)=\frac{C(y)}{y}=\frac{1\,000+(y-10)^3}{15}=\frac{1\,000+125}{15}=75。$$

因此，对任意价格 $p<75$ 和任意的 $y>0$，价格小于平均成本。如果 $p<75$，则企业生产 $y=0$。如果 $p\geqslant 75$，则企业通过让价格等于边际成本，就是说，

$$p=MC(y)=3\,(y-10)^2,$$

实现最大利润。求解这个方程，把 y 表示为 p 的函数，得到

$$y(p)=10+\sqrt{p/3}。$$

习　题

1.设生产函数为 $y=x^{1/2}$。

(a)证明这个生产函数是凹函数。

(b)设投入品 x 的价格为 $w=1$。求解企业的总成本曲线 $C(y)$、平均成本曲线 $AC(y)$和边际成本曲线 $MC(y)$。

(c)求解企业的供给曲线 $y(p)$。

(d)设产品价格为 $p=10$。计算企业的利润。

2.设生产函数为 $y=5x^{1/3}-30$,投入品价格为 $w=1$。

(a)推导企业的总成本曲线 $C(y)$、平均成本曲线 $AC(y)$和边际成本曲线 $MC(y)$。

(b)企业的供给曲线 $y(p)$是什么?

3.设生产函数为 $y=x^{1/2}$,$x\geqslant 1$。

(a)证明反生产函数 $x(y)$是凸函数。

(b)设产品价格为 $p=10$。求解企业的边际产出 $MP(x)$和平均产出 $AP(x)$。

(c)求解企业的边际产出价值 $VMP(x)$和平均产出价值 $VAP(x)$。

(d)求解企业的投入品需求曲线 $x(w)$。

(e)设投入品价格为 $w=1$。求企业利润。

4.设生产函数为 $y=x^{2/3}+\frac{1}{3}x$,产品价格为 $p=6$,$x\geqslant 1$。

(a)求解企业的边际产出 $MP(x)$和平均产出 $AP(x)$。

(b)求解企业的边际产出价值 $VMP(x)$和平均产出价值 $VAP(x)$。

(c)求解企业的投入品需求曲线 $x(w)$。

5.我们看单投入品/多产品模型。我们说过,反生产函数 $x=f^{-1}(y_1,y_2)$反映企业面对的技术约束。你能从投入品角度,求解企业的利润最大化问题吗?提示:按照以下四个步骤求解。(我们没有给出f^{-1}的具体形式,所以你只能进行图形分析而无法得到具体的函数解或数值解。)

(a)**等要素曲线**是使用同一投入品数量所能实现的所有产出组合的轨迹。在(y_1,y_2)图上,假定f^{-1}是凸的,画出一些等要素曲线。

(b)**等收入线**是实现同一收入的所有产出组合的轨迹。在等要素曲线图上,画出几条等收入线。

(c)给定投入品数量,求解收入最大化问题。你将得到条件产品供给曲线 $y_1(p_1,p_2,x)$和 $y_2(p_1,p_2,x)$。

(d)写出利润最大化问题,把利润表示为变量 x 的函数

6.一个企业使用一种投入品,生产两种产品。它的反生产函数为 $x=y_1^2+y_2^2+y_1y_2$,投入品的价格为 $w=1$。

(a)求企业的总成本曲线 $C(y_1,y_2)$和边际成本曲线$MC_1(y_1)$与$MC_2(y_2)$。

(b)在非负利润条件下,求解企业的供给曲线 $y_1(p_1,p_2)$和 $y_2(p_1,p_2)$。

(c)设 $p_1=1$,$p_2=1$。求解企业的产量 y_1^* 和 y_2^*。企业的利润是什么?

(d)设 p_2 上升为 2。重新计算 y_1^* 和 y_2^*。企业的利润如何变化?

第九章

企业理论 2:长期多投入品模型

9.1 导 论

前一章中的企业使用一种投入品，生产一种产品。企业只使用一种投入品的假定并不现实，大部分商品和服务由企业使用种类繁多的投入品生产出来，甚至粮食这种简单商品的生产都需要用到土地、劳动力、卡车、拖拉机、联合收割机、化肥和农药，还可能用到灌溉设施等。而且，单投入品模型无法解释一个基本经济学问题。通常情况下，要生产给定数量的产品，企业有许多方式把各种投入品结合在一起，其中一些方式要耗费很高成本，还有一些方式成本很低。那么，企业如何把各种投入品结合在一起，以最小成本，生产出给定数量的产品呢？本章假定企业使用两种或更多种投入品。我们探讨企业如何决定生产多少产品和使用多少数量的各种投入品，实现最小成本和最大利润。就是说，我们现在探讨的是**多投入品/单产品模型**。

前一章的导论部分指出，我们既可以通过单投入品/单产品模型也可以通过多投入品/单产品模型，得到企业理论的最重要的结论。(单投入品/单产品模型无法处理的唯一的重要问题是成本最小化问题。)与常用的微观经济学教材不同，本书为读者提供了在这两种模型之间做出选择的机会。我们现在探讨第二类模型。

在前一章中，x 是(单种)投入品数量，y 是产量，生产函数为 $y=f(x)$。现在假定企业使用两种或更多种投入品。设 x_1 是企业所使用的投入品 1 的数量，x_2 是投入品 2 的数量，x_3 是投入品 3 的数量，如此等等。生产函数为 $y=f(x_1,x_2,x_3,\cdots)$。使用两种或更多种投入品的利润最大化问题的大部分结论，可以从两种投入品模型中得到。

函数 $f(x_1,x_2)$ 表示企业面对的技术约束，如同前一章中的函数 $f(x)$。企业必须在自然、科学和技术施加的约束下进行生产。企业还得面对市场约束，包括产品价格 p 和投入品价格 w_1 与 w_2。

本章和下一章还将谈到另一类约束，它与企业投入品数量的可调整性有关。一些投入品数量能很快、很容易地调整，还有一些投入品不具有这个特征。如果企业的投入品是电力或电话服务，则企业每小时甚至每分钟都能改变投入品的使用量。如果投入品是粮食种植面积或开发新药的医学研究,则投入品数量可能得在几个月后、几年后甚至几十年后才能调整。所以,时域和投入品数量在这些时域内的可调整程度,构成了对企业的约束。

本章假定企业所使用的两种(或全部的)投入品的数量都可以自由调整。下一章则假定在模型所涉及的时域内,一种或多种投入品的数量固定,而另一种或更多种投入品的数量是可调整的。在一段时期里,如果企业所使用的所有投入品的数量都可以调整,则经济学家称这段时期为**长期**;如果企业所使用的一种或多种投入品的数量保持固定,则经济学家称这段时期为**短期**。本章探讨长期中的企业;下一章探讨短期中的企业。我们之所以先介绍长期理论,是因为它比短期理论简单。

然而,我们无法明确长期到底有多长和短期到底有多短——经济学研究毕竟不同于化学研究或物理学研究。而且,正如伟大的经济学家约翰·梅纳德·凯恩斯(John Maynard Keynes,1883—1946)所说,"长期并不能为当前事务提供正确指导。在长期,我们都已死去"。(凯恩斯是在探讨宏观经济政策而不是微观经济政策时写下了这段话。)现实世界中的破产程序则使长期/短期之间的区别更加复杂。2009年,美国通用汽车公司和克莱斯勒公司进入破产程序,目的是逃避债务和工会合同——这两个因素给它们造成了在短期里无法避免的巨额成本。政府支持它们破产。破产法让企业能够借助法庭逃避对债权人的责任;法庭有权改变或核销企业的合同义务,从而改变或核销上述巨额成本。在标准微观经济理论中,长期指的是足以能调整企业所有成本的时期。在现实世界中,破产是调整成本的一种机制,它可能比"长期"更快。这里模仿凯恩斯的话结束关于破产的简短讨论:"在长期,我们都已死去;如果我们尚未死去,我们可能已经破产。"

9.2 长期生产函数

假定 $y=f(x_1,x_2)$,并且,企业能自由调整两种投入品的数量。假定企业能用2件投入品1和3件投入品2生产出1件产品。我们不妨称投入品1为"工人",投入品2为"原材料"。如果用2个工人和3件原材料能生产出1件产品,则不难设想,我们也可以用3个工人和3件原材料生产出1件产品:我们只需让第三个工人在车间或办公室闲坐,与孩子短信聊天,让另两个工人去生产1件产品!我们想完善我们的生产函数概念,为此,我们施加**技术效率**假定,以排除人浮于事的可能性。

在各种投入品组合都能生产出同一产量时,我们称这些组合为**生产技术**。在前面的例子中,$(x_1,x_2)=(2,3)$和$(x_1,x_2)=(3,3)$就是两种不同的生产技术,它们都能实现产量 $y=1$。我们说一种生产技术**在技术上是无效率的**,如果存在另外一种生产技术(或几种生产技术的组合)能实现相同的产量,并且,它在一种投入品上使用的数量更少,在另一种(些)投入品上使用的数量并不更多。一种技术,如果在技术上不是无效率的,则它在**技术上是有效率的**。在上面的例子中,(3,3)在技术上是无效率的。由于企业得为所使用的投入品承担成本,所以企业不会使用在技术上无效率的生产技术。因此,我们用生产函数 f 描述有效率的生产技术。就是说，在下文中，当我们看到 $y=f(x_1,x_2)$时，(x_1,x_2)是有效率的生产技术。

我们现在定义**等产量线**。**等产量线**是能实现同一产量的所有有效率的生产技术构成的集合。在画等产量线时，我们用横轴和纵轴分别表示投入品 1 和投入品 2 的数量，画出能实现某一产量 y 的所有的点(x_1,x_2)的轨迹。对不同的产量，我们有不同的等产量线。图 9.1 画出了对应产量 $y=1,2,3$ 的三条等产量线。在图上，相邻两条等产量线之间的距离相等，后面将介绍这种间距相等的等产量线图的含义。

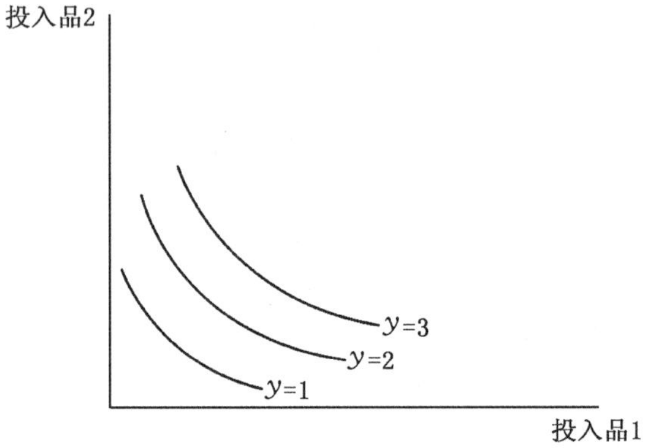

图 9.1　等产量线

你可能意识到等产量线的图形有些面熟——事实上正该如此。企业理论中等产量线的作用与第二章消费者理论中无差异曲线的作用十分相似。

在其他情况相同时，消费者想达到更高的无差异曲线；在其他情况相同时，企业想达到更高的等产量线。（当然了，这两句话的准确含义取决于"在其他情况相同时"。）但是，等产量线与无差异曲线有一个重要区别。在消费者理论中，效用是个**序数**概念，只有相对效用重要；在诸如"我位于 $u=3$ 的无差异曲线上"的说法中，数字 3 没有任何内在含义。在企业理论中，产量是个**基数**概念。在诸如"企业位于 $y=3$ 的等产量线上"的说法中，数字 3 有实际含义。它说的是企业在生产 3 辆车、3 吨小麦或 3 件产品。对消费者而言，$u=6$ 无差异曲线显然比 $u=3$ 无差异曲线更好，但未必好上 1 倍。相反，$y=6$ 等产量线上的产量是 $y=3$ 等产量线上产量的两倍。

投入品的边际产出与施加于生产函数和等产量线的假定

在第八章的单投入品/单产品模型中，我们定义了投入品的边际产出概念。直观地说，边际产出是增加一件投入品所增加的产量；正式地说，是生产函数 $f(x)$ 对 x 的导数。在有两种（或更多种）投入品时，边际产出的定义没有变化。直观地说，投入品 1 的边际产出是增加 1 件投入品 1 但不改变投入品 2 的数量时，所增加的产量。正式地说，投入品 1 的边际产出是在保持 x_2 不变时，生产函数对 x_1 的导数，或者说，是 $f(x_1,x_2)$对 x_1 的偏导数，即

$$MP_1=\frac{\partial f(x_1,x_2)}{\partial x_1}。$$

我们还可以把边际产出写为$\partial f/\partial x_1$ 或$\partial f(x_1,x_2)/\partial x_1$ 或$f_1(x_1,x_2)$。如果我们想强调在某个点上求偏导的话,例如在点(x_1,x_2)上求偏导的话,我们就把边际产出写为$MP_1(x_1,x_2)$。

类似地,我们可以定义投入品 2 的边际产出。

这里要看到企业理论中投入品 1 的边际产出概念与消费者理论中商品 1 的边际效用概念之间的相似性。在消费者理论中,边际替代率被定义为商品 1 的边际效用除以商品 2 的边际效用;企业理论中有对应的概念。

我们现在对生产函数和与之联系的等产量线施加一些假定。

假定 1:单调性

单调性说的是,如果企业增加一种投入品的使用数量同时不减少其他投入品的使用数量,则产量增加。就是说,边际产品$MP_1=\partial f(x_1,x_2)/\partial x_1$ 和$MP_2=\partial f(x_1,x_2)/\partial x_2$,或者说 f 对 x_1 和对 x_2 的偏导数都是正的。这一假定排除了技术上无效率的生产函数,也排除了“粗的”等产量线,还排除了水平的、垂直的或向上倾斜的等产量线。它要求等产量线向下倾斜。

假定 2:凸性

凸性说的是,等产量线是凸的。这是个可行的假定,原因有以下几点:

首先,在许多情况中,生产技术通用于各种产量水平,企业所需做的仅是根据产量水平做出相应调整,并且,企业可同时使用两种或多种生产技术而没有生产技术之间的相互干扰。假设$(x_1,x_2)=(2,3)$是个有效率的生产技术,它实现产量$y=1$;$(x_1,x_2)=(3,2)$是另一种有效率的生产技术,也实现产量 $y=1$。现在让第一种技术开工一半时间,让第二种技术在另一半时间里开工。我们有理由认为这将生产出 1/2+1/2=1 件产品。以这种方式使用这两种生产技术,需要的投入品 1 和 2 的数量为(1/2)(2,3)+(1/2)(3,2)=(2.5,2.5)。我们看等产量线 $y=1$。它穿过点(2,3)和点(3,2)。如果这条等产量线位于这两个点的中点(2.5,2.5)的上方,它就**不是凸的**。但是,它不可能穿过(2.5,2.5)上方的点,因为在点(2.5,2.5),即通过让两种生产技术各开工一半时间,产量至少为 $y=1$。一种极可能的情况是,企业还有其他生产技术能把投入品组合(2.5,2.5)转化为 $y>1$。这意味着穿过点(2,3)和点(3,2)的等产量线穿过(2.5,2.5)下方某个点。在这种情况中,等产量线是(严格)凸的。

其次,如果等产量线不是凸的,则企业将使用“端点”投入品组合(所谓的“端点”,是指一种投入品数量为零的点)。换句话说,企业不同时使用所有投入品。但是,在现实世界中,企业同时使用各种投入品,所以,生产技术具有凸性特征。

技术替代率

消费者理论中的一个关键概念是商品 2 对商品 1 的边际替代率,即 $MRS_{x1,x2}$ 或 MRS。边际替代率的直观解释是:如果让消费者放弃一件商品 1,则他需要得到多少件商品 2 才能回到本来的无差异曲线上?商品 2 对商品 1 的边际替代率等于-1乘以无差异曲线的斜率。第二章给出了边际替代率和边际效用比率之间的关系：$MRS=MU_1/MU_2$。

在企业理论中，有个概念与消费者理论中的边际替代率概念几乎完全相同，有个关系与消费者理论中的$MRS=MU_1/MU_2$几乎完全相同。

投入品 2 对投入品 1 的技术替代率，写为$TRS_{x1,x2}$或TRS，定义为

$$TRS_{x1,x2}=-\frac{\Delta x_2}{\Delta x_1},$$

其中，Δx_1和Δx_2分别是x_1和x_2上的很小增量(更准确地说，是无穷小增量)，其中一个为负数，另一个为正数，它们使得企业依然位于本来的等产量线上。换句话说，TRS是-1乘以等产量线的斜率。它的直观含义是：如果让企业减少一件投入品 1，则需要增加多少件投入品 2 才能使产量保持不变？换句话说，TRS是一件投入品 1 在生产过程中的价值，表示为替换这件投入品 1 所需的投入品 2 的数量。

利用第二章消费者理论中的方法，我们可以找出TRS、MP_1和MP_2之间的关系。设想企业位于投入品组合(x_1,x_2)上。现在减少x_1同时增加x_2并使产量y保持不变。于是，$\Delta x_1<0$，$\Delta x_2>0$。由于投入品 1 数量下降，$MP_1\Delta x_1<0$；由于投入品 2 数量增加，$MP_2\Delta x_2>0$。但是，由于变化后，我们依然位于本来的等产量线上，所以，净变化等于零。就是说，

$$MP_1\Delta x_1+MP_2\Delta x_2=0。$$

因此，

$$TRS=-\frac{\Delta x_2}{\Delta x_1}=\frac{MP_1}{MP_2}=\frac{\partial f(x_1,x_2)}{\partial x_1}\Big/\frac{\partial f(x_1,x_2)}{\partial x_2}。$$

我们现在探讨等产量线的凸性假定。当我们沿一条等产量线向右下方移动时，凸性假定要求-1乘以等产量线的斜率——即斜率的绝对值——下降，或者说，要求TRS下降。就是说，随着投入品 1 的数量x_1越来越大，增加 1 件投入品 1 在生产过程中实现的价值越来越小。对技术替代率而言，这是个十分合理的假定，并且，它进一步说明了等产量线的凸性假定是个合理的假定。

规模收益

在第八章关于生产的单投入品/单产品模型中，我们假定生产函数$f(x)$或者是凹的，或者更现实地，在开始时是凸的然后是凹的。凹生产函数，因为有负的二阶导数$f''(x)$，所以，具有收益递减特征。在开始时是凸的然后变为凹的生产函数则反映了更现实的生产特征：在企业很小时，生产技术具有收益递增特征；在企业很大时，生产技术具有收益递减特征。我们现在对使用两种(或多种)投入品的企业，应用这些概念。

就这里的目的而言，常用的处理方法是：同比例增加所有投入品数量而不是逐一增加各种投入品数量，探讨产量上发生的变化。设两种投入品数量都增长t倍，$t>1$。(这里探讨的是长期生产，所以不存在投入品数量保持不变和无法被调整的情况。)如果产量增长t倍，我们就说生产函数具有**规模收益不变**特征。例如，如果

企业把所有投入品使用量翻番或者说增加一倍,则产量翻番或者说增加一倍。正式地说,f 是**规模收益不变**的生产函数,如果对任意的 $t>1$ 和任意的(x_1,x_2),$f(tx_1,tx_2)=tf(x_1,x_2)$。

如果两种投入品数量的同比例增加导致产量上升,但产量上升倍数小于投入品增长倍数,则生产函数具有**规模收益递减**特征。例如,企业把所有投入品数量增加一倍,但产量仅上升 50%。正式地说,f 是**规模收益递减**的生产函数,如果对任意的 $t>1$ 和任意的(x_1,x_2),$f(tx_1,tx_2)<tf(x_1,x_2)$。

如果两种投入品数量的同比例增加导致产量上升,但产量上升倍数大于投入品增长倍数,则生产函数具有**规模收益递增**特征。例如,企业把所有投入品数量增加一倍,产量上升 150%。确切地说,f 是**规模收益递增**的生产函数,如果对任意的 $t>1$ 和任意的(x_1,x_2),$f(tx_1,tx_2)>tf(x_1,x_2)$。

对规模收益不变的生产函数,等产量线"均匀分布"。就是说,$y=2$ 等产量线到原点的距离是 $y=1$ 等产量线到原点距离的两倍;$y=3$ 等产量线到原点的距离是 $y=1$ 等产量线到原点距离的三倍;如此等等。图 9.1 画出了规模收益不变生产函数的等产量线。对规模收益递增的生产函数,当我们从原点开始向外移动时,等产量线之间的距离越来越小;对规模收益递减的生产函数,当我们从原点开始向外移动时,等产量线之间的距离越来越大。图 9.2 画出了规模收益递减技术下的等产量线。规模收益递减假定对应着第八章中生产函数 $f(x)$的凹性假定。

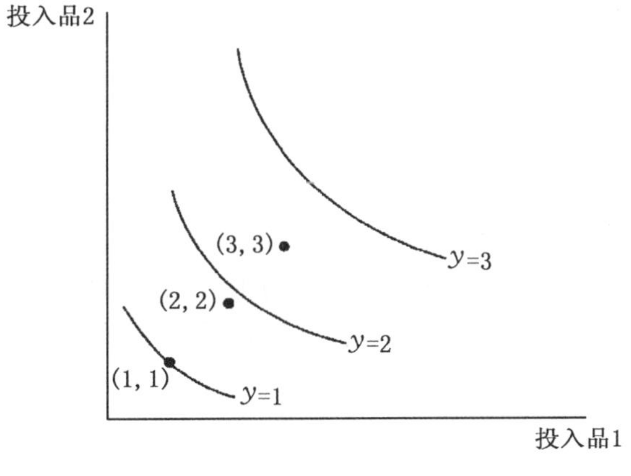

图 9.2 规模收益递减

在第八章中,现实世界的生产函数 $f(x)$在开始时是凸的,然后变为凹的。对应这种函数的等产量线的特征是:在产量很低时,相邻等产量线越来越接近;在产量很高时,相邻等产量线之间的距离越来越大。不严格地说,这种生产函数在开始时具有规模收益递增特征,然后具有规模收益递减特征。图 9.3 画出了现实世界生产函数的等产量线。

规模收益不变时的边际产出和技术替代率

给定规模收益不变的生产函数 $f(x_1,x_2)$,在投入品数量都增长 $t>1$ 倍时,产

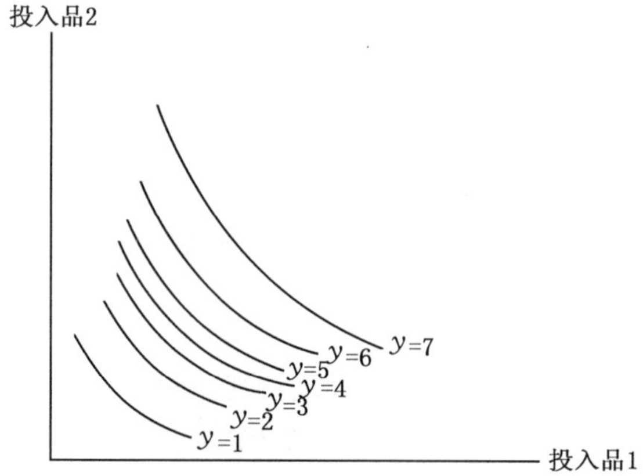

图 9.3　现实世界中的规模收益

量增长 t 倍，即 $f(tx_1,tx_2)=tf(x_1,x_2)$。把这个等式左边部分即把 $f(tx_1,tx_2)$ 对 x_1 求偏导（就是说，保持 x_2 不变而只对 x_1 求导），得到

$$\frac{\partial f(tx_1,tx_2)}{\partial tx_1}\frac{\mathrm{d}tx_1}{\mathrm{d}x_1}=t\frac{\partial f(tx_1,tx_2)}{\partial tx_1}=tMP_1(tx_1,tx_2)。$$

把等号右边部分即把 $tf(x_1,x_2)$ 对 x_1 求偏导，得到

$$t\frac{\partial f(x_1,x_2)}{\partial x_1}=tMP_1(x_1,x_2)。$$

让左边部分的偏导数等于右边部分的偏导数，抵消左右两边的 t，得到

$$MP_1(tx_1,tx_2)=MP_1(x_1,x_2)。$$

这里的结论是：对规模收益不变的生产函数，如果所有投入品数量同比例增加，则各种投入品的边际产出不变。在图 9.1 上，如果投入品 1 和投入品 2 的数量分别用横轴和纵轴表示，则把 (x_1,x_2) 同比例增加或减少，等价于沿着始自原点的射线向上或向下移动。因此，对规模收益不变的生产函数，随着企业沿着始自原点的射线上下移动，MP_1 和 MP_2 保持不变。或者说，只要投入品比例 x_2/x_1 保持不变，MP_1 和 MP_2 就保持不变。

我们现在改变 x_1 和 x_2 但保持 x_2/x_1 不变，探讨技术替代率的特征。由于

$$TRS=\frac{MP_1}{MP_2},$$

同时，由于边际产出保持不变，所以，TRS 保持不变。换句话说，对规模收益不变的生产函数，如果我们同比例增加两种投入品，技术替代率始终保持不变。在图 9.1 上，如果我们把投入品 1 和投入品 2 的数量分别用横轴和纵轴表示，当我们沿着始自原点的射线移动时，穿过这条射线的各条等产量线的斜率相等。

9.3　长期成本最小化

现在讨论**成本最小化**问题。我们依然假定时域为长期，企业能自由调整两种投入品的数量。第八章讨论了只使用一种投入品的企业的利润最大化问题。在那

里，成本最小化不成为问题。如果企业利用生产函数 $y=f(x)$ 进行生产，则只有一种方式能实现给定产量 y^0，并且，只有唯一一个可能的成本水平：企业使用的投入品数量为 $x^0=f^{-1}(y^0)$，成本为 wx^0。所以，在单投入品模型中，企业无需寻找成本更低的生产方式。

现在假定企业生产产品 y，使用的两种投入品数量分别为 x_1 和 x_2，价格分别为 w_1 和 w_2。企业自然受生产函数 $y=f(x_1,x_2)$ 约束。但是，对任一产量水平 y^0，可能存在无数种生产方式能实现这一产量：等产量线 $y=y^0$ 上的所有的投入品组合都能实现这一产量。企业想最大化利润。但是，要实现最大利润，它必须最小化成本。

这一点显而易见。尽管如此，我们依然给出证明。企业利润等于收入减成本，或者说，

$$\pi=py-C(y)=py-(w_1x_1+w_2x_2)。$$

如果对给定产量 y，成本 $C(y)$ 没有达到最小，企业就会选择成本更低的生产方式，实现产量 y，增加利润。换句话说，成本最小化是利润最大化的必要条件。

等成本线和成本最小化的条件

为探讨成本最小化，我们引入等成本线概念。等成本线是导致相同成本的所有投入品组合 (x_1,x_2) 构成的集合。对给定的成本水平，例如 C^0，等成本线的表达式为：

$$w_1x_1+w_2x_2=C^0。$$

你不应对这一表达式感到陌生，它极类似消费者理论中预算线的方程：

$$p_1x_1+p_2x_2=M。$$

消费者在给定预算线下，试图达到最高无差异曲线。企业则在给定的等产量线约束下，试图达到最低的等成本线。

图 9.4 画出了三条等成本线，它们分别对应成本 C^0、C^1 和 C^2。图 9.4 中较低的等成本线对应着较低的成本水平，因为 w_1 和 w_2 都是正的。等成本线的斜率类似消费者预算线的斜率；它的绝对值等于 w_1/w_2。图 9.4 中还画出了一条等产量线，它与等成本线 C^1 相切。从图 9.4 可以看出，要最小化生产产量 y^0 的成本，企业应该找到 y^0 等产量线与等成本线的切点。

我们刚才说过，成本最小化是利润最大化的必要条件。我们现在描述对成本最小化问题肯定成立的切点条件。假设企业要实现产量 y^0。假设生产函数是可微的，等产量线是光滑的和凸的，并且，存在等产量线/等成本线切点。要以最小成本生产 y^0，在企业所选择的投入品组合 (x_1,x_2) 上，y^0 等产量线与一条等成本线相切。

由于等产量线的斜率为 $-TRS$，等成本线的斜率为 $-w_1/w_2$，我们于是得到成本最小化条件：

$$TRS=\frac{w_1}{w_2}。$$

对这一条件，你不应感到陌生，它与消费者理论中的切点条件完全相同。消费者的

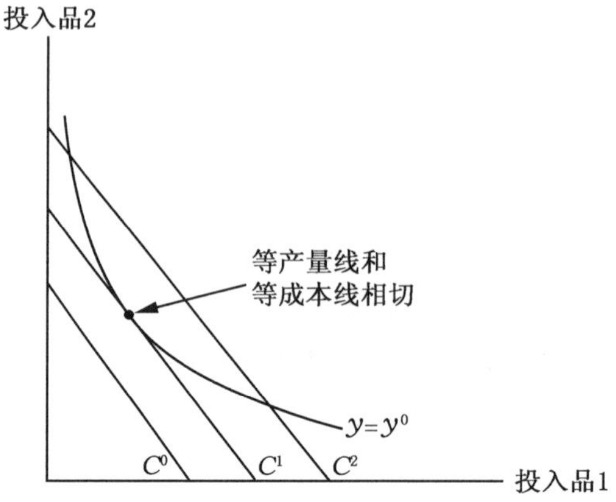

图 9.4　等成本线和等产量线，在切点上，成本最小。

切点条件说的是：要在预算约束下达到最高无差异曲线，消费者的选择必须满足

$$MRS=\frac{p_1}{p_2}。$$

设 y 为产量水平，投入品价格为 (w_1,w_2)。要以最小成本生产任意产量 y，企业必须求解出一对投入品数量，我们称其为 x_1^* 和 x_2^*，它们必须满足(1)成本最小化切点条件

$$TRS=\frac{w_1}{w_2}$$

和(2)生产函数方程

$$y=f(x_1,x_2)。$$

企业所选择的投入品数量 (x_1^*,x_2^*) 决定于投入品价格 (w_1,w_2) 和产量 y，我们因此可以将它们写为 $x_1(w_1,w_2,y)$ 和 $x_2(w_1,w_2,y)$。这两个函数告诉我们，在给定的投入品价格和给定产量下，企业所使用的两种投入品的数量。我们称这两个函数为企业的**条件要素需求**或**条件投入品需求**。在这类分析中，w_1 和 w_2 通常保持不变，其中的“条件”一词指的是企业对投入品的需求量决定于它所选择的产量水平。

利用条件投入品需求，我们可以定义企业的**长期成本函数**或**长期成本曲线**。对任意产量 y，长期成本函数给出了实现这一产量的最小成本(假设投入品价格保持不变并且企业采用有效率的生产技术)。长期成本函数为：

$$C(y)=w_1x_1(w_1,w_2,y)+w_2x_2(w_1,w_2,y)。$$

长期成本曲线和规模收益之间的关系

不严格地说，技术收益和生产成本互为镜像。就是说，在技术收益很高时，成本很低；反之亦然。更准确地说，在收益递增时，成本下降；反之亦然。我们将看到，对规模收益不变、递增和递减的生产技术，我们的结论便是如此。

假设企业的生产函数具有规模收益不变特征。设 (x_1^*,x_2^*) 是生产 1 件产品时的成本最小的投入品组合。就是说，$C(1)=w_1x_1^*+w_2x_2^*$。如果企业想生产 y

件产品,在规模收益不变的生产技术下,它使用的投入品数量等于 y 乘以生产 1 件产品时的投入品组合。而且,正如前面所指出的,以这种方式增加投入品数量,不改变MP_1、MP_2 和 TRS。由于(x_1^*,x_2^*)是等产量线与等成本线的切点,所以(yx_1^*,yx_2^*)也是个切点。$C(y)=yC(1)$因此是生产 y 件产品的最小成本。就是说,在规模收益不变时,长期成本函数是个简单的线性函数,成本 $C(y)$与产量 y 成正比。

图 9.5 画出了这种线性成本函数。

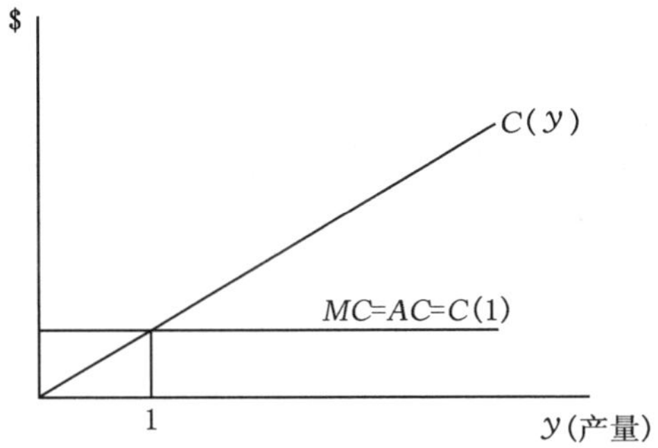

图 9.5 规模收益不变的生产技术所对应的总成本函数 $C(y)$

我们说过,**平均成本**等于总成本除以产量,即 $AC(y)=C(y)/y$。在规模收益不变的生产技术下,平均成本为常数,因为 $AC(y)=C(y)/y=yC(1)/y=C(1)$。我们还说过,**边际成本**是成本函数的导数,即 $MC(y)=\mathrm{d}C(y)/\mathrm{d}y$,或者直观地说,是增加一件产品所增加的成本。在规模收益不变的生产技术下,$MC(y)=\mathrm{d}yC(1)/\mathrm{d}y=C(1)=AC(y)$。简言之,在规模收益不变的生产技术下,总成本是产量 y 的线性函数,平均成本和边际成本都是常数,并且两者相等,都等于生产 1 件产品的成本。

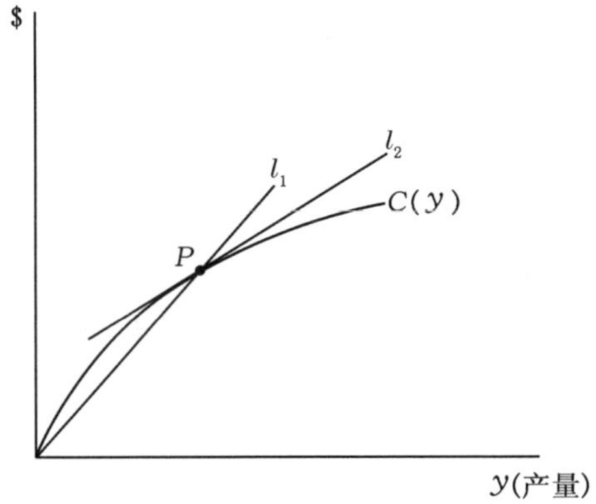

图 9.6 规模收益递增时的总成本函数 $C(y)$。在点 P,平均成本为 l_1 的斜率,边际成本为 l_2 的斜率。

现在设企业的生产函数具有规模收益递增特征。生产 1 件产品的成本为 C

(1)。如果企业想生产 y 件产品,则投入品数量必须增加,但是增长倍数肯定小于 y,因为如果投入品数量增长 y 倍,根据规模收益递增假定,产量增长超过 y 倍。所以,生产 y 件产品的成本小于 $yC(1)$。简言之,$C(y)<yC(1)$。这意味着总成本曲线是凹的,见图 9.6。

图 9.6 上还画了条直线 l_2,它在点 P 与总成本曲线相切;画了条始自原点且穿过点 P 的射线 l_1。切线 l_2 的斜率为 $\mathrm{d}C(y)/\mathrm{d}y$,或者说,为边际成本;射线 l_1 的斜率为 $C(y)/y$,或者说,为平均成本。图 9.6 类似图 8.3。从图 9.6 中可以看出,在总成本曲线的任何一点上,切线斜率或者说边际成本,小于射线斜率或者说平均成本。简言之,在规模收益递增时,$MC(y)<AC(y)$。并且,随着 y 上升,边际成本和平均成本都下降。

现在设企业的生产函数具有规模收益递减特征。我们依然把生产 1 件产品的成本写为 $C(1)$。如果企业想生产 y 件产品,则投入品数量必须增加,并且增长倍数必须大于 y。因此,生产 y 件产品的成本大于 $yC(1)$。简言之,$C(y)>yC(1)$。这意味着总成本曲线是凸的,见图 9.7。

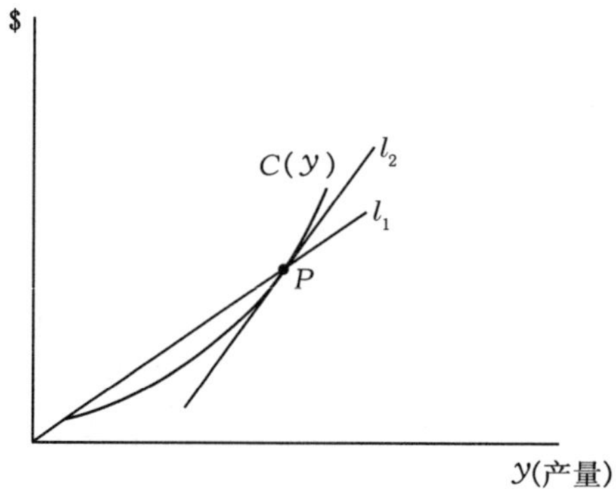

图 9.7　规模收益递减时的总成本函数 $C(y)$。在点 P,平均成本为 l_1 的斜率,边际成本为 l_2 的斜率。

图 9.7 上画了条直线 l_2,它在点 P 与总成本曲线相切;画了条始自原点且穿过点 P 的射线。切线的斜率为 $\mathrm{d}C(y)/\mathrm{d}y$,或者说,为边际成本;射线的斜率为 $C(y)/y$,或者说,为平均成本。从图 9.7 可以看出,在总成本曲线的任何一点上,切线斜率或者说边际成本,大于射线斜率或者说为平均成本。简言之,在规模收益递减时,$MC(y)>AC(y)$。并且,随着 y 上升,边际成本和平均成本都上升。

最后,我们不严格地假定生产函数在开始时具有规模收益递增特征,然后变化为规模收益不变,最后变化为规模收益递减。这里之所以说"不严格地",是因为我们此前把收益不变、收益递增和收益递减三个概念定义为生产函数在一切产量上具有的性质,而不是局限在企业的某些生产规模上。将这个假定反映到等产量线上,我们说,相邻的等产量线之间的距离在开始时越来越小,然后越来越大。与此对应,总成本曲线首先是凹的,然后转为凸的,见图 9.8。图 9.8 类似单投入品模型中的图 8.3。

在图 8.4 的单投入品模型中,我们看到了 U 型平均成本与边际成本曲线。在这里的多投入品模型中,我们也有类似的曲线。平均成本曲线和边际成本曲线都首先下降,然后上升,并且,边际成本曲线穿过平均成本曲线最低点。在平均成本下降时,边际成本低于平均成本;在平均成本上升时,边际成本高于平均成本。

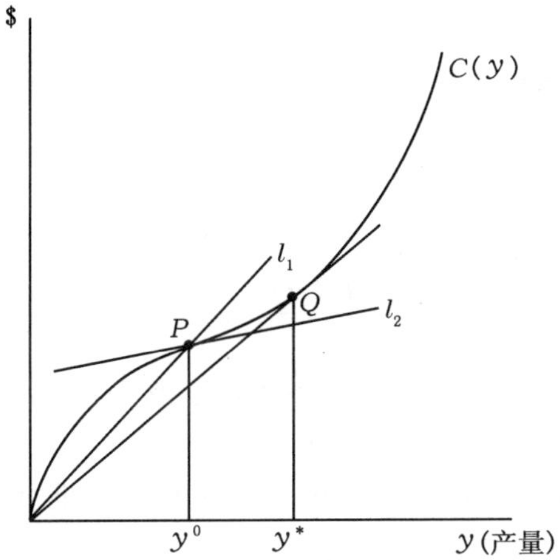

图 9.8 规模收益首先递增然后递减时的总成本函数 $C(y)$。在点 P,平均成本为 l_1 的斜率,边际成本为 l_2 的斜率。

9.4 长期利润最大化

本章始终假定企业在投入品市场上是竞争的。就是说,对企业而言,投入品价格 w_1 和 w_2 是给定的和固定的。企业规模很小,无法影响投入品价格。我们现在假定企业在产品市场上也是竞争的。就是说,它对产量 y 的选择不影响产品价格 p。(后文还将深入探讨竞争市场假定)

我们现在推导长期利润最大化条件和企业的长期供给曲线。你应该对本节的内容很熟悉,因为第八章的单投入品模型进行过类似分析。

在长期,企业可以自由调整两种(或所有的)投入品的数量。企业如果不生产,则 y、x_1 和 x_2 等都为零,收入为零,总成本为零,利润为零。因此,企业在选择产量 y 以最大化自己的利润时,它只需考虑使利润非负的产量水平。就是说,

$$\pi(y)=py-C(y)\geqslant 0。$$

上式两边同除以 y,得到

$$p\geqslant \min AC(y)。$$

就是说,只在市场价格等于或大于最小平均成本时,企业才生产。在长期,如果生产意味着亏损,则企业不生产。

如果价格 p 足够高,足以使企业生产且不亏损,则企业就必须决定生产多少产品。它的利润为

$$\pi(y)=py-C(y)。$$

最大化问题的一阶条件为

$$\frac{\mathrm{d}\pi(y)}{\mathrm{d}y}=p-\frac{\mathrm{d}C(y)}{\mathrm{d}y}=p-MC(y)=0。$$

我们得到

$$p=MC(y),$$

或者说，价格等于边际成本。

利润最大化的二阶条件为：

$$\frac{\mathrm{d}^2\pi(y)}{\mathrm{d}y^2}=\frac{\mathrm{d}(p-MC(y))}{\mathrm{d}y}\leqslant 0,$$

我们得到

$$\frac{\mathrm{d}MC(y)}{\mathrm{d}y}\geqslant 0。$$

就是说，在利润最大化产量水平上，价格等于边际成本，并且，边际成本上升（或者，至少不下降）。

我们看图 8.6。图 8.6 画出了一个有 U 型平均成本曲线和边际成本曲线的企业的利润最大化选择，还画出了穿过价格 p 的水平线。在图 8.6 中，价格 p 高于平均成本曲线最低点。这条水平线与边际成本曲线相交于两个点，这两个点都满足一阶条件，但只有一个点满足二阶条件。

我们也请读者看图 8.7。图 8.7 画出了利润最大化企业的供给曲线。

简言之，对有 U 型平均成本曲线和边际成本曲线的典型的竞争企业，在长期里，如果 $p<\min AC(y)$，它不生产；如果 $p\geqslant\min AC(y)$，则企业供给的产品数量由边际成本曲线向上倾斜的部分决定。

规模收益与长期供给曲线

现在探讨在规模收益不变、递减和递增时，企业的利润最大化决策和供给曲线。

如果企业的生产函数具有规模收益不变特征，则它的总成本、平均成本和边际成本曲线皆如图 9.5 所示。边际成本和平均成本皆为常数（就是说，这两条成本曲线为水平线），都等于 $C(1)$。在 $p>C(1)$ 时，企业愿意供给的产量为无穷大，实现的利润为无穷大。在 $p=C(1)$ 时，企业愿意供给任意数量的商品，并且在任何产量水平上，企业利润都为零。在 $p<C(1)$ 时，企业的供给数量为零，利润为零。

现在设企业的生产函数具有规模收益递增特征，企业的总成本曲线如图 9.6 所示。在图 9.6，平均成本（始自原点且穿过 $C(y)$ 的射线 l_1 的斜率）始终大于边际成本（$C(y)$ 的切线 l_2 的斜率），并且，随着 y 增加，平均成本和边际成本下降。图 9.9 中的平均成本曲线和边际成本曲线描述的就是这种情况。在图 9.9 中的价格/产量组合（p，y^*）上，一阶条件 $p=MC(y)$ 得到满足，但是二阶条件没有得到满足。事实上，这个点是利润最小点而不是利润最大点。给定价格 p，如果企业把产量增加到 y'，则盈亏相抵；如果企业把产量增加到 y' 右方，则利润上升且无上限。换句话说，由于平均成本和边际成本持续降低，企业想生产无限数量的产品，实现无限大利润。这将导致企业规模变得很大,使得它对 y 的选择最终影响价格 p。换句话说,生产函数在所有产量水平上具有收益递增特征的假定,最终与竞争行为假定不一致。

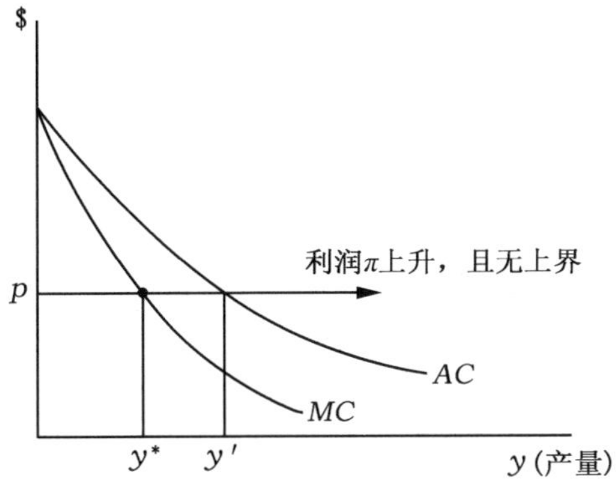

图 9.9　规模收益递增假定下,供给无上界

现在设企业的生产函数具有规模收益递减特征,图 9.7 画出了相应的总成本曲线。在图 9.7 中,平均成本小于边际成本,并且随着 y 增加,它们都上升。图 9.10画出了这种情况中的平均成本曲线和边际成本曲线。两条曲线都向上倾斜,并且,边际成本曲线位于平均成本曲线上方。给定图中所示的市场价格 p,企业通过选择图中的产量 y^* 而最大化利润。企业利润于是为 $\pi(y^*)=py^*-C(y^*)=py^*-AC(y^*)y^*$,或者说,为斜划线区域的面积。边际成本曲线同时是企业的供给曲线——至少在价格大于或等于 $MC(y)$曲线在纵轴的截距时。

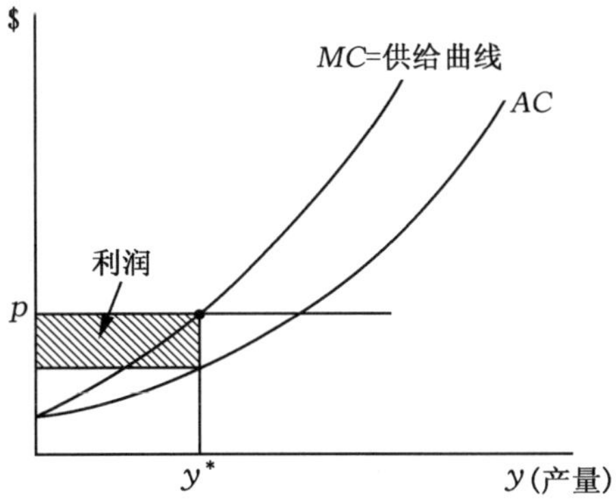

图 9.10　规模收益递减时的长期供给曲线

9.5 例　题

问题

设生产函数为

$$y=f(x_1,x_2)=x_1^\alpha x_2^\beta,$$

其中,α 和 β 是大于零的常数。设投入品价格分别为 w_1 和 w_2。这一生产函数被称为柯布—道格拉斯生产函数,以最早研究这类函数的查尔斯·柯布(Charles Cobb,1875—1949)与保罗·道格拉斯(Paul Douglas,1892—1976)的名字命名。柯布是数学家和经济学家;道格拉斯是芝加哥大学经济学家,来自伊利诺伊斯州的民主党议员。

(a)求证:如果 $\alpha+\beta<1$,则生产函数具有规模收益递减特征;如果 $\alpha+\beta=1$,则生产函数具有规模收益不变特征;如果 $\alpha+\beta>1$,则生产函数具有规模收益递增特征。

(b)求解边际产出 MP_1 和 MP_2 和技术替代率 TRS。

(c)假设 $w_1=1$、$w_2=1$、$\alpha=1$ 和 $\beta=1$。求解长期成本函数 $C(y)$、平均成本函数 $AC(y)$ 和边际成本函数 $MC(y)$。

答案

(a)首先要看到,

$$f(tx_1,tx_2)=(tx_1)^\alpha(tx_2)^\beta=(t^{\alpha+\beta})x_1^\alpha x_2^\beta,$$
$$tf(x_1,x_2)=tx_1^\alpha x_2^\beta。$$

生产函数具有规模收益递减特征,如果对任意的 $t>1$,$f(tx_1,tx_2)<tf(x_1,x_2)$;具有规模收益不变特征,如果对任意的 $t>1$,$f(tx_1,tx_2)=tf(x_1,x_2)$;具有规模收益递增特征,如果对任意的 $t>1$,$f(tx_1,tx_2)>tf(x_1,x_2)$。

因此,柯布—道格拉斯生产函数具有规模收益递减特征,如果

$$(t^{\alpha+\beta})x_1^\alpha x_2^\beta<tx_1^\alpha x_2^\beta \Leftrightarrow t^{\alpha+\beta}<t \Leftrightarrow \alpha+\beta<1。$$

柯布—道格拉斯生产函数具有规模收益不变特征,如果

$$(t^{\alpha+\beta})x_1^\alpha x_2^\beta=tx_1^\alpha x_2^\beta \Leftrightarrow t^{\alpha+\beta}=t \Leftrightarrow \alpha+\beta=1。$$

柯布—道格拉斯生产函数具有规模收益递增特征,如果

$$(t^{\alpha+\beta})x_1^\alpha x_2^\beta>tx_1^\alpha x_2^\beta \Leftrightarrow t^{\alpha+\beta}>t \Leftrightarrow \alpha+\beta>1。$$

(b)为找到 MP_1,我们把 $f(x_1,x_2)$ 对 x_1 求偏导,得到

$$MP_1=\frac{\partial x_1^\alpha x_2^\beta}{\partial x_1}=\alpha x_1^{\alpha-1}x_2^\beta。$$

同样的方法找到 MP_2,

$$MP_2=\frac{\partial x_1^\alpha x_2^\beta}{\partial x_2}=\beta x_1^\alpha x_2^{\beta-1}。$$

技术替代率等于 MP_1 除以 MP_2,或者说,

$$TRS=\frac{MP_1}{MP_2}=\frac{\alpha x_1^{\alpha-1}x_2^\beta}{\beta x_1^\alpha x_2^{\beta-1}}=\frac{\alpha x_2}{\beta x_1}。$$

(c)现在假设 $w_1=w_2=1$,$\alpha=\beta=1$。这两个假定大大简化了计算工作。要实现最小成本,一般情况下,企业要找到一个投入品组合,使得在这个投入品组合上,$TRS=w_1/w_2$。我们于是得到

$$TRS=\frac{\alpha x_2}{\beta x_1}=\frac{x_2}{x_1}=\frac{w_1}{w_2}=1。$$

因此,$x_2=x_1$。把这个结果代入生产函数中,得到 $x_1^\alpha x_2^\beta=x_1x_2=x_1^2$。成本最小化

的投入品组合因此为 $x_1^*=y^{1/2}$ 和 $x_2^*=y^{1/2}$。成本函数因此为

$$C(y)=w_1x_1^*+w_2x_2^*=y^{1/2}+y^{1/2}=2y^{1/2}$$

平均成本和边际成本函数分别为

$$AC(y)=C(y)/y=\frac{2y^{1/2}}{y}=2y^{-1/2},$$

$$MC(y)=\frac{\mathrm{d}C(y)}{\mathrm{d}y}=\frac{\mathrm{d}2y^{1/2}}{\mathrm{d}y}=y^{-1/2}。$$

习　题

1.解释:规模收益不变、递增和递减的概念为什么在应用于等产量线时有意义,但是在应用于消费者理论中的无差异曲线时没有意义呢?换句话说,为什么相邻两条等产量线之间的距离有意义,相邻两条无差异曲线之间的距离无意义呢?

2.如果利润最大化企业的产品价格上升,则企业的产量如何变化?

3.企业的生产函数为 $y=x_1^{1/4}x_2^{1/4}$,两种投入品的价格分别为 $w_1=1$ 和 $w_2=2$。

(a)证明长期条件要素需求分别为 $x_1^*(y)=\sqrt{2}y^2$ 和 $x_2^*(y)=y^2/\sqrt{2}$。

(b)证明长期成本函数为 $C(y)=2\sqrt{2}y^2$。

(c)证明长期供给曲线为 $y^*(p)=p/(4\sqrt{2})$。

4.企业使用劳动力(L)和资本品(K)生产电脑。它的生产函数为 $y=LK/10$,要素价格分别为 $w_l=10$ 和 $w_K=100$。

(a)画出 $y=1,2,3$ 时的等产量线。这一生产技术具有规模收益递增、不变还是递减特征?为什么?

(b)推导条件要素需求。

(c)推导长期成本函数 $C(y)$。

(d)如果企业只生产一台电脑,它应该使用多少劳动力和资本品?这台电脑的成本是多少?如果企业想生产两台电脑呢?

(e)推导企业的长期平均成本函数 $AC(y)$ 和长期边际成本函数 $MC(y)$。在图上画出 $AC(y)$ 和 $MC(y)$。企业的长期供给曲线是什么?

5.企业的生产函数为 $y=x_1+x_2$。设 $w_1=2,w_2=1$。

(a)推导条件要素需求函数,找出企业的长期成本函数。

(b)给定上述要素价格,推导并画图表示企业的长期供给曲线。

(c)假设第二种投入品的价格 w_2 上升到 2 元。长期成本曲线是什么?推导新的供给曲线并画图。

提示:由于等产量线是直线,所以成本最小化不可能发生在等产量线与等成本线的切点上。

6.设企业的生产函数为 $y=x_1^{1/5}x_2^{1/5}x_3^{1/5}$,要素价格为 $w_1=w_2=w_3=1$。

(a)条件要素需求 $x_1^*(y)$、$x_2^*(y)$ 和 $x_3^*(y)$ 是什么?

(b)推导长期成本函数 $C(y)$。

(c)推导长期供给曲线 $y^*(p)$。

第十章

企业理论3:短期多投入品模型

10.1 导 论

第八章中的企业使用一种投入品生产一种产品;第九章中的企业使用多种投入品生产一种产品。第八章的单投入品/单产品模型和第九章的多投入品/单产品模型都是长期模型,就是说,企业能自由调整投入品数量。如果生产函数为 $y=f(x_1,x_2)$,则在长期中,企业能够改变 x_1 和 x_2。但是,在短期,一些投入品的数量无法改变,因为时间太短。在现实世界,"短期"到底多短和"长期"到底多长的问题,取决于企业实际情况,所以说,经济学分析在时间单位上不免有些含糊不清。但就**短期模型**而言,我们能准确阐述其含义。短期企业理论模型是一些投入品的数量保持固定的模型。

本章进行短期分析。设有 n 种投入品,数量分别为 $x_1,x_2,\cdots,x_n$,价格分别为 $w_1,w_2,\cdots,w_n$。**短期**意味着其中一些投入品数量固定在非零水平上,而其他投入品的数量是可变的。如果生产函数为 $y=f(x_1,x_2)$,即企业只使用两种投入品,我们就说**在短期里**,x_2 固定在某个非零水平上,x_1 是变量。短期模型意义很明确:成本函数中有一个非零常数项。在只有两种投入品时,这个常数项等于 w_2 乘以投入品2的数量。在使用 n 种投入品时,它是每种固定投入品的价格乘以这种投入品的数量,然后求和。在只有两种投入品时,其中一种数量固定,另一种为变量,所以,短期模型类似第八章中的模型,只是多了个固定成本项;在有三种或更多种投入品时,如果其中一种或多种投入品数量固定,另外两种或多种投入品数量可调整,则短期模型类似第九章中的模型,只是多了个固定成本项。

10.2 短期生产函数

在短期,企业没有足够时间调整一种或多种投入品的数量。在下面的讨论中,我们假定只有两种投入品,x_1 是可变的,x_2 是固定的,生产函数为 $y=f(x_1,x_2)$。设 x_2^0 为第二种投入品的数量。生产函数 $f(x_1,x_2)$ 现在可以写为 $f(x_1,x_2^0)$。这个受限制的函数被称为**短期生产函数**。

由于 $f(x_1,x_2^0)$仅依赖一个变量即依赖 x_1,所以,这里的短期生产函数分析与第八章单投入品生产函数 $f(x)$的分析几乎完全一样。两者间的唯一区别出现于可变投入品数量等于零时:在单投入品模型中,如果 $x=0$,则 $y=0$,成本与利润都等于零;在使用两种投入品的短期模型中,如果 $x_1=0$,产量 y 可能不为零,成本不为零(因为 $x_2^0>0$),利润可能不为零。我们可以在图上画出短期生产函数,用横轴表示 x_1,纵轴表示 y;它的图形类似图 8.1 中 $f(x)$的图,但未必穿过点(0,0)。

和第八、第九章一样,我们可以用短期生产函数定义可变投入品 x_1 的平均产出和边际产出。投入品 1 的平均产出为 y/x_1,边际产出则不严格地定义为增加 1 件投入品 1 所增加的产量。确切地说,平均产出为

$$AP(x_1)=\frac{f(x_1,x_2^0)}{x_1}。$$

边际产出则是在给定 x_2^0 时,短期生产函数 $f(x_1,x_2^0)$对变量 x_1 的导数或者说是短期生产函数的斜率。确切地说,边际产出为

$$MP(x_1)=\frac{\partial f(x_1,x_2^0)}{\partial x_1}。$$

在平均产出和/或边际产出表达式中,如果需要明确投入品 2 的数量,我们增加"$|x_2^0$",表示"给定 $x_2=x_2^0$"。例如,对平均产出,我们可以将其写为 $AP(x_1|x_2^0)$。

与第八章单投入品模型一样,经济学家认为,对"现实世界"中的企业,短期边际成本曲线 $MP(x_1)$和短期平均成本曲线 $AP(x_1)$都应类似图 8.8:先递增,然后递减。就是说,给定 x_2^0,随着企业在某种意义上更具有生产率,x_1 的边际产出上升,达到顶峰,然后随着企业在某种意义上生产率下降,x_1 的边际产出递减。平均产出曲线同样如此,只是它的峰值出现在边际产出峰值之后。而且,在平均产出达到峰值时,边际产出曲线穿过平均产出曲线。

10.3 短期成本最小化

我们说过,在短期中,企业无法改变投入品 2 的数量。由于企业必须为 x_2^0 承担成本,所以,它有无法避免的成本 $w_2x_2^0$。这项成本被称为企业的**固定成本**。就是说,固定成本为

$$FC=w_2x_2^0。$$

在短期,企业可以改变投入品 1 的数量,即改变 x_1。因此,w_1x_1 是企业总成本中的可变部分,它被称为企业的**变动成本**,写为

$$VC(y)。$$

这里把变动成本写为了 y 的显函数,但没有把固定成本写为 y 的函数。原因很简单:变动成本随产量 y 变化,固定成本不随产量 y 变化。要求得 $VC(y)$函数,首先要看到,$VC(y)=w_1x_1$。我们需要用关于 y 的函数替代这个式子中的 x_1。

为此,我们使用企业对投入品 1 的**短期需求函数**。它是在投入品 2 的数量固定为 x_2^0 时,为生产给定产量 y 而需要的投入品 1 的数量。在两种投入品模型中,因为一种投入品的数量在短期里固定,所以短期需求函数不过是生产函数的反函

数。在这里,投入品 2 的数量固定为 x_2^0,我们把这个反生产函数写为

$$x_1(y)=f^{-1}(y)。$$

如果我们需要明确投入品 2 的数量,我们就把上式写为 $x_1(y)=f^{-1}(y\,|\,x_2^0)$。

我们现在能把变动成本写为 y 的显函数

$$VC(y)=w_1x_1(y)=w_1\,f^{-1}(y)。$$

企业的**总成本**是固定成本加变动成本

$$C^S(y)=FC+VC(y)。$$

我们给总成本函数加了上标"S",强调它是短期成本函数,决定于在短期中固定的投入品数量 x_2^0。如果需要明确固定投入品的数量,我们就把短期成本写为 $C^S(y\,|\,x_2^0)$。

我们用无上标符号 $C(y)$表示长期总成本。由于 FC 和 $VC(y)$都是短期成本概念,因此没有必要对它们加上标"S"。

在图 10.1 中,我们画出了产量水平 y^0的等产量线。我们还画出了两条等成本线:一条等成本线是企业在长期里当它能改变投入品 2 的数量并因此没有固定成本 $FC=w_2x_2^0$ 时的等成本线;另一条等成本线是企业在短期里当它使用 x_2^0 并因此有固定成本时所面对的等成本线。长期成本最小化的投入品组合是(x_1^*,x_2^*);但在短期,企业只能使用 x_2^0 件投入品 2,并在使用 x_2^0 件投入品 2 的前提下,使用某一数量的投入品 1,条件是这一数量的投入品 1 能够实现产量 y^0。就是说,企业将选择图 10.1 中的点(x_1,x_2^0)。

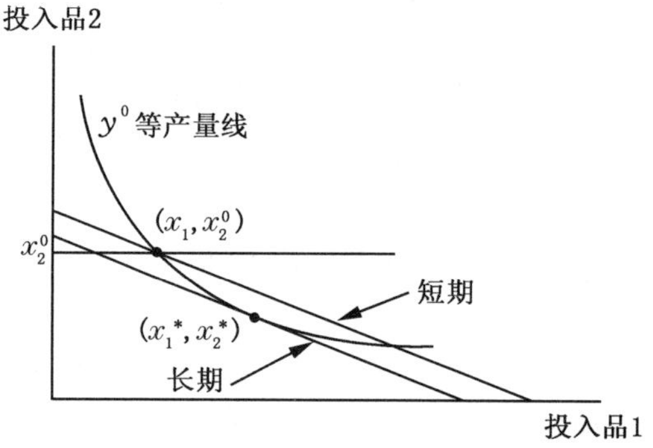

图 10.1　短期成本最小化选择为(x_1,x_2^0),长期成本最小化选择为(x_1^*,x_2^*)。

从图 10.1 可以看出,与(x_1^*,x_2^*)相比,(x_1,x_2^0)是实现产量 y^0的成本更高的生产方式;或者说,在(x_1,x_2^0)上,企业没有"彻底"最小化成本。换句话说,对任意产量水平,短期总成本大于或等于长期总成本。

在点(x_1,x_2^0),企业在 $x_2=x_2^0$ 约束下,使用了在技术上有效率的生产方式实现产量 y^0。除此之外,在决定使用多少件投入品 1 即 x_1 时,它没有更好的选择。换句话说,在只使用两种投入品时,短期成本最小化问题不成为问题。当然了,如果有三种或更多种投入品并且只有第三种投入品数量在短期里保持固定,则企业就得按照第九章的思路,明智地选择 x_1 和 x_2。

根据上述结论,我们把企业短期总成本函数写为

$$C^S(y)=FC+VC(y)=w_2x_2^0+w_1x_1(y)=w_2x_2^0+w_1f^{-1}(y)。$$

在图10.2中,在投入品1的边际产出首先递增然后递减的假定下,我们画出了短期总成本曲线。图10.2与图8.3十分相似,后者在单投入品背景下描述了现实世界中总成本曲线。两者之间的区别是:短期总成本曲线(在 $y=0$ 时)有正的截距,即有固定成本。

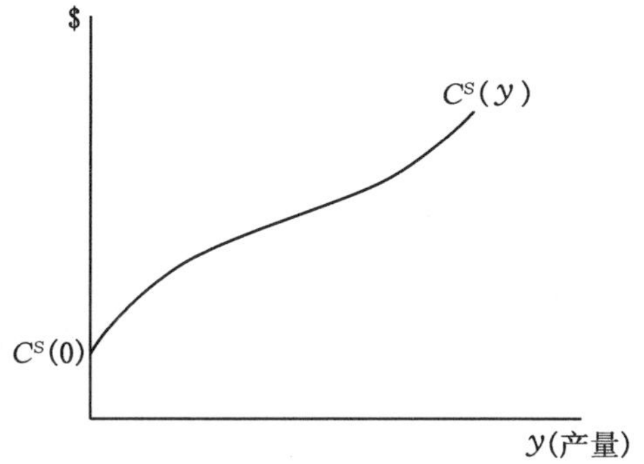

图10.2 短期总成本曲线

图10.3画出了与图10.2相对应的边际成本曲线和平均成本曲线。这幅图与图8.4十分相似。就是说,短期边际成本类似长期边际成本。你只需把总成本函数求导,就能看出其中的奥妙。但是,一般情况下,短期边际成本与长期边际成本不相等。因为在长期成本函数概念中,x_2 可自由调整。我们因此必须把这两个概念区别开来。正如我们用上标"S"明确短期总成本($C^S(y)$),这里用上标"S"明确短期边际成本,短期边际成本为 $MC^S(y)$。

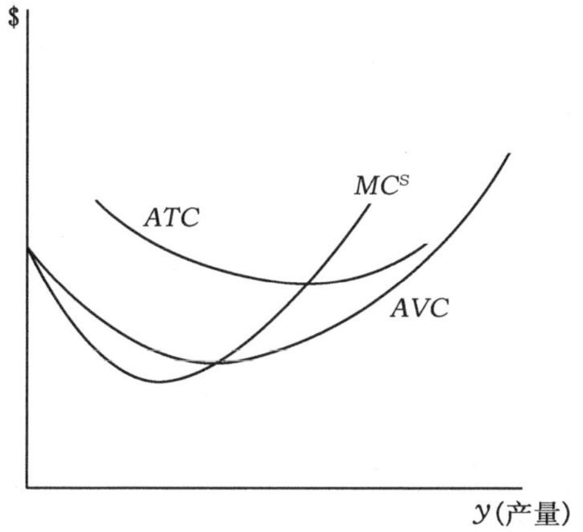

图10.3 短期中现实世界生产函数对应的边际成本曲线、平均变动成本曲线和平均总成本曲线。

在长期分析中,只存在一个平均成本概念,那就是总成本除以产量 y。在短期,我们有两个平均成本概念,其中一个概念涉及企业的固定成本,另一个概念则排除了固定成本。前者被称为**平均总成本**(average total cost,ATC),后者被称为

平均变动成本(average variable cost,AVC)。它们的正式定义分别是

$$ATC(y)=C^S(y)/y=(FC+VC(y))/y,$$

$$AVC(y)=VC(y)/y。$$

由于平均总成本包括 FC/y,平均变动成本中没有这一项,所以,$ATC(y)>AVC(y)$。由于我们只在短期分析中使用 $ATC(y)$ 和 $AVC(y)$ 两个概念,所以没有必要通过上标"S"明确它们是短期概念。

对应着投入品 1 的边际产出先递增后递减的特征,图 10.3 画出了边际成本曲线、平均变动成本曲线和平均总成本曲线。这便是"现实世界"短期成本函数所具有的特征。

在本节最后,我们想明确现实世界中长期总成本曲线和短期总成本曲线具有的一些特征。我们知道它们有类似的形状——首先是凹的然后是凸的。我们还知道每条短期成本曲线或者位于长期成本曲线上方或者与长期成本曲线重合。这是因为,无论给定的投入品 2 的数量 x_2^0 为多大,无论 y 为多大,和 x_2 保持在固定水平上相比,在 x_2 可自由调整时(就是说在长期中),生产产量 y 的成本更低,至少不会更高。如果对给定产量 y,x_2^0 恰好等于投入品 2 的长期成本最小化水平,则短期总成本曲线与长期总成本曲线相切。在其他一切情况中,短期总成本曲线更高。

对应现实世界的先凹后凸的生产技术,图 10.4 画出了长期成本曲线和两条短期成本曲线。一条短期成本曲线,标记为$C^S(y\,|\,x_2^0)$,以 x_2^0 为基础;另一条短期成本曲线,标记为$C^S(y\,|\,x_2^1)$,以更高数量的投入品 2 即 x_2^1 为基础。从图 10.4 中能看到,长期成本曲线位于短期成本曲线下方,并在某种意义上支持着短期曲线或者说"包"着短期曲线。由于这个原因,我们说长期成本曲线是短期成本曲线的**包络线**。(长期成本曲线是**所有**短期成本曲线的包络线,而不仅仅是图 10.4 中的两条短期成本曲线的包络线。)对应每条短期成本曲线,存在着一个产量 y,在这一产量上,长期成本与短期成本重合;在其他一切产量水平上,短期成本曲线位于长期成本曲线上方。

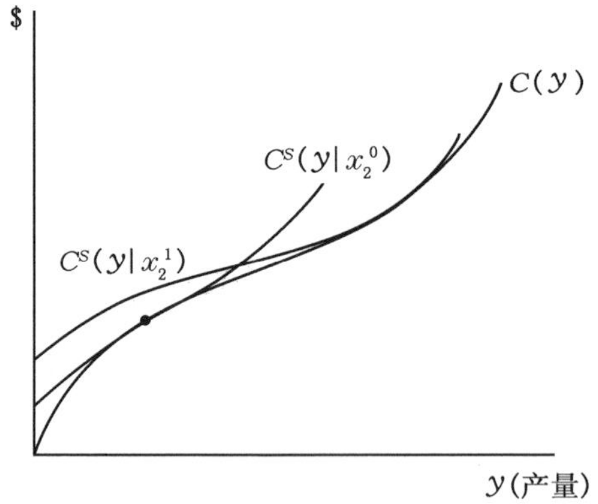

图 10.4　长期总成本曲线和短期总成本曲线

10.4 短期利润最大化

我们继续假定 x_2 固定为 x_2^0。对任意产量 y,企业选择在技术上有效率的 x_1,把 x_1 与 x_2^0 相结合,生产产量 y。前一节构造了短期总成本曲线 $C^S(y)$;图 10.3 对现实世界中的企业,画出了短期边际成本曲线、平均总成本曲线和平均变动成本曲线。这里要记住,$MC^S(y)$曲线、$ATC(y)$曲线和 $AVC(y)$曲线都依赖 x_2^0。

我们定义短期利润为

$$\pi^S(y)=py-C^S(y)。$$

因为 $C^S(y)=FC+VC(y)$,所以,

$$\pi^S(y)=py-FC-VC(y)。$$

在 $y=0$ 时,变动成本等于零。因此,在 $y=0$ 时,利润 $\pi^S(0)=-FC$。换句话说,在短期中,如果企业不生产,它就亏损,亏损额等于 FC。在短期中,如果生产导致亏损,只要亏损额小于 FC,企业就应该生产。换句话说,只要

$$\pi^S(y)=py-C^S(y)\geqslant -FC,$$

企业就生产。调整上式,得到 $py\geqslant C^S(y)-FC=VC(y)$。把这个结果的两边同除以 y,得到

$$p\geqslant \min AVC(y)。$$

就是说,在短期中,企业愿意亏损,只要亏损额不超过固定成本。换句话说,企业选择生产,只要产品价格大于或等于平均变动成本的最小值。

企业如果决定生产,它将选择最优产量 y。我们探讨它如何做出这一选择。它的利润为

$$\pi^S(y)=py-C^S(y)。$$

最大化问题的一阶条件为

$$\frac{\mathrm{d}\pi^S(y)}{\mathrm{d}y}=p-\frac{\mathrm{d}\,C^S(y)}{\mathrm{d}y}=p-MC^S(y)=0。$$

我们于是得到

$$p=MC^S(y),$$

或者说,价格等于边际成本。这一条件与第八章单投入品模型中得到的条件和第九章长期多投入品模型中得到的条件十分类似,只是这里的边际成本函数指的是 x_2 固定为 x_2^0 时的短期边际成本。

利润最大化的二阶条件为

$$\frac{\mathrm{d}^2\pi^S(y)}{\mathrm{d}y^2}=\frac{\mathrm{d}(p-MC^S(y))}{\mathrm{d}y}\leqslant 0,$$

就是说,

$$\frac{\mathrm{d}\,MC^S(y)}{\mathrm{d}y}\geqslant 0。$$

简言之,在利润最大化产量上,价格等于短期边际成本,并且,短期边际成本上升(或者,至少不下降)。这一结论类似前面见过的一些结论,只是这里探讨的是短期

问题，投入品 2 的数量固定为 x_2^0。

图 10.5 以图 10.3 为基础，画出了利润最大化企业的短期供给曲线，同时还给出了其他信息。从图 10.5 上看，当 $p<p_1$ 时，价格低于平均变动成本曲线的最低点，企业停产(损失 FC)。当市场价格 p 位于 p_1 和 p_2 之间时，企业生产，收回部分固定成本，但是，利润为负或等于零。(如果 $p=p_1$，企业的损失为 FC；如果 $p_2>p>p_1$，企业的损失小于 FC；如果 $p=p_2$，企业的损失为零。)当 $p>p_2$ 时，企业赚钱：它能收回所有成本，包括固定成本，它有正利润。我们可以用图 9.10 中的方法在图 10.5 中找到企业的利润。

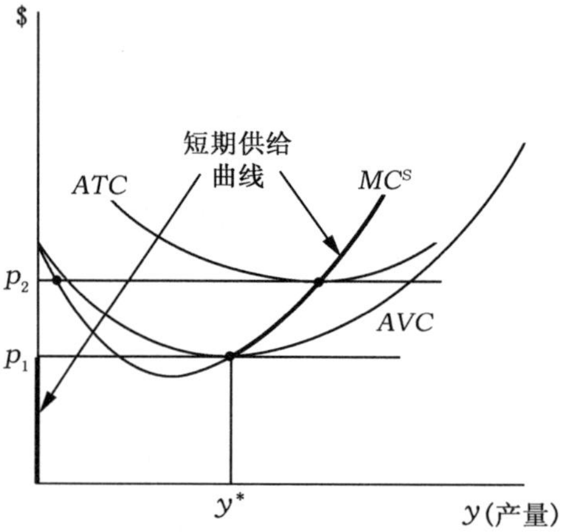

图 10.5　竞争性企业的短期供给曲线。当 $p<\min AVC$ 时，供给量为零。当 $p=p_1=\min AVC$ 时，供给量跳跃到 y^*。当 $p>p_1=\min AVC$ 时，供给曲线与 MC^S 曲线重合。

我们可以以这种方式描述利润最大化企业的供给决策：当市场价格低于平均变动成本的最低点时，企业的供给量为零。当价格高于这一水平时，企业的供给曲线为 $MC^S(y)$ 曲线向上倾斜的部分。给定市场价格 p，企业通过求解使价格等于短期边际成本的产量 y^* 而最大化利润——只要在这一产量水平上，短期边际成本递增，价格高于或等于平均变动成本曲线的最低点。

10.5　例　题

问题

我们看柯布—道格拉斯生产函数

$$y=f(x_1,x_2)=x_1^{1/2}x_2^{1/2}。$$

设投入品价格分别为 $w_1=1$ 和 $w_2=2$。在短期中，投入品 2 的数量固定为 $x_2^0=9$。设产品价格为 $p=2$。

(a)求解短期生产函数 $f(x_1,x_2^0)$、短期平均产出函数和短期边际产出函数。

(b)求解固定成本 FC、变动成本函数 $VC(y)$、平均变动成本函数 $AVC(y)$ 和短期总成本函数 $C^S(y)$。

(c)求解短期边际成本MC^S、利润最大化产量水平和企业的短期利润。企业的利润为正还是为负?

答案

(a)要得到短期生产函数,我们只需用常数 $x_2^0=9$ 替换变量 x_2,得到短期生产函数

$$f(x_1,x_2^0)=3x_1^{1/2}。$$

要得到短期平均产出,我们把 $f(x_1,x_2^0)$除以 x_2^0,得到

$$AP(x_1)=\frac{3x_1^{1/2}}{x_1}=3x_1^{-1/2}。$$

把短期生产函数求导,我们便得到短期边际产出:

$$MP(x_1)=\frac{\mathrm{d}(3x_1^{1/2})}{\mathrm{d}x_1}=\frac{3}{2}x_1^{-1/2}。$$

(在这里,我们用符号 d 而不是∂表示导数。)

(b)固定成本为 $FC=w_2x_2^0=2\times9=18$。为找到变动成本函数,我们需要用到反生产函数。短期生产函数为 $y=f(x_1,x_2^0)=3x_1^{1/2}$,它的反函数为 $x_1(y)=y^2/9$。变动成本函数为

$$VC(y)=w_1x_1(y)=1\times\frac{y^2}{9}=\frac{y^2}{9}。$$

平均变动成本为 $VC(y)/y$,我们得到

$$AVC(y)=(y^2/9)/y=\frac{y}{9}。$$

短期总成本为

$$C^S(y)=FC+VC(y)=18+\frac{y^2}{9}。$$

(c)要得到短期边际成本,我们把短期成本函数$C^S(y)$求导,得到

$$MC^S(y)=\frac{\mathrm{d}(18+y^2/9)}{\mathrm{d}x}=\frac{2y}{9}。$$

在这里,短期边际成本始终是 y 的增函数。要找到短期利润最大化产量水平 y^*,我们让$MC^S(y)=2y/9=p=2$。求解这个方程,得到 $y^*=9$。我们现在验证价格是否大于或等于平均变动成本。$p=2\geqslant AVC(y^*)=y^*/9=9/9=1$。就是说,价格大于平均变动成本。企业的利润为

$$\pi^S(y^*)=py^*-C^S(y^*)=2\times9-(18+9^2/9)=18-(18+9)=-9。$$

企业的利润为负。在短期中,这种情况会发生,因为如果企业不生产,它的利润就为 $\pi^S(0)=-FC=-18$。

习 题

1.设 $f(x_1,x_2)=(243+\frac{1}{3}(x_1-9)^3)x_2$。

(a)求 $AP(x_1|1)$和 $MP(x_1|1)$。(投入品 1 是可变投入品,投入品 2 的数量

固定为 $x_2^0=1$。)

(b)求 $AP(x_2|x_1^0)$ 和 $MP(x_2|x_1^0)$。(投入品 2 是可变投入品,投入品 1 的数量固定。)

(c)从前两题的答案中,你能看出这两种投入品在这一技术中起到的不同作用吗?

2.一个利润最大化企业有收益递减生产函数 $f(x_1,x_2)$,投入品 2 的数量固定为 x_2^0。解释:在以下每种情况中,它对投入品 1 的条件要素需求 x_1^* 和利润 π 如何变化?

(a)投入品 1 的价格 w_1 上升。

(b)投入品 2 的价格 w_2 下降。

(c)产品价格 p 上升。

3.这里使用第九章习题 3 中的生产函数 $y=x_1^{1/4}x_2^{1/4}$。两种投入品的价格分别为 $w_1=1$ 和 $w_2=2$。假设投入品 2 的数量固定为 1 件。企业必须负担这件投入品的成本,但是无法增加或减少投入品 2 的数量。

(a)求解短期成本函数$C^S(y)$。

(b)给定这一约束条件,证明企业的供给曲线为 $y^*(p)=(\frac{p}{4})^{1/3}$。

4.设生产函数为 $y=LK/10$,其中,L 为劳动力,K 为资本品。(见第九章习题 4。)要素价格分别为 $w_L=10$ 和 $w_K=100$。资本品 K 的数量固定为 1 个单位。

(a)推导短期成本函数$C^S(y)$。

(b)推导并画出平均总成本函数 $AVC(y)$、平均变动成本函数 $AVC(y)$ 和短期边际成本函数$MC^S(y)$。企业的短期供给曲线是什么?(为简化分析,设 $y>0$。)

5.一个面包师烘焙面包。他的短期成本函数为$C^S(y)=100+10y-2y^2+3y^3$,其中 y 是面包数量。

(a)推导并画出他的平均总成本曲线、平均变动成本曲线和边际成本曲线。

(b)他的短期供给曲线是什么?

6.解释利润最大化企业为什么会选择生产,即使生产给它带来负利润。

第三部分

局部均衡分析:市场结构

第十一章
完全竞争市场

11.1 导 论

本章把购买商品的消费者与出售商品的企业放在一起分析。我们首先介绍完全竞争概念的含义:所有消费者和企业都接受价格、产品同质、完全信息且在长期中企业可自由进出行业。我们将推导短期和长期行业供给曲线。在所有消费者的行为被加总为行业需求曲线和所有企业的行为被加总为行业供给曲线之后,我们讨论超额需求和超额供给,然后探讨竞争市场均衡。

我们探讨市场均衡的福利特征。我们首先对单个企业定义**生产者剩余**,然后对市场上所有企业定义**生产者们剩余**。我们将证明竞争市场均衡使社会剩余达到最大,即最大化消费者们剩余与生产者们剩余之和。我们最后分析对市场上出售的商品征从量税时导致的**净损失**或者说导致的社会剩余上的损失。

我们将使用第四章中的市场需求曲线概念和第七章中的消费者们剩余概念。我们将发展第七章中的福利经济学分析,只是在这里,我们同时关注商品消费者和生产者的福利。

11.2 完全竞争

第八章到第十章探讨了竞争企业。我们说一个企业是竞争企业,如果它接受价格,或者说,无法控制价格。一个市场是竞争市场,如果这一市场上的所有主体(所有的买方和卖方)都接受价格,或者说,无法控制价格。

竞争市场概念是经济学的基本概念,当然了,它描述的是种理想状态,现实世界常常达不到这一状态。但探讨理想状态常能产生有用的结论,即使现实世界并非如此。科学家分析物体在真空中的坠落运动,尽管在地球表面并不存在真正的真空。如果牛顿必须把空气和其他摩擦产生的影响反映到方程中,他的运动定律还会产生吗?我们首先简短描述导致竞争市场结构的一系列特征,说明竞争市场假定的合理性。完全竞争市场一般具有如下特征:

1.价格接受行为。相对于整个市场,每个企业都很小,以至于无论每个企业销售的产品数量为多少，都不影响市场价格。小麦、谷物、煤油、原油、黄金和白银等商品的供应商一般都很小，它们的行为不影响世界市场价格。（但埃克森—美孚公司的决策影响石油价格；德州汉特兄弟曾试图操纵白银的世界市场价格）与价格接受行为相反的是完全垄断企业的行为。完全垄断企业是一种商品的唯一的供应商。例如，专利药品没有或几乎没有高度替代品。专利药品的生产企业清楚地知道，如果规定很低的产品价格，自己就能出售很多产品；如果规定很高的产品价格，自己所销售的产品数量就会下降。它知道自己面对着向下倾斜的需求曲线，它寻找最大化利润的价格/数量组合，而不把价格视为常量和在给定价格下求解使利润最大的产品数量。

2.同质产品。每个企业生产的商品都与其他企业生产的商品完全相同。例如，种植二号玉米或冬小麦的农民所出售的产品，与成千上万个农民出售的产品没有任何区别。如果你的产品与成百上千或成千上万家企业的产品完全相同，你就不太可能影响价格；如果你的玉米售价比其他人售价高，哪怕高一分钱，你可能就无法卖掉任何数量的玉米。另一方面，可口可乐公司的可乐与百事可乐公司的可乐有差别。可口可乐公司因此能改变它的产品价格同时还能销售很多产品。可口可乐公司因此寻找使利润最大的价格/产量组合而不视价格为常量。

3.完全信息。标准经济学模型假定市场上每个买方和卖方都拥有关于所有有关事实的完全信息。所有买方和卖方都知道所买卖的商品的市场价格和商品本身的特征。这个假定在劳动力市场上可能不成立，因为工人们知道自己的劳动生产率，但雇用工人的企业可能不拥有这一信息。

4.在长期，企业可以自由进出行业。第九章和第十章的企业理论部分区分了短期和长期。在短期，企业无法改变某些投入品的数量；在长期，企业能够自由改变所有投入品的数量。这意味着短期成本函数包含固定项和变动项；长期成本函数中没有固定项。生产零件产品的长期成本为零，但短期成本大于零。

本章对短期和长期的界定不同于企业理论，与企业是否有时间改变投入品 2 的数量没有关系。我们看的是生产同一种商品的行业的结构。我们知道在现实世界中，企业进入或退出行业，并且，企业需要花时间才能进入或退出行业。完全竞争市场的特征是，给定足够长的时间，企业能以几乎可忽略的成本进入和退出市场。就是说，在企业创造正利润的竞争行业中，不存在任何进入壁垒能保证这些利润。在企业亏损的竞争行业中，企业退出。就本章目的而言，当我们谈论生产同种商品的行业时，短期指的是一段足够短的时期，在这段时期，企业无法进入或退出行业；长期指的是一段足够长的时期，在这段时期，企业能够自由进入或退出行业。

我们看个例子。在炎热夏天，一个孩子在居民小区支起摊位论杯销售柠檬汁。在母亲的帮助下，这个孩子用 20 分钟时间在道边放好桌子，又用 10 分钟时间把柠檬汁和杯子摆放好。在这个例子中，短期大约为 30 分钟；一两个小时就构成长期。我们再看个例子：一家电力公司在美国建核电厂。在这个例子中，短期可能为 10 年，长期可能为 50 年。当然了，就核电厂而言，进入或退出这个行业的时期长度可能还决定于政府政策。

总之，在长期，当企业有足够多的时间进入或退出行业时，行业中的企业更可能是竞争企业,它们只能接受价格。对制药企业,短期可能是药品配方的专利保护期,长期则指超过专利寿命的时期。在长期,拥有某种药品的制药企业面临来自仿制药的竞争,企业更可能接受市场价格。

11.3 市场/行业供给

我们首先推导**短期行业供给曲线**。在本章,"短期",指的是行业中企业数量保持固定的时期;企业没有足够多时间进入或退出行业。在这里,"短期"并不意味着企业没有足够时间改变投入品数量。为简化分析,这里用平均成本曲线($AC(y)$)和边际成本曲线($MC(y)$)作为分析工具,而不使用前一章中的(短期)平均变动成本曲线($AVC(y)$)和短期边际成本曲线($MC^S(y)$)等概念。

那么,如何找到行业供给曲线呢?在短期,企业数量保持不变,所以,答案很简单。我们只需把行业中所有企业的供给曲线相加,或者说,对每个价格 p,我们把所有企业想供给的产量加到一起。换句话说,我们把各个企业的供给曲线水平加总。我们看几个例子。

例 1 两个企业有不同的成本曲线

图 11.1 包含三幅图:第一幅图描述企业 1;第二幅图描述企业 2;第三幅图描述市场。我们用 y_1 和 y_2 表示企业 1 和企业 2 的产量。在企业 1 的图上,我们画出了它的边际成本曲线MC_1 和平均成本曲线AC_1。在穿过 p_1 的水平线上,边际成本曲线穿过平均成本曲线最低点。在低于 p_1 的价格水平上,企业愿意提供的产量为零。在等于或高于 p_1 的价格水平上,企业 1 愿意提供的产量由MC_1 确定。企业 1 的供给曲线为图中粗线部分。在企业 2 的图上,在穿过 p_2 的水平线上,企业 2 的边际成本曲线穿过平均成本曲线最低点。在市场的图上,两个企业的供给曲线被水平加总,市场需求曲线为 $y=y_1+y_2$。

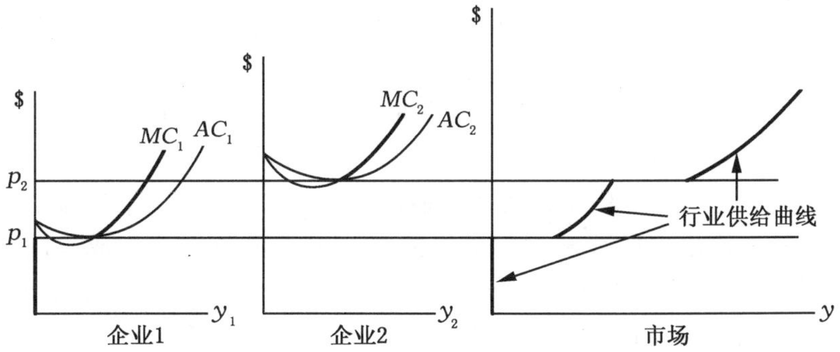

图 11.1 短期行业供给曲线:行业中只有两个企业

我们看到,在价格 p_1 上,行业供给曲线不连续;在价格 p_2 上,行业供给曲线也不连续。就是说,在这两个价格上,市场供给量跳跃。当然,当行业中有许多个相似的企业时,市场供给曲线在其中一个企业开始生产正的产量时所发生的跳跃可以忽略不计。

例 2 行业由大量相同的企业构成

假设每个企业平均成本曲线的最低点都位于穿过 p^* 的水平线上。如果市场价格 $p<p^*$，则所有企业的供给量都为零。如果 $p\geqslant p^*$，则每个企业都利用自己的边际成本曲线确定自己的供给量。设行业中有 100 家企业。图 11.2 左边的图画出了企业 i 的边际成本曲线(MC_i)和平均成本曲线(AC_i)。企业 i 的供给曲线为图中粗线。由于各个企业完全相同，我们可以用 $y_i(p)=y^*(p)$表示第 i 个企业的供给曲线。图 11.2 中右边的图为市场供给曲线。当 $p<p^*$ 时，市场供给量等于零。当 $p\geqslant p^*$ 时，市场供给量为 $y=\sum_{i=1}^{100}y_i(p)=100y^*(p)$。

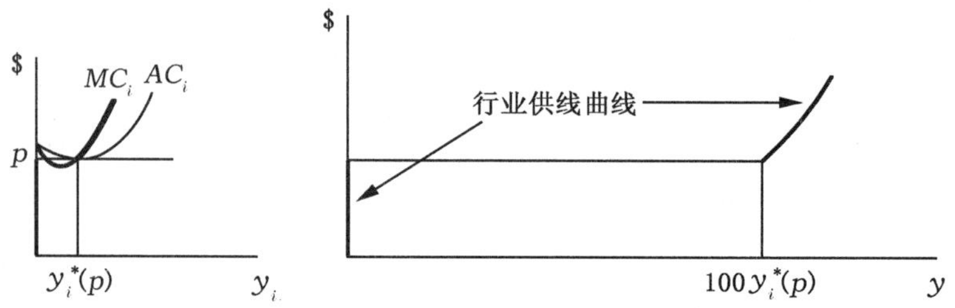

图 11.2 (企业完全相同时的)短期行业供给曲线

第 11.2 节说过，企业理论中的长期/短期之间的区别不同于竞争市场理论中的区别。在企业理论中，短期意味着一种或多种投入品数量保持不变；在竞争市场理论中，短期意味着市场上企业数量保持不变。如果这两种情况中的时期界定相吻合，就是说"短期"不仅意味着在每个企业中某些投入品数量固定而且意味着市场上的企业数量固定，则在图 11.1 和图 11.2 上，我们可以用 AVC_i 代替 AC_i，用 MC_i^S 代替 MC_i。

长期行业供给曲线的推导有些复杂，因为在竞争市场理论中，"长期"意味着行业中企业的数量和企业的身份不固定。在长期，在竞争市场上，企业可自由进入和退出。当市场上的企业有正利润时，其他企业进入市场；当市场上的企业亏损时，它们离开市场。就是说，市场上的企业数量会变化：当市场上的企业创造正利润时，企业数量增加；当市场上的企业亏损时，企业数量下降。

现在假定无论是行业内企业还是可能进入行业中的企业，有不同的生产技术，因此有不同的平均成本曲线和边际成本曲线。每个企业的平均成本曲线有最低点，这些最低点因企业而不同。设 p^* 是所有平均成本曲线最低点中最小的一个。

在长期，企业进入和退出行业。如果市场价格低于某个企业平均成本曲线最低点，换句话说，如果这个企业的利润为负，它将离开这个行业。如果市场价格等于或高于某个企业平均成本曲线的最低点，就是说，如果它的利润等于或大于零，它将留在行业中。

假设市场价格低于 p^*。此时，所有生产这种商品的企业都退出行业，市场供给量为零。假设市场价格等于 p^*。此时，最低平均成本等于 p^* 的企业留在行业中，在它(它们)所选择的产量水平上，平均成本等于其最小平均成本。这个(这些)

企业实现零利润。假设市场价格为 $p>p^*$，则最小平均成本等于 p^* 的企业留在行业中，实现正利润。最低平均成本高于 p^* 但不超过 p 的企业也留在行业中，实现正利润(或者说，至少实现零利润)。留在市场上的企业所选择的产量水平都使自己的边际成本等于价格 p。我们于是得到了向上倾斜的市场供给曲线。在供给量大于零的最低价格上，即在 p^* 上，只有最低平均成本等于 p^* 的企业在生产。随着价格上升，行业内的企业生产更多产品。随着价格不断上升，又一个企业，即有次低最小平均成本的企业，进入市场。这将使供给量上个台阶。然后，又有企业进入市场，供给量又上个台阶。如果相对于市场规模，每个企业都很小，则这些台阶很小；如果相对于市场规模，每个企业都较大，则这些台阶很大。在图 11.3 中，我们依照上述逻辑画出了一条市场供给曲线。

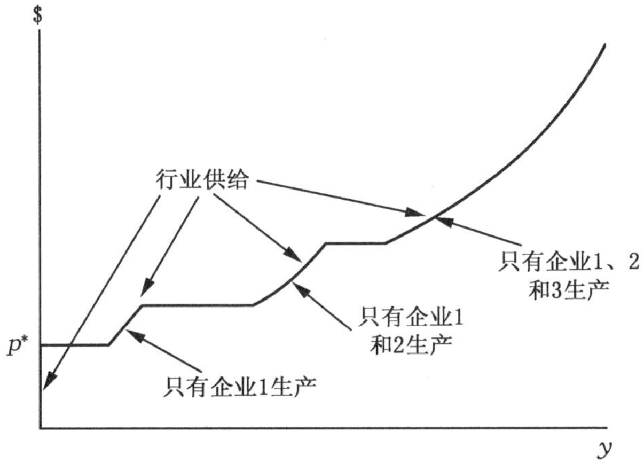

图 11.3 长期行业供给曲线：行业由三个有不同成本曲线的企业构成

图 11.3 中向上倾斜的长期市场供给曲线之所以有这种形态，是因为我们假定行业内的企业和可能进入这个行业的企业，有不同的平均成本曲线和边际成本曲线。我们还可以做其他假定。我们可以假定行业内的所有企业和所有可能进入行业的企业，有相同的平均成本曲线和边际成本曲线。就是说，它们都使用相同的技术并拥有相同的信息。在现实世界中，许多因素使企业彼此不同，这些因素包括专利权、版权与商标、不同的知识储备与不同的技术才能储备、不同的地点、不同的管理阶层和不同的发展历史等。现在假定企业之间没有这些区别。

在这一假定下，行业内所有的企业和所有可能进入行业的企业，有相同的成本曲线。它们有相同的最小平均成本，设为 p^*。在长期，当市场价格 $p<p^*$ 时，所有企业都离开行业。当市场价格 $p>p^*$ 时，每个企业都有正利润，越来越多的企业进入行业而没有企业数量上的限制。(设想你拥有一家企业，实现 X 元利润；你会再开设一家一模一样的企业，实现 $2X$ 元利润；然后再开设一家一模一样的企业，实现 $3X$ 元利润，如此等等。)因此，在长期，在市场价格 $p>p^*$ 上，市场供给量没有上限或者说为正无穷大。而在市场价格为 p^* 时，市场供给量可以为任意数量——具体数量取决于继续留在行业里(赚取零利润)的企业的数量。简言之，当市场上有许多家完全相同的企业，如果每家企业的最小平均成本等于 p^*，则市场供给曲线为穿过 p^* 的水平线。

在长期，当市场价格等于 p^* 时，行业中每个在继续生产的企业所选择的产量使自己的边际成本等于自己的平均成本且等于 p^*。每个企业都实现零利润。(零利润并不意味着资本回报率为零，因为零利润企业依然可以向股东支付红利和向债主支付利息。)产品价格等于产品的边际成本(在边际意义上，企业没有利润。这正是利润最大化的结论)，并且等于生产这一产量的平均成本(企业完全没有利润)。就是说，在这种长期完全竞争市场上，无进入壁垒的假定清除了一切正经济利润。在图 11.4 左面的图中，我们画出了典型企业的平均成本曲线和边际成本曲线即它的供给曲线。在右面的图中，我们画出了市场供给曲线。

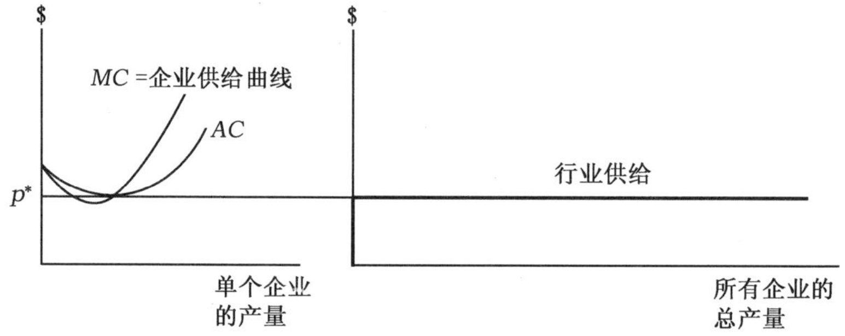

图 11.4　长期行业供给曲线：所有企业完全相同

11.4　竞争市场均衡

在竞争市场上，有很多买方和卖方，他们在市场价格上购买或出售商品。每个买方都是效用最大化消费者，他们对商品的个人需求被加总为市场需求曲线，我们称其为 $D(p)$。每个卖方都是利润最大化企业，他们销售的商品数量被加总为市场供给曲线，我们称其为 $S(p)$。换句话说，给定价格 p，$D(p)$ 为所有消费者购买的商品总量，$S(p)$ 为所有企业销售的商品总量。

如果总需求量大于总供给量，或者说，如果 $D(p)>S(p)$，则一些消费者无法买到在市场价格上自己想购买的数量。他们失望、郁闷和不高兴。这种情况被称为**超额需求**。在存在超额需求的市场上，失望的买方会抬高价格购买自己想买的商品，卖方看到有些买方没有得到想买的商品，会提高产品销售价格。

如果总需求量小于总供给量，或者说，如果 $D(p)<S(p)$，一些卖方将无法卖掉在市场价格上自己想出售的商品数量。他们失望、郁闷和不高兴。这种情况被称为**超额供给**。在存在超额供给的市场上，失望的卖方会压低价格卖掉手中的商品，买方看到有些卖方没有卖掉手中的商品，会以折扣价购买商品。

如果总需求量等于总供给量，或者说，如果 $D(p)=S(p)$，则所有卖方想出售的商品数量正好等于所有买方想购买的商品数量。市场上的每个主体都能如自己计划的那样买到或卖掉商品。我们称这种情况为**市场出清**。在这种状态中，市场上没有失望的买方或卖方，没有人有动机提高或降低价格。这种状态被称为**市场均衡**。

我们得到了短期（企业没有足够时间进入或退出时）或长期市场均衡。图 11.5 画出了短期均衡，其中的市场供给曲线 $S(p)$ 向上倾斜。这幅图没有包含供给量阶梯变化的情况——当不同企业开始供应正数量商品时所发生的那种阶梯变化。在图 11.5 中，均衡价格等于 p^*，均衡数量（供给量和需求量）等于 y^*。在低于 p^* 的价格 p_1 上，存在超额需求；在高于 p^* 的价格 p_2 上，存在超额供给。

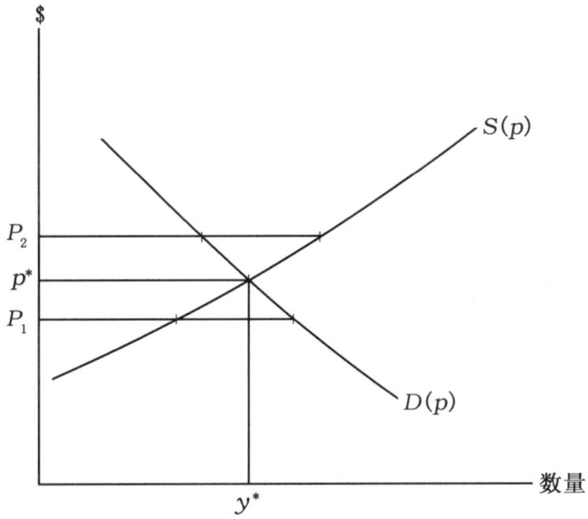

图 11.5　短期竞争均衡：均衡价格为 p^*，均衡数量为 y^*

我们现在探讨一种特殊情况中的长期均衡。假定已在行业中或可能进入行业中的所有企业有相同的平均成本曲线和边际成本曲线，并且，最低平均成本都为 p^*。图 11.4 指出，长期行业供给曲线为穿过 p^* 的水平线。图 11.6 画出了市场均衡。这里要看到，如果市场价格不等于 p^*，则市场不可能达到均衡。在 $p<p^*$ 时，存在超额需求；在 $p>p^*$ 时，存在超额供给。在这两种情况中，或者消费者想购买的数量超过企业愿意提供的数量，或者企业有商品没有卖掉。

在长期，在竞争行业中，当所有企业完全相同时，商品价格由技术因素决定。在每个企业所选择的产量水平上，平均成本最小且等于 p^*，每个企业都实现零利润。需求决定所销售的产品数量并因此决定行业中的企业数量。（这里有个问题：在现实世界中，企业数量应该为整数。但是，当市场均衡数量很大从而使得市场上有许多家企业时，这一问题并不重要。感兴趣的读者可以自己探讨在均衡状态上只存在少数几家企业时的情况。）

11.5　竞争均衡和社会剩余最大化

第七章讨论了消费者剩余和消费者们剩余两个概念。如果消费者能以价格 p 购买某种商品，则在某些条件下，他得到的收益可以用需求曲线下方和穿过 p 点的水平线上方的区域的面积衡量。如果消费者只购买一件商品，则他得到的剩余

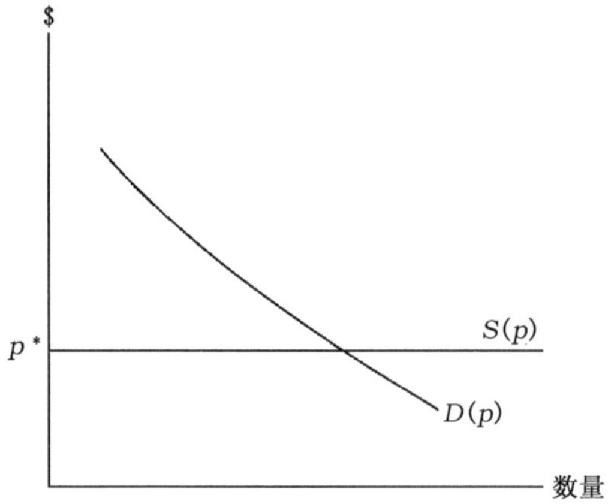

图 11.6　长期竞争均衡：所有企业完全相同，均衡价格为 p^*

很容易理解：它等于他对这件商品的（最大）支付意愿减去他实际支付的价格。如果他购买多件商品，我们可以逐件计算支付意愿与价格之间的差，再把这些差相加。以此方法得到的结果意味着他的消费者剩余是需求曲线下方和价格 p 上方区域的面积。第七章说过，在拟线性偏好下，我们能精确计算出各个消费者的消费者剩余，并能把它们加总为消费者们剩余。我们于是可以用消费者们剩余概念衡量并用货币表示在市场上以价格 p 购买商品的所有消费者获得的全部净收益。不严格地说，它等于全体消费者对所消费的所有商品的全部支付意愿减去他们实际发生的支出。对市场上的全部消费者，我们从市场需求曲线入手，计算市场需求曲线下方和穿过价格 p 的水平线上方从数量零到数量 $D(p)$ 的区域的面积。$D(p)$ 是价格 p 上的市场需求量。

我们也能用类似方法算出在市场上以市场价格 p 出售商品的所有卖方获得的总收益。商品生产企业用货币利润计算自己获得的收益。我们可以把企业 i 和企业 j 的收益直接相加而不会遇到概念上的问题，即不存在把消费者 i 和 j 的收益相加时遇到的那类问题。消费者 i 和 j 的效用不可比较。

对以市场价格 p 生产和销售商品的企业或所有的企业，我们现在介绍如何衡量它或它们所得到的收益。这里的计算方法以利润概念为基础，或者更准确地说，主要以利润概念为基础。我们说“主要”，是因为我们希望得到的概念能够在市场供给曲线和市场需求曲线图上表示出来。我们知道，市场供给曲线是各个企业供给曲线的水平加总，我们还知道对单个企业，供给曲线是它的边际成本曲线在其平均成本曲线最低点上方的部分。我们在用图形表示一个企业的成本和利润时，使用边际成本曲线下方区域的面积。以这种方式，我们能把利润与市场供给曲线联系起来。

在计算过程中，首先要看到，对企业 i，如果它的产量为 y_i，则利润为

$$\pi_i = 收入 - 成本 = py_i - C_i(y_i)。$$

企业 i 的边际成本曲线下方区域的面积为

$$\int_0^{y_i} MC_i(y_i)\mathrm{d}y = C_i(y_i) - C_i(0),$$

其中，$C_i(0)$是企业 i 的固定成本。企业 i 的利润于是为

$$\pi_i = py_i - \int_0^{y_i} MC_i(y_i)\mathrm{d}y - C_i(0)。$$

我们把企业 i 的生产者剩余定义为

$$PS_i = py_i - \int_0^{y_i} MC_i(y_i)\mathrm{d}y。$$

于是，

$$\pi_i = PS_i - C_i(0)，或者说，PS_i = \pi_i + C_i(0)。$$

那么，在图上，生产者剩余是个什么样的概念呢？生产者剩余等于收入 py_i 减去企业边际成本曲线下方从零到 y_i 的区域的面积。收入为高度等于 p 的水平线下方从零到 y_i 的区域的面积。生产者剩余于是为穿过 p 点的水平线下方和边际成本曲线上方从零到 y_i 的区域的面积。我们用这个面积表示企业 i 得到的收益。它等于企业 i 的利润加一个常数，这个常数是企业 i 的固定成本，即企业 i 在产量为零时的成本。如果$C_i(0)=0$，则生产者剩余等于利润。这是企业在长期中的情况，即当它能够改变所有投入品的数量时的情况。因为在长期中，当企业产量为零时，企业所使用的所有投入品数量都等于零。

图 11.7 假定企业 i 的边际成本曲线$MC_i(y_i)$为穿过原点的直线，画出了这种情况下企业的生产者剩余。图 11.7 中，长方形的面积 py_i^* 为企业收入，边际成本曲线下方区域的面积等于产量为 y_i^* 时的成本减去产量为零时的成本。生产者剩余为高度等于 p 的水平线下方和边际成本曲线上方区域的面积。它等于利润加常数$C_i(0)$即企业 i 的固定成本。

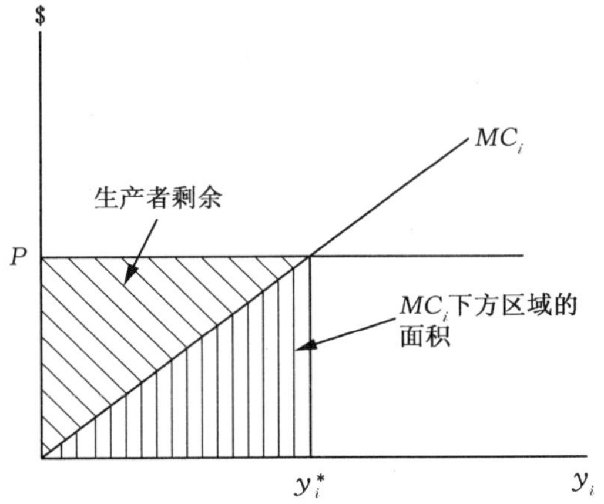

图 11.7　收入、生产者剩余和企业供给曲线下方区域的面积：边际成本曲线为穿过原点的直线

就现实世界的 U 型边际成本曲线而言，企业的供给曲线并不完全等于边际成本曲线；在平均成本等于边际成本的点的左方，供给量等于零；在这个点的右方，供给曲线与边际成本曲线重合（见图 11.1 和图 11.2）。这使得生产者剩余和利润之间的关系有些复杂，但没有改变它们之间的关系。我们将在习题中探讨这一点。

为从单个**生产者剩余**概念推导出**生产者们剩余**，我们看一个市场。在这个市

场上，所有企业都以市场价格 p 出售商品。把各个企业的供给曲线即边际成本曲线水平加总，得到市场供给曲线 $S(p)$。对给定的价格 p，我们可以分别求出每个企业的生产者剩余，把它们相加。以此方法得到的结果，便是总利润加各个企业的常数项$C_i(0)$。我们也可以求出市场供给曲线，画出高度为 p 的水平线，把生产者们剩余定义为高度为 p 的水平线下方和市场供给曲线上方区域的面积。

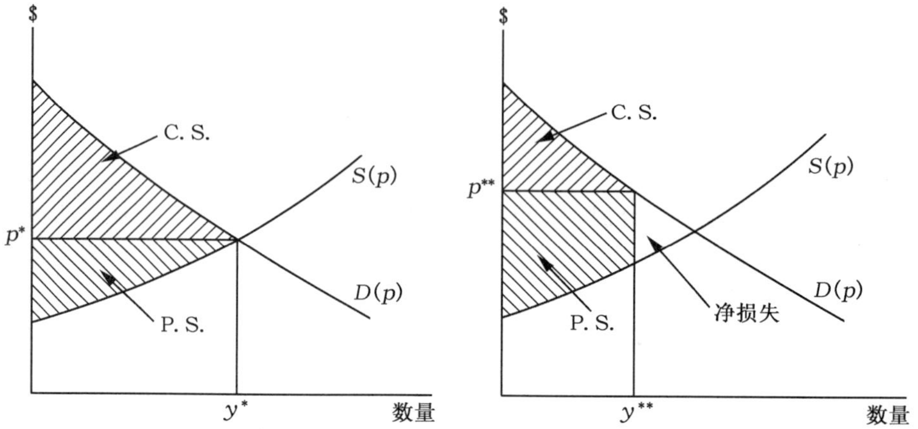

图 11.8　左边的图上画出了竞争均衡价格和数量、消费者们剩余和生产者们剩余。社会剩余为 *C.S.* 和 *P.S.* 之和。在右边的图上，价格高于均衡价格，导致净损失。

图 11.8 中包含两幅图，它们类似图 11.5：有条向下倾斜的市场需求曲线$D(p)$和向上倾斜的市场供给曲线 $S(p)$。在左边图上，市场价格为 p^*，即均衡价格。在这个价格水平上，供给等于需求，市场上不存在失望的买方或卖方。消费者们剩余和生产者们剩余分别为图上两个斜划线区域的面积即 C.S.和 P.S.。在这个市场上，以价格 p^* 购买到商品并愿意支付更高价格的消费者们得到的总的净收益为 C.S.。所有企业得到的总的净收益为 P.S.，即所有生产者剩余的加总，或者不严格地说，等于总利润(如果不考虑其中的常数项即固定成本)。这两个区域面积之和为这一商品市场的存在给社会实现的全部净收益。它被称为**社会剩余**。

图 11.8 右边的图描述了另一种情况：当所有交易都在高于均衡水平的价格 p^{**} 上成交时，市场上所发生的情况。(例如，政府通过法律，禁止以低于 p^{**} 的价格买卖商品。)此时，实际销售的商品数量为 $y^{**}<y^*$，它等于这一非均衡价格上的供给量和需求量中小的那个数量。一些商品可能已生产出来但没有被卖掉(法律没有强迫消费者购买)。右边的图还画出了这种(非均衡)情况下的生产者们剩余和消费者们剩余。右边图上标记为生产者们剩余的部分可能高于实际的生产者们剩余：一些已被出售的商品的边际成本可能高于产量 y^{**} 所对应的 $S(p)$ 的高度。

这两幅图使用了相同的 $S(p)$ 和 $D(p)$ 曲线。从图 11.8 中可以看出，以消费者们剩余与生产者们剩余之和表示的社会总的净收益或者说社会剩余，在竞争均衡中更高(左图)。换句话说，市场如果在非均衡价格 p^{**} 上运转，则社会蒙受损失。右图明确了这一损失，它是需求曲线下方和供给曲线上方从 y^{**} 到 y^{*} 的三角形的面积，这一三角形面积被称为**净损失三角形**或**损失三角形**。它可能小于实际损失，原因如前所述：图中标记为生产者们剩余的面积可能大于实际的生产者们剩余。

图 11.8 给出了一个重要结论：价格能够达到均衡水平并且买方和卖方能通过交易最大化各自的效用或利润的竞争市场，给整个社会带来最大净收益。价格无法达到均衡水平的市场，导致社会蒙受净损失。这便是自亚当·斯密以来，自由市场经济学家的立场：让市场自由运转，每个人只需最大化自己的利益而无需顾及其他人的福利，则最终实现的结果是对社会最好的结果。这一结论是自由市场经济学家提出的很多政策建议的理论基础。当然了，这个结论依赖于许多假定，其中一些假定是明确给出的，还有一些假定隐含其中。（明确给出的假定包括竞争行为假定和消费者效用函数具有拟线性特征假定。没有明确写出的假定包括所有买方和卖方拥有无限认知能力且都是理性的，不存在第十七章、第十八章和第二十章所描述的各种市场失灵，如外部性、公共品和不对称信息等。）

我们现在推导本节最后一个结论。如果消费者对一件商品的价值认定高于市场价格 p，如果他能再消费一件商品，则他从中受益。如果生产者能以低于市场价格 p 的成本再生产一件商品，如果它能售出这件商品，则它从中获得正利润。在自由竞争市场上，均衡价格将使具有潜在收益——生产者再生产一件商品的成本低于消费者愿意支付的价格——的所有交易都发生。在最终的“边际”交易上，支付意愿为 p^{*}，最后一件商品的边际成本也正好为 p^{*}。就是说，在所买卖的最后一件商品上，社会净收益等于零。所有具有正的净收益的交易都已发生。但是，如果市场价格被人为地固定在非均衡水平上，则存在一些潜在的交易，它们虽然能够给社会带来净收益，却无法发生。

11.6 从量税导致的净损失

在消费者理论部分，我们探讨了税收对消费者行为的一些影响。我们现在探讨税收如何影响市场均衡。我们使用消费者们剩余和生产者们剩余概念，分析从量税如何影响福利。

从量税的短期影响

假设在某种商品的交易市场上存在短期均衡。这里所谓的“短期”，意指行业中企业数量固定；企业没有足够时间进入和退出行业。设政府对这种商品征收从量税，税率为 t。

在政府开征某个税种时，有时候由买方纳税，有时候由卖方纳税。（有时候，买卖双方都纳税，各负责缴纳一半税收。美国的社会保障与医保税就具有这种结构）在买方交税时，卖方有时承担收税人职能，向买方收税，把税收上交给税务机构。在美国，州政府对本州商店出售的商品征收的州销售税就具有这种法律结构。有时，买方负责纳税，但卖方没有收税职能。各州对通过互联网出售的商品征收的销售税就具有这个特征。(在许多州,如果网上商店在本州没有实际营业设施,例如Amazon.com,网上购物的居民就必须直接向本州报告自己的购买行为并纳税。当然了,没人这么做。)

在本节,我们将看到,按法律规定有纳税义务的一方可能并不真正承担税负,即使交易双方严格遵守法律。由哪一方承担税负,取决于需求曲线和供给曲线的斜率,或者说,取决于需求曲线和供给曲线的弹性。本节最重要的结论是:从量税导致净损失。

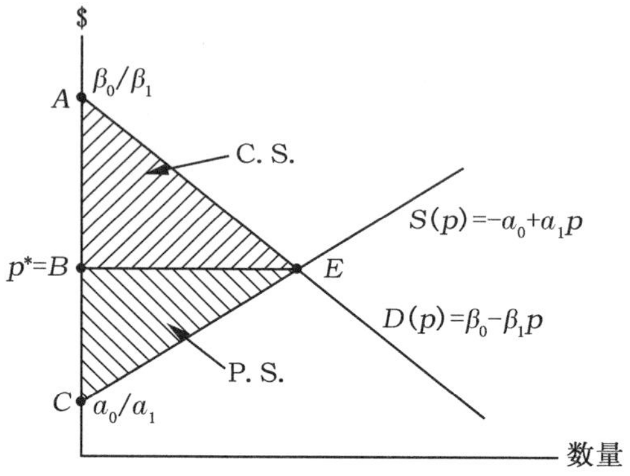

图 11.9　引入从量税之前的市场均衡、消费者们剩余和生产者们剩余

我们看图 11.9。图 11.9 画出了一条向上倾斜的供给曲线和一条向下倾斜的需求曲线,并标出了无税收时的市场均衡。为便利计算,我们使用线性供给曲线和需求曲线;供给函数为 $S(p)=-\alpha_0+\alpha_1 p$,需求函数为 $D(p)=\beta_0-\beta_1 p$。各个 α 项和 β 项都是正常数。市场均衡为 E 点,供给曲线和需求曲线在这个点相交;市场均衡价格为 $p^*=B$,市场均衡数量为 y^*。图 11.9 中标出了消费者们剩余 C.S. 和生产者们剩余 P.S.。社会剩余达到最大,不存在净损失三角形。这里要注意供给曲线和需求曲线在纵轴上的截距。要找到这两个截距,我们让 $S(p)$和 $D(p)$等于零,然后求解 p,便得到供给曲线的截距α_0/α_1 和需求曲线的截距β_0/β_1。

现在,政府征从量税,税率为 t。假设法律规定生产者纳税。如果生产者们以价格 p 出售一件商品,则它们实际得到的价格为 $p-t$,因为生产者要向政府纳税 t 元钱。结果,市场供给曲线移动;如果市场价格为 p,生产者所提供的产品数量为 $S(p)=-\alpha_0+\alpha_1(p-t)=-\alpha_0+\alpha_1 p-\alpha_1 t$。新的(征税后)供给曲线的斜率和初始(征税前)供给曲线的斜率相等,因为 $\mathrm{d}S(p)/\mathrm{d}p$ 依然等于α_1。换句话说,新供给曲线与初始供给曲线平行。新供给曲线比初始供给曲线更高,两者之间的距离为 t,因为和没有税收时相比,要让企业提供相同数量的商品,消费者得为每件商品多支付 t 元钱给企业。(确切地说,对于无税收时的供给曲线,纵轴截距为α_0/α_1。对于征税后的供给曲线,令 $S(p)=0$,求解 p,得到纵轴截距α_0/α_1+t)

图 11.10 描述了实行从量税后市场上发生的变化。图 11.10 画出了新的供给曲线,它与初始供给曲线平行,但位置更高,两者间距离为 t。图 11.10 中画出了新的消费者们剩余三角形,它小于初始无税收时的消费者们剩余三角形。图中画

出了新的生产者们剩余三角形,它小于初始无税收时的生产者们剩余三角形。就是说,税收使得消费者们和生产者们的情况都变得糟糕。但是,在这里,社会收益中多了个构成因素,即政府从税收中获得的收入。用货币衡量,税收等于长方形 $DFGH$ 的面积。综合所有构成因素,社会净收益现在等于消费者们剩余加生产者们剩余加政府收入。但是,征税后的社会净收益依然小于没有税收时的社会剩余,两者之间的差为净损失三角形 DEF。

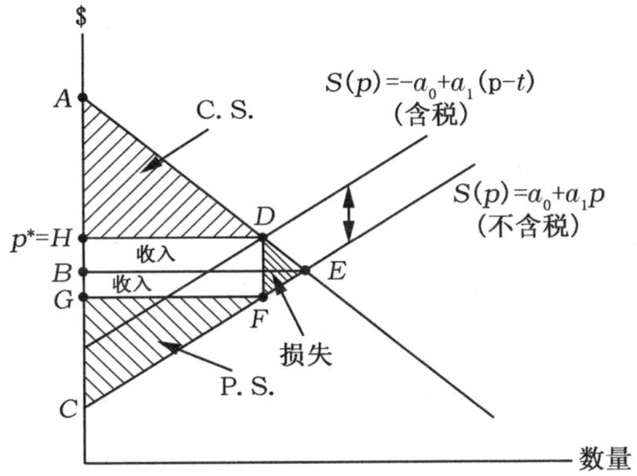

图 11.10 引入从量税后的市场均衡、消费者们剩余、生产者们剩余、政府收入和净损失

从量税造成净损失,因为它导致生产者从每件商品中得到的收入($p-t$)和消费者为每件商品支付的价格(p)之间出现差距。一些消费者对增加一件商品的价值认定高于 $p-t$ 但低于 p,一些生产者能够以高于 $p-t$ 但低于 p 的成本增产一件商品。遗憾的是,双方没有办法(合法地)进行这些有利于双方的交易。从量税的结果类似于图 11.8 右图中政府规定高于市场均衡水平的价格时出现的结果。在生产和消费停止之时,社会依然能够从生产和消费更多的商品中获益。

前面说过,即使由生产者承担纳税义务,税负实际上可能由生产者和消费者共同承担。多少税负由生产者实际承担和多少税负由消费者实际承担,决定于供给曲线和需求曲线的斜率。一般结论是,如果供给弹性大于需求弹性,则需求者(即消费者)承担更多税负;反之则相反。市场上缺乏弹性的一方承担更多税负。我们通过探讨长期中由同质企业构成的行业——在这种行业中,供给曲线水平,就是说,供给曲线具有无穷弹性——说明这一结论。

在行业由许多相同企业构成时,从量税的长期效应

我们现在看在由许多相同企业构成的行业中,从量税所具有的长期效应。假定企业可以自由进入和退出行业,行业内所有企业或可能进入到行业中的所有企业有相同的平均成本曲线和边际成本曲线。就是说,所有企业有相同的专利、相同的生产技术、相同的信息和相同的管理。它们有相同的平均成本曲线的最低点。在长期,行业供给曲线为水平线,价格等于平均成本曲线的最低点。供给弹性被定义为供应量的百分比变化除以价格的百分比变化。在供给曲线水平时,供给弹性

为正无穷大，或者说，有无穷弹性。对此的直观解释是：价格上微小的相对增长，导致供给量上无穷大的相对增长。

图 11.11 画出了在长期由许多相同企业构成的行业中，从量税所导致的后果。这里假定税率为 t，法律规定生产者纳税。图 11.11 类似于图 11.10，只是无税收供给曲线现在为水平线，它在纵轴上的截距等于 min AC，即各个企业平均成本曲线的最低点（见图 11.4）。在由企业缴纳从量税时，供给曲线为另一条水平线，它比无税收供给曲线高，两者间的距离为 t。

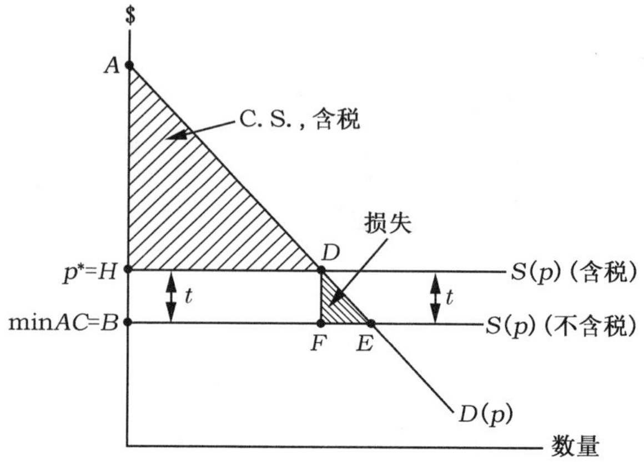

图 11.11　在由许多相同企业构成的行业中，从量税的长期效应。所有的税收和净损失都由消费者承担。

在图 11.11 中，我们看到，当供给曲线水平时，也就是说，当供给曲线具有无穷弹性时，从量税导致净损失三角形。这一点与一般情况中的结论相同。这幅图特有的结论是，即使在法律上由供应商品的企业承担纳税义务，实际上却是消费者承担全部税负。这是具有无穷弹性的供给曲线所导致的结果。

11.7　例　题

问题

商品 x 的市场需求为 $x^D = a - bp$，市场供给为 $x^S = cp$，其中，$a>0$、$b>0$、$c>0$。

(a)计算这个市场上的竞争均衡（即均衡价格和均衡数量）。计算消费者们剩余和生产者们剩余。

(b)政府对商品 x 征收从量税，税率为 t，政府规定卖方纳税。计算现在的竞争均衡和政府收入。

(c)计算新的消费者们剩余和生产者们剩余。

(d)在征税后，整个社会变得更好还是更差？好了多少或差了多少？

答案

(a)要找到初始竞争均衡，我们让供给等于需求，或者说，$x^S = x^D$，或者说，cp

$=a-bp$。竞争均衡价格因此为

$$p^{*}=\frac{a}{b+c}。$$

把上式代入供给函数或需求函数中，得到竞争均衡数量

$$x^{*}=cp^{*}=\frac{ac}{b+c}。$$

我们利用供给和需求曲线找到消费者们剩余和生产者们剩余；供给和需求曲线都是直线，所以，图形分析不是件难事，见图 11.12。我们利用图 11.12 回答(a)、(b)、(c)和(d)。这幅图类似于图 11.9 和图 11.10，只是符号有些不同。

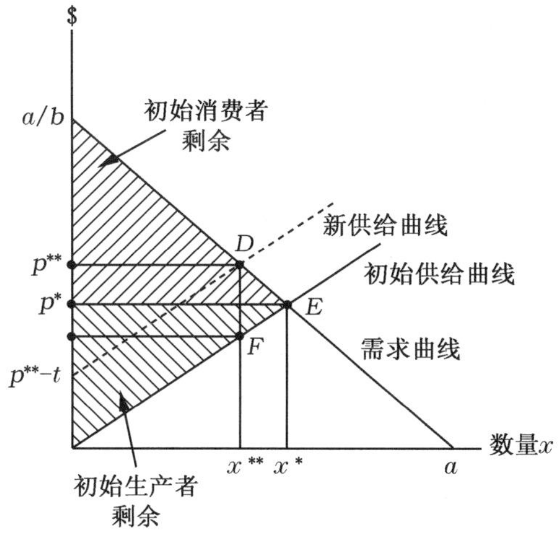

图 11.12　初始市场均衡、征收从量税 t 后的新的市场均衡、初始 C.S.、初始 P.S.和净损失三角形 DEF

在图 11.12 中，初始消费者们剩余为向上倾斜的斜画线标明的三角形区域的面积；生产者们剩余是向下倾斜的斜画线标明的三角形区域的面积。三角形面积等于底边乘以高度乘以 1/2，我们用 $x^{*}=ac/(b+c)$ 作为三角形底边边长。消费者们剩余三角形的高度为 $a/b-p^{*}=a/b-a/(b+c)$。于是，消费者们剩余为

$$CS=\frac{1}{2}\left(\frac{ac}{b+c}\right)\left(\frac{a}{b}-\frac{a}{b+c}\right)=\frac{1}{2}\left(\frac{ac}{b+c}\right)\left(\frac{ac}{b(b+c)}\right)=\frac{(ac)^{2}}{2b\,(b+c)^{2}};$$

生产者们剩余为

$$PS=\frac{1}{2}\left(\frac{ac}{b+c}\right)\left(\frac{a}{b+c}\right)=\frac{a^{2}c}{2\,(b+c)^{2}};$$

(b)现在卖方缴纳从量税，税率为 t。我们需要推导从量税下的供给曲线。在从量税实行前，供给曲线为 $x^{S}=cp$；企业现在得为每件商品支付税收 t，所以，从所出售的每件商品上，企业得到 $p-t$ 而不是 p。新供给函数为 $x^{S}=c(p-t)$，新的供给曲线为图 11.12 中的虚线。让供给等于需求，我们得到

$$c(p-t)=a-bp。$$

新的竞争均衡价格为

$$p^{**}=\frac{a+ct}{b+c}。$$

把这个结果代入供给函数或需求函数中，得到新的竞争均衡数量

$$x^{**}=c(p^{**}-t)=\frac{c(a+ct)}{b+c}-ct=\frac{ac-bct}{b+c}。$$

图 11.12 中标出了新的均衡价格 p^{**}、扣税后的新的均衡价格 $p^{**}-t$ 和新的均衡数量 x^{**}。这里要看到，新的价格大于初始税前价格，两者相差 $\Delta p^{**}=(a+ct)/(b+c)-a/(b+c)=ct/(b+c)$。消费者现在得支付更高价格，所以福利下降。生产者福利也下降；它们现在得到的单位价格为$(p^{**}-t)=(a+ct)/(b+c)-t=(a+bt)/(b+c)$。把这个价格与征税前它们得到的初始价格 p^{*} 相比较，生产者现在从每件商品上获得的收入下降 $bt/(b+c)$。现在，消费者支付的价格 p^{**} 高于生产者得到的(净)价格 $p^{**}-t$，两者之间的差等于 t。政府得到的税收收入为

$$tx^{**}=\frac{t(ac-bct)}{b+c}。$$

(c)要计算从量税下的消费者们剩余，我们只需找到相关的三角形，求出三角形的面积。新的消费者们剩余三角形的底边为 $x^{**}=(ac-bct)/(b+c)$，高度为 $a/b-p^{**}=a/b-(ac-bct)/(b+c)$。消费者们剩余因此为

$$新的\ CS=\frac{1}{2}(\frac{ac-bct}{b+c})(\frac{a}{b}-\frac{a+ct}{b+c})=\frac{1}{2}(\frac{ac-bct}{b+c})(\frac{ac-bct}{b(b+c)})=\frac{(ac-bct)^2}{2b\ (b+c)^2}；$$

生产者们剩余为

$$新的\ PS=\frac{1}{2}(\frac{ac-bct}{b+c})(\frac{a+ct}{b+c}-t)=\frac{1}{2}(\frac{ac-bct}{b+c})(\frac{a+bt}{b+c})=\frac{(a-bt)(ac-bct)}{2\ (b+c)^2}。$$

(d)我们现在把初始社会福利即 CS 与 PS 之和，与新的社会福利即新的 CS、新的 PS 与政府收入之和，进行比较。这需要很多代数运算！我们直接用图 11.12 进行分析。社会福利下降，下降幅度等于净损失三角形 DEF。我们用 DE 作底边，用 $x^{*}-x^{**}$ 作高度，计算这个三角形的面积，得到税收造成的社会损失：

$$福利损失=\frac{1}{2}t(x^{*}-x^{**})=\frac{1}{2}t(\frac{ac}{b+c}-\frac{ac-bct}{b+c})=\frac{bct^2}{2(b+c)}。$$

习　题

1.在短期，咖啡市场可以用一条向上倾斜的供给曲线和一条向下倾斜的需求曲线描述。假设这是个完全竞争的市场。以下各种扰动如何影响均衡价格和均衡交易量？

(a)(假设咖啡是正常商品)消费者们的收入上升。

(b)生产要素价格上升。

(c)咖啡行业发生技术进步。

2.设某种商品最好的生产技术为生产函数 $y=\sqrt{x_1x_2}$。两种投入品价格分别为 $w_1=4$ 和 $w_2=1$。假设这个行业中企业的数量可以变化(我们在进行长期分析),每个企业都使用这个生产函数。

(a)证明在 $p=4$ 时,行业供给曲线具有无穷大弹性。

(b)如果市场需求为 $D(p)=1\ 000\ 000-1\ 000p$,则在均衡点上商品的交易量是多少?

3.商品 h 只在亚洲生产。在亚洲,有 10 000 个企业按照生产函数 $h=K^{1/3}L^{2/3}$ 所定义的技术生产商品 h,其中,K 为土地,L 为劳动力。土地和劳动力的单价分别为 256 元和 1 元。

(a)推导每个企业的长期边际成本曲线和长期平均成本曲线。商品 h 的长期市场供给曲线是什么?

(b)美国是这种商品的唯一消费国。假设市场需求为 $h^D=36\ 000/p$。计算竞争均衡价格、商品 h 的交易量和每个企业的产量与利润。

(c)由于外部因素,商品 h 的需求下降为 $h^D=24\ 000/p$。计算商品 h 的新的竞争市场均衡。市场上的企业数量变化了吗?

4.设红酒生产行业由许多个完全相同的小企业构成。代表性企业的长期成本函数为:在 $y_i>0$ 时,$C(y_i)=\frac{99}{2}-\frac{1}{2}y_i^2+y_i^3$;在其他情况中,$C(y_i)=0$。

(a)推导代表性企业的红酒供给曲线。

(b)设红酒的市场需求为 $y^D=1\ 140-10p$。计算这个行业的长期竞争均衡(均衡价格、红酒的交易量、市场上的企业数量和每个企业的产量与利润)。

5.某企业生产某种商品,这种商品的交易市场为完全竞争市场,企业的成本函数为 $C(y)=\frac{1}{2}y^2+40y+2\ 450$。商品的市场价格为 $p^*=140$。

(a)写出这个企业的利润函数 $\pi(y)$。

(b)这个企业的最优产量水平 y^* 是多少?

(c)求这个企业在最优产量水平上实现的利润 π^*。

(d)在长期中,这个行业中的企业数量如何变化?

6.我们依然以前一题为背景,探讨长期中行业中的情况。企业的成本函数依然为 $C(y)=\frac{1}{2}y^2+40y+2\ 450$。

(a)这个企业在长期中的产量水平 y^{**} 为多少?

(b)在长期,产品的市场价格 p^{**} 为多少?

(c)说明在长期中这个企业的利润为零。

(d)如果政府决定对商品征从量税,税率为 $t=5$。企业的利润如何变化?

第十二章

完全垄断和垄断竞争

12.1 导 论

前一章研究了竞争企业即接受市场价格而不控制价格的企业的行为。一般情况下，相对于所在的市场，这类企业规模很小，它们的决策对市场价格没有影响。本章研究的企业与竞争企业正好相反：市场上，只有一家企业供应一种商品。这种市场被称为**垄断市场**，这个企业被称为**垄断企业**。英文中的**垄断**一词，源于希腊语，意思是“只有一个卖家”。本章首先分析垄断问题的标准解，然后探讨垄断企业为增加利润而使用的各种差别定价技术。在本章末，我们探讨一种特殊的市场结构：**垄断竞争**的市场结构。在这种市场上，许多个企业在生产十分类似但并不完全相同的商品，如各种品牌的洗衣粉。

各种因素使得一些市场成为垄断或接近于垄断的市场。这里有技术因素。一些行业可能需要巨额建设成本。典型的例子是城市中通过管道供应自来水或天然气。如果一个企业在城市中销售自来水或天然气，它就需要一个地下管网，把产品从源头输送给成千上万个居民用户和商业用户。两个或更多个企业重复建设管网会造成巨大浪费。并且，第一个在地下铺设管道的企业，相对于后进入行业的企业，拥有巨大优势。这种情况被称为**自然垄断**。自然垄断概念适用于提供自来水、天然气、电力和电信服务的企业。但是，过去 50 年中法律和技术上的变化已使得电信行业不再是自然垄断。在美国电信市场上，AT&T 曾是自然垄断企业。但在 1974～1984 年的一系列法律行动中，AT&T 被分解。同时，以移动语音通讯系统为标志的技术进步彻底瓦解了 AT&T 垄断地位的技术基础。电力业中的技术创新使得地方性电力公司不再是自然垄断企业。在今天，拥有输电网络的企业是自然垄断企业，但是发电企业却是非垄断企业。在天然气市场上，情况亦如此。拥有燃气管网的企业是自然垄断企业，但它起到的作用仅仅是在竞争的天然气生产商和竞争的天然气客户之间提供输气服务。

政府有时会赋予一些企业垄断地位。一个企业在某种商品或服务的提供环节拥有垄断地位，仅仅因为政府使其他企业很难——或者在法律上被禁止——进入这一行业。英国东印度公司的创建源于英国女王伊丽莎白一世于 1600 年发布的法令。根据这一法令，在英国与印度和中国进行的各种商品（包括棉花、丝绸、茶和鸦片等）的贸易中，东印度公司拥有法律上的垄断地位。专利、版权和商标等是政府授予发明者（作者、表演者或艺术家）的合法垄断地位——但是，这种垄断通常有时效性。例如，在美国，美国专利局授予一个人或一个企业专利，允许专利所有者在 20 年时间里拥有对某种发明的专有权利；其他国家也有类似的专利法。版权的保护期更长，商标的保护期则没有时间限制。

和此前的竞争市场分析一样，在下一节的分析中，我们假定商品是同质的，所有买方和卖方拥有完全信息。但是，与此前的竞争市场分析不同，在这里，卖方并**不**接受价格。我们假定即使在利润为正时，行业中依然存在着进入壁垒，起到保护垄断地位的作用。在构造垄断模型之前，还有一点必须指出：**垄断企业**是某种商品或服务的唯一的**卖方**。一种商品或服务的唯一的**买方**则被称为**买方垄断**。假设在一个交通不便的城镇上只有一个大雇主，例如城镇附近大型钻石采矿场。如果这个采矿场是这个城镇上劳动力的唯一的（或主要的）雇主，则它就是一个买方垄断企业。本章不分析买方垄断，因为关于买方垄断的理论模型与卖方垄断理论模型极其相似。

12.2 垄断的标准解

假定只有一家垄断企业生产某种商品，我们用 y 表示产量。在本节，我们假定这种商品以价格 p 出售。（后文中，我们将允许垄断企业以不同价格把商品卖给不同人，或者对不同的购买数量实行不同的单价。但在这里，市场上只有一个价格，它决定于垄断企业所选择的产量 y。）对这种商品，存在着一条向下倾斜的需求曲线，我们用 $y(p)$ 表示这条曲线，用 $p(y)$ 表示反需求曲线。

正如竞争企业最大化自己的利润，垄断企业也最大化自己的利润。企业的收入为 $R(y)=p(y)y$。我们假定垄断企业有长期成本曲线 $C(y)$。企业利润为

$$\pi(y)=R(y)-C(y)=p(y)y-C(y)。$$

垄断企业通过选择产量 y，最大化这个函数。

在继续分析之前，我们先看垄断企业所面对的选择问题与竞争企业的利润最大化问题之间的区别。在竞争企业所在的市场上，也有一条市场需求曲线，但是竞争企业的产量很小，其决策对市场价格没有或几乎没有影响。因此，竞争企业的问题是在给定价格 p 下，最大化下面的函数：

$$\pi(y)=R(y)-C(y)=py-C(y)。$$

就是说，竞争企业接受价格 p 并把它看作是常数；垄断企业则把 p 作为变量，将其看作是自身产量 y 的函数。就我们的正式分析而言，这是垄断企业和竞争企业之间的本质区别。

从现在开始，我们假定在垄断企业选择的利润最大化产量水平上，$p\geqslant AC(y)$，或者说，价格大于或等于平均成本。否则，企业亏损；在长期，它离开市场。

我们现在探讨利润最大化条件。利润最大化的一阶条件是利润对 y 的一阶

导数等于零，二阶条件是利润对 y 的二阶导数小于或等于零。

利用一阶条件，我们得到：

$$\frac{\mathrm{d}\pi(y)}{\mathrm{d}y}=\frac{\mathrm{d}R(y)}{\mathrm{d}y}-\frac{\mathrm{d}C(y)}{\mathrm{d}y}=0,$$

或者说，

$$\frac{\mathrm{d}R(y)}{\mathrm{d}y}=\frac{\mathrm{d}C(y)}{\mathrm{d}y},$$

或者说，

$$MR(y)=MC(y)。$$

就是说，边际收入等于边际成本。

我们看边际收入。在这里，

$$MR(y)=\frac{\mathrm{d}R(y)}{\mathrm{d}y}=\frac{\mathrm{d}}{\mathrm{d}y}p(y)y=p(y)+\frac{\mathrm{d}p(y)}{\mathrm{d}y}y。$$

由于需求曲线向下倾斜，$\frac{\mathrm{d}p(y)}{\mathrm{d}y}$取负值。因此，$MR(y)<p(y)$。就是说，在任意产量水平 y 上，价格都高于边际收入。由于利润最大化垄断企业让边际收入等于边际成本，所以，垄断企业最终选择的价格高于边际成本。

第四章曾讨论过需求的价格弹性。不严格地说，需求的价格弹性等于需求量的百分比变化除以价格的百分比变化。第四章用符号 $\varepsilon_{x1,p1}$ 表示商品 1 的需求对价格 p_1 的弹性。本章将用到需求的价格弹性概念；但是，我们对符号进行简化，用 ε 表示垄断企业所出售的产品的需求对价格的弹性。

垄断企业产品的需求的价格弹性为

$$\varepsilon=-\frac{\mathrm{d}y/y}{\mathrm{d}p(y)/p(y)}。$$

整理上式，得到

$$\frac{\mathrm{d}p(y)}{\mathrm{d}y}y=-\frac{p(y)}{\varepsilon}。$$

把上式代入边际收入的表达式中，得到

$$MR(y)=p(y)+\frac{\mathrm{d}P(y)}{\mathrm{d}y}y=p(y)-\frac{p(y)}{\varepsilon}=p(y)(1-1/\varepsilon)。$$

这个结果告诉我们，利用需求的价格弹性，我们可以把垄断企业利润最大化的一阶条件表示为：

$$MR(y)=p(y)(1-1/\varepsilon)=MC(y)。$$

整理上式，得到：

$$\frac{p(y)}{MC(y)}=\frac{1}{1-1/\varepsilon}。$$

竞争企业让价格等于边际成本，垄断企业的定价则高于边际成本。我们现在知道垄断企业的定价与边际成本之间的差为 $p(y)/\varepsilon$。由于存在这个差，所以垄断市场肯定无效率：一些消费者愿意以等于或高于垄断企业边际成本的价格，购买垄断企业的产品；但是，在垄断企业所选择的价格水平上，他们不会购买商品。（从社会角度看）垄断企业的定价太高，所实现的产量低于（社会）最优产量——在社会最优产量水平上，价格等于边际成本。

关于垄断企业利润最大化的一阶条件，我们有几个结论。在前面的表达式中，$p(y)$和$MC(y)$都取正值。$1-1/\varepsilon$ 肯定取正值。因此，$\varepsilon>1$。也就是说，垄断企业的决策始终位于需求曲线富有弹性的部分上。

我们现在定义一个新的变量：**加成**。加成概念背后的解释是：垄断企业制定的价格超过商品的边际成本。加成便是价格超过成本的相对数量（或百分数）。例如，如果加成为 0.5（或 50%），则价格超过边际成本 0.5 倍（或 50%）。正式地说，加成等于

$$\frac{p(y)}{MC(y)}-1=\frac{1}{1-1/\varepsilon}-1=\frac{1}{\varepsilon-1}。$$

因此，随着需求弹性下降，加成上升（但是，$\varepsilon>1$）。如果 ε 趋向于 1，则加成趋向于无穷大；如果 ε 趋向于正无穷大（竞争市场），则加成趋向于零。

到目前为止，我们只讨论了利润最大化的一阶条件。现在看二阶条件。二阶条件要求在利润最大化的产量水平上，利润对 y 的二阶导数小于或等于零。就是说，

$$\frac{d^2\pi(y)}{dy^2}=\frac{d^2R(y)}{dy^2}-\frac{d^2C(y)}{dy^2}\leqslant 0,$$

或者说，

$$\frac{dMR(y)}{dy}\leqslant\frac{dMC(y)}{dy}。$$

简言之，利润最大化的一阶条件意味着边际收入等于边际成本；二阶条件则意味着边际收入曲线的斜率小于或等于边际成本曲线的斜率。

例题 设反需求曲线为 $p(y)=100-y$，则垄断企业的收入为 $R(y)=p(y)y=(100-y)y=100y-y^2$。对产量 y 求导，得到边际收益：$MR(y)=100-2y$。设总成本函数为 $C(y)=y^2$。对产量 y 求导，得到边际成本：$MC(y)=2y$。平均成本为 $AC(y)=y^2/y=y$。

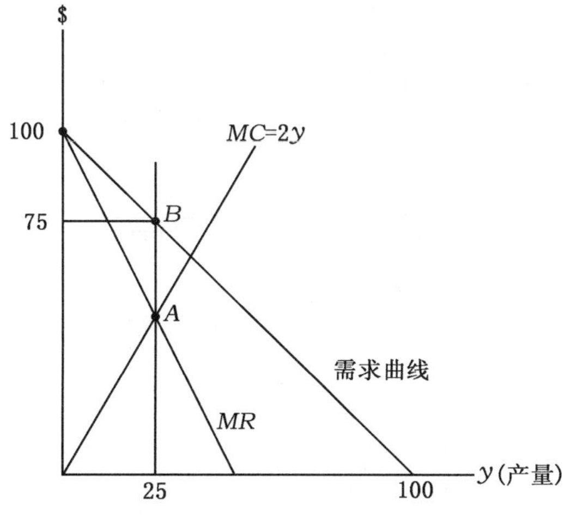

图 12.1 在简单的线性例子中，垄断问题的标准解

利润最大化的一阶条件要求边际收入等于边际成本，即 $100-2y=2y$，或者说，$y=25$。也就是说，垄断企业知道自己的产量应该为 25 件。它利用反需求函数找到自己的产品价格：$p(y)=100-y=100-25=75$。图 12.1 画出了例题中的需求曲线（在图 12.1 中，它就是反需求曲线）、边际收入曲线、边际成本曲线和利润最大化问题的解。垄断企业利用这幅图，首先找到 A 点，即 $MR(y)$ 曲线和 $MC(y)$ 曲线的交点。这个点给出了利润最大化产量 $y=25$。垄断企业然后从 A 点向上到达需求曲线，找到 B 点，得到利润最大化的价格水平 $p(25)=75$。

12.3 垄断的净损失：垄断与竞争的比较

前面说过，垄断解不具有效率，因为垄断企业以高于边际成本的价格出售产品或服务。一些消费者或潜在的消费者，愿意购买更多数量的商品，甚至愿意以高于这些产品的生产成本的价格购买商品；但是，这些潜在的交易不会发生，即使这种交易对这些人有利且不损害任何人的利益。

我们现在分析垄断市场上的消费者们剩余和生产者们剩余，正式阐述这一结论。（第七章探讨了消费者们剩余概念在具体应用中的一些局限性。）我们将看到，垄断市场带给社会的净收益——它等于消费者们剩余加生产者们剩余——小于垄断企业模仿竞争企业行为时即接受价格时所实现的社会净收益。我们将用上面例子中的图形说明这一点。我们看图 12.2。它以前一例子中的需求曲线和边际成本曲线为基础，但是，我们从中得到的结论具有普遍意义。

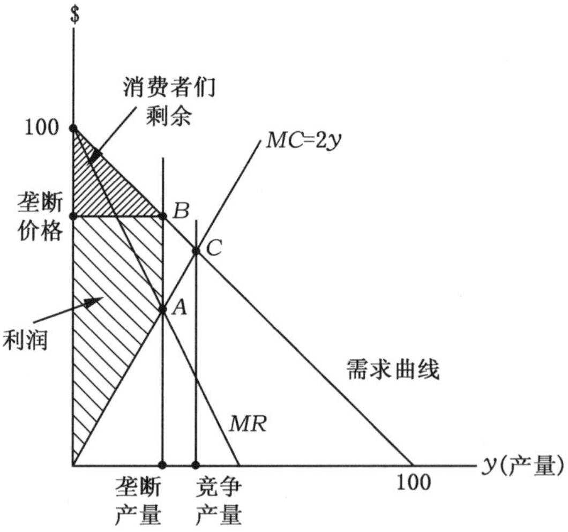

图 12.2　垄断的净损失：净损失三角形为 *ABC*

在图 12.2 中，垄断企业找到 A 点，在这个点上，$MR(y)=MC(y)$。这个条件决定了垄断企业的利润最大化产量即图中横轴上的“垄断产量”。为卖掉这一数量的商品，垄断企业从 A 点向上找到需求曲线上的 B 点，利用 B 点找到最优价格即纵轴上的“垄断价格”。消费者得到的全部收益，为需求曲线下方和垄断价格上方区域的面积。这就是消费者们剩余：图 12.2 中向上的斜划线标出的区域。垄断企业得到的收益为**生产者剩余**：如果没有固定成本的话（如本章所假定的那样），它等于生产者的利润；如果存在固定成本，它等于 $C(0)$ 加利润。在图 12.2 中，生产者剩余（即利润）为穿过垄断价格的水平线下方和边际成本曲线上方区域的面积：图 12.2 中向下的斜划线标出的区域。

在图 12.2 的点 C 上，需求曲线与边际成本曲线相交。点 C 的横坐标为“竞争产量”，我们等会儿会看到这一名称的由来。在图 12.2 上，在“垄断产量”右方的一些产量水平上，需求曲线的高度超过边际成本曲线的高度。就是说，在大于“垄断产量”但小于“竞争产量”的任一产量 y 上，$p(y)>MC(y)$。现在设想这样一种情况：垄断企业能够找到在这个产量区间上，想购买一件或多件商品的每个消费者，双方就其中的每件商品谈妥一个价格，这个价格高于 $MC(y)$ 但小于 $p(y)$。这种交易能使买方得到好处，也能使垄断企业得到好处，并且使已经在垄断价格上购买了商品的消费者不受影响。如果这种交易能够发生，则社会因此增加的总收益等于三角形 ABC 的面积。当然了，在现实世界中，垄断企业不进行这种交易。就是说，三角形 ABC 为垄断条件下没能实现的潜在的社会收益。我们称其为**垄断的净损失**。

那么，如果垄断企业能以某种方式仿效竞争企业的行为，情况又如何呢？假设垄断企业被要求让价格 p 等于边际成本 $MC(y)$。（这正是竞争企业的行为方式，因为竞争企业对利润最大化的追求意味着 $p=MC(y)$。）假设此时企业的决策依然位于需求曲线上（也就是说，它的价格 p 等于 $p(y)$）。我们的企业于是选择需求曲线与 $MC(y)$ 曲线的交点，即选择图 12.2 上的 C 点。现在，我们有了新的消费者们剩余三角形（图 12.2 中没有画出），它的底边穿过 C 点。我们还有了新的生产者剩余区域（图 12.2 中也没有画出），它的顶边穿过 C 点。整个社会得到的总的净收益因此增大，净损失三角形消失。

这就是经济学家普遍反对垄断和支持促进竞争的经济政策的理论基础。它是自然垄断企业的价格等于边际成本的规制政策的理论基础。政府授予的垄断地位，例如专利等，则更复杂。专利等由政府授予的垄断地位，也有自身的经济学理论基础，那就是鼓励和促进创新与发明。但是，这类垄断同样导致净损失。专利保护通常有时效性，在美国为 20 年。前一理由，即它鼓励和促进创新与发明，认为专利保护期应该超过 500 年；后一理由，即它导致净损失，认为它不应超过 5 天。在美国和其他国家的法律中，专利（版权和商标）的寿命期太短还是太长的问题，是个极有意义的现实问题，但本书不讨论这个问题。

12.4 差别定价

有时，垄断企业对不同人制定不同价格或者对同一个人购买的不同数量的商品制定不同价格。这种做法被称为**差别定价**。航空公司实行差别定价，对同一架飞机上的同等仓位，向商务客索取的价格一般远高于给旅游客的价格。

经济学家通常区分三种类型的差别定价。其中，**三阶差别定价**也被称为**常见**

差别定价，是对不同顾客征收不同价格，但对出售给同一顾客的不同数量的商品并不征收不同价格。顾客被索取的价格取决于垄断企业对他的归类，与他所购买的商品数量无关。**二阶差别定价**则是垄断企业对所有顾客使用同一定价公式确定价格，对任一顾客制定的单价取决于这个顾客所购买的商品数量。**一阶差别定价**又被称为**完全差别定价**，是垄断企业对不同人制定不同价格（就是说，把不同人归于不同类别），并根据每个顾客购买的商品数量对其制定不同的单价。

本章只分析一阶和三阶差别定价，即只分析常见差别定价和完全差别定价。这里要指出的是，只有当垄断企业的产品或服务的买方不容易在买方之间转售商品或服务时，这两类差别定价才能够实行。假设垄断企业把产品以 10 元的单价卖给你，以 20 元的单价卖给我。如果我们都知道这种价格差异，如果商品容易运输和转售，我就会找到你，以 10～20 元之间的某个价格向你购买这一商品，从而瓦解垄断企业的差别定价机制。在分析实行差别定价的垄断企业所提供的商品时，你必须想到这一点。电力和天然气的供应商能够实行差别定价，因为顾客很难相互交易这些商品；燃油供应商不太可能实行差别定价，因为燃油很容易用油罐车运来运去。航空公司能够实行差别定价，因为航空机票实行实名制，我无法把我的机票转售给你。处方药生产商能够实行差别定价，因为处方和机票一样，实行实名制，你很难把你的安眠药卖给我。而容易大批量买卖的非处方药如布洛芬的生产企业，就不太容易实行差别定价。（找家大药店做五分钟调研，你就能发现，布洛芬的生产企业以批量折扣的形式实行二阶差别定价，而不实行一阶或三阶差别定价。）

三阶差别定价

在这种差别定价中，垄断企业把其产品市场分割为几个不同的买方群体。例如，航空公司卖票给商务客和旅游客，出版商把学术期刊出售给图书馆、教授和（穷）学生。我们假定买方群体相互分离，就是说，他们无法在群体之间转售产品。（例如，旅游客无法把自己的机票转售给商务客，学生无法把便宜订到的期刊卖给大学图书馆。）由于客户群相互分离，垄断企业能对不同群体制定不同价格，所以不同的客户群体有不同的需求曲线。

我们现在对简单差别定价进行正式的模型分析。设有两个不同的客户群，垄断企业在这两个群体之间实行差别定价。（我们的模型很容易扩展到三个或更多个客户群上）市场 1 和市场 2 上的顾客可能知道垄断企业在**另一个**市场上实行不同价格，但是，对此价格差异，他们束手无策，他们只能被困于自己所在的群体，产品无法在两个市场之间转售。

如果你对与这一模型有关的政策争论感兴趣，不妨去了解专利药品在美国的定价和同一药品在欧洲和加拿大的定价。一般情况下，美国市场上的药品价格高于其他发达国家的价格，即使这些药品都由美国公司生产。美国的许多药品买家希望从其他国家购买处方药，但是美国的法规使他们很难达到这个目的。

设 y_1 和 y_2 是一个垄断企业在市场 1 和市场 2 上销售的产品数量，销售价格分别为 p_1 和 p_2。垄断企业在两个市场上生产和销售的产品总量为 $y=y_1+y_2$。我们用 $p_1(y_1)$和 $p_2(y_2)$表示这两个市场上的反需求曲线。两个市场上的收益函数分别为$R_1(y_1)$和$R_2(y_2)$。市场 1 上出售的产品或服务与市场 2 上出售的产品或服务完全相同。因此，垄断企业的成本只与其总产量 y_1+y_2 有关。就是说，$C(y)=C(y_1+y_2)$。垄断企业通过对产量 y_1 和 y_2 的选择来最大化自己的利润。它如何做到这一点呢？它的利润函数可以写为如下形式：

$\pi(y_1,y_2)=R_1(y_1)+R_2(y_2)-C(y_1+y_2)=p_1(y_1)y_1+p_2(y_2)y_2-C(y_1+y_2)$。

最大化这个两变量函数的一阶条件是：(1)$\pi(y_1,y_2)$对 y_1 的偏导数必须等于零；(2)$\pi(y_1,y_2)$对 y_2 的偏导数必须等于零。对 y_1 求导，得到一阶条件

$$\frac{\partial\pi}{\partial y_1}=\frac{\mathrm{d}R_1(y_1)}{\mathrm{d}y_1}-\frac{\mathrm{d}C(y)}{\mathrm{d}y}\frac{\mathrm{d}y}{\mathrm{d}y_1}=0,$$

或者说，

$$\frac{\mathrm{d}R_1(y_1)}{\mathrm{d}y_1}=\frac{\mathrm{d}C(y)}{\mathrm{d}y}。$$

因此，$MR_1(y_1)=MC(y)$。也就是说，**市场 1 上的边际收益必须等于边际成本**。

我们现在采用第 12.2 节中的方法，分析“边际收益等于边际成本”这个结论，只是在这里，企业面对着两个分离的市场，我们只探讨市场 1。这里要看到

$$MR_1(y_1)=\frac{\mathrm{d}R_1(y_1)}{\mathrm{d}y_1}=\frac{\mathrm{d}}{\mathrm{d}y_1}(p_1(y_1)y_1)=p_1(y_1)+\frac{\mathrm{d}p_1(y_1)}{\mathrm{d}y_1}y_1。$$

我们用 ε_1 表示市场 1 上需求的价格弹性。根据第 12.2 节的分析思路，我们知道

$$MR_1(y_1)=p_1(y_1)+\frac{\mathrm{d}p_1(y_1)}{\mathrm{d}y_1}y_1=p_1(y_1)(1-1/\varepsilon_1)。$$

让边际收益等于边际成本，得到

$$MR_1(y_1)=p_1(y_1)(1-1/\varepsilon_1)=MC(y)。$$

我们已经分析了利润最大化在市场 1 上的一阶条件，现在探讨市场 2 上的一阶条件：$\pi(y_1,y_2)$对 y_2 的偏导数必须等于零。根据上面的分析思路，我们得到

$$MR_2(y_2)=p_2(y_2)(1-1/\varepsilon_2)=MC(y),$$

其中，ε_2 是市场 2 上需求的价格弹性。

两个一阶条件相结合，得到

$$MR_1(y_1)=MR_2(y_2)=MC(y),$$

$$p_1(y_1)(1-1/\varepsilon_1)=p_2(y_2)(1-1/\varepsilon_2)。$$

我们现在得到了关于简单的(三阶)差别定价的结论。垄断企业对两个市场实行差别定价，销售量 y_1 和 y_2 使得$MR_1(y_1)=MR_2(y_2)=MC(y_1+y_2)$。就是说，市场 1 上的边际收益等于市场 2 上的边际收益等于边际成本。根据第 12.2 节中的分析，垄断企业的决策位于两条需求曲线富有弹性的部分上。就是说，$\varepsilon_1,\varepsilon_2>1$。根据前面谈到的价格和弹性公式，**在需求更富有弹性的市场上，价格更低**。例如，如果 $\varepsilon_1=3/2,\varepsilon_2=3$，则根据公式，$p_1$ 是 p_2 的 2 倍。这一结果告诉我们，如果你在向一个实行差别定价的企业购买商品，你最好处在需求价格弹性更高的市场上。做个旅游客而不是商务客！

完全差别定价/一阶差别定价

假设垄断企业对不同顾客索取不同价格，并且对同一顾客购买的不同数量的商品索取不同价格。再假设垄断企业精确了解每个顾客对其要购买的第一件商品、第二件商品……的支付意愿。就是说，垄断企业知道每个顾客的需求曲线（或反需求曲线）。假设顾客无法彼此之间转售垄断企业的产品。假设垄断企业最大化自己的利润。这是最极端的差别定价形式，垄断企业的每件产品都以不同价格——它等于一个顾客对一件产品的最高支付意愿——被出售。这就是完全差别定价或者说一阶差别定价。对消费者来说，幸运的是，完全差别定价仅停留在理论上。我们现在探讨这一差别定价形式在理论上的运作机理。

垄断企业了解所有顾客，了解每个人的需求曲线（或反需求曲线），了解每个人在每个购买数量上对多购买一件商品的支付意愿。因此，它将沿着市场需求曲线（更准确地说，沿着反需求曲线）向下逐件销售商品。并且，给定已出售给各个消费者的产品数量，对将销售的每件产品，它把这件产品出售给有最高支付意愿的人。更重要的是，垄断企业就自己要出售的每件产品，向顾客索取最高的可能的价格。给定已经出售的数量，这一价格正好等于反需求曲线的高度。利润最大化垄断企业（以不同的价格）继续出售商品，只要出售价格超过 $MC(y)$。但是，一旦垄断企业到达等于 $MC(y)$ 的价格水平，它就不再出售商品。

由于实行完全差别定价的垄断企业沿着反市场需求曲线向下逐件销售产品，多卖出的这件商品的价格就等于反需求曲线的高度，所以，它的收入等于市场（反）需求曲线下方区域的面积。就是说，出售 y 件产品实现的收入为

$$R(y)=\int_0^y p(t)\mathrm{d}t。$$

（在这一积分表达式中，价格函数里使用了虚拟变量 t）

现在，实行完全差别定价的垄断企业的利润为

$$\pi(y)=\int_0^y p(t)\mathrm{d}t-C(y)。$$

利润最大化的一阶条件要求利润对 y 的导数等于零：

$$\frac{\mathrm{d}\pi(y)}{\mathrm{d}y}=p(y)-\frac{\mathrm{d}C(y)}{\mathrm{d}y}=0,$$

或者说，

$$p(y)=MC(y)。$$

就是说，价格等于边际成本。这里要记住，实行完全差别定价的垄断企业所出售的每件产品都是以不同的价格出售出去的。这里得到的条件是垄断企业所出售的最后一件产品或者说是边际产品所满足的条件。

图 12.3 描述了上述结论。图 12.3 中画出了反需求曲线 $p(y)$，它是一条直线型需求曲线，这一点与图 12.1 和图 12.2 相同。图 12.3 中还画出了垄断企业的边际成本曲线 $MC(y)$。与图 12.1 和图 12.2 不同的是，这里把它画作了抛物线。（和直线型边际成本曲线相比，先下降后上升的边际成本曲线更接近现实。）垄断企业选择的产量水平为 y^*，在这个产量上，$p(y^*)=MC(y^*)$；垄断企业就最后一件

产品向最后一位顾客索取的价格为 $p(y^*)$。但是，在这之前销售的所有商品，都以更高价格出售给了顾客，并且，每件商品都以最高的可能的价格卖给了顾客。垄断企业的收入等于反需求曲线下方和 y^* 左方区域的面积。它的总成本等于边际成本曲线下方和 y^* 左方区域的面积（如果不考虑固定成本 $C(0)$ 的话）。利润等于收入减去成本，在图 12.3 中，为斜划线区域的面积（这里没有考虑固定成本）。这个区域的面积便是生产者剩余。

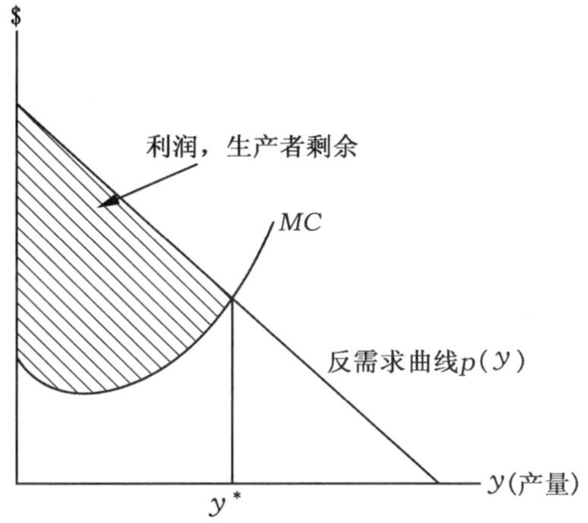

图 12.3　完全差别定价

简言之，我们的结论是：(1)垄断企业实行完全差别定价，社会福利上没有任何净损失。在图 12.3 中，消费者们剩余和生产者剩余之和正是这个垄断企业模仿竞争企业行为时（即在所选择的产量水平上，价格等于边际成本，并以这个价格向所有人出售商品时）实现的结果。换句话说，完全差别定价的垄断市场是有效率的市场。这是好消息。(2)没有任何消费者们剩余。在这种垄断行为下，买方没有得到任何净收益，所有收益都被垄断企业拿走。所以，最终的结果是个有效率的结果，也是个很不平等的结果，因为所有收益都被企业获得，消费者没有得到任何收益。这是坏消息。

在本节的最后，我们看一下现实世界的情况。我们很难在现实世界中找到实行完全差别定价的垄断企业，因为一般垄断企业并不知道其产品的买方愿意为增加一件商品或服务支付多少钱。事实上，买方常常用心掩盖自己的支付意愿，因为他们不想为购买产品多花冤枉钱。买方常常有意掩盖自己对垄断企业产品的购买热情，掩盖自己的收入或财富，企业一般没有很好的途径去发现顾客支付意愿中的这两个因素。

但是，这里也有反例——美国学生熟悉的例子。在这个例子中，垄断企业花大力气发现买方对产品的购买热情以及买方的收入或财富。这就是著名大学（例如哈佛大学、耶鲁大学、普林斯顿大学和布朗大学等）向潜在的学生提供奖学金（即学费和学杂费减免）时的情况。大学在申请表格中会问各种问题，这些问题的答案揭示了申请人想进入这所大学的迫切心情；奖学金申请表格也会问及各种细节问题，借此发现申请人(和其父母)的支付能力。

当然了,大学不是利润最大化企业,它们的差别定价机制只发生在反需求曲线底部,它们并不向不在奖学金申请名单中的学生榨取最高的可能的学费。这个例子告诉我们,一些卖方在相当深入地了解顾客对其产品需求的迫切程度和顾客有多少钱可用于购买其产品。

12.5 垄断竞争

当经济学家使用**垄断竞争**一词时,他们指的是一个市场,在这个市场上,有许多相互竞争的企业,它们生产类似的但不完全相同的产品。每种具体的产品只由其中一个企业生产。不同企业生产的产品彼此不同但差别很小,或者说,它们是高度替代的商品。例如,在美国的洗衣粉市场上,流行的洗衣粉品牌有汰渍、格尼(Gain)、魔净(OxiClean)、美则(Method)和奇尔(Cheer)等。每个牌子都是独一无二的,有商标保护,甚至有专利保护。每个品牌洗衣粉的生产企业都是垄断企业,它是生产这一品牌洗衣粉的唯一的企业。但是,从消费者角度看,各种牌子的洗衣粉是相互高度替代的商品。一位消费者习惯使用格尼洗衣粉。现在,格尼的价格略微上升而汰渍的价格略微下降,这位消费者极有可能换用汰渍。因此,严格地说,出售格尼洗衣粉的企业可能是一个垄断企业,但其产品的需求又对这一产品本身的价格和竞争品牌的价格十分敏感。

在第十一章关于竞争市场的讨论中,我们假定企业是价格接受者——它们把产品的价格看作是外生给定的和不受其控制的。在垄断竞争分析中,我们放弃这一假定。和本章前面几节一样,我们假定企业知道自己的定价决策影响其产品的需求量。我们同时假定,虽然某种产品或某个品牌的生产企业对这一产品或品牌拥有垄断地位,但是,其他企业在用十分相似的产品或品牌与其竞争。我们假定企业可以自由进出市场;如果市场上的企业在赚取正利润,则新的企业会进入,销售相近的新产品。

本节中的模型和本章前几节中的模型的主要区别是,企业 i 的反需求曲线不仅决定于 y_i,还决定于市场上全部企业的数量 n。我们用 $p_i(y_i,n)$ 表示企业 i 的反需求曲线。和前面一样,当 y_i 上升时,$p_i(y_i,n)$ 下降;当 y_i 下降时,$p_i(y_i,n)$ 上升。就是说,在企业数量给定时,反需求曲线向下倾斜。我们同时假定,随着 n 上升,$p_i(y_i,n)$ 下降;随着 n 下降,$p_i(y_i,n)$ 上升。就是说,要出售某一给定数量的产品,在竞争企业数量上升时,企业 i 必须降低自己产品的价格。

企业 i 的问题是选择产量 y_i 以最大化其利润 $\pi_i(y_i,n)$。当然了,它只控制 y_i 而无法控制 n(我们不考虑企业 i 选择离开市场这种可能性)。它的利润为

$$\pi_i(y_i,n)=R_i(y_i,n)-C_i(y_i)=p_i(y_i,n)y_i-C_i(y_i)。$$

利润最大化的一阶条件要求利润对 y_i 的一阶导数等于零。我们于是得到

$$MR_i(y_i,n)=MC_i(y_i),$$

或者说,**企业 i 的边际收入等于企业 i 的边际成本**。

到目前为止,这里的分析与对垄断企业的标准分析完全一样。现在,我们转向

两者不一样的地方。我们可以求解出市场上的均衡企业数量。前面假定企业可以自由进入这一垄断竞争市场。就是说，如果市场上的企业在赚取利润，则新企业进入，企业数量 n 变大，压低每个企业的价格和产量。均衡出现在利润为零时。如果其产品价格等于平均成本，企业 i 的利润等于零。这意味着

$$p_i(y_i, n) = AC_i(y_i)。$$

我们现在有两个方程描述垄断竞争市场结构下的均衡。第一个方程说的是，企业 i 的边际收入等于企业 i 的边际成本。第二个方程说的是，市场上企业的数量会调整，直至 p_i 等于AC_i。

图 12.4 和图 12.5 描述了垄断竞争结构的特征。

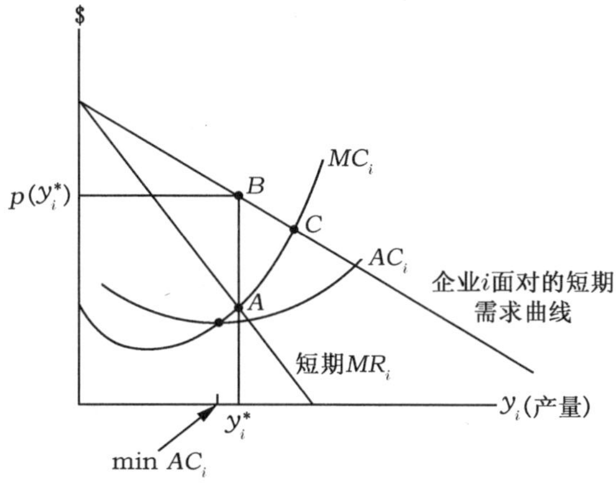

图 12.4　垄断竞争市场上的企业 i，在短期中，竞争导致利润降为零之前的情况。净损失为 ABC 区域的面积。

图 12.4 回顾了标准垄断分析。在图 12.1 和图 12.2 中，我们分析了标准的垄断企业，但是使用的是线性边际成本函数 $MC(y)=2y$。图 12.4 类似于图 12.1 和图 12.2，但使用的是标准的 U 形平均成本曲线和先降后升且穿过平均成本曲线最低点的标准边际成本曲线。图 12.4 中的$AC_i(y_i)$和$MC_i(y_i)$为某个垄断竞争企业 i 的平均成本曲线和边际成本曲线。图 12.4 描述的是短期情况：企业 i 有几个竞争对手，其产品有大量需求，创造巨额利润。企业 i 找到边际收入等于边际成本的点（即图 12.4 中的点 A），它选择这个点所对应的产量 y_i^*，它的利润因此很大。由这种垄断地位导致的净损失也很大，为图 12.4 中三角形 ABC 的面积。

图 12.4 描述的是在短期中，在竞争对手进入市场并把利润打压到零之前，企业 i 的获利情况。随着竞争对手进入市场，企业 i 产品的反需求曲线下降且变得平坦。竞争对手持续进入市场（n 持续变大），直至企业 i 的利润下降到零，或者说，直至$p_i(y_i, n)=AC_i(y_i)$。在长期中，企业 i 没有任何盈利，正如长期中竞争市场上的企业一样。图 12.5 描述了这种均衡。

图 12.5 中的平均成本曲线和边际成本曲线与图 12.4 中的相同。两幅图的不同之处是在图 12.5 中，需求曲线和边际收入曲线位置更向下并且更平坦。企业 i 的新的均衡产量为 y_i^*，它位于AC_i 最低点的左方；它有新的均衡价格，等于它的

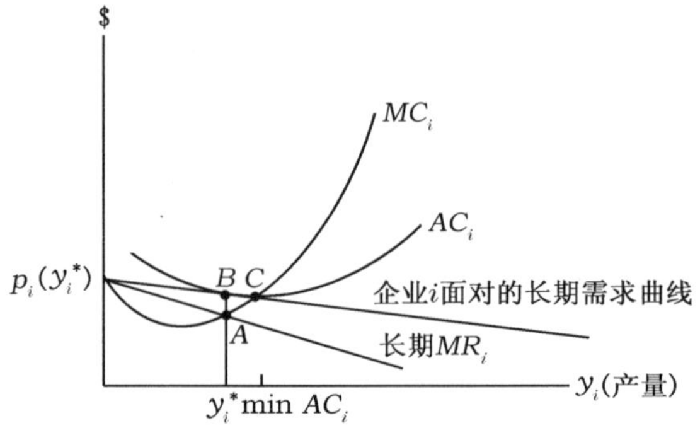

图 12.5　垄断竞争下的长期均衡,企业 i 得到零利润;净损失即 ABC 区域的面积缩小。

平均成本:$p_i^* = AC_i(y_i^*)$。

这里要看到垄断竞争市场上的长期均衡如何同时具有竞争特点和垄断特点。一方面,它类似于竞争市场上所有企业实现零利润的均衡。但它又不同于竞争均衡,因为企业没有选择其平均成本曲线最低点。另一方面,它类似于垄断企业的均衡,因为存在净损失三角形。但是,图 12.5 的垄断竞争均衡中的净损失三角形,要比图 12.4 中企业 i 作为真正的垄断企业所导致的净损失三角形小很多。最后要指出的是,垄断竞争的规制意义并不明确。当企业 i 是个追逐利润的垄断企业时,例如图 12.4 中的企业,强制它模仿竞争企业的行为(在价格等于边际成本的点上生产和销售)是有意义的。但是,当企业 i 是个垄断竞争企业时,例如图 12.5 中的企业,政府没有很大自由度迫使企业做事,因为它已经实现零利润。

那么,对垄断竞争企业,政策制定者应该做些什么呢?它可能做不了什么事。但是,消费者应该警惕一种可能性:在市场上,一些企业可能会迫使其他企业退出市场以削弱竞争;或者,市场上的一些企业可能会制造进入壁垒,阻止潜在的竞争对手进入市场。我们不妨想像这样一种情况:一个贸易团体——我们不妨称其为"美国洗涤剂协会"——由汰渍、格尼、魔净、美则和奇尔等品牌洗衣粉的生产企业组成,它与自己在美国国会中的盟友联手组建一个新的政府机构,我们称这个机构为"美国清洁局"。如果没有对产品进行相当耗时且成本昂贵的上市前测试,美国清洁局可以阻止其他企业向美国消费者出售洗衣粉。这将给已经在市场上经营的企业创造更高利润——但是,对消费者而言,这无疑是笔肮脏的交易。

12.6　例　题

问题

埃斯梅拉达以给人预测未来为职业,她真的能预测客户的未来。市场对她的服务的需求为 $y^D = 20 - p$,其中,y 是客户上门次数,p 是每次预测服务的价格。她的服务成本随服务数量上升而上升,并且以更快速度上升(工作一段时间后,她就头疼得厉害);她的成本函数为 $C(y) = y^2$。她在一个名为"梦想成真"的主题公园工作。

(a)假设梦想成真乐园要求她每次服务收取相同的费用,对所有消费者皆如此。假设她是这个乐园中从事这个职业的唯一的人。她将提供多少次服务,每次服务的收费为多少,她的利润为多大,消费者们剩余和生产者剩余为多少?

(b)假设乐园取消了统一收费规定。假设埃斯梅拉达不仅能预测未来,还能读懂客户心思,能够准确判断出每个客户愿意为每次服务支付的最高费用。就是说,她知道所有人的支付意愿。她现在如何最大化自己的利润呢?她将制定怎样的收费方案?她提供多少次服务?她的利润是多少?消费者们剩余和生产者剩余是多少?

(c)假设乐园决定开放这个行业,允许任何以预测未来为职业的人到乐园中开业经营。市场竞争程度加剧。假设这个竞争市场上的供给曲线为 $y^S=p/2$,其中,p 是市场价格。请计算竞争均衡价格和数量。消费者们剩余和生产者们剩余是多少?把你的答案与(a)和(b)的答案进行比较。提示:把 y 作为连续变量。

答案

(a)我们首先求反需求函数,即把价格表示为需求量的函数:$p(y)=20-y$。埃斯梅拉达的收入函数为 $R(y)=p(y)y=(20-y)y=20y-y^2$。把收益函数求导,得到边际收入函数:$MR(y)=20-2y$。成本函数为 $C(y)=y^2$,因此,她的边际成本为 $MC(y)=2y$。不实行差别定价的垄断企业的利润最大化的一阶条件为 $MR(y)=MC(y)$。因此,

$$MR(y)=20-2y=2y=MC(y)。$$

埃斯梅拉达的利润最大化的服务次数为 $y=5$。把这个结果代入反需求函数中,得到 $p(y)=20-y=15$。她的利润为

$$\pi(y)=R(y)-C(y)=20y-y^2-y^2=100-25-25=50。$$

图 12.6 画出了需求函数 y^D、边际收益函数 $MR(y)$和边际成本函数 $MC(y)$,它们都是直线。(图 12.6 类似于图 12.2。)图 12.6 上还标出了利润最大化产量 $y=5$ 和价格 $p(y)=15$,并用大写字母标出了一些关键点。(在点 A 上,边际成本与边际收入曲线相交;在点 B 上,始自 $y=5$ 的垂线与需求曲线相交;在点 C 上,边际成本与需求曲线相交。)

在垄断企业埃斯梅拉达实行统一定价时,消费者们剩余是需求曲线下方和穿过垄断价格的水平线上方区域的面积;在图 12.6 上,是三角形 HBG 的面积,等于 $1/2\times5\times5=12.5$。生产者剩余是边际成本曲线上方、穿过垄断价格的水平线下方区域的面积;在图 12.6 上,是梯形 $GBAE$ 的面积。在这道题目中,由于没有固定成本,所以生产者剩余等于埃斯梅拉达的利润。因此,生产者剩余等于 50,消费者们剩余和生产者剩余之和等于 62.5(图 12.2 上斜划线标出的区域)。净损失为图 12.6 上三角形 ABC 的面积。

(b)如果埃斯梅拉达能够读懂顾客心思,如果她能够实行差别定价,她就会根据每个客户对每次服务的最高支付意愿向客户收费,她因此可能对每个客户、对每次服务实行不同的收费标准。她现在是个完全差别定价的垄断企业。也就是说,她沿着反需求曲线向下走,对每次服务索取不同价格。只要有利润可赚,她就会一直这样做下去。一旦她到达支付意愿等于边际成本的点上,她就停止服务。为找

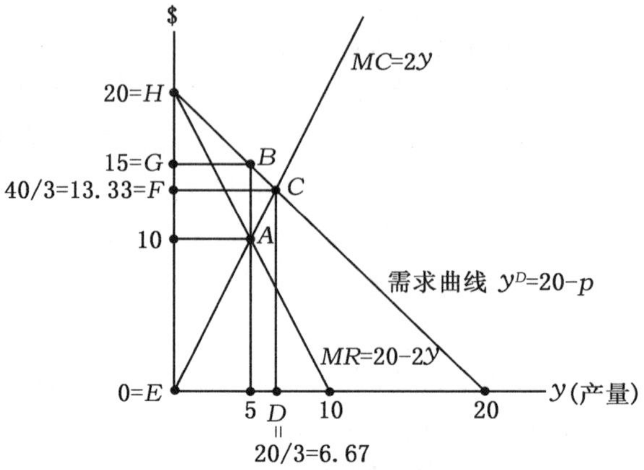

图 12.6　埃斯梅拉达实行统一定价，利润最大化产量为 $y=5$，价格为 $p(y)=15$

到这个点，我们让反需求等于边际成本，或者说，$20-y=2y$，得到 $y=20/3=6.67$。对最后一次服务，她索取的价格为 $p=20-20/3=40/3=13.3$。

她的利润等于收入减成本。收入的计算在这里有些复杂，因为每次服务的收费不一样。由于每次服务的价格为反需求曲线在服务次数 y 上的高度，所以，收入是反需求曲线下方从 $y=0$ 到 $y=20/3$ 的区域的面积。就是说，收入为图 12.6 上梯形 $HCDE$ 的面积。从图 12.6 上看，$HCDE$ 由三部分构成：顶部的三角形 HCF、穿过 $p=13.3$ 的水平线的下方和边际成本曲线上方的三角形 FCE，以及边际成本曲线下方和穿过 $y=6.67$ 的垂线左方的三角形 CDE。利用三角形面积公式计算这三个三角形的面积，把它们相加，我们就得到了实行完全差别定价的垄断企业埃斯梅拉达的收入：

$$R(y)=\left(\frac{1}{2}\times\frac{20}{3}\times\left(20-\frac{40}{3}\right)\right)+\left(\frac{1}{2}\times\frac{20}{3}\times\frac{40}{3}\right)+\left(\frac{1}{2}\times\frac{20}{3}\times\frac{40}{3}\right)=111.11。$$

我们利用成本函数计算成本：$C(20/3)=(20/3)^2=44.44$。我们也可以用边际成本下方区域即三角形 CDE 的面积求出成本：

$$C(y)=\frac{1}{2}\times\frac{20}{3}\times\frac{40}{3}=44.44。$$

垄断企业埃斯梅拉达在实行完全差别定价时的利润等于收入减成本。在图 12.6 中，利润等于梯形 $HCDE$ 的面积减三角形 CDE 的面积，或者说，等于三角形 HCE 的面积：

$$\pi(y)=R(y)-R(y)=111.11-44.44=66.67。$$

在垄断企业实行完全差别定价时，消费者们剩余为零，生产者剩余等于66.67即三角形 HCE 的面积。

(c)在这个竞争的预测未来的市场上，供给曲线为 $y^S=p/2$，我们让供给等于需求，或者说 $y^S=y^D$，即 $p/2=20-p$，借此求解均衡。竞争均衡价格为 $p=40/3$，竞争数量为 $y=20/3$。反供给函数为 $p(y)=2y$，这正是(a)和(b)中埃斯梅拉达的边际成本函数。在图 12.6 中，在竞争结果下，消费者们剩余是需求曲线下方和价格 $p=40/3$ 上方区域的面积即三角形 HCF 的面积，因此，

$$CS=\frac{1}{2}\times\frac{20}{3}\times(20-\frac{40}{3})=22.22。$$

生产者们剩余为穿过 $p=40/3$ 的水平线下方和供给曲线(即初始边际成本曲线)上方区域的面积即三角形 FCE 的面积,因此

$$PS=\frac{1}{2}\times\frac{20}{3}\times\frac{40}{3}=44.44。$$

消费者们剩余和生产者们剩余之和,等于三角形 HCE 的面积:

$$CS+PS=\frac{1}{2}\times 20\times\frac{20}{3}=66.67。$$

我们看到,在完全差别定价的垄断市场结构下(b)和完全竞争的市场结构下(c),消费者们剩余与生产者剩余之和,都为 66.67;在实行统一定价的垄断市场结构下,消费者们剩余与生产者剩余之和等于 62.5。在这一意义上,从社会角度看,完全差别定价的垄断市场结构与完全竞争的市场结构,比实行统一定价的垄断市场结构更好。在完全竞争的市场结构下,消费者得到了好处,消费者们剩余为 22.22。在实行完全差别定价时,垄断企业拿走了所有剩余,消费者一无所得。

习 题

1.一个垄断企业有固定的边际成本,实行三阶差别定价。A 客户群体的需求弹性为 ε_A,B 客户群体的需求弹性为 ε_B,$\varepsilon_A>\varepsilon_B$。哪个群体面对的价格更高?请解释。

2.某家族是美国市场上商品 h 的唯一供应商。商品 h 的市场反需求曲线为 $p=50-h^D/50$。生产和配送成本为 $C(h)=12h$。计算这个垄断企业的利润最大化产量水平、产品价格和利润。

3.我们看一个实行三阶差别定价的垄断企业。设 $p_1(y_1)=100-y_1$,$p_2(y_2)=75-y_2/2$,成本曲线为 $C(y)=y^2=(y_1+y_2)^2$。证明这个垄断企业选择 $y_1=18.75$、$y_2=12.50$、$p_1=81.25$ 和 $p_2=68.75$。

4.某家电信公司把电信服务的客户分为两个群体:企业客户和家庭客户。企业客户对电信服务的需求曲线为 $x_B=100-p_B$,其中,x_B 是企业客户每周购买的电信业务量,用小时数衡量;p_B 是针对企业客户的每小时电信服务的价格。家庭客户的需求曲线为 $x_F=15-p_F/2$,其中,x_F 和 p_F 分别是用小时数衡量的业务数量和价格。电信公司的成本函数为 $C(x)=x$,其中,$x=x_B+x_F$。

(a)假设这家电信公司能够在两类客户之间实行差别定价。计算它出售给每个客户群体的电信业务量、价格和它实现的总利润。

(b)计算差别定价下消费者们剩余和生产者剩余。

(c)假设政府禁止差别定价。电信公司于是把两类客户群(企业客户和家庭客户)的需求相加,得到电信服务的总需求。计算这个垄断企业问题的解和它的利润。

(d)计算在差别定价被政府禁止后,所实现的消费者们剩余和生产者剩余。在

政府禁止措施出台后，社会变得更好还是更差？

5.苏在草莓蛋糕的生产上具有垄断地位。她的成本函数为 $C(y)=y^2+10y$。草莓蛋糕的市场需求曲线为 $p(y)=100-y/2$。

(a)苏的利润最大化的产量水平 y^* 为多少？

(b)在这一产量水平上，价格 p^* 为多少？

(c)计算苏的利润 π^*。

(d)求解在 p^* 和 y^* 上的消费者们剩余。

6.我们接着探讨前一题目中草莓蛋糕垄断企业苏的行为。假设政府规定苏必须把价格定在边际成本水平上。

(a)苏现在的利润最大化产量水平 y^{**} 是多少？把这里的答案与5(a)中的答案进行比较。

(b)新的价格 p^{**} 是多少？把这里的答案与5(b)中的答案进行比较。

(c)计算苏的利润 π^{**}，把这里的答案与5(c)中的答案进行比较。

(d)求解在 p^{**} 和 y^{**} 上的消费者们剩余，把这里的答案与5(d)中的答案进行比较。

(e)相对于前一题目，总福利如何变化？

第十三章 双寡头垄断

13.1 导论

本章研究介于完全竞争和完全垄断之间的市场结构。和此前一样，至少在本章大部分讨论中，我们假定存在同质产品，不管由谁生产，它们都完全一样。我们假定对这种商品和它的价格，每个人都拥有完全信息。前一章在讨论完全垄断时，假定存在进入壁垒，保证了垄断企业的垄断地位。本章依然假定存在进入壁垒，阻止其他企业进入市场，只是市场上已经存在两家（或更多家）企业。

寡头垄断的市场结构是个只有几家企业的市场。在美国东北部，移动通信服务由 Verizon Wireless、AT&T 和 Sprint 三家大公司控制（这个市场上还有些小公司）。在这个市场上，每个大企业都意识到，自己的产量和竞争对手的产量共同影响市场价格。而在竞争市场上（例如在小麦、玉米或牛肉市场上），数百或数千家企业供给商品，每个企业都不用考虑自己或每个竞争对手的产量对价格的影响。本章假定每个企业都知道自己和竞争对手的产量如何影响价格，知道如何通过价格影响自己的利润。

由于一个企业的产量决策影响其他企业的利润，所以，寡头结构中的企业**策略地**行动。我们说两个企业策略地行动，当每个企业都观察对方的决策，并思考："我要根据对手的行动做出我的生产决策。如果他出售 1 000 件商品，则要最大化我的利润，我得出售 1 100 件商品。但是，如果我生产 1 100 件商品，则生产 1 000 件商品对对方而言是理性决策吗？"每个企业都对对方的行动做出反应。而在竞争市场上，企业不对对方的行动做出反应，它们只对市场价格做出反应——它们把价格视为给定的和固定的。

本章假定市场上只有两家企业。只有两家企业的市场，称为**双寡头**市场。双寡头市场是最简单的寡头市场结构，但这里将介绍的许多概念和结论适用于有更多个企业的寡头市场结构。经济学家对双寡头市场结构的分析可追溯至 19 世纪。双寡头理论的一些核心概念与策略行为有关，策略行为分析是 20 世纪被称为**博弈论**的经济学分支的核心内容。所以说，博弈论建立在双寡头理论基础上。下一章将讨论博弈论。

关于双寡头市场结构，有两种不同的理论模型。第一种理论假定两个企业通过对**产量**的选择相互竞争：每个企业根据对手选择的产量，决定自己应该生产和在市场上销售的产量。第二种理论假定两个企业通过对**价格**的选择相互竞争：每个企业根据对手选择的价格，确定自己的价格。前一理论由法国数学家和经济学家安东尼·奥古斯丁·古诺(Antoine Augustin Cournot，1801—1877)于1838年提出，后一理论由法国数学家约瑟夫·路易斯·弗朗索瓦·贝尔川德(Joseph Louis Francois Bertrand，1822—1900)于1883年提出。

第13.2节介绍基本的古诺双寡头模型，第13.3和第13.4节进一步发展这一模型。古诺模型的关键行为假设是：每个企业都假定对手企业的产量是给定的和固定的，在这一前提下，最大化自己的利润。关于双寡头企业，还有其他行为假定。一种假定由德国经济学家海因里希·冯·斯塔克伯格(Heinrich von Stackelberg，1905—1946)提出。和古诺一样，斯塔克伯格假定企业选择产量；但和古诺不同，他假定两个企业有不同的行为：一个企业是**跟随者**(这一点与古诺模型相同)，它视对手企业的产量给定和固定，在这一前提下，选择它自己的产量；另一个企业是**领先者**，它预测到对手是跟随者，在这一前提下，选择自己的产量。第13.5节介绍斯塔克伯格模型。第13.6节介绍贝尔川德模型：两个企业通过选择价格，而不是如古诺(和斯塔克伯格)所假定的那样通过选择产量，相互竞争。根据两个企业所生产的商品是完全相同的商品(同质产品模型)还是略有些差异的商品(差别化产品模型，例如可口可乐和百事可乐)，我们将看到两个贝尔川德模型。

13.2　古诺竞争

市场上只有两家企业。企业1生产 y_1 件商品，企业2生产 y_2 件商品。行业总产量为 $y=y_1+y_2$。我们假定向下倾斜的反市场需求曲线为 $p(y)=p(y_1+y_2)$。企业 i 有成本曲线 $C_i(y_i)$，$i=1,2$。企业1最大化自己的利润 π_1

$$\pi_1(y_1+y_2)=p(y_1+y_2)y_1-C_1(y_1)。$$

企业2最大化自己的利润 π_2

$$\pi_2(y_1+y_2)=p(y_1+y_2)y_2-C_2(y_2)。$$

基本的古诺假定是：企业1在选择产量 y_1 以求最大化自己的利润时，视企业2的产量为给定的和固定的；企业2在选择产量 y_2 以求最大化自己的利润时，视企业1的产量为给定的和固定的。因此，企业1在对自己的利润函数 $\pi_1(y_1+y_2)$ 求导时，把 y_2 看作是常数。我们于是有以下一阶条件

$$\frac{\partial\pi_1}{\partial y_1}=p(y)+\frac{\mathrm{d}p(y)}{\mathrm{d}y}y_1-\frac{\mathrm{d}C_1(y_1)}{\mathrm{d}y_1}=0。$$

企业1求解这个方程，把 y_1 表示为 y_2 的函数。我们把解写为

$$y_1=r_1(y_2)。$$

函数 r_1 被称为企业1的**反应函数**。对企业2的任一产量 y_2，这个函数给出了企业1为最大化自己的利润应选择的产量。

企业2视 y_1 为常数，在此前提下，最大化自己的利润。一阶条件为

$$\frac{\partial \pi_2}{\partial y_2}=p(y)+\frac{\mathrm{d}p(y)}{\mathrm{d}y}y_2-\frac{\mathrm{d}C_2(y_2)}{\mathrm{d}y_2}=0。$$

企业 2 求解这一方程，把 y_2 表示为 y_1 的函数。我们把解写为

$$y_2=r_2(y_1)。$$

函数r_2 是企业 2 的反应函数。对企业 1 的任一产量 y_1，这个函数给出了企业 2 为最大化自己的利润应选择的产量。

如果两个企业随机选择自己的产量 y_1 和 y_2，则几乎可以肯定地说，两个企业都没有在对方的产量约束下最大化自己的利润。两个企业都没有明智地选择自己的产量。这种结果并不合理。它双倍地愚蠢。如果企业 2 随机选择产量 y_2，而企业 1 使用反应函数r_1 选择自己的产量 y_1，则结果是半荒谬的：企业 1 做出了明智选择，企业 2 却没有。设两个企业的反应函数在点(y_1^*,y_2^*)相交，企业 1 选择 y_1^*，企业 2 选择 y_2^*。

这一结果对两个企业而言都十分合理，因为企业 1 在企业 2 的产量约束下做出了最优选择，企业 2 则在企业 1 的产量约束下做出了最优选择。在双寡头模型中，**古诺均衡**是一对产量(y_1^*,y_2^*)，它具有一致性：企业 i 在对手企业 j 所选择的产量y_j^* 的约束下，在 y_i^* 上最大化自己的利润。古诺均衡是古诺对双寡头问题给出的答案。

简言之，古诺均衡是双寡头模型中一致的、可自我持续的和自我强化的结果。我们通过例题说明如何找到古诺均衡。

例 1 反需求曲线为 $p(y_1+y_2)=100-y=100-y_1-y_2$；两个企业的成本曲线分别为$C_1(y_1)=25y_1$ 和$C_2(y_2)=25y_2$，边际成本都为 25。要找到企业 1 的反应函数，我们假定 y_2 为常数，求解最大化 $\pi_1(y_1,y_2)$的产量 y_1。企业 1 的利润为

$$\pi_1(y_1,y_2)=(100-y_1-y_2)y_1-25y_1。$$

保持 y_2 不变，对 y_1 求导，令求导结果等于零，得到

$$\frac{\partial \pi_1}{\partial y_1}=100-2y_1-y_2-25=0。$$

求解 y_1，将其表示为 y_2 的函数，得到企业 1 的反应函数：

$$y_1=r_1(y_2)=37.5-y_2/2。$$

企业 2 的利润 $\pi_2(y_1,y_2)$为

$$\pi_2(y_1,y_2)=(100-y_1-y_2)y_2-25y_2。$$

保持 y_1 不变，对 y_2 求导，令求导结果等于零，得到

$$\frac{\partial \pi_2}{\partial y_2}=100-2y_2-y_1-25=0。$$

企业 2 的反应函数：

$$y_2=r_2(y_1)=37.5-y_1/2。$$

图 13.1 画出了例 1 中的反应函数和古诺均衡。古诺均衡为两个反应函数的交点。联立求解这两个反应函数方程($y_1=37.5-y_2/2$ 和 $y_2=37.5-y_1/2$)，得到$(y_1^*,y_2^*)=(25,25)$。在点(25,25)上，给定对手企业的产量，每个企业实现最大利润。市场价格为 100－25－25＝50。两个企业的利润为$(\pi_1,\pi_2)=(625,625)$。

两个企业的产量具有相互一致性；给定对手企业的产量，每个企业都没有动机改变自己的选择。古诺均衡(25,25)对企业 1 是理性选择，对企业 2 也是理性选择。

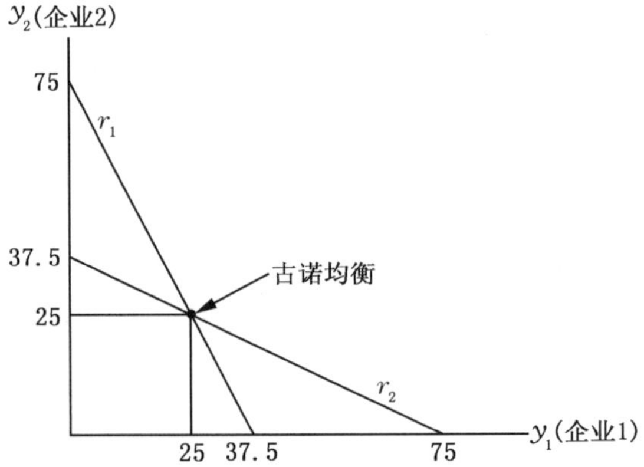

图 13.1　反应函数和古诺均衡：以例 1 为背景

与完全垄断和完全竞争相比较

我们用例 1 来阐述如何把双寡头结构中的古诺均衡与完全垄断结果和完全竞争结果进行比较。一般结论是，在双寡头市场结构中(和一般的寡头市场结构中)，总产量与价格位于完全竞争和完全垄断市场结构的总产量与价格之间。

在例 1 中，古诺均衡价格为 50 元，总产量为 50 件。我们如何表述竞争的结果呢？需求曲线没有变化，但是价格等于边际成本。就是说，竞争的供给曲线是位于 $p=25$ 的水平线。把这条供给曲线与反需求曲线 $p=100-y$ 结合，我们得到竞争均衡：$p_C=25$，$y_C=75$。下标"C"表示"竞争"。

我们如何表述垄断结果呢？垄断企业通过边际收入等于边际成本而最大化自己的利润。在例 1 中，$MR(y)=100-2y$，$MC(y)=25$。于是，$100-2y=25$，或者说，$y=37.5$。把 $y=37.5$ 代入反需求曲线方程，得到 $p=100-y=62.5$。垄断解于是为 $p_M=62.5$ 和 $y_M=37.5$。下标"M"表示"垄断"。我们的结论是，双寡头市场结构中的古诺均衡，包括均衡产量和均衡价格，位于竞争结果与垄断结果之间。

我们如何进行效率分析呢？我们探讨双寡头结构下古诺均衡所实现的社会剩余。你可能已经想到，双寡头社会剩余位于垄断市场的社会剩余与竞争市场的社会剩余之间。简言之，双寡头结构(和一般的寡头结构)导致净损失，但损失没有垄断结构下那么大。图 13.2 说明了这一点。

图 13.2 以例 1 为背景。横轴表示总产量 y。最外面的直线便是反需求曲线 $p(y)=100-y$。垄断企业寻找与这条需求曲线对应的边际收益曲线 $MR(y)=100-2y$，它是图 13.2 中比需求曲线更陡峭的那条向下倾斜的直线。垄断企业让边际收益等于边际成本，得到图 13.2 中 A 点，产量为 $y_M=37.5$。垄断企业从这一产量向上到达需求曲线的 B 点，得到价格 $p_M=62.5$。在这一例子中，垄断结构下的社会剩余为消费者剩余(图 13.2 中向上的斜划线三角形)加生产者剩余(图

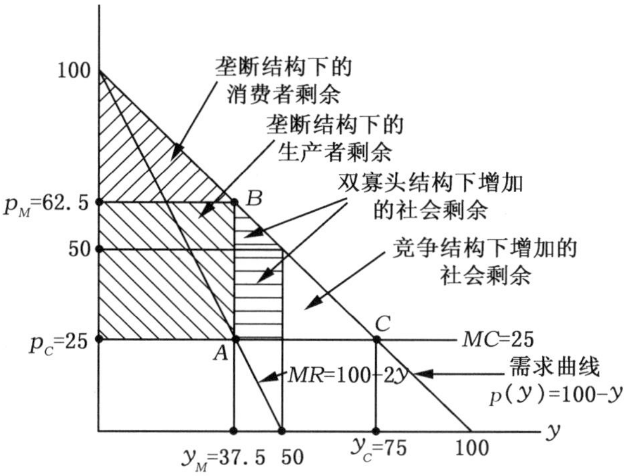

图 13.2 双寡头福利分析，以例 1 为背景：在完全垄断的市场结构下，社会福利最小；在完全竞争的市场结构下，社会福利最大；双寡头市场结构的社会福利处于两者之间。

13.2 中向下的斜划线长方形）。

如果这个市场是个双寡头市场，则古诺均衡总产量为 50（表示在横轴上），价格为 50（表示在纵轴上）。从垄断市场结构转变为双寡头市场结构，消费者剩余增加，生产者剩余减少。但两者的和增加。社会剩余增加的部分为图 13.2 中横划线梯形部分。

如果这个市场是竞争市场，则均衡要求价格等于边际成本（图 13.2 中 C 点）。从双寡头结构转变为完全竞争，消费者剩余显著增加，生产者剩余消失。社会剩余肯定增加，增加幅度为图中空白三角形。

我们的结论是，竞争结果对社会最好，就是说，它最大化社会剩余。双寡头结构中的古诺均衡劣于竞争结果。垄断结果则最差。

13.3 动态调整

我们没有清晰地阐述两个企业如何达到古诺均衡。擅长博弈论的现代经济学家在研究古诺模型时，将其描述为**同时行动博弈**。就是说，企业 1 和企业 2 都知道市场需求，都知道自己和对手的成本函数，一次性地同时选择自己的产量。两个企业最终得到一对产量（y_1，y_2）。如果这对产量是古诺均衡，则这个结果对两个企业都合理。如果它不是古诺均衡，则这个结果至少对一个企业不合理，甚至对两个企业都不合理。如果每个企业都是理性的利润最大化企业，并且都认为对手是理性的利润最大化企业，则它们最终应该实现古诺均衡。

我们介绍古诺模型中一些可能的动态调整过程。动态性分析必然超越两个企业同时行动这一简单假定。一种动态调整过程假定两个企业轮流对对方的选择做出反应。首先，企业 1 对企业 2 的产量做出反应；接着，企业 2 对企业 1 的产量做出反应。这一过程一直持续下去，直至达到古诺均衡(希望如此!)。为使这一过程易于理解，我们引入时间维度，假设生产与消费决策日复一日重复发生。

在第0天，企业1和企业2在某个初始产量(y_1^0, y_2^0)上开始行动。在第一天早晨，企业1观察到企业2在第0天的产量，并根据企业2在第0天的产量，计算自己应该选择的产量。就是说，它利用自己的反应函数，算出$y_1 = r_1(y_2^0)$。于是，两个企业在第一天的产量为(y_1^1, y_2^1)，其中，$y_1^1 = r_1(y_2^0)$，$y_2^1 = y_2^0$。

在第二天早晨，企业2观察到企业1在第一天的产量，并根据企业1在第一天的产量，计算自己应选择的产量。就是说，它利用自己的反应函数，算出$y_2 = r_2(y_1^1)$。于是，两个企业在第二天的产量为(y_1^2, y_2^2)，其中，$y_1^2 = y_1^1$，$y_2^2 = r_2(y_1^1)$。

两个企业轮流对对方的决定做出反应。这一过程日复一日持续下去，直至收敛于某个点，在这个点上，两个企业不再调整自己的产量。这个点就是古诺均衡。当然了，每个企业在轮到自己行动时利用自己的反应函数做出选择的说法有些不靠谱，因为反应函数以对手产量保持固定为前提，但在这里，对手隔天调整一次自己的计划产量。(对这一动态调整过程和其他动态调整过程的更严密的分析超出本书范围。)

图13.3描述了这一动态过程。整个过程开始自某个初始产量水平$P^0 = (y_1^0, y_2^0)$，图13.3中纵轴上的一个点。第一天，这一过程移动到P^1；第二天，移动到P^2；如此等等。正如《创世纪》中的故事，到第七天，这一过程结束。在图13.3中，这一过程收敛于古诺均衡。但是，如果两个反应函数在均衡点上的斜率取其他值，这个动态过程可能不收敛。你不妨把两个反应函数名称互换，让r_1比r_2更平坦，再次分析动态调整过程。

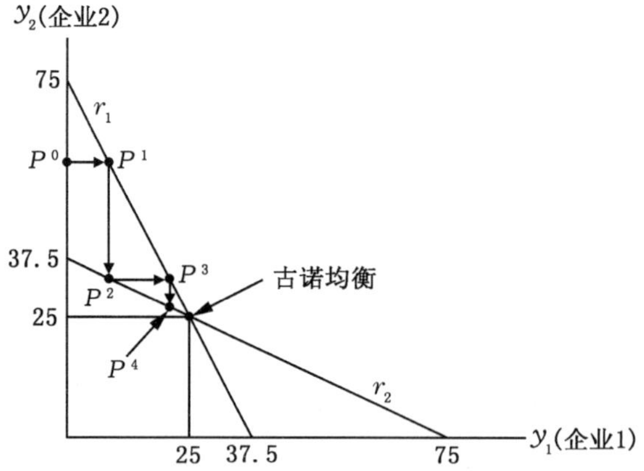

图13.3 围绕着古诺均衡的动态调整过程：以例1为背景

13.4 串　谋

我们回到例1。假定两个企业现在位于古诺均衡。为使这里的分析易于理解，我们假定存在时间维度，生产和消费日复一日重复发生。两个企业位于古诺均衡上，所以，它们日复一日地生产和销售 $y_1^*=y_2^*=25$。在这个产量上，市场价格为 $p=100-25-25=50$。每个企业每天赚得的利润为 $\pi_i=py_i^*-25y_i^*=625$。

某一天，两个企业的所有者在打高尔夫球。他们有一场对话。企业 1 的所有者说："我在产量 $y_1^*=25$ 上最大化我的利润。这是以你把产量固定在 $y_2^*=25$ 上为前提的。如果我们都削减产量，结果会怎样呢？我们能赚到更多钱吗？"企业 2 的所有者说："如果我们都把产量减少一件，市场价格就会上升到 52 元，因为价格由 $p=100-y_1-y_2$ 决定。我的收入从 50×25 元降低到 52×24 元。我的收入几乎没有变化。准确地说，我的收入下降 2 元钱。"企业 1 的所有者说："但成本下降了 25 元，所以，你的利润上升。"企业 2 的所有者说："你说的没错。如果我们都把产量减少 1 单位，你的利润增加 23 元，我的利润也增加 23 元！"

这时，球童说话了："我是卧底联邦特工。你们因为串谋和联手确定商品的市场价格而被逮捕。"

我们虚构的球童（联邦特工）的出场，意味着两个企业——或者，更一般的寡头市场结构中的企业——走到一起制定这类方案可能不合法。**卡特尔**是一群生产商或企业，它们组织在一起，通过限制供给而抬高商品价格。在美国等发达国家的反托拉斯法下，卡特尔通常不合法，但并非都不合法。最著名的（不受法律管辖的）卡特尔是欧佩克，即石油输出国组织。这是个国家间组织，它的主要目的是通过控制成员国的石油产量，提高石油价格。在美国，合法的卡特尔包括美国橄榄球协会等体育协会。

那么，如果两个企业决定最大化**联合利润**或**总利润**，而不是根据对手的产量最大化自己的利润，结果会怎样呢？正如上面的对话所指出的，如果双方就削减产量达成一致，他们就能赚到更多利润。

设 $\pi(y_1+y_2)=\pi_1(y_1+y_2)+\pi_2(y_1+y_2)$ 为两个企业的总利润，即

$$\pi(y_1+y_2)=p(y_1+y_2)(y_1+y_2)-C_1(y_1)-C_2(y_2)。$$

最大化总利润的一阶条件为

$$\frac{\partial\pi}{\partial y_1}=p(y_1+y_2)+\frac{\partial p(y_1+y_2)}{\partial y_1}(y_1+y_2)-\frac{\mathrm{d}C_1(y_1)}{\mathrm{d}y_1}=0,$$

$$\frac{\partial\pi}{\partial y_2}=p(y_1+y_2)+\frac{\partial p(y_1+y_2)}{\partial y_2}(y_1+y_2)-\frac{\mathrm{d}C_2(y_2)}{\mathrm{d}y_2}=0。$$

要最大化总利润，则在内解上，这两个条件都必须成立。（边界解的一阶条件有些不同。）

在例 2 中，我们探讨例 1 中两个企业的联合利润最大化问题。

例 2 根据例 1，

$$\begin{aligned}\pi(y_1+y_2)&=(100-y_1-y_2)(y_1+y_2)-25y_1-25y_2\\&=100y_1+100y_2-y_1^2-y_2^2-2y_1y_2-25y_1-25y_2。\end{aligned}$$

对 y_1 求偏导，利用一阶条件，得到

$$\frac{\partial\pi}{\partial y_1}=100-2y_1-2y_2-25=0$$

或者说，

$$y_1+y_2=37.5。$$

对 y_2 求偏导，利用一阶条件，得到

$$\frac{\partial\pi}{\partial y_2}=100-2y_1-2y_2-25=0$$

或者说，

$$y_1+y_2=37.5。$$

联合利润最大化的两个一阶条件完全相同，因为这两个企业有相同的成本曲线。我们的结论是，联合利润最大化要求 $y_1+y_2=37.5$。每个企业可以生产 $y_i=37.5/2=18.75$ 件产品。在这个产量上，$\pi_1(y_1+y_2)=\pi_2(y_1+y_2)=(100-37.5)18.75-25\times18.75=703.125$。每个企业的利润为 703.125。这个数字高于古诺均衡中每个企业 625 元的利润水平。

在图 13.4 中，我们标出了这个双寡头例子中的联合利润最大化点，即串谋结果。图 13.4 中的粗线是最大化联合利润结果构成的集合，即 $y_1+y_2=37.5$ 的点构成的集合。(18.75，18.75)只是许多种可能结果中的一种；在所有结果上，总产量都为 37.5。图 13.2 比较了完全垄断、双寡头垄断和完全竞争三种市场结构。图 13.2 的结论是垄断企业的产量为 37.5。在例 2 和图 13.4 中，两个双寡头企业实现的总产量也为 37.5。两种市场结构下出现相同产量水平的原因，是例 2 中的两个企业像完全垄断企业一样在决策。

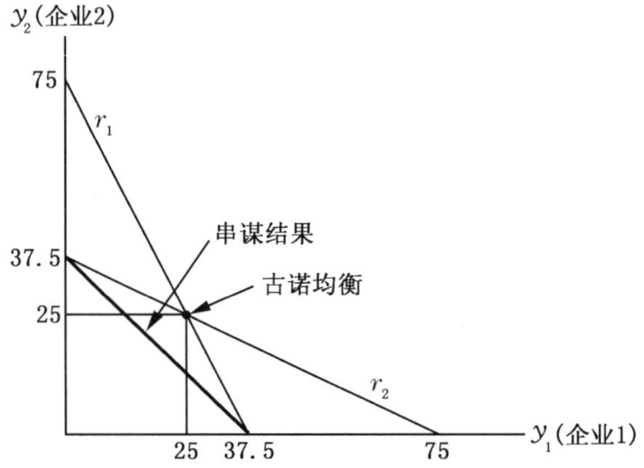

图 13.4　反应曲线、古诺均衡和串谋结果，以例 2 为背景。两个寡头企业有动机串谋。

对购买产品的消费者而言，好消息是卡特尔和串谋的双寡头结构具有内在不稳定性。串谋不是古诺均衡，每个企业都有动机违背协议。在我们的例子中，假设两个企业达成协议，在联合利润最大化点(18.75，18.75)上生产。有一天，企业 1 的所有者决定："让那个不守法的对手见鬼去吧。如果他每天的产量为 18.75，我就可以用反应曲线算出我应该生产的数量，提高自己的利润。"答案是

$$y_1=r_1(y_2)=37.5-y_2/2=37.5-18.75/2=28.125。$$

企业 1 的所有者想通了这一点，把产量定为每天 28.125 件。企业 1 的利润从每天 703.125 元上升到 $\pi_1(y_1,y_2)=(100-28.125-18.75)28.125-25(28.125)$

$=791$(元),增加约 88 元。企业 2 的所有者意识到自己上当,于是对企业 1 的产量 $y_1=28.125$ 做出反应,选择

$$y_2=r_2(y_1)=37.5-y_1/2=37.5-28.125/2=23.44。$$

双方开始了调整过程。在几轮反应和再反应之后,两个企业回到或接近古诺均衡(25,25)。

我们的结论是:双寡头企业和一般的卡特尔成员,始终有动机串谋,相互勾结对付公众,算计如何降低产量和提高联合利润。但是,一旦它们达成串谋协议,双寡头企业或卡特尔成员就有动机背叛协议。如果它们背叛,它们就极可能回到古诺均衡。这就是整个动态过程:独立的利润最大化导致古诺解;联合利润最大化导致串谋解。除非企业能强制执行串谋协议,否则背叛行为和独立的利润最大化将使他们回到古诺解上。这就是双寡头世界或者说卡特尔世界中的情况。如果没有强制性的串谋机制,双寡头串谋或卡特尔结构极可能是不稳定的。

13.5 斯塔克伯格竞争

现在介绍德国经济学家斯塔克伯格提出的双寡头模型。斯塔克伯格认为,在双寡头市场上,一个企业像古诺双寡头企业那样行动:它视对手企业的产量为给定的和固定的,在这一前提下,选择自己的产量。这个企业被称为**跟随者**。斯塔克伯格认为,另一个企业预见到对手的这一行为,并在对手为跟随者的前提下,最大化自己的利润。这个企业被称为**领先者**。

在古诺均衡分析中,两个企业同时行动。就是说,两个企业之间的相互作用是一次性的和同时进行的。虽然不正式的动态分析谈到了日复一日的相互作用、反应和再反应,但是,对古诺均衡的正式定义,这一切不是必需的。

为描述斯塔克伯格模型,我们假定两个企业之间的相互作用分两个阶段顺序进行。首先,在第一个阶段,领先企业决定自己的产量;然后,在第二个阶段,跟随企业决定自己的产量。两个企业在由 y_1+y_2 决定的市场价格上,生产和销售产品,赚取利润。

设企业 1 为领先企业,产量为 y_1。企业 2 为跟随企业,产量为 y_2。跟随企业是后行动的企业,它知道领先企业的产量,因为领先企业已在第一阶段确定(并宣布)自己的产量。跟随企业的行为与古诺模型中的企业一样,视 y_1 为给定的,在给定的 y_1 下,选择最大化自己利润的产量水平。就是说,它利用反应函数选择自己的产量。换句话说,$y_2=r_2(y_1)$。

但是,企业 1(即领先企业),知道企业 2(即跟随企业)如何决策。企业 1 利用企业 2 的反应函数,预测企业 2 将选择 y_2。于是,企业 1 在决策时就会利用自己对企业 2 行为的了解,利用自己先行动和企业 2 后行动的事实。它的做法很简单:用 $r_2(y_1)$ 替换自己的利润函数中的 y_2。这就消掉了 y_2 项;企业 1 的利润现在只是 y_1 的函数,企业 1 通过选择 y_1 实现最大利润。

正式地说,企业 1 的利润为 $\pi_1(y_1,y_2)=p(y_1+y_2)y_1-C_1(y_1)$。用 $r_2(y_1)$ 代换 y_2,企业 1 的利润变为了单变量函数:

$$\pi_1(y_1)=p(y_1+r_2(y_1))y_1-C_1(y_1)。$$

利润最大化的一阶条件是利润函数对 y_1 的导数等于零。我们得到

$$\frac{d\pi_1(y_1)}{dy_1}=p(y_1+r_2(y_1))+y_1\frac{dp}{dy}(1+\frac{dr_2(y_1)}{dy_1})-MC_1(y_1)=0。$$

把这一结果应用于例 1。在例 1 中，$p(y)=100-y=100-y_1-y_2$，$C_1(y_1)=25y_1$，$r_2(y_1)=37.5-y_1/2$。于是，$\frac{dp}{dy}=-1$，$\frac{dr_2(y_1)}{dy_1}=-1/2$。代入一阶条件，得到：

$$(100-y_1-(37.5-y_1/2))-y_1(1-1/2)-25=0。$$

于是，$y_1=37.5$。将这个结果代入跟随者的反应函数，得到

$$y_2=r_2(y_1)=37.5-37.5/2=18.75。$$

斯塔克伯格领先企业的利润永远不会低于古诺均衡利润。因为领先企业总是能选择古诺产量，跟随企业对此的反应是选择自己的古诺产量，两个企业于是实现古诺利润。

图 13.5 以例 1 为背景，描述了古诺均衡、串谋结果和斯塔克伯格均衡。

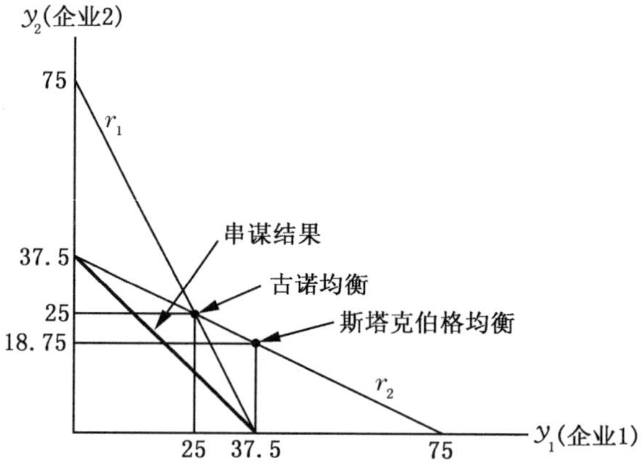

图 13.5　反应曲线、古诺均衡、串谋结果和斯塔克伯格均衡：以例 1 为背景

13.6　贝尔川德竞争

现在介绍数学家贝尔川德提出的双寡头竞争模型。古诺双寡头模型假定两个企业**选择产量**；贝尔川德模型假定两个企业**选择价格**。在贝尔川德假定基础上，我们将得到一个十分有意思却有些不现实的模型，它的结论迥异于古诺模型的结论；在贝尔川德假定基础上，我们还能得到一个比古诺模型更接近现实的模型，它的结论类似古诺模型的结论。出现这种情况的原因，是因为我们能用以下两种方式进行贝尔川德分析。

(1)我们可以像古诺模型那样，假定两个企业生产完全相同的商品。就是说，不管由企业 1 还是由企业 2 生产，在买方眼中，一件商品就是一件商品。这便是**同**

质性。电力、石油、金属或小麦等商品，是同质商品；无论由企业 1 生产还是由企业 2 生产，一桶石油就是一桶石油。由两个企业生产和销售的同一种同质商品，只能有一个价格；如果企业 1 想把产品价格提高到企业 2 的价格以上，它的销量会降到 0。

(2)我们也可以假定两个企业生产十分相似但略有差异的商品或者说**差别化**商品。想想可口可乐与百事可乐，麦当劳与汉堡王。如果两个企业生产差别化商品，它们能选择不同价格，事实上，它们确实选择不同的价格。每个企业都声称自己的产品更好且更便宜。

同质产品模型

假定企业 1 和企业 2 生产完全相同的商品。为简化分析，我们假定这两个企业有完全相同的固定边际成本。设 MC 是生产一件商品的边际成本。两个企业不仅有相同的边际成本，并且，边际成本在所有产量上都相同。y_1 和 y_2 是两个企业的产量。两个企业对产品的定价分别为 p_1 和 p_2。由于产品同质，如果企业 i 的价格低于企业 j，则所有客户都向企业 i 购买商品。这意味着在任何均衡状态上，如果两个企业都在生产和销售，我们肯定有 $p_1=p_2=p$，在这里，p 是(唯一的)市场价格。如果市场价格为 p，则市场需求曲线由函数 $y=y(p)$ 给出。如果两个企业索取相同价格 p，我们就假定它们平分市场需求，即每个企业销售 $y_1=y_2=y(p)/2$ 件商品。

这个模型不能用标准的微积分技术求解，因为函数 $y(p)$ 虽然可能具有良好型态，但是，企业 i 的需求函数 $y_i(p_i)$ 不具有这个特征。在 p_i 等于 p_j 时，它不连续。如果 $p_i<p_j$，企业 i 的需求为 $y(p_i)$；如果 $p_i=p_j$，企业 i 的需求为 $y(p_i)/2$；如果 $p_i>p_j$，企业 i 的需求等于零。

由于无法使用标准的微积分技术，所以，我们只能用更抽象的方法推导求解。想一想第 13.2 节中古诺均衡的定义。当两个寡头企业通过选择产量而对对方的决策做出反应时，古诺均衡是一对产量 y_1^* 和 y_2^*，它们具有一致性。就是说，在企业 j 选择了 y_j^* 时，企业 i 在 y_i^* 上实现最大利润。这里以同样方式定义均衡，只是在现在的模型中，两个寡头企业通过选择价格对对方的决策做出反应。**贝尔川德均衡**是一对具有一致性的价格 p_1^* 和 p_2^*。就是说，在企业 j 选择了 p_j^* 时，企业 i 在 p_i^* 上实现最大利润。

那么，在同质产品模型中，对贝尔川德均衡，我们有什么结论呢？设(p_1^*，p_2^*)为均衡价格，(y_1^*，y_2^*)是相对应的均衡产量。我们有如下结论：

(1)两个企业选择相同价格，就是说，$p_1^*=p_2^*=p^*$。假设它们选择不同价格。不失一般性，设 $p_1^*<p_2^*$。则企业 1 销售的商品数量为正数，企业 2 的销售量为零。

(a)如果 $p_1^*<MC$，则企业 1 实现负利润；对它而言，更好的选择是停产。所以，这不是均衡。

(b)如果 $p_1^*=MC$，则在所生产和销售的每件商品上，企业 1 实现零利润。它可以提高价格同时依然让价格低于 p_2^*，在所销售的所有产品上实现正利润。(它得削减产量,但是,它在每件产品上都赚钱。)所以,这不是均衡。

(c)如果 $p_1^* > MC$,则企业 1 在所生产和销售的每件商品上都赚到正利润。但是,企业 2 会乘机进入市场,选择 MC 与 p_1^* 之间的某个价格水平,抢走企业 1 的所有客户,赚到正利润。所以,这不是均衡。

综上所述,$p_1^* \neq p_2^*$ 意味着我们不可能有贝尔川德均衡。因此,在贝尔川德均衡中,$p_1^* = p_2^* = p^*$。在两个企业价格相同时,由于我们假定它们平分市场需求,所以,$y_1^* = y_2^* = y(p^*)/2$。

(2)边际成本不可能低于价格,就是说,$MC < p^*$ 不可能成立。假设它成立。假设 $MC = 25$,$p_1^* = p_2^* = p^* = 26$。其中一个企业,例如企业 1,就会把自己的价格降到 $p_1 = 25.99$。它抢走企业 2 的所有客户(一半的市场份额),从所销售的每件商品上赚到接近 1 元的利润,付出的代价是在它本就拥有的市场份额中每件产品上损失一分钱。它的利润上升。这与我们的假定,即给定企业 2 的选择,企业 1 选择最大化其利润的价格的假定相矛盾。

(3)边际成本不可能高于价格,就是说,$MC > p^*$ 不可能成立。在边际成本固定时,对任何一个企业 i,$MC > p^* = p_i^*$ 意味着负利润。此时,企业应不生产,而不是在价格 p^* 销售 y_i^* 数量的商品。

(4)对这两个企业,边际成本都等于价格,就是说,$MC = p^* = p_1^* = p_2^*$。根据(2)和(3),这一点显而易见。

我们的结论是,在同质产品模型中,在贝尔川德均衡上,给定我们所做出的假定,企业 1 和企业 2 选择相同的价格,并且,价格等于边际成本。这意味着在同质产品贝尔川德模型中,双寡头市场结构与竞争市场结构相同。在这一双寡头市场上,没有效率损失(即没有社会剩余损失)。

差别化商品

企业 1 和企业 2 生产差别化商品,就是说,它们的产品相似但不完全相同。(想想麦当劳和汉堡王。)我们依然用 y_1 和 y_2 表示两个企业的产量,用 p_1 和 p_2 表示两个企业的产品价格。由于两个企业的产品有差异,所以,$p_i < p_j$ 并不意味着企业 j 的销售量为零。在均衡状态上,两个企业没有必要选择相同的价格。

每个企业的需求决定于两个企业的产品价格,就是说,$y_1 = y_1(p_1, p_2)$,$y_2 = y_2(p_1, p_2)$。我们假定企业 i 的需求函数 y_i 对 p_i 的偏导数是负的(随着企业 i 提高自己的价格,对企业 i 产品的需求量将下降),但对 p_j 的偏导数是正的(随着企业 i 的竞争对手 j 提高自己的价格,对企业 i 产品的需求量上升)。

企业 1 的利润为

$$\pi_1(p_1, p_2) = p_1 y_1(p_1, p_2) - C_1(y_1(p_1, p_2)),$$

企业 2 的利润为

$$\pi_2(p_1, p_2) = p_2 y_2(p_1, p_2) - C_2(y_2(p_1, p_2))。$$

我们把两个企业的利润表示为价格 (p_1, p_2) 的函数,因为两个企业都在选择自己的价格,而不像古诺模型那样选择产量。企业 1 视 p_2 为给定的和固定的,在此前提下,选择 p_1 以最大化 $\pi_1(p_1, p_2)$;企业 2 视 p_1 为给定的和固定的,在此前提下,

选择 p_2 以最大化 $\pi_2(p_1, p_2)$。

企业 1 的一阶条件为

$$\frac{\partial \pi_1}{\partial p_1}=y_1(p_1, p_2)+\frac{\partial y_1(p_1, p_2)}{\partial p_1}p_1-\frac{\mathrm{d}C_1(y_1)}{\mathrm{d}y_1}\frac{\partial y_1(p_1, p_2)}{\partial p_1}=0。$$

我们把这个式子更紧凑地写为

$$\frac{\partial \pi_1}{\partial p_1}=y_1+\frac{\partial y_1}{\partial p_1}p_1-MC_1\frac{\partial y_1}{\partial p_1}=0。$$

企业 2 的一阶条件为

$$\frac{\partial \pi_2}{\partial p_2}=y_2+\frac{\partial y_2}{\partial p_2}p_2-MC_2\frac{\partial y_2}{\partial p_2}=0。$$

在分析古诺模型时，我们用两个企业的一阶条件推导它们的反应函数。在这里，我们也这样做：利用企业 i 的一阶条件找到它的反应函数，即把企业 i 的利润最大化价格表示为企业 j 的价格的函数：$p_i=r_i(p_j)$。

为找到贝尔川德均衡，我们寻找一对具有一致性的价格 p_1^* 和 p_2^*。就是说，在对手企业选择 p_j^* 时，每个企业 i 通过选择 p_i^* 实现最大利润。设 y_1^* 和 y_2^* 为相应的均衡产量。在这一差别化商品模型中，我们用利润最大化的一阶条件（或者说，用反应函数），找到均衡。我们用例子演示找到均衡的整个过程。但是，在此之前，我们用企业 1 的反应函数说明在差别化商品贝尔川德模型中，在均衡状态上，价格高于边际成本（这一结论不同于同质产品贝尔川德模型中的结论）。

在均衡状态，企业 1 的一阶条件肯定得到满足，就是说，

$$y_1^*+\frac{\partial y_1}{\partial p_1}p_1^*-MC_1(y_1^*)\frac{\partial y_1}{\partial p_1}=0。$$

整理得到：

$$y_1^*=-\frac{\partial y_1}{\partial p_1}(p_1^*-MC_1(y_1^*))。$$

y_1^* 是正的，$\frac{\partial y_1}{\partial p_1}$是负的，所以，$p_1^*-MC_1(y_1^*)$是正的，或者说，

$$p_1^*>MC_1(y_1^*)。$$

就是说，在差别化商品模型中，在贝尔川德均衡上，企业 1 的价格高于边际成本。企业 2 的价格亦如此。简言之，在差别化商品模型中，贝尔川德均衡的社会福利特征类似于第二节中的古诺均衡。

例 3 假定成本曲线分别为$C_1(y_1)=25y_1$ 和$C_2(y_2)=25y_2$，于是，$MC_1=MC_2=25$。设企业 1 和企业 2 的需求函数分别为

$$y_1(p_1, p_2)=50-p_1+p_2/2,$$
$$y_2(p_1, p_2)=50-p_2+p_1/2。$$

企业 1 视 p_2 为给定，通过对 p_1 的选择最大化自己的利润，即最大化

$$\pi_1(p_1, p_2)=p_1(50-p_1+p_2/2)-25(50-p_1+p_2/2)。$$

一阶条件给出了企业 1 的反应函数：

$$p_1=r_1(p_2)=75/2+p_2/4。$$

企业 2 则通过对 p_2 的选择最大化自己的利润，即最大化

$$\pi_2(p_1,p_2)=p_2(50-p_2+p_1/2)-25(50-p_2+p_1/2)。$$

一阶条件给出了企业 2 的反应函数

$$p_2=r_2(p_1)=75/2+p_1/4。$$

联立求解这两个反应函数(或两个一阶条件)，得到贝尔川德均衡价格：$p_1^*=50$，$p_2^*=50$。均衡产量为 $y_1^*=25$ 和 $y_2^*=25$。均衡利润水平很容易算出。对企业 1，

$$\pi_1(p_1^*,p_2^*)=p_2^*y_1^*-C_1(y_1^*)=50\times25-25\times25=625。$$

用同样方法，我们可以算出企业 2 的利润。图 13.6 画出了例 3 中的反应函数和均衡价格。

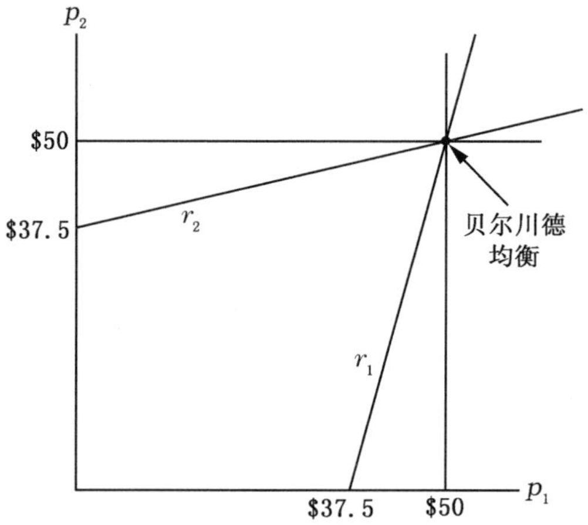

图 13.6　反应函数和贝尔川德均衡：以例 3 为背景

13.7　例　题

问题

在例 1 中，反需求函数为

$$p(y_1+y_2)=100-y_1-y_2；$$

两个企业的成本函数分别为 $C_1(y_1)=25y_1$ 和 $C_2(y_2)=25y_2$。为找到古诺均衡，我们使用了企业 1 和企业 2 的反应函数：

$$y_1=r_1(y_2)=37.5-y_2/2 \text{ 和 } y_2=r_2(y_1)=37.5-y_1/2。$$

我们求得的古诺均衡为 $(y_1^*,y_2^*)=(25,25)$，古诺均衡利润为 $(\pi_1,\pi_2)=(625,625)$。

(a)现在假设企业 1 是斯塔克伯格领先企业，企业 2 是跟随企业。求斯塔克伯格均衡价格和产量以及均衡利润水平。

(b)如果两个企业都认为自己是斯塔克伯格领先企业，则会出现什么结果？

答案

(a)如果企业 1 是斯塔克伯格领先企业，企业 2 是跟随企业，则企业 2 的行为

类似标准的古诺企业的行为：它视企业 1 的产量 y_1 是给定的和固定的，在此前提下，它选择自己的产量以对企业 1 的产量做出反应。换句话说，它假定 y_1 是个常数，在此前提下，选择 y_2 以最大化 $\pi_2(y_1, y_2)$。这意味着它推导并使用自己的反应函数 $y_2 = r_2(y_1) = 37.5 - y_1/2$。另一方面，企业 1 知道 y_2 不是固定的；事实上，企业 1 知道企业 2 如何根据 y_1 选择自己的产量 y_2。换句话说，企业 1 知道企业 2 的反应函数，并使用自己所拥有的这一知识。

我们现在把企业 1 的利润函数写为

$$\begin{aligned}\pi_1(y_1, y_2) &= p(y_1 + y_2)y_1 - C_1(y_1) = p(y_1 + r_2(y_1))y_1 - C_1(y_1) \\ &= (100 - y_1 - y_2)y_1 - 25y_1。\end{aligned}$$

我们用 $r_2(y_1) = 37.5 - y_1/2$ 代换上式中的 $r_2(y_1)$。在一番代数运算后，得到 $\pi_1(y_1) = 37.5y_1 - y_1^2/2$。我们把这个函数求导，令求导结果等于零，求解，得到 $y_1^* = 37.5$。y_1^* 为企业 1 即领先企业的斯塔克伯格均衡产量。把 y_1^* 代入企业 2 的反应函数，得到跟随企业的斯塔克伯格均衡产量：$y_2^* = 37.5 - y_1^*/2 = 18.75$。

为找到斯塔克伯格均衡价格，我们把 y_1^* 和 y_2^* 代入反需求函数，得到 $p^* = 100 - 37.5 - 18.75 = 43.75$。两个企业的利润分别为 $\pi_1^* = p^* y_1^* - 25y_1^* = (p^* - 25)y_1^* = (43.75 - 25)37.5 = 703.13$ 和 $\pi_2^* = (p^* - 25)y_2^* = (43.75 - 25)18.75 = 351.56$。

(b)如果企业 1 是斯塔克伯格领先企业，则它知道企业 2 的反应函数，并使用这一知识。在(a)中，我们看到，企业 1 的思考方式使得它选择 $y_1^* = 37.5$。假设企业 2 也把自己作为斯塔克伯格领先企业。它推断企业 1 的反应函数为 $y_1 = r_1(y_2) = 37.5 - y_2/2$。它把这个结果代入自己的利润函数，得到 $\pi_2 = (100 - r_1(y_2) - y_2)y_2 - C_2(y_2)$。它最大化这个函数，得到 $y_2^* = 37.5$。市场价格于是为 $p^* = 100 - 37.5 - 37.5 = 25$，两个企业的利润水平都为 $\pi_i^* = (25 - 25)37.5 = 0$。在对领先地位的追抢中，它们最终一无所获。

这种情况相当怪异，因为企业 1 推断企业 2 根据自己的反应函数选择产量，企业 2 推断企业 1 根据自己的反应函数选择产量。两个人的推断都是错误的。（我们称这种情况为斯塔克伯格“失衡”。）

习 题

1.在美国，考尔利昂家族与张氏家族是商品 h 唯一的两个供应商。商品 h 的市场需求为 $h = 1\ 200 - 20p$。两个家族的生产成本分别为成本函数 $C_1(h_1) = 10h_1$ 和 $C_2(h_2) = 10h_2$。假设这两个家族同时选择自己的产量。

(a)推导它们的反应函数。

(b)计算这个市场上的古诺均衡，求两个家族的产量水平、市场价格和两个家族的利润。

2.我们依然探讨习题 1 中的两个家族。这两个家族达成协议，限制商品 h 的产量。这样做，市场价格和利润都会上升。假设双方规定，由于成本差异，考尔利昂家族获得 3/5 的总利润，张氏家族获得 2/5 的总利润。

(a)求解串谋问题的解,求两个家族的产量、市场价格、总利润和两个家族各自的利润。

(b)两个家族有动机撕毁协议吗?哪个家族有这种动机,为什么?

提示:求导得到的一阶条件给出内点解。如果无法用一阶条件得到解,尝试其中一个企业产量为零时的情况。

3.MBI 和皮尔是唯一的两家电脑生产商。MBI 比皮尔更早开始生产电脑。MBI 的生产成本为$C_1(y_1)=y_1^2$,皮尔的生产成本为$C_2(y_2)=5y_2$。电脑的市场需求为 $y=10^6-10^5p$。

(a)设 MBI 是市场上的领先企业。求解斯塔克伯格均衡,写出两个企业的产量水平、市场价格和两个企业的利润。

(b)假设两个企业同时进入市场。求解古诺均衡,并将其与(a)中结论作比较。

4.雷本和斯密恩是牛仔裤市场上的两个寡头企业。这是个差别化商品市场。雷本牛仔裤的市场需求为 $y_1=80-p_1+\frac{1}{2}p_2$,斯密恩牛仔裤的市场需求为 $y_2=160-p_2+\frac{1}{2}p_1$。雷本的成本函数为$C_1(y_1)=80y_1$,斯密恩的成本函数为$C_2(y_2)=160y_2$。

(a)求解这一市场上的贝尔川德均衡,写出各个企业的价格、产量和利润。

(b)求解最大化联合利润的价格和产量水平以及最大联合利润。

5.拉班和雅可比饲养绵羊。羊毛市场是差别化商品市场。拉班羊毛的市场需求为 $y_1=34-p_1+\frac{1}{3}p_2$,雅可比羊毛的市场需求为 $y_2=40-p_2+\frac{1}{2}p_1$。拉班的成本函数为$C_1(y_1)=24y_1$,雅可比的成本函数为$C_2(y_2)=20y_2$。他们通过选择价格而相互竞争。

(a)假设在这一市场上,拉班是价格领先企业,雅可比是价格跟随企业。求解市场均衡,写出均衡价格、产量水平和各个企业的利润。

(b)如果在这一市场上,雅可比是价格领先企业而拉班是价格跟随企业,则价格、产量水平和各个企业的利润如何变化?

6.比较以下五种双寡头模型中社会福利的特征:同时选择产量的古诺模型、数量领先的斯塔克伯格模型、同时选择价格的贝尔川德模型(分同质产品和差别化产品两种情况)、价格领先模型和串谋模型。哪个模型中产量最高?哪个模型中产量最低?哪个模型中价格最高?哪个模型中价格最低?

第十四章 博弈论

14.1 导　论

前一章讨论了双寡头市场结构：两个企业在产品市场上展开竞争。在这种市场结构中，企业策略地行动：每个企业在决定自己应采取的行动时，考虑对手企业的行为。双寡头理论诞生于 19 世纪，却在 20 世纪导致了博弈论的诞生。第一本博弈论著作出版于 1944 年，是约翰・冯・纽伊曼（John von Neumann，1903－1957）和奥斯卡・摩根斯特恩（Oscar Morgenstern，1902－1977）合写的《博弈和经济行为理论》（*Theory of Games and Economic Behavior*）。第十九章在讨论不确定性和期望效用时，还将谈到冯・纽伊曼和摩根斯特恩的贡献。

我们说，一群人（团队、企业、军队或国家）在进行博弈，如果他们的决策相互依赖，换句话说，如果所有人采取的行动影响每个人得到的结果。**博弈论**研究博弈，它也被称为**“相互影响决策理论”**。现实生活中的许多关系可以看作是博弈。足球赛、橄榄球赛和篮球赛是博弈。双寡头企业之间的关系、政党在选举前的竞选活动、武装力量或国家之间的关系等是博弈。动物或植物种属之间的相互影响在本质上也能理解为博弈。近几十年，博弈论被应用于许多领域，包括经济学、政治科学、心理学、社会学、计算机科学和生物学等。

本章充其量只是个简介，不能取代正规的博弈论课程。它介绍在博弈中，策略性行为如何影响理性参与者之间的相互关系。我们将给出一些基本定义，讨论一些为人熟知的简单博弈。我们介绍**囚徒困境**博弈，利用这个博弈介绍**占优策略均衡**概念，简短讨论**重复博弈**和**以牙还牙策略**。我们介绍**性别之战**博弈，并利用这个博弈介绍**纳什均衡**概念。我们讨论存在多个纳什均衡的可能性和不存在（纯策略）纳什均衡的可能性。我们介绍混合策略均衡概念。我们将**扩展性别之战**博弈，说明在博弈中，选择机会增加，可能使参与者的情况变糟而不是变好。我们最后探讨**序贯行动博弈**并简短讨论**威胁**策略。

14.2 囚徒困境博弈和占优策略均衡概念

囚徒困境是最著名的博弈。［它由兰德公司的梅里尔・M.弗拉德（Merrill M.

Flood，1908—1991）和梅尔文·德雷舍（Melvin Dresher，1911—1992）于 1950 年前后提出，普林斯顿大学数学教授阿尔伯特·W.塔克尔（Albert W. Tucker，1905—1995）将其命名为囚徒困境。]

我们设想如下场景：发生了一起罪案。警察赶到现场，抓到两名疑犯。他们被带到警局，分开关押在两间牢房。牢房里很冷，很吵。警官分开审讯两个疑犯，没有律师在场。警官告诉两人："你有权保持沉默，拒绝作证。你也可以认罪和出庭作证。"

我们用几个具体术语描述两人的选择。疑犯如果拒绝认罪和作证，我们就说他选择与同伙合作；他如果认罪并出庭作证，我们就说他选择**背叛**同伙。在这里，"合作"指**与另一疑犯**合作，不是与警方合作；"背叛"指**背叛同伙**。

警官说："如果你们都拒绝作证，我们只能指控你们轻罪，每人服刑六个月。如果你们都认罪并作证，每人服刑五年。如果一人拒绝认罪（即选择"合作"）而另一人认罪（即选择"背叛"），则认罪者被释放，拒绝认罪的人服刑 10 年。"

警官说："这就是开给你们的条件，你们这些人渣。好好想想。我们明天听你的答复。"

我们现在思考：给定这些信息，理性的疑犯如何决策？两人应该彼此"合作"（即对警方保持沉默）还是彼此"背叛"（即认罪）呢？

表 14.1 描述了囚徒困境博弈。在博弈论中，参与博弈的人被称为**参与者**；我们称这里的两名疑犯为参与者 1 和参与者 2。参与者 1 选择表 14.1 中的行，参与者 2 选择表中的列。每个人有两个行动可供选择："合作"和"背叛"。四个行动组合决定了每个参与者能得到的收益。在这里，收益为刑期。博弈的结果表示为表 14.1 各个单元格中的向量。每个向量中的第一项为参与者 1 得到的结果，第二项为参与者 2 得到的结果。如果参与者 1 背叛但参与者 2 合作（表 14.1 中最下一行最左一列），则参与者 1 的刑期为零年，参与者 2 的刑期为 10 年。在这里，各种结果都是"厌恶品"而不是"商品"；每个人都想**最小化**自己得到的结果。

表 14.1　囚徒困境

		参与者 2	
		合作	背叛
参与者 1	合作	6 个月，6 个月	10 年，零
	背叛	零，10 年	5 年，5 年

每个疑犯都想最小化自己的刑期。但是，在做出自己的选择时，每个人都必须考虑同伙的选择。

现在分析两人的选择。参与者 1 思考参与者 2 可能做出的选择。如果参与者 2 选择合作，两人就位于表中第一列。参与者 1 如果选择合作（即选择第一行），得到 6 个月刑期；如果选择背叛（即选择第二行），则被释放。因此，如果参与者 2 选择合作，参与者 1 将选择背叛。如果参与者 2 选择背叛，两人就位于表中第二列。参与者 1 如果选择合作（即选择第一行），则得到 10 年刑期；如果选择背叛（即选择第二行)，则得到 5 年刑期。因此，如果参与者 2 选择背叛，参与者 1 将选择背叛。

我们看到，不管参与者 2 选择哪种行动，参与者 1 都选择背叛。请你分析参与者 2 的选择，他的收益为每个收益向量中的第二项。你的结论应该是不管参与者 1 选择哪种行动，参与者 2 都选择背叛。

在博弈中，可供参与者采取的行动被称为**策略**。一个参与者的**占优策略**指的是不管对手选择什么策略，对这个参与者而言始终最优的那个策略。在囚徒困境中，不管参与者 2 做什么，对参与者 1 而言，最好的选择始终是背叛。“背叛”是参与者 1 的占优策略。“背叛”也是参与者 2 的占优策略。当一对策略分别是两个参与者的占优策略时，这对策略就被称为**占优策略均衡**或**占优策略解**。我们现在知道，在囚徒困境中，(背叛，背叛)是个占优策略均衡。如果存在占优策略的话，理性参与者肯定选择占优策略；这样做显然有道理，因为不管对手选择什么策略，参与者的占优策略始终是他的最好策略。

我们的结论是，两名疑犯都向警方认罪，或者说，都背叛对方。他们各服刑 5 年，刑期相加为 10 年。这一结果很荒谬；如果两人都保持沉默或者说彼此合作，则各服刑 6 个月，刑期相加为 1 年。

在第十一章关于完全竞争市场的讨论中，我们介绍了亚当·斯密的自由市场哲学即他的看不见的手理论。这一理论认为，如果市场能自由运转，如果每个消费者最大化自己的效用，每个企业最大化自己的利润，或者说，在这个巨大的市场博弈中，每个参与者都只做对自己最有利的事而不考虑其他人的福利，则最终实现的结果是对整个社会最好的结果。换句话说，在竞争市场上，追求自身利益的消费者和企业最终最大化社会剩余，即最大化消费者们剩余和生产者们剩余之和。

囚徒困境博弈的结论与亚当·斯密的结论完全相反。这一博弈只涉及两个疑犯，没有考虑警官、受害人和整个社会的福利。在博弈中，两个疑犯的社会福利等于－1 乘以两人刑期之和。(这里必须乘以－1，从而把成本即刑期转换为收益。)上述分析指出，每个参与者，出于对自身利益的追求，通过最小化自己的刑期而最大化自己的福利，最终选择“背叛”。他们得到 10 年总刑期。如果他们能够凑到一起，找到对他们最有利的选择，并且如果他们有办法保证两人之间协议能得到履行，他们就会选择(合作，合作)，把两人的总刑期降到 1 年。但是，在囚徒困境博弈中，(合作，合作)不是均衡；即使此前彼此承诺保持沉默，他们依然会向警方招供，因为他们有动机撕毁这种承诺。

这个故事揭示了一个重要道理。在博弈中，由于策略性相互作用，对个人利益的追求可能与社会福利最大化不一致。这一点，对评价策略性环境中市场制度的表现十分重要。在第十三章双寡头市场结构的分析中，我们看到，古诺均衡没有最大化两个企业的联合利润。这类例子还有很多，其中的策略性相互作用导致参与者对个人利益的追求损害了集体利益。著名的例子包括国际军备竞赛和渔场等自然资源的过度使用等。在这些例子中，占优策略导致从社会角度看不合理的结果。囚徒困境明确地点明了这一点：个人利益与合作之间可能存在冲突。在博弈论中和在现实世界中，个人利益和合作是两股重要力量。

14.3 囚徒困境博弈的推广：实验证据和重复博弈

（背叛，背叛）是囚徒困境博弈的占优策略均衡。社会科学家用实验检验人们（通常是大学生，他们被聘为试验对象）是否真的选择“背叛”策略。他们常常选择“合作”而并不选择“背叛”。许多因素表明，这种情况可能发生。实验对象可能不理解这一博弈，或者，他们没有以博弈学家所认为的那样以“理性的”方式行动。他们选择“合作”，可能因为他们认为合作在道德上高于背叛而不在乎收益是什么。博弈论的结论也许是错的，就是说它与人们的实际行为方式不一致。还有一种可能性。上述博弈论模型并不完整，漏掉了一些东西。模型可能不完整，于是，一些博弈论学家就设法扩展这个模型。其中，一个重要的扩展是重复博弈。

一次性博弈是只进行一次的博弈。参与者选择自己的策略，产生博弈的结果和对应的收益。重复博弈是重复进行的博弈。参与者选择自己的策略，产生博弈的结果和对应的收益。然后，他们再进行一次；然后，再进行一次；一次次地进行下去。重复博弈可能只重复进行 n 次，n 事先已知；它也可能重复 n 次，n 在事前并非已知事实；它也可以无限次地重复进行下去。

假设囚徒困境博弈重复发生，但参与者不知道博弈进行的次数，只是认为次数 n 可能很大。参与者可以选择“合作”，知道这样做导致自己在短期里（即在当前进行的这轮博弈中）发生损失，但是认为如果自己选择“合作”，则对手在未来的博弈中更可能选择“合作”；如果选择“背叛”，则对手在将来更可能通过选择“背叛”而惩罚他。在某些条件下，如果未来收益足够大，则（合作，合作）是重复进行的囚徒困境博弈的均衡。这个故事揭示的道理是，在囚徒困境等博弈中，虽然博弈论告诉我们结果是背叛，但我们可能看到合作结果，原因并非人们好心肠或道德高尚，而是因为动态社会合同：“让我们现在合作，实现高收益；因为如果现在不合作，则在未来我们就会相互惩罚，都得到更差的收益。”

在博弈中，参与者可能根据此前时期发生的结果，使用报复性的重复博弈策略，影响他们在博弈中的选择。最简单的报复策略被称为“**以牙还牙**”。它的运作原理是这样的：在博弈的第一个时期，一个参与者选择“合作”。在以后任何一个时期里，他观察对手在前一时期中的行动。如果对手在前一时期选择“合作”，则他在当前时期选择“合作”；如果对手在前一时期选择“背叛”，则他在当前时期选择“背叛”。简言之，这个参与者模仿对手前一时期的行为。这种重复博弈策略可能被认为是“疯狂的”或“强硬的”，但它可能奏效。我们能证明，在某些条件下，如果参与者 1 使用“以牙还牙”策略，则可能存在均衡：两个参与者在大部分时间里都选择“合作”。这里的结论是，拥有“疯狂的”或“强硬的”名声，有时候对人们有利，能诱使其他人的行为发生有利的变化。

这里的分析告诉我们，博弈论有时能通过扩展它的模型，提高解释现实世界现象的能力。

14.4 性别之战博弈与纳什均衡概念

大部分博弈不像囚徒困境那么简单。就是说，在大部分策略性环境中，参与者不拥有占优策略。一般情况下，每个参与者想采取的行动依赖于其他参与者采取的行动。因此，每个参与者对其他人行为的推断，对决定自己的行为至关重要。在前一章第一个双寡头博弈中，古诺均衡(y_1^*，y_2^*)(y_1^* 是企业 1 的产量，y_2^* 是企业 2 的产量)不是占优策略均衡。如果企业 2 决定大量生产，把价格压低到零，企业 1 就不会选择 y_1^*，它会选择产量零，节省生产成本。所以，产量 y_1^* 不是企业 1 的占优策略。同理，产量 y_2^* 不是企业 2 的占优策略。

我们现在分析**性别之战**博弈。R.邓肯・鲁斯(R. Duncan Luce，1925—)和霍华德・莱法(Howard Raiffa，1924—)在 1957 年出版的著作《博弈和决策》(*Games and Decisions*：*Introduction and Critical Survey*)中提出这个博弈。

周六晚上，一位年轻女士(参与者 1)和男友(参与者 2)，各自驱车找对方约会。这个博弈诞生于手机时代之前，所以，两人无法联络对方。他们事先讨论过两个约会方案：看球赛和看歌剧。但他们都不记得当时谈妥的方案。他们深爱对方，不愿孤独打发夜晚。女士喜欢歌剧，男友喜欢球赛。如果这位女士在歌剧院与男友会合，则她得到的收益为 3；如果只有她一人出现在歌剧院，则她得到的收益为 0。如果她与男友在球赛现场会合，则她得到的收益为 1；如果她一人出现在球赛现场，则她得到的收益为 0。她的男友也有类似的收益结构。如果与女友一起观看球赛，则他得到的收益为 3；如果他与女友一起看歌剧表演，则他得到的收益为 1；如果只有他一人出现在球赛现场或歌剧院，则他的收益为 0。

表 14.2 性别之战

		参与者 2，男友	
		球赛	歌剧
参与者 1，女士	球赛	1，3	0，0
	歌剧	0，0	3，1

表 14.2 描述了这个博弈。表 14.2 中的行是女士的策略，列是男士的策略。换句话说，女士选择行，男士选择列。表 14.2 中各个单元格中的向量给出了两个参与者的收益。例如，如果两人都选择球赛，则他们位于表中第一行第一列的单元格中。女士的收益为 1，男士的收益为 3。与囚徒困境博弈不同，这些收益现在是“商品”而不是“厌恶品”；每个人都想最大化而不是最小化自己的结果。

那么，对这一博弈，我们能得到什么结论呢？它没有占优策略。对任何一位参与者，如果她/他认为对方选择“球赛”，则“球赛”就是个更好的选择；如果她/他认为对方选择“歌剧”，则“歌剧”就是个更好的选择。

在性别之战博弈中，标准的均衡概念是纳什均衡，以 20 世纪著名经济学家、数学家和博弈学家约翰・纳什(John Nash，1928—)名字命名的均衡概念。一个**纳什**

均衡是一对策略，它给出了每个参与者一个策略，使得给定参与者 2 的策略，参与者 1 的策略是自己的最好策略，并且，给定参与者 1 的策略，参与者 2 的策略是自己的最好策略。每个参与者的策略都是对对手策略的最优反应。

在双寡头模型中，古诺均衡是纳什均衡，贝尔川德均衡也是纳什均衡。任何占优策略均衡都是纳什均衡。例如，在囚徒困境博弈中，占优策略均衡（背叛，背叛）是纳什均衡。一个参与者的占优策略始终是他的最优反应，即使对手使用自己的占优策略。但是，这一结论的逆命题不成立：在博弈中，纳什均衡一般不是占优策略均衡。在这个性别之战博弈中，不存在占优策略，因此不存在占优策略均衡。那么，在性别之战博弈中，存在纳什均衡吗？

这个性别之战博弈有两个纳什均衡：（球赛，球赛）和（歌剧，歌剧）。前者实现收益(1,3)，后者实现收益(3,1)。（球赛，球赛）是纳什均衡：如果参与者 1 认为参与者 2 去看球赛，则球赛也是她的选择，因为 1 个单位的收益大于 0 个单位的收益。如果参与者 2 认为参与者 1 去看球赛，则球赛也是他的选择，因为 3 个单位的收益大于 0 个单位的收益。（同理，（歌剧，歌剧）是纳什均衡。）

纳什均衡是关于博弈应该如何进行的理论，它与参与者的理性假定和关于理性的共同知识假定相一致。在性别之战博弈中，我们可以认为参与者 1 和男友将到达纳什均衡；或者，他们至少**应该**到达纳什均衡。在博弈的计划阶段，当两人讨论看球赛还是听歌剧时，他们肯定只考虑一起参加看球赛或听歌剧。就是说，两个理性的参与者，在计划博弈时，会达成共识，认定非纳什结果是不可取的；而两个纳什均衡，虽然在每个人眼中有优劣之分，但都是合理的选择。就是说，两人都不会放弃这种结果。

14.5 性别之战博弈的推广：多个均衡或没有均衡，混合策略

从性别之战中，我们看到，一个博弈可能有多个纳什均衡。这意味着均衡概念虽然有些预测能力，例如（球赛，球赛）和（歌剧，歌剧）比（球赛，歌剧）和（歌剧，球赛）更可能发生，但没有指向唯一结果。

并且，在性别之战博弈中，参与者最终可能到达非纳什结果，偶然地甚至有意地，到达非纳什结果。就是说，即使这位女士和男友都准确了解两人的偏好，完全了解表 14.2 和其中的两个纳什均衡，但是因为不记得两人事先的约定，因为无法联系，他们最终可能去了不同地方，即使彼此的感情和纳什均衡都说他们应该一起活动。

情况还可能更复杂。博弈可能不存在我们所描述的纳什均衡。我们**修改性别之战博弈**：现在，在两人协调一致时，他们的收益和前面一样，就是说，当两人选择（球赛，球赛）和（歌剧，歌剧）时，他们得到的收益分别为(1,3)和(3,1)；但是，当他们**没有协调一致**而选择了（球赛，歌剧）和（歌剧，球赛）时，两人的收益不再是(0,0)。在（球赛，歌剧）上，他们得到的收益为(4,−4)；在（歌剧，球赛）上，他们得到的收益为(2,−2)。

对上述收益结构，我们有个解释。在没有协调一致的策略组合上，两人的收益

之和与前面的博弈一样，等于零。男友的收益容易理解。在两人一起观看球赛时，他最幸福(收益为3)；在他们一起看歌剧时，他的幸福感降低(收益为1)；在他独自看球赛时，幸福感更低(收益为－2)；在他独自看歌剧时，感觉最糟(收益为－4)。女士的偏好不容易解释，也许因为她更多愁善感。当她和男友在一起时，她从歌剧中得到的幸福感(收益为3)高于从球赛中得到的幸福感(收益为1)。如果他们没有协调好，她独自一人看球赛的话，她的幸福感最高(收益为4)，因为她虽然热爱歌剧和男友，但是独自一人了解一些足球知识和让男友独自一人了解一些歌剧知识未尝不是件好事。如果她一个人看歌剧，她的收益为2，不及两人一起看歌剧时的收益(收益为3)，但好于两人一起看球赛时的感受(收益为1)。表14.3给出了这个性别之战博弈的收益。

表 14.3 性别之战博弈的推广

		参与者2，男友：球赛	参与者2，男友：歌剧
参与者1，女士	球赛	1,3	4,－4
参与者1，女士	歌剧	2,－2	3,1

从表14.3的收益数字中，我们看到以下事实：在左上方单元格，参与者1想向下移动到左下方单元格；在左下方单元格，参与者2想向右移动到右下方单元格；在右下方单元格，参与者1想向上移动到右上方单元格；在右上方单元格，参与者2想向左移动到左上方单元格。简言之，在每对策略上，都有一个参与者不满意，想改变自己的策略。根据前面给出的纳什均衡定义，在这一博弈中，不存在纳什均衡。

事实上，到目前为止，我们的纳什均衡定义始终假定参与者能够选出一个策略。参与者1可以选择“球赛”或“歌剧”。如果选择“球赛”，她肯定去看球赛。“肯定去看球赛”是个**纯策略**。此前探讨的所有博弈都只涉及纯策略。参与者1可以去看歌剧，也可以去看球赛，仅此而已。

所有博弈都有另一种进行方式。参与者可以随机选择纯策略。参与者1可以决定：“我抛枚硬币。如果硬币正面向上，我去看球赛；如果反面向上，我去看歌剧。”她实际上在以这种方式说：“我以1/2的概率选择‘球赛’，以1/2的概率选择‘歌剧’”。这是一个混合策略。正式地说，如果有两个纯策略S_1和S_2，一个**混合策略**就是参与者所选择的一对概率p_1和p_2，$p_1+p_2=1$，参与者以p_1的概率选择S_1，以p_2的概率选择S_2。(纯策略是混合策略，例如，纯策略S_1与S_1和S_2上的混合策略$p_1=1$和$p_2=0$完全相同；混合策略未必是纯策略。)**纯策略纳什均衡**是所有参与者都使用纯策略的纳什均衡。**混合策略纳什均衡**是所有参与者都使用混合策略的纳什均衡。

我们利用本节构造的性别之战博弈说明了一个事实：博弈可能没有纯策略纳什均衡。约翰·纳什在1951年的一篇著名论文中，证明了在相当一般的条件下，任何博弈，只要其纯策略为有限个，就存在至少一个混合策略纳什均衡。根据这个结论，本节的性别之战博弈虽然没有纯策略纳什均衡，却有混合策略纳什均衡。在本章中，我们不探讨如何求解混合策略均衡。感谢纳什，这种均衡肯定存在。

我们继续探讨纯策略和纯策略纳什均衡。

14.6 性别之战博弈的推广：更多的选项可能使参与者的情况变糟

在单个消费者或单个企业的决策问题中，扩大行动集所产生的效应十分明确：决策者的情况不可能比以前更差，并且，极有可能变得更好。我们看基本的消费者选择模型。在预算集扩大时，例如，当价格不变时收入上升，或收入不变时价格下跌，消费者一般情况下变得更好，至少不会变得更糟。在本节中我们将看到，在策略性环境中，这一基本特征即选择集的扩大对决策者是件好事的特征可能并不成立。

我们再次**修改性别之战博弈**。现在的故事梗概如下：在初始博弈（第 14.4 节中的博弈）发生几周后，这对恋人发生争吵。他们对对方恼怒不已，但是没有分手。又到了周六，到了约会时间。球赛和歌剧依然是选项，并且，两人对这两个选项的感受仍和以前一样。但是，现在多了个选项：两人都可以留在家中，不出门。（两人没有住在一起；当一个人留在家中时，另一人无法观察到这一点。）如果这位女士留在家里而男友去赴约会，她得到的收益为 2（她从惩罚男友中得到的满足）；男友得到的收益为 −1（他发现自己被捉弄时感受到的痛苦）。如果男友留在家里而她却去赴约会，他得到的收益为 2，她得到的收益为 −1。如果两人都留在各自家中，他们的收益都为 0。

表 14.4　性别之战博弈的推广

		参与者 2，男友		
		球赛	歌剧	留在家中
参与者 1，女士	球赛	1，3	0，0	−1，2
	歌剧	0，0	3，1	−1，2
	留在家中	2，−1	2，−1	0，0

表 14.4 给出了所有的收益向量。初始性别之战博弈中的四对策略所对应的收益向量与表 14.2 中的数字完全相同。表 14.4 新增第三行即参与者 1 留在家中和第三列即参与者 2 留在家中。参与者 1 和参与者 2 此前能做出的选择，现在依然能做出。并且，他们现在有更多选项。表 14.4 中的收益向量现在为 3 乘 3 个而不是 2 乘 2 个；它有 9 个而不是 4 个单元格。对两个参与者而言，每个新单元格都比至少一个初始单元格更差。

两个参与者的选项集扩大，并且，他们此前拥有的选择机会，现在依然拥有。选项集的扩大，产生了什么后果呢？

初始性别之战博弈的纳什均衡，不再是新博弈的纳什均衡。我们看策略组合

(球赛,球赛)。如果这位女士认为男友会去看球赛,则她的最优反应不再是驱车去与男友会合和看球赛,这样做带给她的收益为 1。她留在家里,这样做带给她的收益为 2。策略组合(歌剧,歌剧)也不是纳什均衡,因为男友更愿意留在家里,得到的收益为 2;而(歌剧,歌剧)带给他的收益为 1。

事实上,在新的性别之战博弈中,唯一的纳什均衡是(留在家中,留在家中),带给两个参与者的收益都为 0。这个策略组合是纳什均衡。如果这位女士认为男友留在家里,她只需看表 14.4 第三列中的收益。如果她去看球赛,她得到的收益为 −1;如果去看歌剧,她得到的收益为 −1;如果留在家里,她得到的收益为 0。所以,她的最优反应是留在家中。这一逻辑对男友亦成立。如果他认为女友留在家中,则他的最优反应是留在家中。因此,(留在家里,留在家里)是纳什均衡。一人出去赴约会但另一人留在家里的策略组合都不是纳什均衡。请你验证这一结论。

在性别之战博弈中,增加新的策略,产生了巨大影响。它废掉了此前的两个纳什均衡,它们不再是纳什均衡;导致了新的纳什均衡,这是这个博弈中唯一的均衡。并且,和初始纳什均衡收益向量(1,3)和(3,1)相比,在新的纳什均衡上,收益向量(0,0)让两个参与者的情况都变糟。选择集的扩大导致两个参与者的纳什均衡收益下降。

那么,是什么因素导致了这种变化呢?新的选项的出现,导致了不同的策略性环境,废除了初始纳什均衡,产生了新的更糟糕的均衡。

14.7 序贯行动博弈

到目前为止,我们所探讨的所有博弈都是**同时行动博弈**。(至少在理论上)两个参与者同时选择自己的策略,每个人都不知道对方所选择的策略。然后,产生博弈的结果和这个结果上双方实现的收益。(第 14.3 节中的重复博弈是同时行动博弈的不断重复进行,收益在每轮博弈结束时实现。)

在一些博弈中,一个参与者首先行动,另一个参与者观察到前者的行动,随后行动。在两人都采取行动后,收益实现。在这种博弈中,时间因素起作用。在另一些博弈中,参与者们轮流行动,在这个过程的每个步骤上,每个参与者都观察到对手的行动。收益在博弈结束时实现。这些博弈被称为**序贯行动博弈**或**序贯博弈**。本节讨论这种博弈。

一种常见的观点认为,在序贯行动博弈中,存在先发优势。首先行动被认为更有利,因为首先采取的行动为整个博弈定下了基调,并且,首先行动者能创造他想要的局势。在井字游戏中,首先行动者可能有优势,因为在他行动时,他有九个格子可以选择,第二个行动的人只有八个格子可以选择。(研究发现,对一般玩家,在井字游戏中,存在先发优势。但对专业级玩家而言,情况并非如此。专业级玩家之间进行的井字游戏应以平局收场。出现这种差别的原因,是一般玩家会犯错。)在国际象棋中,在白方相对于黑方是否有先发优势的问题上,存在着严肃的争论。有研究发现,在锦标赛上,白方比黑方赢面略大。一些国际象棋专家认为,完美进行的棋局应以平局收场;但有人认为应是白方胜出。

从下面的例子中，我们将看到，至少理论上，序贯博弈未必为首先行动者提供先发优势。是存在先发优势还是后发优势，取决于博弈的具体结构。

我们看一个序贯博弈，它被称为**匹配硬币**游戏。在一般的匹配硬币游戏中，两个参与者各放一枚硬币在桌子上。如果两枚硬币匹配，就是说，都为正面向上或都为反面向上，则一个参与者输给另一个参与者一元。如果两枚硬币不匹配（一枚正面向上，另一枚反面向上），情况正好相反。这个游戏可以构造为同时行动博弈（类似猜奇偶数游戏），也可以构造为序贯行动博弈。我们构造序贯博弈。

参与者 1 首先行动，他把自己的硬币放到桌子上，让正面向上（“正面”）或反面向上（“反面”）。参与者 2 观察到这一行动，然后采取行动。她把自己的硬币放到桌子上，让正面向上（“正面”）或反面向上（“反面”）。这一博弈规定：在硬币匹配时，参与者 1 给参与者 2 一元钱；在硬币不匹配时，参与者 2 给参与者 1 一元钱。图 14.1 把这一博弈表示为博弈树形式。

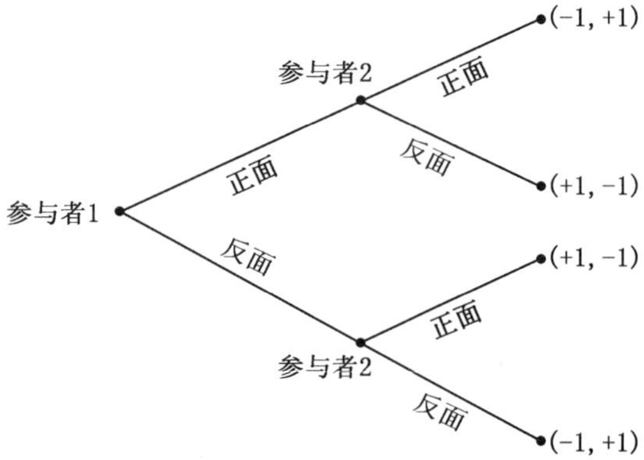

图 14.1　匹配硬币游戏的序贯形式

博弈树是个树状图，由相连接的节点和树枝构成。在图上，时间的流动方向为自左向右。在最左边是个节点，在这个节点上，第一个行动者（参与者 1）选择一个策略。每个策略为伸向右方的一个树枝。在每个树枝的末端，是新的节点，在这些节点上，第二个行动者（参与者 2）行动。在由节点和树枝构成的每个列的末端，标出了相对应的收益向量。例如，在图 14.1 上，最上方的节点和树枝构成的列可以读为：参与者 1 开始这个博弈，选择“正面”；然后，参与者 2 行动，选择“正面”；博弈结束，参与者 1 和参与者 2 得到的收益分别为－1 和＋1。

为求解图 14.1 中的序贯博弈，我们使用**反向归纳法**。这一方法假定在每个决策节点上，每个人，根据自己对各个参与者在未来节点上的行为方式的认识，最优地采取行动。要用反向归纳法求解这个博弈，我们从博弈树最末的决策节点即未来最远的（即博弈树上最右的）节点开始。我们找到在这个时间节点上做决策的参与者的最优行动（或多个最优行动）。然后，我们在时间上回溯（即沿博弈树向左走），找到前一组决策节点上的最优行动（或多个最优行动）。重复这一过程，直至回溯至起点（即走到博弈树最左端），找到首先行动者在博弈的第一个节点上的最优行动。

我们在图 14.1 上进行这一反向归纳过程。首先看最右的决策节点即参与者 2 的决策节点。在上方的节点(参与者 1 的选择为“正面”时),参与者 2 如果选择“正面”,得到的收益为+1;如果选择“反面”,收益为−1。她选择“正面”。在下方的节点(当参与者 1 的选择为“反面”时),参与者 2 如果选择“反面”,她得到的收益为+1;如果选择“正面”,她的收益为−1。她选择“反面”。在这个阶段中,参与者 2 总是赢到一元。现在向左走,分析在第一个决策节点上参与者 1 应该如何行动。他可以选择“正面”,也可以选择“反面”。在这两种选择下,他得到相同的结果。每个选择都导致收益向量(−1,+1)。简言之,在这个博弈中,后行动者即参与者 2 赢得一元。这个博弈显然具有后发优势。所以说,在博弈中是存在先发优势还是后发优势,取决于博弈的具体结构。

在结束序贯匹配硬币游戏之前,我们要明确策略和行动之间的区别。在博弈论中,策略是参与者在博弈中使用的完整的状态依赖性行动方案。在同时行动博弈中,所有行动发生在同一个时点上,所以,策略就是行动。在序贯行动博弈中,策略未必是行动,因为后行动的参与者能根据此前的行动历史采取自己的行动。在序贯匹配硬币游戏中,参与者 1 只有两个策略,即他的两个行动:“正面”和“反面”。但参与者 2 有四个策略:**始终选择‘正面’**:在参与者 1 选择‘正面’或‘反面’时,都选择‘正面’;**始终选择‘反面’**:在参与者 1 选择‘正面’或‘反面’时,都选择‘反面’;**匹配**:在参与者 1 选择‘正面’时,选择‘正面’;在参与者 1 选择‘反面’时,选择‘反面’;**不匹配**:在参与者 1 选择‘正面’时,选择‘反面’;在参与者 1 选择‘反面’时,选择‘正面’。于是,在这一博弈中,我们有两个反向归纳解:参与者 1 选择“正面”,参与者 2 选择“匹配”;参与者 1 选择“反面”,参与者 2 选择“匹配”。就是说,在这一博弈中,参与者 2 匹配参与者 1 的行动,赢得一元钱。

我们看另一个博弈,它被称为**双寡头序贯竞争**博弈。两个参与者为双寡头市场上的两个企业。企业 1 首先行动,选择“高”产量或“低”产量。企业 2 观察到企业 1 所选择的产量,然后选择“高”产量或“低”产量。在两个企业都选择“高”产量时,它们的收益即利润为$(\pi_1,\pi_2)=(-1,-1)$,因为市场供给量很大,价格跌到平均成本以下。在两个企业都选择“低”产量时,利润为$(\pi_1,\pi_2)=(2,2)$。在一个企业选择“高”产量而另一个企业选择“低”产量时,高产量企业的利润为 3,低产量企业的利润为 1。图 14.2 把这一博弈表示为了博弈树。

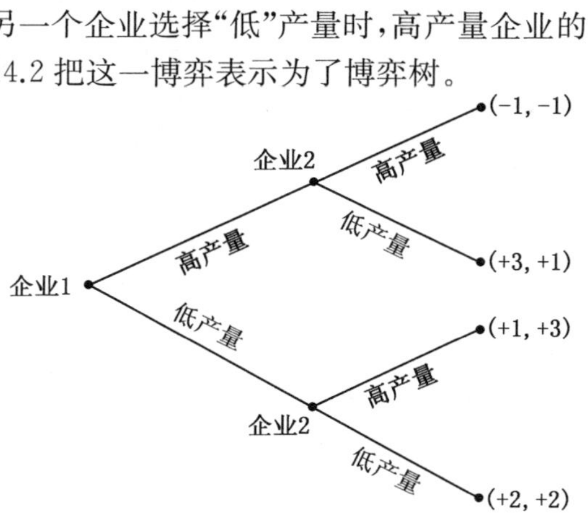

图 14.2 双寡头序贯竞争博弈

对这一博弈，我们用反向归纳法求解。首先看企业 2 的决策节点。如果企业 1 选择“高”产量，企业 2 就选择“低”产量，因为 1 大于－1。如果企业 1 选择“低”产量，企业 2 就选择“高”产量，因为 3 大于 2。现在看企业 1 的决策节点。企业 1 知道企业 2 的选择与自己正好相反。如果企业 1 选择“高”产量，它得到的收益为 3。如果企业 1 选择“低”产量，它得到的收益为 1。因此，企业 1 选择“高”产量。企业 2 对此的反应是选择“低”产量。最终的收益为$(\pi_1,\pi_2)=(3,1)$。

在这一博弈中存在先发优势。这个博弈在收益上完全对称，因此，如果企业 1 和企业 2 的位置互换(即企业 2 先行动，企业 1 后行动)，我们能得到类似结果：先行动的企业选择“高”产量，后行动的企业选择“低”产量。在位置互换后，收益向量为$(\pi_1,\pi_2)=(1,3)$。这一博弈应该让你想到双寡头模型的斯塔克伯格解。

14.8 威　胁

我们最后简短讨论威胁。一个参与者在序贯行动博弈开始时便声明，为惩罚对手，自己将在某个时点上和某个节点上偏离自己的理性选择。这便是**威胁**。序贯行动博弈模型能帮助我们评估威胁的可信性。在前一节的双寡头序贯竞争博弈中，企业 2 可能为改变结果(高产量，低产量)而威胁企业 1：“不管你怎么做，我都选择‘高’产量。如果你选择‘高’产量，我们最终得到(－1，－1)。我不会选择你认为应该的选择。如果你选择‘高’产量，我宁可与你两败俱伤。”

企业 1 如果相信这一威胁，就会选择“低”产量，收益向量为(1，3)。收益＋1 好于收益－1。在这一序贯行动博弈中，特别是当这一博弈只进行一次时，企业 1 不应该相信企业 2 的威胁。如果企业 2 在博弈开始前发出这一威胁，而企业 1 在行动时忽视这一威胁，则企业 2 在轮到自己行动时不会兑现这一威胁。不兑现这一威胁，企业 2 得到收益＋1；兑现这一威胁，它得到收益－1。因此，从反向归纳角度看，这类威胁靠不住。

如果博弈一次次地重复进行，或者人们(或企业)虽然每次与不同对手博弈但有口口相传的名声的话，情况会更加复杂。如果博弈在两个人之间重复进行，一个富有进攻精神的参与者可以在前几次博弈中兑现自己的威胁，让对手意识到不管这种威胁多么具有自我破坏性，这个参与者都会兑现自己的威胁。他的对手逐渐臣服于他的威胁。或者，如果他每次与不同参与者博弈，而这些人互通信息，则富有进攻精神的参与者可以让一位对手目睹他兑现威胁，借此让自己的名声传播开来。

在 20 世纪后半期，以美国为首的一些国家和以苏联为首的一些国家陷入冷战。两个超级大国积累了大量核武器(这些武器依然存在)。它们都用核武器威胁对方。冷战没有演变为真正战争的原因之一，是被称为核威慑的**双向威胁策略**。核威胁博弈背后的思路是：如果一个超级大国发起攻击，即使是以间接的和非毁灭性的方式发起攻击，对方就以大规模核攻击为手段进行报复。例如，如果苏联进攻西欧，美国就对苏联实施核打击。这种反击将导致世界范围的核战争，最后摧毁两个超级大国。

核威胁博弈只能进行一次。前面的分析表明，苏联对美国和美国对苏联的威胁，可能只是口头威胁而已。但也可能不是。或者，这种威胁是如此夸张，即使它不可信，也没有任何一方敢去验证。

14.9 例 题

问题

我们看如下协调博弈。有两个参与者，每个参与者有 A 和 B 两个策略。第一行（即参与者 1 选择 A 时）中的收益为(a,a)和(0,0)。第二行（即参与者 1 选择 B 时）中的收益为(0,0)和(1,1)。

(a)画出这一博弈的 2×2 收益矩阵。

(b)在 a 取什么值时，(A,A)是个占优策略均衡？

(c)在 a 取什么值时，(B,B)是个占优策略均衡？

(d)你能找到这个博弈的纳什均衡并将其表示为参数 a 的函数吗？

答案

(a)表 14.5 是这个博弈的收益矩阵。

表 14.5

在什么条件下，(A,A)是个占优策略均衡？

在什么条件下，(B,B)是个占优策略均衡？

		参与者 2	
		A	B
参与者 1	A	a,a	0,0
	B	0,0	1,1

(b)无论 a 取什么值，(A,A)都不是占优策略均衡。(A,A)要成为占优策略均衡，要求 A 同时是两个参与者的占优策略。但是，如果参与者 2 选择策略 B（即选择右列），则对参与者 1，选择 B（实现收益 1）比选择 A（实现收益 0）更好。所以，无论 a 取什么值，A 都不可能是参与者 1 的占优策略。（这一逻辑适用于参与者 2。）因此，(A,A)不是占优策略均衡。

(c)如果 $a\leqslant 0$，则 B 是参与者 1 的占优策略。如果参与者 2 选择 A（即左列），则对参与者 1，选择 B（实现收益 0）不比选择 A（实现收益 a）差；如果参与者 2 选择 B（即右列），则对参与者 1，选择 B（实现收益 1）比选择 A（实现收益 0）好。B 也是参与者 2 的占优策略。如果参与者 1 选择 A（即第一行），则对参与者 2，选择 B（实现收益 0）不比选择 A（实现收益 a）差；如果参与者 1 选择 B（即第二行），则对参与者 2，选择 B（实现收益 1）比选择 A（实现收益 0）好。B 是参与者 1 的占优策略，也是参与者 2 的占优策略，因此，(B,B)是占优策略均衡。由于它是占优策略均衡，所以，它是纳什均衡。

(d)如果 $a\geqslant 0$，则(A,A)是纳什均衡。在(A,A)上，两个参与者都把收益 a

与收益0比较，因为$a \geqslant 0$，所以，(A, A)是纳什均衡。在$a \geqslant 0$时，(B, B)也是纳什均衡，因为无论a取什么值，在(B, B)上，两个参与者得到的收益都为1，参与者1和参与者2中任何一人的偏离行为（但两人不能同时偏离）把两个参与者的收益都降低为零。但是，如果$a<0$，则只有(B, B)是唯一的纳什均衡。

习 题

1.两个人进行懦夫博弈。如果两人都选择“硬汉”，则两人的收益都为0。如果两人都选择“懦夫”，则两人的收益都为6。如果一人选择“硬汉”，另一个人选择“懦夫”，则选择“硬汉”的人得到的收益为7，选择“懦夫”的人得到的收益为2。

(a)画出收益矩阵。

(b)在这一博弈中，各个参与者有占优策略吗？

(c)找出纳什均衡。

2.杰克和吉尔想要个树屋。他们必须同时决定建或不建这个树屋。如果建的话，则每个参与建造的人要承担的成本为3。一旦树屋建成，两个人都可以使用。如果只有一人建造树屋，则两人得到的效用都为2。如果两人共建树屋，则两人得到的效用都为4(如果两人共建的话，树屋能建得更好)。如果树屋没有被建造，则两人得到的效用都为零。

(a)画出收益矩阵。

(b)杰克的策略是什么？吉尔的策略是什么？纳什均衡是什么？

(c)这个博弈是囚徒两难、性别之战还是懦夫博弈？请解释。

3.山姆和丹是双胞胎，喜欢捉弄对方。山姆在决定是否偷走丹的毛毯。如果不偷毛毯，则山姆得到的效用为0。如果偷走丹的毛毯，则丹可能报复，偷走山姆的枕头，山姆得到的效用为－5；如果丹不报复，则山姆得到的效用为5。如果山姆不偷毛毯，则丹得到的效用为10。如果山姆偷走毛毯，则丹得到的效用为－10。丹如果报复山姆的话，他的效用变化为X。

(a)画出博弈树。

(b)当X取什么值时，我们能够在反向归纳均衡中看到山姆偷走丹的毛毯？

4.我们看如下序贯策略博弈，它被称为蜈蚣博弈。这个博弈有100个阶段。两个参与者轮流行动，参与者1首先行动。在阶段t上$(t=1,\cdots,99)$，参与者1(在奇数阶段上)或参与者2(在偶数阶段上)选择“结束博弈”或“继续博弈”。如果这个博弈在阶段t上$(t=1,\cdots,99)$结束，则结束这个博弈的参与者得到收益t，另一个参与者得到收益0。在阶段$t=100$上，参与者2在行动A或行动B之间做出选择，行动A带给两个参与者的收益都为99，行动B带给参与者1的收益为0，带给参与者2的收益为100。

(a)画出这一博弈的博弈树(你将看到蜈蚣博弈名称的由来)。

(b)这一博弈的反向归纳解是什么？

5.两个参与者轮流在1和10之间(包含1和10)选择一个数字。所选择的数字相加。使总数等于或大于100的参与者胜出。

(a)这一博弈的反向归纳解是什么？请描述完整的策略。

(b)这一博弈中存在先发或后发优势吗？

6.我们看同质产品贝尔川德模型，即第 13.6 节中的模型。市场需求曲线为 $y=y_1+y_2=1-p$，其中，p 是市场价格，y 是这一价格上的总需求量，y_1 和 y_2 分别是企业 1 和企业 2 的产量。两个企业的成本函数为 $C(y_i)=y_i/2, i=1,2$。这一定价博弈的规则如下：两个企业同时在区间$[0,1]$之间选择一个价格。如果两个企业的价格不同，则低价企业满足其选择的价格水平上的所有需求量，另一个企业的销售量为零；如果它们选择相同的价格，则这一价格上的需求量在两个企业之间平分。证明在这一博弈中存在唯一的纳什均衡并求解均衡价格和均衡产量。

提示：这个问题无法用微积分方法求解，因为两个企业的利润函数在价格变量上不连续。例如，$\pi_1(p_1, p_2)$在 $p_1=p_2=p$ 上不连续。

第四部分

一般均衡分析

第十五章
交换经济

15.1 导　论

经济学家所谓的**纯交换经济**——或者说，**交换经济**——是个无生产活动的经济模型。商品已经被生产、被捡到、被继承或被赠与，现在的问题是如何分配和消费这些商品。这一模型不涉及生产决策，但依然阐述了商品在消费者之间配置的效率或无效率问题，为这些问题提供了答案。

本章首先构造一个很简单的交换经济模型，讨论商品在消费者之间配置的**帕累托最优性**或者说**帕累托效率**特征。我们然后讨论市场的作用，讨论**市场均衡**配置或**竞争均衡**配置。市场与效率之间的关系是经济学中最重要的结论，被称为**福利经济学基本定理**。

15.2 只有两个消费者和两种商品的经济

我们看最简单的交换经济，它只有两个消费者和两种商品。没有更简单的交换经济；如果只有一种商品或只有一个人，就不存在商品交换。这个模型虽然简单，却能反映交换经济中的所有重要问题，并且很容易推广到有更多消费者和更多种商品的一般交换经济中。

这个经济只有两个消费者。借用丹尼尔·笛福(Daniel Defoe)的小说《鲁滨孙漂流记》中的人物，我们称两个消费者为鲁滨孙和星期五，并把鲁滨孙缩写为 R，把星期五缩写为 F。在两人居住的岛上，只有两种消费品，面包(商品 x)和甜酒(商品 y)。这个交换模型省略了生产环节，不考虑鲁滨孙与星期五如何生产甜酒(或如何搞到甜酒)和面包(加工面粉、混合和烘焙面包)。假定岛上有固定数量的甜酒和面包，现在的问题是如何把这些商品在两个消费者之间分配。

现在探讨这两种商品是如何分配的。开始时，两个消费者各拥有由这两种商品构成的初始禀赋；他们进行交易。设 X 是商品 x 即面包的总量，Y 是商品 y 即甜酒的总量。对鲁滨孙拥有的商品束，我们写为(x_R, y_R)，x_R 是他拥有的面包数量，y_R 是他拥有的甜酒数量。对星期五，其商品束为(x_F, y_F)。

鲁滨孙拥有由两种商品构成的初始禀赋，星期五亦如此。我们用上标“0”表示初始数量，鲁滨孙的禀赋为(x_R^0, y_R^0)，星期五的禀赋为(x_F^0, y_F^0)。两人初始商品束中的商品数量必然与面包和甜酒的总量相等。就是说，

$$X = x_R^0 + x_F^0, Y = y_R^0 + y_F^0。$$

两人以初始商品束为基础进行交换，最终实现的商品束肯定与两种商品的总量相等。就是说，如果最终的商品束为(x_R, y_R)和(x_F, y_F)，则

$$X = x_R + x_F, Y = y_R + y_F。$$

鲁滨孙在面包和甜酒上的偏好表示为效用函数$u_R(x_R, y_R)$，星期五的偏好表示为$u_F(x_F, y_F)$。根据这两个效用函数，每个消费者的效用只决定于自己的消费束。一般情况下，效用函数u_R与u_F是两个不同的函数，与两人拥有的初始商品束无关。两个人有不同偏好和不同初始商品束的事实，使得对双方都有益的交换成为可能。

为在图上描述这个简单的交换经济，我们使用著名经济学家弗朗西斯·伊西德罗·埃奇沃思(Francis Ysidro Edgeworth，1845—1926)1881年提出的图形分析方法。埃奇沃思并没有真正画出埃奇沃思图；我们今天使用的埃奇沃思图由英国经济学家亚瑟·鲍利(Arthur Bowley，1869—1957)提出。这种图被称为埃奇沃思图，见图15.1。在图15.1中，点W给出了两人的初始禀赋。换句话说，点W对面包和红酒进行了分配，鲁滨孙得到商品束(x_R^0, y_R^0)，星期五得到商品束(x_F^0, y_F^0)。图15.1画出了两条无差异曲线：I_R是鲁滨孙的无差异曲线，I_F是星期五的无差异曲线。无差异曲线上附着的箭头表示效用上升方向。

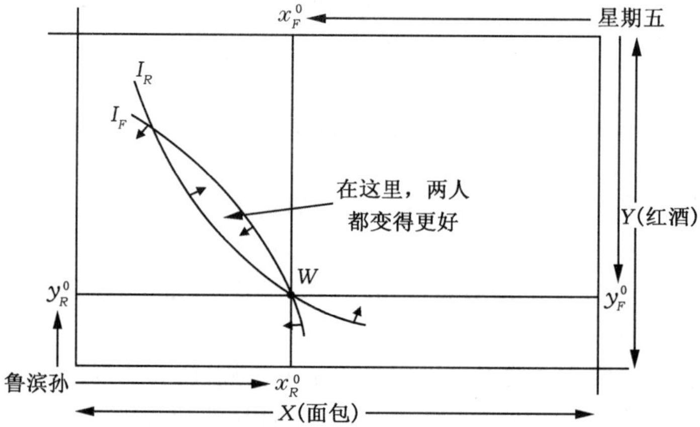

图15.1　埃奇沃思图

与此前使用的图形不同，埃奇沃思图有**两个原点**。左下角是鲁滨孙的原点；鲁滨孙消费的商品数量从这个原点衡量。右上角是星期五的原点；星期五消费的商品数量从这个原点衡量。乍看上去，这种画法有些莫名其妙，因为在某种意义上星期五完全被颠倒，对他的一切，我们都得反着看！(这就是为什么他的无差异曲线I_F有画错了的感觉。)一旦你能领会其中奥妙，埃奇沃思图的便利之处也就显现。

首先，初始配置W中的数量满足我们所要求的性质；就是说，

$$X=x_R^0+x_F^0, Y=y_R^0+y_F^0。$$

其次，给定的商品总量在鲁滨孙和星期五之间的任何配置都能用图 15.1 中的点表示。任意一对商品束($(x_R, y_R), (x_F, y_F)$)相加，如果它们的和等于给定的总量 X 和 Y，或者说，如果

$$X=x_R+x_F, Y=y_R+y_F,$$

这一配置就能用图 15.1 中的点表示。(你可以试着在图 15.1 中找到这个点。)

第三，埃奇沃思图还有个很好的特点：它在两维图上显示四个数量，如($(x_R^0, y_R^0), (x_F^0, y_F^0)$)。

15.3 帕累托效率

在前几章分析竞争市场、完全垄断市场和双寡头垄断市场等结构的福利特征时，我们使用消费者们剩余和生产者们剩余概念衡量效率。这两个剩余之和即社会剩余，是用货币衡量的买方和卖方在市场上创造的总的净剩余。社会剩余概念衡量由某一商品的生产和交易所创造的"饼的大小"。一种商品的市场是无效率的，如果存在某种途径能把饼做得更大(例如在标准的完全垄断情况中)；市场是有效率的，如果没有任何途径能把饼做得更大(例如在标准的完全竞争情况中)。

所有这一切都假定消费者们剩余是个清晰定义的概念，而这要求我们对消费者的偏好施加某些特殊的假定。并且，这种分析只涉及一种商品，没有考虑其他商品市场和劳动力与储蓄市场上发生的情况。因此，此前几章中的分析被称为**局部均衡分析**，以这种方式研究某种商品的模型被称为**局部均衡模型**。

我们现在探讨的是简单的交换模型，它不涉及生产活动。我们可以用面包和/或红酒的总量衡量饼的大小；但是，由于在这个模型中，两种商品的总量不变，所以饼的大小不变。这一模型中没有货币(我们尚未引入货币)，所以，我们不能用货币衡量饼的大小。我们可以用**效用**衡量饼的大小，但是，把鲁滨孙与星期五的效用相加的做法没有意义。那么，如何判断给定数量的面包和红酒在两个消费者之间的配置有效率呢(或者，无效率呢)?

意大利经济学家帕累托(Vilfredo Pareto，1848—1923)回答了这个问题，我们因此把这里将用到的核心概念称为帕累托最优性或帕累托效率。我们现在给出几个重要定义。

首先，我们必须明白面包和红酒的哪些配置是可行的，哪些配置是不可行的。一对商品束(x_R, y_R)和(x_F, y_F)是**可行配置**，如果其中所有商品数量都非负且

$$X=x_R+x_F, Y=y_R+y_F。$$

就是说，在一个可行配置中，鲁滨孙和星期五得到的商品数量相加，等于两种商品的总量。在我们的交换模型中，可行配置是埃奇沃思图中的点。

其次，如果 A 和 B 都是可行配置，如果鲁滨孙和星期五都认为 A 至少和 B 一样好，并且至少一人认为 A 更好，则 A(**帕累托**)**优于** B。如果 A 优于 B，我们就说，鲁滨孙和星期五从配置 B 转到配置 A，是**帕累托改善**。

第三，可行配置 A 不是帕累托最优配置，如果存在另一个配置 B，两个消费者

都认为配置B至少和配置A一样好，并且至少一人认为配置B更好。就是说，一个可行的配置不是帕累托最优配置，如果存在着对它的帕累托改善的话。这里要看到，如果进行投票，任何帕累托改善都能获得一致通过(但有人可能投弃权票)。

第四，可行配置A是**帕累托最优**配置或者说是**帕累托有效率**的配置，如果没有其他可行配置B使得两个消费者都认为B至少和A一样好且至少一人认为配置B更好。就是说，一个可行的配置是帕累托最优配置，如果不存在对它的帕累托改善的话。在图15.1，你能找到至少一个非最优可行配置，即初始配置W；埃奇沃思图中许多点(W点左上方凸透镜区域内的点)帕累托优于W。(当然了，在图15.1中，点W不是唯一的非最优配置。)

这些定义很容易推广至由许多个消费者和许多种商品构成的交换经济，也能推广至包含生产和交换的经济模型中。这些定义不局限于只涉及一种商品的市场模型(局部均衡模型)。它们是十分一般的定义。在**一般均衡模型**中，即同时探讨所有市场上的供给和需求的模型中，这些定义十分有用。

只有两个人和两种商品的纯交换模型，是一个简单的一般均衡模型。

设想一个可行配置，它不是帕累托最优配置。它显然不是社会想要的配置，因为有其他更好的配置，换句话说，存在着对这个非最优配置的帕累托改善——改善到所有人都接受的另一个配置上。一个经济如果位于非帕累托最优点上，它就会移动到更好的点上。这里要指出的是，帕累托最优性不涉及**分配意义上的公平**或**平等**。和一个帕累托最优配置相比，一个非帕累托最优配置可能更公平。把所有面包和红酒都分配给鲁滨孙是个帕累托最优配置，因为不存在对这个极不公平配置的帕累托改善。把面包和红酒在鲁滨孙与星期五之间一分为二的配置，是所有可行配置中的最平等的配置，但未必是帕累托最优配置。

我们回到埃奇沃思图上。借助图形分析，我们应该能够把帕累托最优性和非帕累托最优性区别开来。

可行配置和埃奇沃思图

鲁滨孙的商品束为(x_R, y_R)，星期五的商品束为(x_F, y_F)。这一对商品束$((x_R, y_R), (x_F, y_F))$要为可行配置，它们所包含的两种商品的数量之和必须等于X和Y。我们看图15.2。图15.2中画出了两个商品束，但是面包的数量(表示在横轴)之和不等于面包总量(图15.2中长方形的长度)，红酒的数量(表示在纵轴)之和不等于红酒总量(图15.2中长方形的高度)。换句话说，如果你想找到面包和红酒的帕累托最优配置，你不必考虑图15.2中的商品束(x_R, y_R)和(x_F, y_F)，它们不是可行配置。

图15.3也画出了一对商品束，其中的商品数量之和也不等于X和Y。但是，与图15.2不同，在这里，商品数量相加的结果小于两种商品总量。这种商品束$((x_R, y_R), (x_F, y_F))$是**不可行的**配置，因此不是帕累托最优配置。(有经济学家认为图15.3中的$((x_R, y_R), (x_F, y_F))$是“可行的”，因为你可以从X和Y开始，扔掉一些面包和红酒(两种商品过剩的部分)，得到更小的商品总量)。但是，即使采取这种做法，$((x_R, y_R), (x_F, y_F))$依然不是帕累托最优配置，因为你可以从

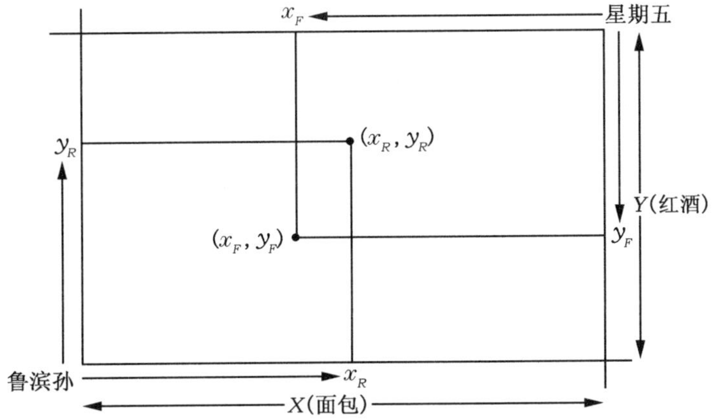

图 15.2　这对商品束不可行,因此,这一配置不是帕累托最优配置

$((x_R,y_R),(x_F,y_F))$开始,把多余部分一分为二,增加到两个人的商品束中,以此方法得到的新配置优于$((x_R,y_R),(x_F,y_F))$。

图 15.2 和图 15.3 的目的是说明在交换经济模型中,在判断面包和红酒的某个配置是否是帕累托最优配置之前,你必须首先确定它是可行配置。而它要是可行配置,必须满足

$$X=x_R+x_F, Y=y_R+y_F。$$

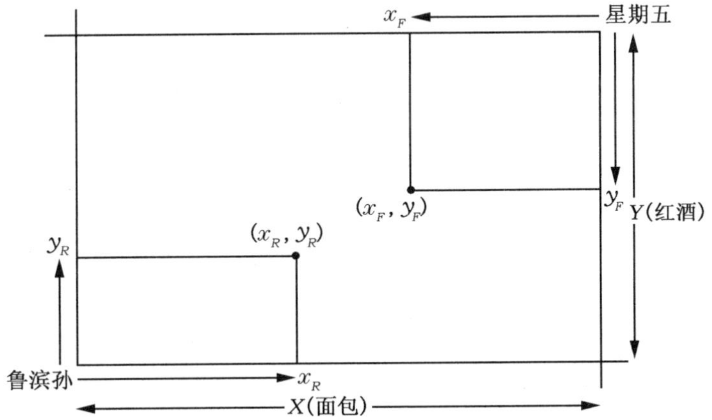

图 15.3　这对商品束不是帕累托最优配置,因为它不是可行配置。即使我们扩展可行性的定义使其成为可行配置,它依然不是帕累托最优配置。

无差异曲线的切点和埃奇沃思图

从现在开始,我们只探讨可行配置,就是说,只探讨能用埃奇沃思图中的点表示的商品束$((x_R,y_R),(x_F,y_F))$。图 15.1 中的点 W 是个可行配置。我们重新画一幅图,即图 15.4。在图 15.4 中取类似于 W 的点,记为 P 点。在图 15.4 中,无差异曲线I_R和I_F相交于点 $P=((x_R,y_R),(x_F,y_F))$。无差异曲线上的箭头表示

效用递增方向。点 P 不是帕累托最优配置,因为向凸透镜区域内部的移动能使两个消费者变得更好。(移动到这个区域的另一端点,即 I_R 和 I_F 的另一个交点,这两个消费者的状态与 P 点一样;移动到这个区域的边界上,将使一人变得更好而另一人的情况与 P 点一样。)

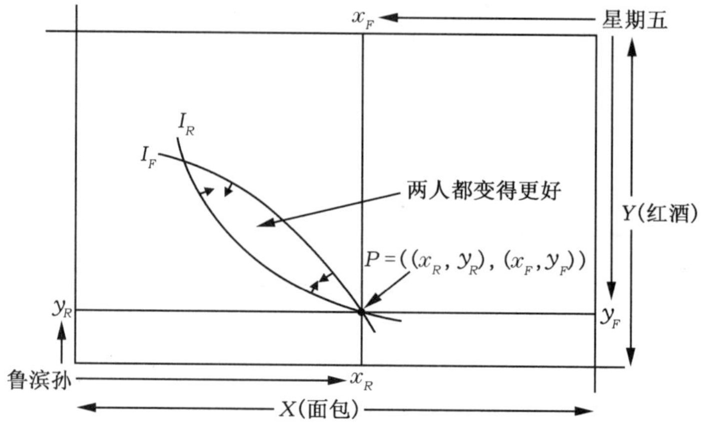

图 15.4　埃奇沃思图上的点 P 不是帕累托最优点

我们现在有了初步结论。两个消费者的无差异曲线如果在埃奇沃思图上某个点相交,则这个点不是帕累托最优配置,存在其他点或者说其他的可行配置优于这个交点。顺便说一句,如果两条无差异曲线在图上某个点相交(而不是相切),则这个点肯定位于埃奇沃思图内部。就是说,在两条无差异曲线相交处,$x_R, y_R, x_F, y_F>0$。

如果鲁滨孙和星期五位于图 15.4 的 P 点上,他们可以进行有益于一方或双方且不损害任何一方的交易。就是说,他们能实现帕累托改善。如果他们能自由交易,并且都知道所有的可行配置,知道自己的偏好或效用函数,他们就会继续交易直至无法实现帕累托改善。换句话说,他们将进行交易直至到达帕累托最优配置。如果他们最终到达的点位于埃奇沃思图内部,则这个点不可能是鲁滨孙和星期五的无差异曲线的交点。假设无差异曲线是光滑曲线且没有折点,则在无法实现帕累托改善时,他们到达的点肯定是切点。

简单地说,在埃奇沃思图内部,帕累托最优点肯定是鲁滨孙和星期五的无差异曲线的切点。图 15.5 画出了这样一个帕累托最优点:$Q=((x_R, y_R), (x_F, y_F))$。我们从 Q 点画出了四个箭头。沿着指向右上方的箭头,鲁滨孙情况变好但星期五情况变差。沿着指向左下方的箭头,星期五情况变好但鲁滨孙情况变差。沿着另外两个箭头指向的方向,两个人的情况都变得糟糕。因此,在 Q 点上,不存在任何帕累托改善,所以,Q 点是帕累托最优配置。

从上述分析中,我们得到了埃奇沃思图内部的点为帕累托最优配置的必要条件。这样一个点要成为帕累托最优点,则在这个点上,鲁滨孙和星期五的无差异曲线的斜率必须相等。就是说,鲁滨孙的商品 y 对商品 x 的边际替代率等于星期五的商品 y 对商品 x 的边际替代率:

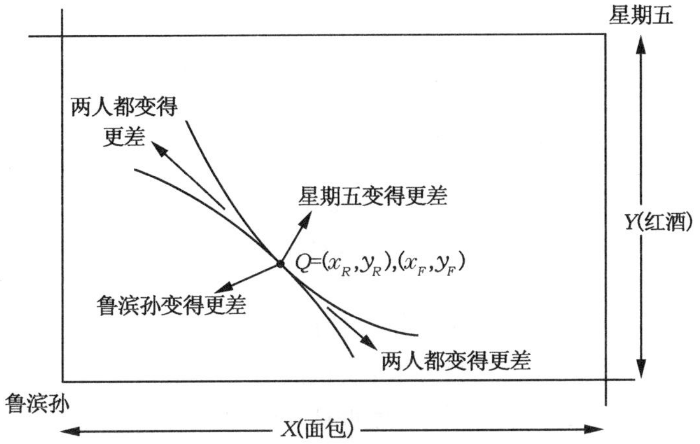

图 15.5 配置 Q 是帕累托最优配置

$$MRS^R = MRS^F。$$

我们得到：

$$\frac{MU_x^R}{MU_y^R} = \frac{MU_x^F}{MU_y^F}。$$

其中，上标 R 表示鲁滨孙，上标 F 表示星期五。

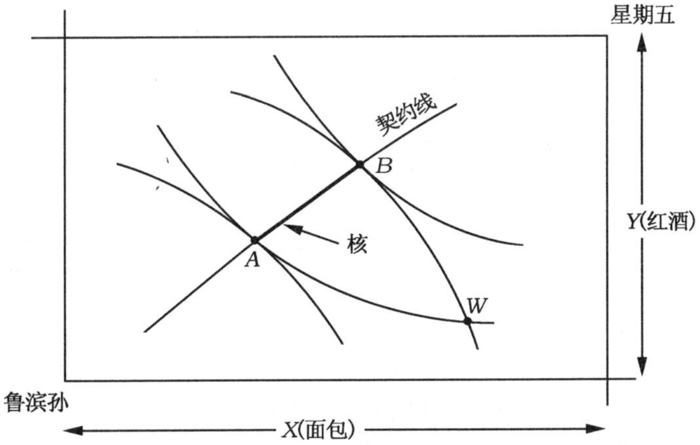

图 15.6 契约线和核

埃奇沃思图上的所有帕累托最优配置构成的集合，称为**契约线**。这个名称名副其实，因为契约线上的每个配置都可以是交易合同中的结果。就是说，鲁滨孙和星期五所达成的合同让他们从初始配置 W 点转移到契约线上。当然了，他们最终到达契约线上的具体配置，取决于初始配置 W 和他们的讨价还价能力。如果点 W 把大部分面包和红酒给了鲁滨孙，则在他们最终到达的契约线配置上，鲁滨孙依然得到大部分面包和红酒。在图 15.6 中，我们画出了契约线。在埃奇沃思图内部，它是切点集。图 15.6 中的初始配置 W 把大部分面包给了鲁滨孙，把大部分红酒给了星期五。在这一交换经济中，鲁滨孙和星期五通过交易，到达契约线，但并不能到达契约线上任意位置。他们将实现帕累托改善。就是说，他们两人都不想得到比初始配置 W 更糟糕的结果。和 W 相比，契约线上不使任何人情况变得更糟糕的部分，位于配置 A 和 B 之间。这个部分被称为核。

大部分经济学家认为，帕累托改善绝对是件好事，帕累托最优配置是应该达到的结果，因为任何非帕累托最优点都劣于某个帕累托最优点。大部分经济学家，在面对着埃奇沃思图时，都认为最终结果应该位于契约线。当然了，在分配问题上，经济学家们有分歧，所以，我们不会说帕累托最优点 A 比帕累托最优点 B 更好或更差。但是，经济学家都认为交换经济最终应该到达某个帕累托最优点，即到达契约线上某个点。在交换经济模型中，我们看到，两个交易者从初始点 W 开始，通过交易或物物交换，到达契约线。那么，是否存在到达契约线的其他方式呢？答案是肯定的：市场交易。

15.4　竞争均衡/瓦尔拉斯均衡

我们现在构造两人两商品经济的**竞争市场**模型。这一理论模型由法国经济学家瓦尔拉斯(1834—1910)最早提出。我们将描述市场均衡的概念称为**竞争均衡**或**瓦尔拉斯均衡**。在 20 世纪 50 年代，美国经济学家肯尼思・阿罗(Kenneth Arrow，1921—)、莱昂内尔・麦肯齐(Lionel McKenzie，1919—)和法国经济学家吉拉德・德布鲁(Gerald Debreu，1921—2004)，对市场均衡与帕累托最优性之间的关系进行了严密分析。

我们现在阐述瓦尔拉斯均衡概念。设想一位拍卖人来到鲁滨孙与星期五居住的岛上。拍卖人没有面包，没有红酒，他也不消费面包和红酒。他的唯一功能是创建一个市场，让鲁滨孙与星期五能在市场上交易两种商品。他通过喊价实现这一功能。他首先喊出(p_x, p_y)，即面包和红酒的一组价格。他宣布自己愿意在这些价格上购买和出售任意数量的面包和/或红酒。他问鲁滨孙和星期五："在这些价格上，你们想怎么做？"

在这个竞争市场经济中，我们假定鲁滨孙和星期五视价格为外生的和给定的，不受他们的行动影响。(当经济中只有两个消费者时，这一假定显然有些不合现实，但是我们的模型的目的是解释有许多个消费者的经济——在这种经济中，竞争行为假定具有可行性。)鲁滨孙和星期五听到了瓦尔拉斯拍卖人喊出的价格(p_x, p_y)，他们要告诉拍卖人在这些价格水平上自己想消费的商品束。

鲁滨孙和星期五在银行中或口袋里没有任何货币；他们只拥有初始商品束。他们听到拍卖人喊出的价格，知道自己拥有的初始商品束。如果鲁滨孙在开始时只拥有 10 块面包，但决定消费 12 块面包，他会找到拍卖人，用红酒交换 2 块面包。那么，他的预算约束是什么呢？我们可以用交换关系推导他的预算约束。交换关系的本质是：

所购买的面包的价值＝所放弃的红酒的价值，

或者说，

$$(x_R - x_R^0)p_x = (y_R^0 - y_R)p_y。$$

整理得到

$$p_x x_R + p_y y_R = p_x x_R^0 + p_y y_R^0。$$

我们还可以换种思路推导鲁滨孙的预算约束：在消费者没有货币收入的世界中，构成预算约束中收入项的是消费者在开始时拥有的商品束的价值。鲁滨孙的预算约束说的是：他想要的消费束的价值等于他开始时拥有的消费束的价值，或者说，

$$p_x x_R + p_y y_R = p_x x_R^0 + p_y y_R^0。$$

现在，瓦尔拉斯拍卖人喊出了一组价格，问鲁滨孙和星期五："在这些价格上，你们想怎么做?"鲁滨孙自然想在预算约束下最大化自己的效用或者说到达最高的无差异曲线。换句话说，他想最大化

$$u_R(x_R, y_R);$$

约束条件为

$$p_x x_R + p_y y_R = p_x x_R^0 + p_y y_R^0。$$

我们看这一预算约束条件所定义的预算线。预算线斜率的绝对值为 p_x/p_y，预算线穿过初始消费束(x_R^0, y_R^0)。假设鲁滨孙认为自己想消费商品束 A_R。鲁滨孙于是告诉拍卖人，根据所公布的价格，他想消费 A_R。

星期五也在算计。他告诉拍卖人自己想消费B_F。

图 15.7 描述了这些结果。图 15.7 中画出了一条穿过初始配置 W 的预算线。这里没有必要画出两条预算线，即没有必要画出鲁滨孙的预算线和星期五的预算线，因为两人的预算线都穿过 W 点，即穿过两人的初始消费束，并且，拍卖人只喊出了一组价格，因此只有一个可能的价格比 p_x/p_y 和一个可能的斜率。在图 15.7 中，我们画出了鲁滨孙想消费的消费束 A_R 和星期五想消费的消费束B_F。

现在轮到瓦尔拉斯拍卖人行动。他问自己："有可能让鲁滨孙消费 A_R、让星期五消费B_F吗?"你应该能想到这一问题的答案："不可能。"(A_R, B_F)不是可行配置。把这两个消费束相加，结果不等于 X 和 Y。两个人想消费的面包的数量小于面包的总量，两个人想消费的红酒的数量大于红酒的总量。因此，(A_R, B_F)不是可行配置。

图 15.7 在给定的价格上，商品 x 上存在超额供给，商品 y 上存在超额需求。瓦尔拉斯拍卖人应该再宣布一组价格，其中，商品 x 的相对价格 p_x/p_y 应更低。

瓦尔拉斯拍卖人意识到这一点。他对自己说"前面宣布的价格(p_x, p_y)必须改变，因为面包上出现超额供给，红酒上出现超额需求。必须降低面包的相对价格 p_x/p_y"。他告诉鲁滨孙和星期五，在此前公布的价格上不进行交易。他宣布了一对新的价格，在这组价格上，p_x/p_y 低于此前的相对价格。[如果此前的价格为(2,1)，则新的价格可能为(1.75,1)。]他让鲁滨孙和星期五忘掉此前价格上两人想消费的商品束。他们现在要告诉他在新的价格上各自想消费的商品束。鲁滨孙和星期五于是计算在新的价格上，自己想消费的商品束，并报告给拍卖人。

拍卖人、鲁滨孙和星期五持续这一"报价—想要的消费束—报价"过程，直至他们最后得到一组行得通的价格和消费束。换句话说，这一过程持续进行，直至鲁滨

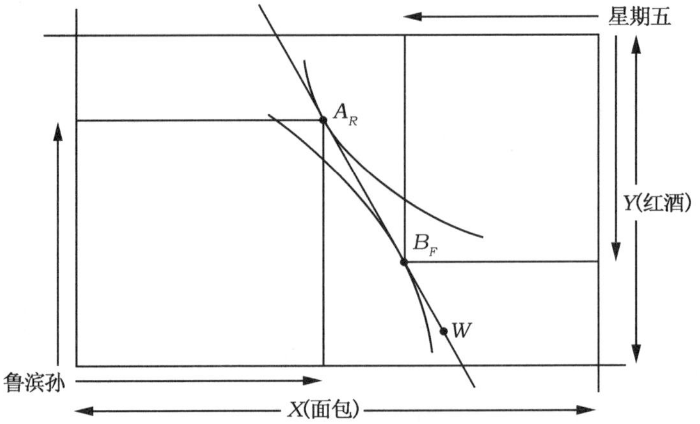

图 15.7　红酒上存在超额需求，面包上存在超额供给

孙和星期五告诉瓦尔拉斯拍卖人，根据最新公布的价格(p_x^*，p_y^*)，他们想消费商品束A_R^*和B_F^*。这两个商品束与面包和红酒的总量相等；它们是可行配置，是埃奇沃思图上的一个点。就是说，在商品束A_R^*和B_F^*上，对每一种商品，总需求量＝总供给量。

一旦达到了这个结果，瓦尔拉斯拍卖人就向鲁滨孙和星期五宣布自己的决定："我们到达了目的地。现在，你们可以通过我进行交易或者你们直接在价格(p_x^*，p_y^*)上进行交易。回家消费去吧！"(这里没有深究这一动态价格调整过程的本质。对这一收敛过程的分析超出了本书范围。)

我们把上述过程称为**瓦尔拉斯拍卖过程**或**瓦尔拉斯过程**，把最终的结果称为**竞争均衡**或**瓦尔拉斯均衡**，把结束这一过程的价格水平(p_x^*，p_y^*)称为**竞争均衡价格**。瓦尔拉斯过程生成均衡价格和消费束A_R^*和B_F^*，使得在均衡价格下，A_R^*在鲁滨孙的预算约束下最大化鲁滨孙的效用，B_F^*在星期五的预算约束下最大化星期五的效用；并且，(A_R^*，B_F^*)是**可行配置**，就是说，每种商品上的总消费量等于总供给量。配置(A_R^*，B_F^*)被称为**竞争均衡配置**。

图 15.8 描述了竞争均衡。这里要看到图 15.7 和图 15.8 之间的区别：在图 15.7 上，两个人想要的消费束是埃奇沃思图上两个不同的点，它们不是可行配置；在面包上存在超额供给，在红酒上存在超额需求。面包的相对价格 p_x/p_y 应该下降，或者说，预算线应该更平坦。图 15.8 上的预算线更平坦，并且，两人想要的消费束正好重合。它们是可行配置，每种商品的供给量等于需求量。

对于图 15.8 上的点(A_R^*，B_F^*)，我们得到两个极重要的结论：首先，这一竞争均衡配置是两条无差异曲线的切点。这意味着它在契约线上，是帕累托最优配置。其次，从图 15.6 和图 15.7 中，我们看到，竞争均衡配置位于核内。

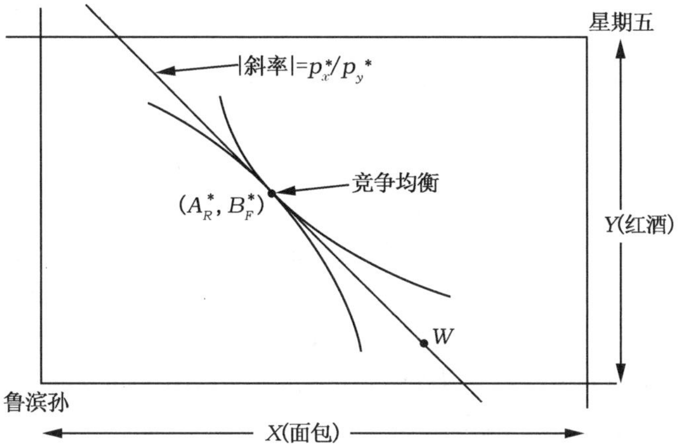

图 15.8 瓦尔拉斯均衡/竞争均衡

15.5 福利经济学的两个基本定理

自亚当·斯密的《国富论》于 1776 年出版以来，自由市场与效率之间的关系和市场激励与国家财富之间的关系，就是经济学家研究的内容。斯密的理论既不正式也没有用到数学；正式的和数学化的分析在 19 世纪末和 20 世纪中期才发展起来。把帕累托最优性与竞争市场联系在一起的两个基本结论，被称为福利经济学第一基本定理和第二基本定理。图 15.8 在只有两个人和两种商品的简单的纯交换模型中，阐述了第一基本定理。根据图 15.8，竞争均衡配置是帕累托最优配置。这一结论很容易推广至有许多个人和许多种商品的交换模型中，推广至有生产也有交换的经济模型中。这一定理只要求有限的几个假定：对每种商品，存在着相应的市场和市场价格；所有市场主体都是竞争价格的接受者；每个人的效用决定于自己的消费束，与其他人的消费束无关；（在引入企业时，企业都是竞争价格的接受者；每个企业的生产函数都只决定于它自己的投入品数量和产量。）我们现在对一般交换经济，阐述第一福利定理。

福利经济学第一基本定理

假设每种商品都有自己的市场和市场价格；所有人都是竞争价格的接受者；每个人的效用只决定于自己的商品束。则每个竞争均衡配置都是帕累托最优配置。每个竞争均衡配置都在核内。

这是个重要结论。它指出，依赖于竞争市场的社会实现帕累托最优配置。它是个重要的结论，因为虽然存在着很多竞争配置，但是交换模型中的大部分配置不是帕累托最优配置。你不妨想象向图 15.6 中的埃奇沃思图掷出一枚飞镖，想象这枚飞镖击中契约线的概率。击中契约线的可能性有多大？理论上，击中契约线的概率等于零，因为线的面积等于零。所以说，达到帕累托最优配置不是件容易的事，但市场机制做到了！而且，市场机制的运行成本很低（理论上，它只需要瓦尔拉斯拍卖人；在现实世界，它可能需要 eBay 之类的市场）。它不需要中央权力机构，不需要由中央权力机构去了解每个人的效用函数（这是件极危险的事情），然后做出分配决策；它只需要公开价格，并根据超额供给或超额需求调整价格。简言之，竞争市场机制是低成本的和高度有效的。这就是福利经济学第一定理所告诉我们的内容。

但是，第一福利定理有个重大缺陷：竞争均衡配置高度依赖初始配置。如果初始配置把大部分面包和红酒给了鲁滨孙，则最终的竞争均衡配置也把大部分面包和红酒给了鲁滨孙。在更一般的情况下，如果社会中才能的分布和各种商品的初始分配都极不平等，则最终的竞争均衡配置虽是帕累托最优配置，但依然极不平等。对此缺陷，我们能做些什么呢？第二福利定理给出了问题的答案。

福利经济学的第二福利定理需要用到第一福利定理的所有假定，并增加了一个假定：凸性假定。至少对交换经济中的第二福利定理，我们得假定所有交易者都有凸无差异曲线。（这就是图 15.4～图 15.8 把无差异曲线画为图中形状的原因。）我们现在阐述第二福利定理。假设社会中的初始配置非常不公平，使得以初始配置为基础的竞争均衡配置也十分不公平。假设社会中的每个人都认为存在着另一个——可能更公平的——帕累托最优配置，他们想到达这个配置。并且，他们想利用市场机制达到这个理想的帕累托最优点；他们不想由独裁者宣布每个人应该消费的商品束。那么，是否存在某种市场机制能使社会从初始配置到达这个理想的帕累托最优配置呢？答案是肯定的。

图 15.9 描述了这一定理。初始配置 W 把所有面包和大部分红酒都给了鲁滨孙。给定这一初始配置，如果让瓦尔拉斯机制自行其是，则最终的竞争均衡依然把大部分面包和大部分红酒分配给鲁滨孙。在图 15.9 上，这一配置被称为**自由放任**结果。它是不受干预的自由市场实现的结果。但它是个不公平的结果；星期五依然是个穷光蛋。更公平的配置是图 15.9 中称为**目标配置**的帕累托最优配置。那么，市场，能否在经过一番改造后，让社会达到目标配置呢？

图 15.9 描述了如何改造市场机制以使经济达到目标配置。相对于市场自行达到的配置，这个目标帕累托最优配置更公平。由于目标配置是帕累托最优配置并且位于埃奇沃思图内部，所以，它肯定是两个交易者无差异曲线的切点。（如果目标配置不是个内点，我们的分析将更加复杂。）它是个切点，我们可以画出图 15.9 中的切线。根据这条切线的斜率，我们能知道我们所需的相对价格 p_x^*/p_y^*。我们让其中一个价格等于 1，然后根据我们所需的价格比率，找到另一个价格。（价格被设定为 1 的商品，称为计价商品。）借用这种方法，我们能找到想要的价格（p_x^*，p_y^*）。

现在让政府介入，实行某种**人头税和转移支付**，即对鲁滨孙和星期五征税或给他们转移支付。这种税收和转移支付具有人头税特征，因为它们与两人消费的商品数量无关。（向一个人征收的）税收表示为负数；转移支付（或者说，补贴）表示为正数。设 T_R 是鲁滨孙缴纳的税收或得到转移支付，T_F 是星期五缴纳的税收或得到转移支付。在这里，政府既没有创造也没有破坏财富，所以，

$$T_R+T_F=0。$$

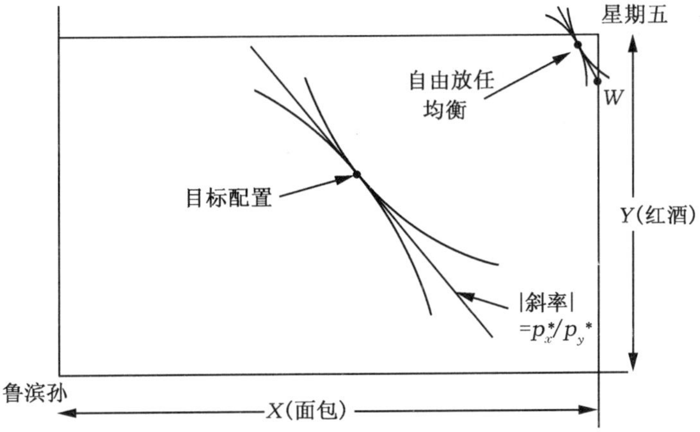

图 15.9 极不公平的自由放任竞争均衡和更公平的帕累托最优目标配置

政府向一个人征收的税收被转移给另一个人。政府现在向鲁滨孙发出了一条信息:"把T_R加到预算线中等号的右边,把(p_x^*,p_y^*)当作两种商品的价格。如果T_R是负数,对不起,你将失去T_R数量的金钱;把钱汇给我们。如果T_R是正数,恭喜你,你将得到T_R数量的金钱;我们将在今天把钱汇给你。"政府就T_F给星期五发去类似信息。鲁滨孙和星期五的预算约束于是变为:

$$p_x^* x_R + p_y^* y_R = p_x^* x_R^0 + p_y^* y_R^0 + T_R,$$

$$p_x^* x_F + p_y^* y_F = p_x^* x_F^0 + p_y^* y_F^0 + T_F。$$

现在,鲁滨孙和星期五根据自己的预算约束选择各自想要的消费束。如果政府征收的税收和提供的转移支付恰到好处,鲁滨孙和星期五将到达理想的帕累托最优点即目标配置上。

简言之,无论初始配置多么不公平,通过恰到好处的人头税和转移支付,社会能够从任意的初始配置到达理想的帕累托最优配置,并且,它不需要放弃市场机制。福利经济学的第二定理告诉我们,这一切都是能够实现的。我们正式表述第二福利定理。

福利经济学的第二基本定理

假设每种商品都有自己的市场,所有人都是竞争价格的接受者,每个人的效用只决定于自己的商品束,每个人都有凸无差异曲线;目标配置是帕累托最优配置。则存在这些商品的竞争均衡价格和针对每个人的人头税和转移支付使得所有的人头税和转移支付相加等于零,使得当均衡价格下的预算约束包含税收和转移支付时,目标配置是所实现的竞争均衡配置。

不严格地说,福利经济学第一定理说的是:任何竞争均衡都是帕累托最优均衡;第二定理说的是:在对交易者预算约束恰当调整后,任意的帕累托最优点都是竞争均衡。第二定理要求增加一个假定(凸性假定)并且依赖对预算约束的调整。第二福利定理使所有经济学家都承认:我们喜欢市场机制,它带给我们帕累托最优结果。但是,其中的保守经济学家会说,“市场是个伟大的机制,不要去碰它;接受它给我们的帕累托最优结果”。其中的自由主义经济学家会说,“市场是个伟大的机制,但是初始配置却糟透了;让我们用税收和转移支付消除不公平,然后,接受市场带给我们的帕累托最优结果”。

保守经济学家与自由主义经济学家的分歧使得经济学家和很多人的人生充满乐趣。

15.6 例　题

问题

在纯交换经济中,只有两个消费者:消费者 1 和消费者 2;只有两种商品:x 和 y。消费者 1 的初始禀赋为 $w_1=(1,0)$:他拥有 1 件商品 x 和 0 件商品 y。消费者 2 的初始禀赋为 $w_2=(0,1)$:他拥有 0 件商品 x 和 1 件商品 y。设 $W=(w_1,w_2)$ 为初始配置。消费者 i 的效用函数为 $u_i(x_i,y_i)=x_iy_i$,其中,$i=1,2$,(x_i,y_i)为消费者 i 的消费束。

(a)在埃奇沃思图中描述这一经济(画出一些无差异曲线和两人的初始禀赋)。

(b)写出描述帕累托效率配置的方程。在埃奇沃思图中,标出这些配置。初始均衡点是帕累托效率配置吗?为什么?

(c)计算这一纯交换经济的竞争均衡,求解每个人的消费束和均衡价格 p_x^* 与 p_y^*。(你可以把其中任一种商品的价格定为 1。)

(d)给定任意一对价格(p_x,p_y),消费者 1 和消费者 2 都能算计出自己想要的消费束以及需购买的商品 x 和 y 的净数量。例如,消费者 1 对商品 x 的净需求为 x_1-1(它是个负数,意味着他得出售一些商品 1);消费者 2 对商品 x 的净需求为 x_2-0。把两个人的需求量相加,得到他们对商品 x 的总的净需求,即用商品 x 的数量表示的对 x 的超额需求。(它可能为正,也可能为负。如果为负,则在商品 x 上存在超额供给。)把超额需求乘以 p_x,我们得到用货币衡量的商品 x 上的超额需求。

设(p_x,p_y)是任意一对正价格。(**任意**一对价格,并没有要求它们是竞争均衡价格。)证明用货币衡量的商品 x 的超额需求与用货币衡量的商品 y 的超额需求之和等于零。这一结论由瓦尔拉斯提出,被称为**瓦尔拉斯法则**。瓦尔拉斯法则说的是:把用货币衡量的所有市场上的超额需求相加,得到的结果等于零。

答案

(a)这里不画埃奇沃思图;它类似于图 15.8。但我们文字描述如何画埃奇沃思图。如果你不曾画过,请你按照我们的描述把它画出来。本题中的埃奇沃思图是个正方形,边长等于 1。消费者 1 的原点为左下角,消费者 2 的原点为右上角。初始点 W 为右下角。无差异曲线一般为对称双曲线,从消费者 1 的原点到消费者 2 的原点即从左下角到右上角的对角线为双曲线的对称轴。但是,穿过初始点 W 的无差异曲线却是“退化”双曲线;例如,对消费者 1,穿过其初始禀赋点(1,0)的无差异曲线的方程为 $x_1y_1=0$;在图上,它是横轴和纵轴。

(b)在这道题中,帕累托最优点是两个消费者的无差异曲线的切点。切点条件要求消费者 1 的边际替代率等于消费者 2 的边际替代率。消费者 i 的边际替代率为

$$MRS^i=\frac{MU_x^i}{MU_y^i}=\frac{y_i}{x_i}。$$

让两个消费者的边际替代率相等,然后用 $1-x_1$ 替换 x_2,用 $1-y_1$ 替换 y_2,得到

$$\frac{y_1}{x_1}=\frac{y_2}{x_2}=\frac{1-y_1}{1-x_1}。$$

于是,

$$x_1=y_1。$$

因此,帕累托最优点集合,即契约线,是图中向上倾斜的对角线,即从消费者 1 的原点到消费者 2 的原点的对角线。初始点 W 不具有帕累托效率;它不在契约线上。事实上,从 W 点向埃奇沃思图内部任何一个点的移动,都使两个消费者变得更好。

(c)在位于埃奇沃思图的内点集中的竞争均衡上,价格比率 p_x^*/p_y^*、消费者 1 的边际替代率和消费者 2 的边际替代率相等。在契约线上,即当 $MRS^1=MRS^2$ 时,$x_1=y_1$。由于 $MRS^1=y_1/x_1$,所以,在契约线上,$MRS^1=1$。因此,在竞争均衡上,$p_x^*/p_y^*=1$。我们可以设定其中一种商品的价格为 1(这种商品是计价商品)。我们让商品 y 为计价商品,即 $p_y^*=1$。由于 $p_x^*/p_y^*=1$,$p_x^*=1$。

我们求解竞争均衡配置的精确位置。首先要看到,竞争均衡预算线的斜率的绝对值肯定为 $p_x^*/p_y^*=1$,并且,预算线穿过初始配置 W 点即埃奇沃思图的右下角。因此,竞争均衡预算线是从右下角到左上角的对角线。竞争均衡因此为竞争均衡预算线和契约线的交点;我们说过,契约线是从左下角到右上角的对角线。因此,竞争均衡配置点为埃奇沃思图的中心点。消费者 1 的竞争均衡消费束为(1/2,1/2),消费者 2 的竞争均衡消费束为(1/2,1/2)。

(d)设(p_x,p_y)是一对正价格,(x_1,y_1)和(x_2,y_2)是这对价格下两个消费者所选择的消费束。(正价格的假定保证了没有人想消费无穷数量的 x 和 y。)我们用$\$ED(x)$表示 x 上的超额需求的货币值,$\$ED(y)$表示 y 上的超额需求的货币值。这里要看到

$$\$ED(x)=p_x(x_1-1)+p_x(x_2-0)。$$

商品 x 和商品 y 的超额需求之和为

$$\begin{aligned}\$ED(x)+\$ED(y)&=p_x(x_1-1)+p_x(x_2-0)+p_y(y_1-1)+p_y(y_2-0)\\&=(p_xx_1+p_yy_1-p_x)+(p_xx_2+p_yy_2-p_y)。\end{aligned}$$

但是,消费者 1 的预算约束要求

$$p_xx_1+p_yy_1=p_x\times1+p_y\times0=p_x,$$

所以,总超额需求表达式中第一个括号内的项等于零。同理,根据消费者 2 的预算约束,第二个括号内的项等于零。因此,

$$\$ED(x)+\$ED(y)=0。$$

这就是瓦尔拉斯法则。

习　题

1.一个经济中只有两种商品：蛋糕(x)和咖啡(y)。消费者迈克尔与安吉拉都认为蛋糕与咖啡是互补品。他们只在喝咖啡时，才消费蛋糕；反之亦然。迈克尔有五块蛋糕和一杯咖啡；安吉拉有一块蛋糕和五杯咖啡。

(a)画出这个交换经济的埃奇沃思图，把初始禀赋点标记为W。

(b)画出两个人的穿过禀赋点的无差异曲线。

(c)相对于初始禀赋点，你能够找到帕累托改善吗？把你找到的帕累托改善标记为W'。在这个帕累托改善上，两个人各消费几块蛋糕和几杯咖啡？

2.金格尔有一磅火腿($x_g=1$)，没有土豆($y_g=0$)；弗雷德没有火腿($x_f=0$)，但有一磅土豆($y_f=1$)。金格尔的效用函数为$u_g=x_g^{\alpha}y_g^{1-\alpha}$，弗雷德的效用函数为$u_f=x_f^{\alpha}y_f^{1-\alpha}$，其中，$0<\alpha<1$。(我们说过，这类函数为柯布一道格拉斯函数。)

(a)证明契约线为埃奇沃思图的对角线。

(b)证明在竞争均衡上，

$$\frac{p_x}{p_y}=\frac{\alpha}{1-\alpha}。$$

3.一个交换经济中只有两种商品：商品x和y；只有两个消费者：瑞和田。瑞的效用函数为$u_r=x_ry_r$，禀赋为$\omega_r=(2,2)$。田的效用函数为$u_t=x_ty_t^2$，禀赋为$\omega_t=(3,3)$。邓肯认为，在$((x_r',y_r')=(4,1),(x_t',y_t')=(1,4))$上，存在竞争均衡，均衡价格为$p_x=p_y=1$。

(a)在邓肯所认为的均衡配置上，两种商品的总量是否正确？请解释。

(b)相对于禀赋点，邓肯所认为的均衡配置是帕累托改善吗？

(c)给定上述价格，写出瑞的预算约束。求解瑞的最优消费束(x_r^*,y_r^*)。

(d)给定上述价格，写出田的预算约束。求解田的最优消费束(x_t^*,y_t^*)。

(e)这些商品束和价格是否构成竞争均衡？请解释。

4.我们再看前一题中的瑞和田。现在求解这一一般均衡模型。我们可以自由地设定其中一种商品的价格为1。我们把商品x作为计价商品，就是说，$p_x=1$。我们求解均衡价格p_y。

(a)写出瑞的预算约束。求解瑞的最优消费束(x_r^*,y_r^*)，把x_r^*和y_r^*表示为p_y的函数。

(b)写出田的预算约束。求解田的最优消费束(x_t^*,y_t^*)，把x_t^*和y_t^*表示为p_y的函数。

(c)写出商品x的市场出清条件(即总需求=总供给)。利用(a)和(b)的答案，把市场出清条件表示为p_y的函数并求解p_y。

(d)把你得到的p_y代入(a)和(b)的答案中，求出竞争均衡。

5.一个经济中只有两种商品：牛奶(x)和蜂蜜(y)；只有两个消费者：米恩和谢菲尔德。米恩的效用函数为$u_m=x_my_m^3$，禀赋为$\omega_m=(4,4)$。谢菲尔德的效用函数为$u_s=x_sy_s$，禀赋为$\omega_s=(0,0)$。我们让$p_x=1$，允许p_y变化。

(a)初始禀赋是帕累托最优配置吗？请解释。

(b)假设政府规定米恩的人头税为$T_m=-4$，谢菲尔德的人头补贴为$T_s=4$。

(c)写出米恩的新的预算约束。求解米恩的最优消费束(x_m^*, y_m^*)，将x_m^*和y_m^*表示为p_y的函数。

(d)写出谢菲尔德的新的预算约束。求解谢菲尔德的最优消费束(x_s^*, y_s^*)，将x_s^*和y_s^*表示为p_y的函数。

(e)求解竞争均衡，即求解使市场出清的(x_m^*, y_m^*)、(x_s^*, y_s^*)和均衡价格p_y。

(f)证明新的均衡配置是帕累托最优配置。

6."要实现有效率的配置，对消费者的禀赋征人头税等价于对商品征从量税。"你赞同这一结论吗？请利用福利定理做出解释。

第十六章

生产经济

16.1 导 论

前一章介绍了纯交换经济模型。在这个模型中，只有两个人：鲁滨孙和星期五；只有两种商品：面包和红酒。它是一般均衡模型。就是说，它同时考虑了一切因素：鲁滨孙对面包和红酒的偏好，星期五的偏好，鲁滨孙拥有的面包和红酒的初始禀赋，星期五的初始禀赋。为使模型简单，我们假定只有两个人和两种商品，没有生产活动。两种商品的数量为外生给定且固定。

现在看另一个一般均衡模型，它依然考虑了所有因素，并且它包含生产活动。为使模型尽可能简单，我们假定经济中只有一个人，他既是生产者也是消费者。我们称他为鲁滨孙·克鲁索。（读过这本小说的人应该记得，在星期五登岛前，鲁滨孙已在岛上居住多年。我们的生产模型是对星期五登岛前岛上的生产和消费活动的经济学分析。）

前一章在对纯交换经济的分析中，讨论了帕累托最优性（或者说，帕累托效率）等概念，分析了市场均衡；探讨了帕累托最优性与市场之间的关系，这些关系反映于福利经济学第一基本定理和第二基本定理中。不严格地说，第一定理指出，市场均衡是帕累托最优配置；第二定理指出，利用市场机制，任一帕累托最优配置都能够实现。

本章探讨生产经济和生产经济中帕累托最优生产结果所具有的特征。我们讨论生产经济中的市场均衡。我们给出生产经济中福利经济学第一基本定理和第二基本定理，它们阐述了生产经济中市场机制与效率之间的关系。

16.2 鲁滨孙·克鲁索生产经济

鲁滨孙一个人居住在荒岛上；星期五尚未登岛。鲁滨孙每天工作和休息。设 l 是他每天（或每周、每月或每个时间单位里）的工作小时数。这是他的劳动数量。我们称他的休息时间为**闲暇**，写为 L。一天有 24 个小时，所以，劳动与闲暇之间的关系为 $l+L=24$。（第五章分析过消费者的消费/闲暇选择。）

鲁滨孙的工作是生产面包。设 x 为（每天的）面包产量。本章末还将引入另一种商品：红酒。设 y 为红酒产量。但在现在，鲁滨孙只生产面包。

作为消费者，鲁滨孙消费闲暇和面包。他有这两种商品上的偏好。为简化分析，我们假定他关心自己投入到工作中的小时数 l，因为工作时间的长短决定休息时间的长短，两者的关系为 $l=24-L$。（这正是第五章中的假定。）我们用效用函数 $v(L,x)$ 表示鲁滨孙在闲暇和面包上的偏好。它的无差异曲线向下倾斜且具有通常的凸性。如果把闲暇 L 从效用函数中剔除，代之以劳动 l，我们对鲁滨孙作为消费者和**生产者**的行为的分析就能大大简化。当然了，闲暇是商品（鲁滨孙希望闲暇越多越好），劳动是**厌恶品**（鲁滨孙希望劳动越少越好，因为它限制了他对闲暇的消费）。

设 $u(l,x)$ 为鲁滨孙从劳动和面包中获得的效用。利用效用函数 $u(l,x)$，我们能得到面包的边际效用 $MU_x=\partial u(l,x)/\partial x$，它大于零；得到劳动的边际效用 $MU_l=\partial u(l,x)/\partial l$，它小于零。鲁滨孙想要更多的面包，想更少地工作。所以，效用函数 $u(l,x)$ 的无差异曲线向上倾斜且是凸的，效用函数 $v(L,x)$ 的无差异曲线向下倾斜且是凸的。

图 16.1 画出了两个效用函数的无差异曲线。上图是效用函数 $v(L,x)$ 的无差异曲线，它们是向下倾斜的标准无差异曲线；下图是效用函数 $u(l,x)$ 的无差异曲线，它们向上倾斜。

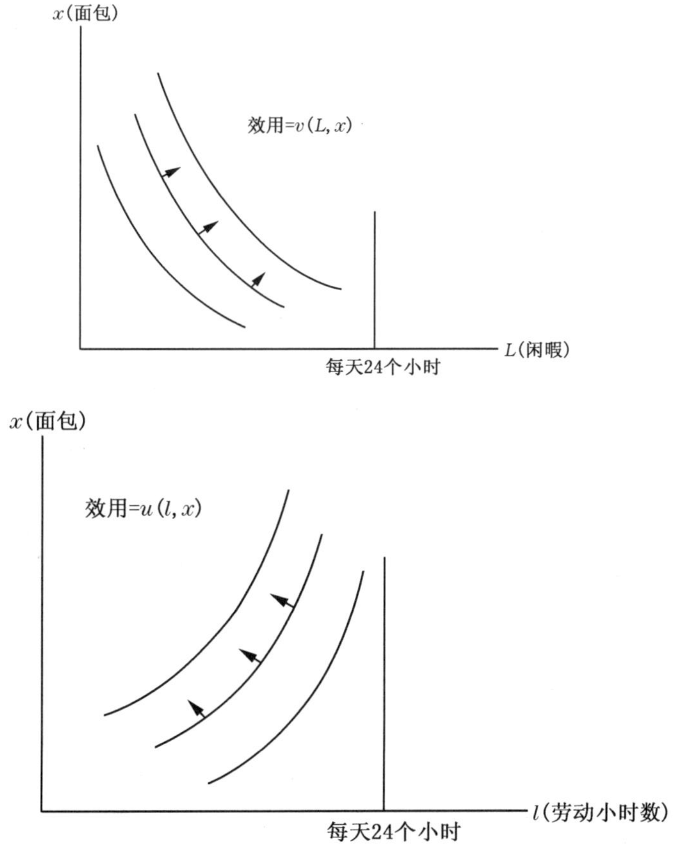

图 16.1　消费者鲁滨孙：上图为闲暇/面包空间中的无差异曲线，下图为劳动/面包空间中的无差异曲线。箭头指示效用上升方向。

现在看面包**生产者**鲁滨孙。他的生产函数为 $x=f(l)$。这个函数给出了对鲁滨孙而言技术上可行的一切生产方案——对任一劳动小时数,他能烘焙出的(最高的)面包数量。在图上画出这个生产函数,我们能看到对任意给定的投入品(劳动)数量,鲁滨孙能实现的最大产品(面包)数量。这些投入品—产出组合都是生产函数上的点。我们说这种点**在技术上有效率**。

图 16.2 画出了生产函数。生产函数曲线下方的点是**可行的**生产方案**但在技术上无效率**。这些点都是劳动与面包的可行的组合,但不是鲁滨孙能实现的最好结果;就是说,使用相同数量的劳动,他能生产更多面包。生产函数曲线上方的点是**不可行的**;就是说,给定鲁滨孙的面包生产技术,这些点是他无法达到的。

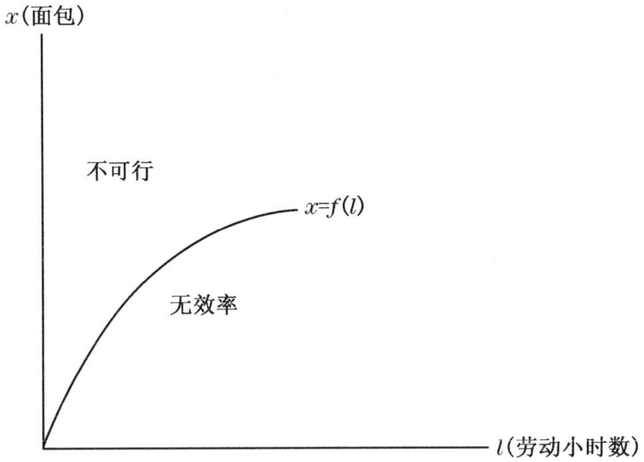

图 16.2 生产者鲁滨孙

16.3 帕累托效率

我们回顾前一章中的帕累托最优性等概念。一个选项要成为最优或最有效率的选项,首先必须是可行选项,并且,没有其他任何选项(帕累托)优于它。当经济中有两个或更多个人时,当 A 和 B 都是可行选项时,我们说 A(**帕累托**)**优于** B,如果每个人都认为 A 至少和 B 一样好,并且,至少一人认为 A 更好。

在只有一个人时,例如只有鲁滨孙时,A(**帕累托**)优于 B,如果 A 和 B 都是可行选项并且鲁滨孙更喜欢 A。一个选项是**帕累托最优的**或者说是**帕累托有效率的**,如果它是可行的并且没有鲁滨孙更喜欢的其他可行选项。简言之,在单人经济中,帕累托最优或最有效率的结果不过是鲁滨孙最喜欢的可行结果。图 16.3 画出了这个简单经济中的(唯一的)有效率的结果。它是生产函数曲线上最大化鲁滨孙效用的那个点,换句话说,它是生产函数曲线与最高无差异曲线相切的点,即图 16.3 中的点(l^*,x^*)。

图 16.3 揭示了在这个简单经济中,内点$(l^*,x^*>0)$是帕累托最优点所必须满足的条件。

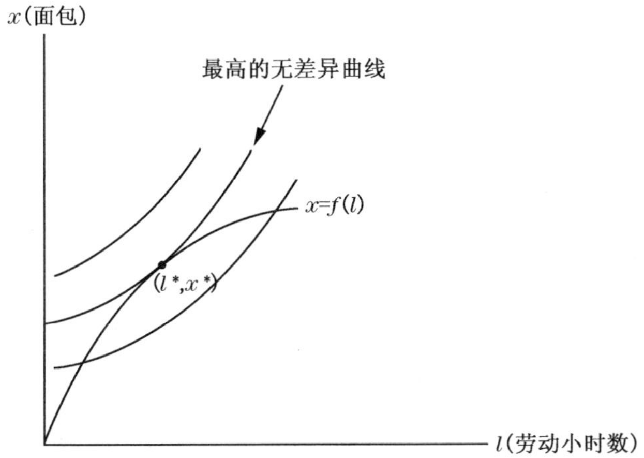

图 16.3 具有帕累托效率的生产/消费点

首先，(l^*, x^*)必须在技术上有效率，它必须在生产函数曲线上。它不能位于曲线下方，否则，它就是可行的但无效率；它不能位于曲线上方，否则，它是不可能实现的或者说是不可行的。它必须满足方程：

$$x=f(l)。$$

其次，它必须是生产函数和一条无差异曲线的切点。不严格地说，无差异曲线的斜率是面包对劳动的边际替代率。我们说“不严格地说”，是因为在这个模型中，劳动 l 是**厌恶品**而不是**商品**，这意味着边际替代率不具有通常的符号特征。

此前在探讨两种**商品**时，商品 2 对商品 1 的边际替代率是为补偿消费者所失去的一件商品 1，我们给消费者的商品 2 的数量。在第二章的边际替代率定义中，对商品 x_1 和 x_2，$MRS_{x1,x2}=MU_1/MU_2$ 大于零。现在，劳动是厌恶品，所以面包对劳动的边际替代率或者说 $MRS_{l,x}=MU_l/MU_x$ 小于零。就是说，作为对鲁滨孙少工作一个小时的补偿，我们得减少给他的面包的数量。

在图 16.3 中，鲁滨孙的无差异曲线向上倾斜。在任何一点，无差异曲线的斜率都等于-1 乘以这个点上的边际替代率，或者说，

$$\text{无差异曲线的斜率}=-MRS_{l,x}=-\frac{MU_l}{MU_x}>0。$$

生产函数的斜率为

$$MP(l)=\frac{\mathrm{d}f(l)}{\mathrm{d}l}>0。$$

因此，最优点(l^*, x^*)满足方程

$$-MRS_{l,x}=MP(l)。$$

如果天堂中有位社会福利优化者在监督这个简单的鲁滨孙·克鲁索经济，我们知道她会做什么。她会选择配置(l^*, x^*)：在鲁滨孙面对的技术约束下，最大化鲁滨孙的效用。她会求解上面两个方程。那么，她会用市场机制实现这一配置吗？

16.4 瓦尔拉斯均衡/竞争均衡

我们为鲁滨孙提供市场机制。当然了,这有些异想天开,是只有疯子经济学家才能想到的做法,因为即使没有价格、利润最大化和预算约束等,鲁滨孙依然过得很好。但是,我们要这样做,因为我们想知道市场如何起作用。我们的处理方式之所以古怪,是因为我们在构造最简单的生产模型,它只有一个人,这个人是一切商品的生产者也是一切商品的消费者。

假定在这个单人经济中,存在着面包市场和劳动力市场。工人鲁滨孙在劳动力市场上出售自己的劳动,消费者鲁滨孙在面包市场上购买面包。企业家鲁滨孙是面包生产企业**鲁比天然面包作坊**(**Robby's Natural Breadworks**,简称"鲁比作坊")的唯一所有者。鲁比作坊在劳动力市场上(向鲁滨孙)购买劳动力,在面包市场上(向鲁滨孙)出售面包;如果它有利润,则利润属于所有者鲁滨孙。我们假定面包市场和劳动力市场都是**竞争市场**。就是说,所有各方都把价格视为外生给定的和固定的。

设 p_x 是面包价格,w 是(每小时)劳动的价格。前一章说过,在一般均衡模型中,只有相对价格重要,我们因此让两个价格中的一个等于 1。价格被设定为 1 的商品称为**计价商品**。为简化鲁滨孙生产模型,我们假定面包为计价商品,就是说,$p_x=1$。在后文中,在引入第二种商品时,我们用 p_x 表示面包价格,把劳动作为计价商品。

我们现在讨论在这个市场经济中,各种身份的鲁滨孙如何做出选择。

企业

鲁比作坊想最大化自己的利润。它的收入为 $p_x x=1x=x$,x 是它(每天或单位时间里)提供到市场上的面包数量。它的成本为 wl,w 是工资率,l 是它(每天或单位时间里)在劳动力市场上购买的劳动小时数。它的利润为 $\pi_R=x-wl$。它想在自己的生产技术即生产函数 $x=f(l)$ 的约束下,最大化利润。鲁比作坊实现的一切利润即刻分配给所有者鲁滨孙。

图 16.4 中画出了这个企业的利润最大化问题并描述了如何求解这个问题。纵轴现在为"x 或 \$"而不只是"x",因为 **x 是计价商品,价格等于 1。图上还画出了生产函数** $x=f(l)$和一些等利润线。等利润线是实现同一利润水平的所有的投入—产出组合构成的轨迹。等利润线的方程为:

$$x-wl=\pi_R=\text{一个常数。}$$

我们可以把上式写为:

$$x=wl+\pi_R\text{。}$$

根据这个式子,等利润线的斜率为 w,它在纵轴(面包的数量轴)的截距为常数 π_R。在图 16.4 中,越高的等利润线对应着越高的利润水平。

鲁比作坊想达到图 16.4 中的最高等利润线。在图 16.4 中,利润最大化问题的解为点(l^D,x^S),l^D 是鲁比作坊对劳动力的需求量,x^S 是它对面包的供给量。

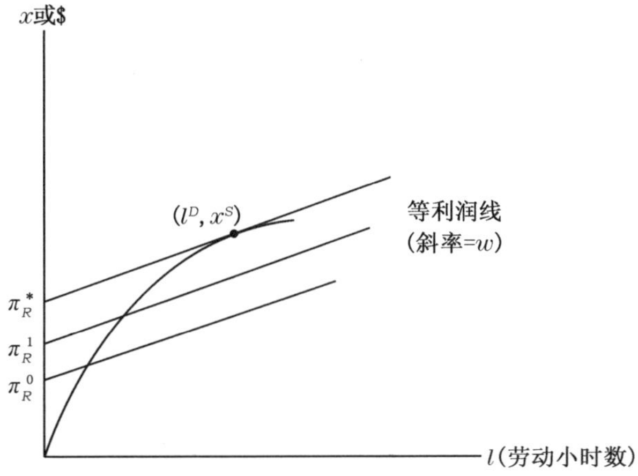

图 16.4　在(l^D, x^S)上,企业最大化自己的利润,利润为 π_R^*

(这两个量皆为每天或单位时间里的数量。)在鲁比作坊想要的点(l^D,x^S)上,生产函数与等利润线相切。就是说,它们的斜率相等,或者说,

$$w=\frac{\mathrm{d}f(l)}{\mathrm{d}l}=MP(l)。$$

在点(l^D,x^S)上,鲁比作坊的利润为 $x^S-wl^D=\pi_R^*$。π_R^* 是鲁比作坊的最大利润。

消费者

我们看消费者鲁滨孙。鲁滨孙在预算约束下最大化自己的效用。他的效用函数为 $u(l,x)$。他的预算约束要求他的支出 $1x=x$ 小于或等于他的收入。我们假定他想消费更多面包。这意味着他将支出自己的全部收入。他的全部收入为他作为工人获得的工资收入和作为鲁比作坊所有者获得的利润收入。简言之,鲁滨孙想求解如下问题:

$$\max u(l,x) \quad \text{s.t.} \quad x=wl+\pi_R。$$

为求解这个效用最大化问题,鲁滨孙寻找其预算线与无差异曲线的切点。由于无差异曲线的斜率为 $-MRS_{l,x}$,预算线的斜率为 w,所以,切点条件为

$$-MRS_{l,x}=w。$$

为把消费者鲁滨孙与企业鲁比联系在一起,我们用鲁比作坊的最大利润 $\pi_R^*=x^S-wl^D$ 替换鲁滨孙预算约束中的通项 π_R。鲁滨孙的预算约束于是为

$$x=wl+\pi_R^*。$$

图 16.5 画出了生产函数 $x=f(l)$、鲁比的利润最大化点(l^D,x^S)和鲁滨孙的预算线以及与预算线相切的一条无差异曲线。他的预算线得自预算约束 $x=wl+\pi_R^*$,而这正是鲁比作坊的最大利润的等利润线 $x=wl+\pi_R^*$。在图 16.5 中,鲁滨孙的最优点即切点,为(l^S,x^D)。简言之,鲁滨孙想(每天或者单位时间里)提供 l^S 个小时的劳动,想(每天或者单位时间里)消费 x^D 数量的面包。

图 16.5 存在一个大问题:其中的有关数值不一致。企业鲁比对劳动的需求量

超过工人鲁滨孙所提供的劳动数量。就是说,在劳动上,存在着超额需求。企业鲁比所提供的面包的数量超过消费者鲁滨孙需求的数量。就是说,在面包上,存在着超额供给。在现实经济中,对劳动力的超额需求导致工资率上升,对面包的超额供给导致面包价格下跌。在我们的模型中,面包是计价商品,面包的单价被固定为 1 元,因此,工资率应上升。图 16.4 中的等利润线和图 16.5 中的预算线应该更陡峭。(它们的斜率都等于 w,而 w 应上升。)这两条线的斜率都应变化直至在劳动或面包上既不存在超额需求也不存在超额供给。

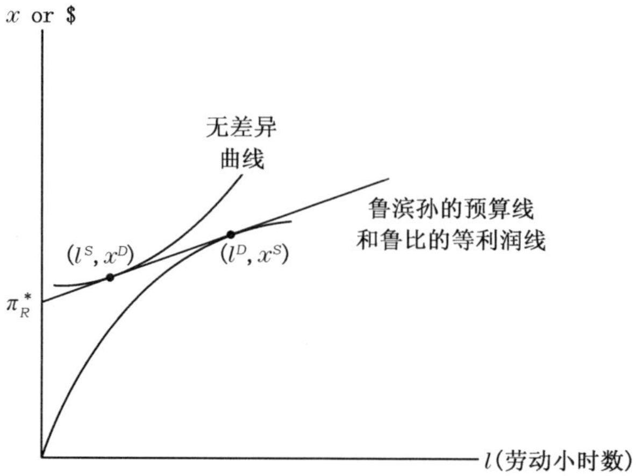

图 16.5　消费者鲁滨孙在(l^S,x^D)上实现最大效用,企业鲁比在(l^D,x^S)上实现最大利润。

现在定义这个简单生产经济中的**瓦尔拉斯均衡**或者说**竞争均衡**。瓦尔拉斯均衡由一组价格(劳动力价格 w,面包价格 $p_x=1$)、企业的投入—产出向量(l^D,x^S)和消费者的劳动力供给与消费向量(l^S,x^D)构成,使得

1.给定这组价格,企业在(l^D,x^S)上实现最大利润。就是说,(l^D,x^S)是以下问题的解:

$$\max \pi_R = x - wl \quad \text{s.t.} \quad x = f(l)。$$

2.给定这组价格和预算约束,消费者在(l^S,x^D)上实现最大效用。就是说,(l^S,x^D)是以下问题的解:

$$\max u(l,x) \quad \text{s.t.} \quad x = wl + \pi_R^*,$$

其中,π_R^* 是企业的最大利润。

3.在劳动力或面包上,不存在超额需求和超额供给:

$$l^D = l^S \text{ 且 } x^D = x^S。$$

图 16.5 画出的是非均衡时的情况,它没有满足竞争均衡定义中的第三点。图 16.6修正了图 16.5 中的预算线。图 16.6 中的预算线更陡峭(因为斜率 w 上升)使得企业鲁比所选择的点(l^D,x^S)和消费者鲁滨孙所选择的点(l^S,x^D)重合。在图 16.6中,在劳动或面包上,既不存在超额需求也不存在超额供给。简言之,图 16.6 画出了竞争均衡。

从图 16.6 中不难看出,竞争均衡点(l^*,x^*)=(l^D,x^S)=(l^S,x^D)是帕累托

最优点。事实上，在这个简单经济中，只存在一个帕累托最优点，只存在一个竞争均衡点，它们是同一个点。

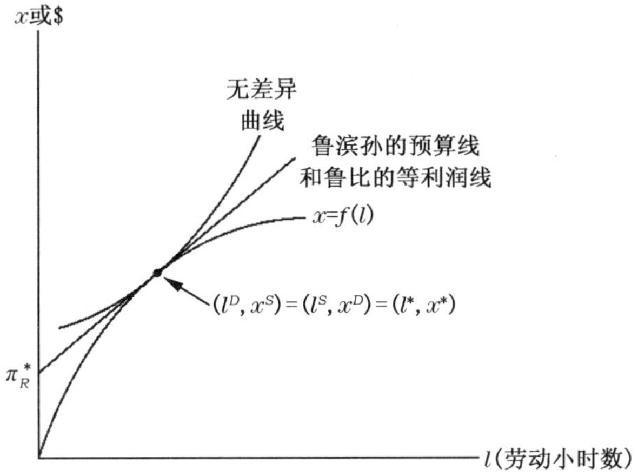

图 16.6 瓦尔拉斯均衡或者说竞争均衡为点 $(l^D, x^S) = (l^S, x^D) = (l^*, x^*)$

16.5 在有面包和红酒两种商品时……

在探讨生产经济中福利经济学两个基本定理之前，我们向鲁滨孙·克鲁索模型中增加一种消费品。企业鲁比在自己的产品线中增加了一种商品：红酒。鲁比作坊把企业名称改为了"鲁比天然面包和红酒工厂"（依然简称为"鲁比"）。和前面一样，l 为劳动数量，x 为面包数量。设 y 为红酒数量。我们现在有三个价格：工资率 w，面包价格 p_x 和红酒价格 p_y。前面几节把面包作为计价商品，就是说，$p_x=1$。本节把劳动作为计价商品，就是说，$w=1$。我们允许 p_x 和 p_y 变化。和前面一样，我们只有一位消费者/工人：鲁滨孙。

企业

和前面一样，企业鲁比最大化利润。现在，它的收入为 $p_x x+p_y y$，成本为 $wl=l$。（和前面一样，数量皆为每天或单位时间里的数量。）它的利润为 $\pi_R=p_x x+p_y y-l$。它在给定生产技术下最大化自己的利润。企业鲁比创造的一切利润即刻分配给所有者鲁滨孙。

鲁比现在使用一种投入品生产两种产品，所以，对鲁比的生产技术的描述有些复杂。第九章中的等产量线概念是以两种投入品和一种产品为基础；本章中的图 16.2 至图 16.6 是以一种投入品和一种产品为基础。第 8.4 节探讨过企业使用一种投入品生产两种产品的模型。这里用一种更直接、更简单的方法分析这一问题。

企业鲁比有两个车间：面包烘烤车间和红酒酿造车间。每一天，工人鲁滨孙在烘烤车间工作一段时间，再到酿酒车间工作一段时间。面包烘烤活动和红酒酿造活动的生产函数类似于图 16.2 至图 16.6 中的函数，它们都是凹函数。就是说，这两种生产活动具有规模收益递减特征。现在把鲁滨孙每天的全部劳动小时数固定，例如，l^0=每天 8 小时。一切与 l^0 有关的数量，被称为**条件**量。

我们探讨工人鲁滨孙每天只工作 8 个小时，所能实现的面包和红酒的产量组合，例如，如果他不生产面包，那么他最多能生产多少红酒？如此等等。把面包产量 x 画在横轴上，把红酒产量 y 画在纵轴上，则这些问题的答案带给我们的是点的轨迹。这条轨迹被称为企业鲁比的**生产边界**。现在的问题是：企业鲁比的生产边界的曲度是什么？在这里，你应该能够证明，如果面包和红酒的生产函数都是凹的，则生产边界是**凹函数**。在这里，生产边界决定于给定的投入品数量（$l^0=8$）。就是说，生产边界以给定的投入品数量为前提条件，不同的投入品数量生成不同的条件生产边界。

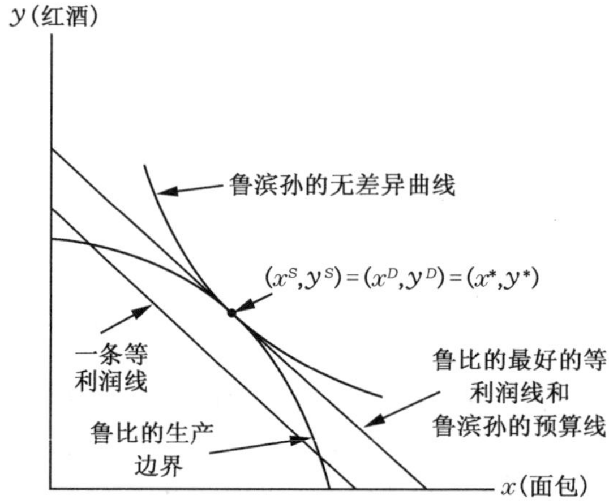

图 16.7　在只有面包和红酒两种产品时，对给定的劳动力数量 l^0，条件瓦尔拉斯均衡或竞争均衡为点 $(x^S, y^S)=(x^D, y^D)=(x^*, y^*)$。

在图 16.7 中，面包数量 x 画在横轴上，红酒数量 y 画在纵轴上。图 16.7 中还画出了企业鲁比的条件生产边界，它是一条凹曲线。鲁比不会选择生产边界下方的点，因为它有更好的选择：利用每天 8 小时的劳动总量，它能生产出更多面包和更多红酒。边界下方的点在技术上无效率。利用给定的劳动总量，鲁比不可能达到边界上方的点；边界上方的点不是可行选择。

现在探讨鲁比的条件利润最大化问题。我们只分析鲁比在变量 x 和变量 y 上的选择，而让第三个变量固定为 l^0。鲁比最大化自己的利润 $\pi_R=p_x x+p_y y-l$。给定 $l=l^0$，它的利润最大化问题等价于最大化收入 $p_x x+p_y y$。图 16.7 画出了两条等利润线。在每条等利润线上，收入为常数，利润因此为常数。它们是直线，斜率都为 p_x/p_y。在图 16.7 中，下面的一条线被标记为“一条等利润线”，上面的一条线被标记为“鲁比的最好的等利润线”。鲁比最大化利润，也是说，它想在生产边界约束下，到达尽可能高的等利润线。给定价格 p_x 和 p_y，给定 l^0 等于每天 8 个小时，(x^S, y^S) 是企业鲁比提供给市场的面包和红酒产量。

设 π_R^* 为在最好的等利润线上企业鲁比实现的利润水平。在这里，

$$\pi_R^* = p_x x^S + p_y y^S - l^0。$$

最好的等利润线的方程于是为：

$$p_x x + p_y y = p_x x^S + p_y y^S。$$

消费者

现在探讨消费者鲁滨孙。他在预算约束下最大化自己的效用。他的效用函数为 $u(l^0, x, y)$。（我们把 l 固定为 l^0，所以，这里的效用最大化是条件效用最大化。）他的预算约束要求他的支出 $p_x x + p_y y$ 小于或等于他的收入。我们假定他想消费更多面包和红酒。这意味着他将支出全部收入。他的总收入等于他作为工人获得的收入加上他作为企业鲁比的所有者获得的收入。简言之，鲁滨孙在

$$p_x x + p_y y = l^0 + \pi_R$$

的约束下，最大化 $u(l^0, x, y)$。要求解这一条件效用最大化问题，鲁滨孙寻找预算线与无差异曲线的切点。

为把消费者鲁滨孙与企业鲁比联系在一起，我们用鲁比的最大利润即 $\pi_R^* = p_x x^S + p_y y^S - l^0$ 替换鲁滨孙预算约束中的通项 π_R。鲁滨孙的预算约束于是为：

$$p_x x + p_y y = l^0 + \pi_R^* = l^0 + p_x x^S + p_y y^S - l^0 = p_x x^S + p_y y^S。$$

这个方程正是企业鲁比的最好的等利润线的方程。

换句话说，鲁滨孙的预算线与企业鲁比的最好的等利润线是同一条线，即图 16.7 中与生产边界相切的直线。我们称鲁滨孙的效用最大化消费束为 (x^D, y^D)。在这个消费束上，一条无差异曲线与预算线相切。这里使用上标 D，因为消费束 (x^D, y^D) 是鲁滨孙在市场上对面包和红酒的条件需求量。

给定 l^0，我们得到了供给束 (x^S, y^S)，即企业鲁比提供到市场上的商品数量；我们得到了需求束 (x^D, y^D)，即鲁滨孙在市场上购买的商品数量。如果这两个商品束不相等，则在一种商品上存在超额需求，在另一种商品上存在超额供给。（这个两商品模型类似于图 16.5 中的单商品模型。）当一个市场上存在着超额需求而另一个市场上存在着超额供给时，p_x/p_y 变化。这个价格比率持续变化直至不存在超额需求和超额供给。

在没有超额供给和超额需求时，供给束和需求束相等，就是说，$(x^S, y^S) = (x^D, y^D) = (x^*, y^*)$。图 16.7 画出了这种情况。图 16.7 中描述了只有两种商品时，条件瓦尔拉斯均衡或者说条件竞争均衡所满足的特征。不难看出，给定 l^0，竞争均衡点 (x^*, y^*) 是帕累托最优点。给定 l^0，给定所拥有的生产技术，这是鲁滨孙能实现的最好结果。事实上，正如此前几节中的单投入品—单产品鲁滨孙·克鲁索模型，在这个经济中，存在唯一的帕累托最优点和唯一的竞争均衡点，它们是同一个点。

到现在为止，我们始终假定劳动供给量固定为 l^0；在这个意义上，面包和红酒的数量都是条件量。我们现在探讨如何求解劳动力均衡数量——这将使我们能把**条件均衡**转化为**真正均衡**。我们现在介绍基本求解思路。

对给定的 l^0，我们推导出了条件竞争均衡 (x^*, y^*)。现在，设想对各种劳动力数量，我们重复这一过程。就是说，对每个 l，我们都推导竞争均衡消费束，将其

写为$(x^*(l),y^*(l))$——我们以这种形式明确竞争均衡消费束依赖 l。鲁滨孙的效用函数于是是 l 的函数:

$$u(l,x,y)=u(l,x^*(l),y^*(l))=u(l)。$$

鲁滨孙的效用函数现在简化为单变量函数。根据本章中的假定,$u(l)$是个凹函数,有唯一的最大值。设 l^* 是最大化 $u(l)$的劳动力数量。$(l^*,x^*(l^*),y^*(l^*))$于是是鲁滨孙的无条件限制的最好的劳动与消费组合。它是唯一的帕累托最优消费束,由劳动、面包和红酒构成的消费束。

那么,价格和竞争均衡又是什么呢?我们继续以劳动力为计价商品,就是说,$w=1$。为找到价格比率 p_x/p_y,我们求在 l^* 为基础的生产边界与 l^* 为基础的无差异曲线相切的点上,生产边界的斜率。它类似我们对图 16.7 的讨论。把这一斜率乘以-1,我们得到 p_x/p_y。最后,为把劳动力价格($w=1$)与面包和红酒的价格(p_x,p_y)联系在一起,我们把鲁滨孙在点$(l^*,x^*(l^*),y^*(l^*))$上的面包对劳动力的边际替代率,乘以-1,令所得到的结果等于价格比 $w/p_x=1/p_x$。我们就能求得 p_x,进而求得 p_y。在得到劳动力、面包和红酒的价格$(w=1,p_x,p_y)$后,我们证明在点$(l^*,x^*(l^*),y^*(l^*))$上,鲁滨孙在预算约束下实现最大效用,企业鲁比实现最大利润。

简言之,我们首先找到最大化鲁滨孙效用的 l^* 和与其对应的面包与红酒数量$(x^*(l^*),y^*(l^*))$。它们是唯一的帕累托最优组合——由劳动力、面包和红酒构成的组合。我们然后找到均衡价格$(w=1,p_x,p_y)$。在这些价格下,$(l^*,x^*(l^*),y^*(l^*))$是唯一的竞争均衡——由劳动力、面包和红酒构成的均衡组合。它是真正意义上的均衡,不是条件均衡。在这个经济中,劳动力、面包和红酒构成的竞争均衡向量和帕累托最优配置,是同一个点。

16.6　再谈福利经济学的两个基本定理

第十五章的交换经济模型介绍了福利经济学的两个基本定理。第一个基本定理指出,在交换经济中,竞争均衡配置是帕累托最优配置。第二个基本定理指出,如果无差异曲线是凸的,则通过恰当的税收和转移支付,任何帕累托最优配置都能通过市场实现。图 16.6 和图 16.7 告诉我们,在生产模型中,这两个定理肯定也成立,因为从图上看,竞争均衡是帕累托最优均衡(定理 1),并且(唯一的)帕累托最优点是竞争均衡(定理 2)。

本节阐述生产经济中的两个福利定理,在比上述单个企业单个消费者单种投入品单种(或两种)产品模型更一般的背景下,阐述这两个定理。

假设经济中有任意数量的消费者和企业。企业由消费者拥有。就是说,消费者拥有各个企业的股份。例如,在企业 1 的 100 股股份中,鲁滨孙拥有 3 股(或 3%);在企业 2 的 200 股股份中,鲁滨孙拥有 20 股(或 10%);如此等等。

我们假定消费者拥有各种投入品(例如劳动力 l),他们在投入品市场上把投入品出售给企业。企业使用各种投入品生产产品(例如面包 x),它们在产品市场上把产品出售给消费者。所有市场都是竞争市场,就是说,所有的市场主体——消费者和企业——都把价格视为外生变量。消费者的效用只取决于自己的商品束，企业的产量只取决于它所使用的投入品。针对第二福利定理，我们假定所有消费者的无差异曲线都是凸的，所有企业的生产技术都是凸的。（对只使用一种投入品的企业，例如鲁比天然面包作坊，这一假定意味着它的生产函数是凹函数，见图16.2，就是说，它满足规模收益递减假定。）

在这个更一般的生产经济模型中，瓦尔拉斯均衡或者说竞争均衡是一组投入品和产品价格；一组投入品—产品数量向量，它给出了每个企业所计划的投入品—产品数量向量；和一组消费束（其中包括各种投入品如 l 的供给量），它给出了每个消费者所计划的消费束，使得：

（1）给定这组价格，每个企业在它所计划的投入品—产品数量向量上，实现最大利润。企业把自己的利润按持股比例分配给股东。

（2）给定这组价格和从所持有的企业股份中获得的利润，每个消费者在预算约束下，在所计划的消费束上，实现最大效用。

（3）在这些价格上，每种商品的总供给量等于总需求量。

在这个更一般的生产经济模型中，帕累托最优性的定义与纯交换模型中的定义基本相同。我们首先定义可行配置。它取决于所有商品包括被企业用作投入品的各种商品在消费者中的初始配置。它还取决于企业的生产技术。如果 A 和 B 都是可行配置，如果每个人都认为 A 至少和 B 一样好并且至少一人认为 A 更好，我们就说 A 帕累托优于 B。一个可行的配置是帕累托最优配置或者说是帕累托效率配置，如果没有任何可行的配置（帕累托）优于这个配置。

这里要看到，在有企业和消费者的一般均衡模型中，最优性概念最终只在乎消费者的福利。它不关注企业的福利或利润。利润回流给企业所有者，而企业所有者都是消费者。在只涉及一种商品的局部均衡分析中，消费者们剩余要与生产者们剩余相加，这意味着社会赋予企业福利（即利润）某一权重。一般均衡分析则把企业看作是商品生产者而不是货币生产者。企业创造利润，它们应该是利润最大化者，但是，企业利润流回给所有者/消费者。在一般均衡分析中，企业的最终目的或者说存在理由，是扩大可行集，从而使消费者得到更高效用。

我们现在转向有生产和消费且有任意数量的企业、消费者和商品的经济，对这个经济，阐述两个基本定理。前述所有假定都适用于这一经济，这里只援引其中最关键的假定。

福利经济学第一基本定理

假设每种投入品和产品即所有的商品都有自己的市场和市场价格，则任一竞争均衡都是帕累托最优配置。

福利经济学第二基本定理

假设所有投入品和产品即所有商品都有自己的市场和市场价格。假设所有消费者都有凸的无差异曲线，所有企业都有凸生产技术。假设存在着社会想达到的帕累托最优配置。则存在以计价商品表示的人头税和转移支付向量，向量中的元素相加等于零，使得当预算约束包含这些税收和转移支付时，社会的目标配置便是所实现的竞争均衡配置。

与前一章纯交换模型中福利经济学第一福利定理和第二福利定理一样，这里的两个定理的内涵很简单：社会应该以帕累托最优配置为目标。在有生产者和消费者的竞争经济中，市场机制带给我们帕累托最优配置。这是第一福利定理。如果市场所实现的竞争均衡极不公平，例如，使一些人极富有同时许多人极贫穷，请不要把孩子与洗澡水一起倒掉。市场机制能以相对温和的方式即通过恰当的税收和转移支付，使税收与转移支付发生之后所实现的竞争均衡是我们想要的帕累托最优配置。这是第二基本定理。

16.7 例 题

问题

企业鲁比把劳动力 l 转换为面包 x，它的生产函数为 $x=12\sqrt{l}$。鲁滨孙·克鲁索在劳动与面包上的效用函数为 $u(l,x)=x-l^2/9$。鲁滨孙拥有企业鲁比，消费者鲁滨孙和企业鲁比都是价格接受者。

(a)证明在帕累托效率配置上，鲁滨孙每天工作 9 个小时。

(b)求解市场均衡配置并解释它为什么是帕累托效率配置。

(c)求解均衡市场价格和企业鲁比的均衡利润。

答案

(a1)我们直接求解。为找到有效率的结果，我们把生产函数 $x=12\sqrt{l}$ 代入效用函数，把效用函数变为单变量函数，即 l 的函数：

$$u(l,x)=x-l^2/9=12\sqrt{l}-l^2/9。$$

对 l 求导，令结果等于零：

$$(12l^{-1/2})/2-2l/9=0。$$

整理得到 $l^{3/2}=27$，因此，$l^*=9$。把这个结果代入生产函数，得到 $x^*=36$。

(a2)我们换一种解法。和前一种方法相比，现在的解法并不直接，但是更直观、更形象。我们看图 16.8。它实际上就是图 16.3，只是多了些符号。我们寻找效用最大化点(l^*,x^*)，它是无差异曲线和生产函数的切点。切点条件要求面包对劳动力的边际替代率的斜率即$-MRS_{l,x}$等于面包生产过程中劳动力的边际产出即$MP(l)$。我们得到

$$-MRS_{l,x}=-\frac{MU_l}{MU_x}=2l/9=MP(l)=(12l^{-1/2})/2。$$

整理得到 $l^{3/2}=27$，因此，$l^*=9$。把这个结果代入生产函数中，得到 $x^*=36$。

(b)在这个简单经济中，对任意一对价格(w,p_x)，存在一条且唯一一条直线表示鲁滨孙的预算线和企业鲁比的最高的等利润线（见图 16.5）。给定这条直线，消费者鲁滨孙想要点(l^S,x^D)，企业鲁比想要点(l^D,x^S)。要得到竞争均衡，使得供给和需求在两个市场上都相等，(l^S,x^D)与(l^D,x^S)肯定重合（见图 16.6）。

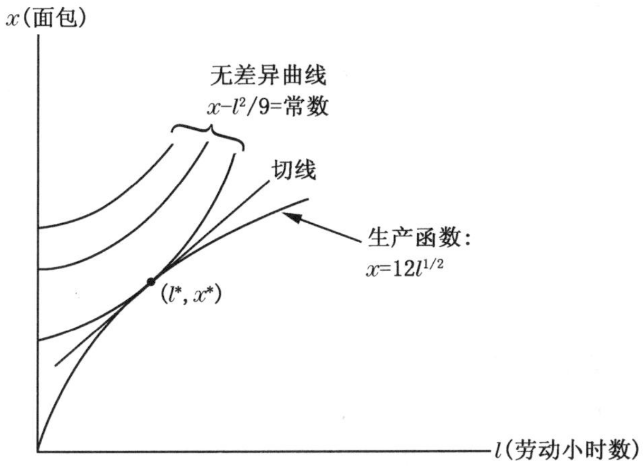

图 16.8 帕累托有效率的生产/消费点(l^*,x^*)

因此,市场均衡肯定是图 16.8 上的点$(l^*, x^*)=(9, 36)$。这是个帕累托有效率的点。(当然了,根据福利经济学第一定理,竞争均衡肯定是帕累托最优点。)

(c)我们让面包的价格等于 1,就是说,面包是计价商品。鲁滨孙预算线的斜率和鲁比的等利润线的斜率都等于价格比率 $w/p_x=w/1=w$。但是,在市场均衡点上,预算线、等利润线和生产函数的切线是同一条线。因此,在点(l^*, x^*)上,生产函数的切线的斜率为

$$MP(l^*)=(12\,l^{*\,-1/2})/2=6\times 9^{-1/2}=2。$$

均衡工资因此为 $w=2$。

企业鲁比的均衡利润为 $\pi_R=1\times 36-2\times 9=18$。鲁比把利润分配给股东鲁滨孙,鲁滨孙的预算约束于是为

$$x=2l+18。$$

在点$(l^S, x^D)=(l^*, x^*)=(9, 36)$上,鲁滨孙的收入包括两部分:作为工人获得的工资收入为 $2\times 9=18$,从持有企业鲁比所有权中获得的收入为 18。他用这 36 元的总收入购买了 36 块面包。

习 题

1.鲁滨孙的面包生产技术可以表示为生产函数 $x=\sqrt{l}$,x 是面包产量,l 是每天的劳动小时数。他在面包和劳动上的偏好可以表示为效用函数 $u(l, x)=x-l/2$。假设鲁滨孙是面包的唯一消费者和面包生产企业的唯一所有者。面包价格为 1。

(a)计算这一简单生产经济中的帕累托效率配置。

(b)推导这一经济的竞争均衡,求解鲁滨孙的面包消费量、劳动力供给量、市场工资率和企业利润。

2.我们依然探讨习题 1 中的鲁滨孙。他的面包生产技术现在为 $x=l^{2/3}$。他

的效用函数不变，依然为 $u(l,x)=x-l/2$。

(a)计算新的帕累托效率配置。

(b)推导这一经济的竞争均衡，求解鲁滨孙的面包消费量、劳动力供给量、市场工资率和企业利润。

3.雷米利用生产技术 $x=\sqrt{l}+1$ 制作蛋饼。他从消费蛋饼(x)和劳动(l)中得到的效用为 $u(l,x)=x-2l^2$。雷米是蛋饼的唯一的消费者和生产者。

(a)证明在帕累托最优配置上，雷米消费 1.5 个蛋饼。

(b)设蛋饼的价格为 1。求解市场均衡配置和工资率。

4.温迪的工作是学习经济学(x)和数学(y)，她的学习技术分别为 $x=\sqrt{l_x}$ 和 $y=\sqrt{l_y}$，l_x 和 l_y 分别是她每天投入经济学和数学学习中的小时数。她的效用函数为 $u(l_x,l_y,x,y)=xy-\sqrt{l_x+l_y}$。假设温迪决定每天只学习 4 个小时。

(a)她每天用几个小时学习经济学，用几个小时学习数学?

(b)她学到了多少经济学和数学?

(c)计算她的效用。

(d)如果把投入学习中的时间增加 1 倍，则她的效用如何变化?

5.鲁滨孙以生产坚果和芒果为业。他的反生产函数为 $l=x^2+y^2+3xy$，l 为每天的劳动小时数，x 为坚果产量，y 为芒果产量。他的效用函数为 $u(l,x,y)=3xy/2+x+y-l/2$。市场工资率为 1。

(a)求解鲁滨孙的利润最大化问题，推导他在坚果和芒果上的供给函数 $x^S(p_x,p_y)$ 和 $y^S(p_x,p_y)$。

(b)求解鲁滨孙的效用最大化问题，推导他对坚果和芒果的需求 x^D 和 y^D，求解他的劳动力供给 l^S。

(c)求解坚果和芒果的价格 p_x 和 p_c。

6.鲁滨孙是三种商品 x、y 和 z 的唯一的生产者和消费者。给定价格 p_x、p_y 和 p_z，给定工资率 w，给定他的反生产函数 $l(x,y,z)$，写出他的利润最大化问题和效用最大化问题。

第五部分

市场失灵

第十七章
外部性

17.1 导 论

前两章探讨了市场机制与帕累托最优性之间的关系。在交换经济和生产经济中，自由市场实现效率效果；通过对市场机制的恰当调整，任何有效率的配置都能通过市场实现。这些重要的结论依赖于一些同等重要的假定。其中的一个假定是，经济中所有各方都必须竞争地行动；他们都必须认为价格是外生的和固定的，不在他们的控制之中。当竞争行为假定被违背时，例如在完全垄断、双寡头垄断或寡头垄断市场结构中，市场**没有**实现效率配置。垄断企业的行为，或者更一般地说，市场上任何行为主体的非竞争行为，导致**市场失灵**。

本章探讨另一类重要的市场失灵，它被称为**外部性**。

在此前分析两个人之间的交易时，我们假定第 i 个人的效用只决定于他自己的商品束，与第 j 个人的商品束无关。在分析企业的生产决策时，我们假定企业 i 的成本和产量只决定于它自己使用的投入品数量，而与企业 j 的投入品数量或产量无关。在分析企业和消费者之间的交易时，我们假定消费者只关心他所消费的商品数量和所支付的价格。如果消费者向企业出售劳动力，他只关心他所出售的劳动力的数量和他得到的价格。消费者不关心企业出售给其他人的产品数量，不关心企业向其他人购买的投入品的数量。

换句话说，在前面的讨论中，我们假定市场经济中的决策主体即消费者和企业，只通过市场交易和投入品与产品的市场价格，相互影响。第 j 个人对食品的消费可能影响第 i 个人，但这种影响是通过价格实现的"间接"影响；第 j 个人的食品消费可能导致食品价格上升，从而影响第 i 个人。这种间接效应反映于市场价格中。

但是，现实世界中比比皆是的例子告诉我们：消费者的行为直接影响其他消费者，以没有反映于市场价格中的方式影响其他消费者；企业的行为直接影响其他企业，以没有反映于价格中的方式影响其他企业；企业和消费者的行为相互直接影响，以没有反映于价格中的方式相互影响。这种相互影响，被称为**外部性**。我们将看到，外部性导致市场无效率，导致严重的市场失灵。

本章分析外部性。我们首先列举一些外部性例子；然后探讨在存在外部性时，市场如何失灵；然后描述纠正由外部性导致的市场失灵的各种可能的机制。纠正这种市场失灵的标准机制包括庇古税与补贴以及科斯提出的借助产权的法律解决机制。纠正外部性的现代解决机制为污染权市场、限额交易市场。

17.2　一些外部性例子

外部性有大有小，有的无足轻重，有的十分重要；有负外部性，也有正外部性。我们看一些例子。

1.**嘻哈音乐**。邻居下载嘻哈音乐，用音响播放。下载一首歌曲只要花费 1 美元。他把音响开得很大，让你不胜其烦。他所购买的每首歌给你带来价值 2 美元的烦扰。结果：他对嘻哈音乐的消费对你产生直接影响，给你造成 2 美元的单位成本。但这一成本没有反映在 1 美元的歌曲价格中。因此，他消费了过多的嘻哈音乐，市场结果无效率。

2.**邻居花园中的鲜花**。邻居有个小花园，你能从窗户看到这个花园。她种下的郁金香现在正在开放。她为每株郁金香花费 3 元钱，每株郁金香带给你价值 1 元钱的享受。结果：她对郁金香的消费对你产生直接的正的影响，给你带来 1 元钱的单位收益。这一收益没有反映于邻居的购买决策中。因此，她购买了太少的郁金香，市场结果无效率。

3.**改装哈雷摩托车**。在一英里半径内，你就能听到哈雷摩托车特别是那些私自改造过排气管的哈雷摩托车的轰鸣声。改装排气管，能产生低频雷鸣般有力的声音。哈雷摩托的主人们无疑喜欢这种声音，其他人则未必。假设一辆哈雷摩托车给车主人造成的成本，包括拥有、维护和汽油成本等，为每英里 0.25 美元。假设哈雷摩托每行驶一英里影响 25 个在附近居住、工作或游玩的人。假设每个受影响的人认为哈雷摩托车的噪音给自己造成价值 0.01 美元的损失。结果：哈雷摩托车行驶得过多。在哈雷车主选择的行驶里程上，他从行驶额外一英里中得到的收益等于所耗费的成本即 0.25 美元；他没有考虑他给其他人造成的共计 0.25 美元的成本。市场无效率。

4.**你所关心的人的食品消费**。你所关心的人没有足够的钱购买食品。看到他们吃不饱，你心中难受。结果：他们的食品消费无效率。在他们所选择的消费数量上，增加 1 元钱的食品带给他们 1 元钱的边际收益，同时也给你带来收益，例如 0. 50 元的收益。他们消费得太少，市场无效率。

这一外部性问题不成为问题，如果你所关心的人住到你家里，你为他们提供食品消费的话。你与他们距离越远，问题就越棘手。

5.**美国阿巴拉契亚山区采矿业**。在美国东部西弗吉尼亚、肯塔基和其他几个阿巴拉契亚州，矿业公司通过爆破作业，削平山头或山峰，把深藏在山腹中的煤田变为露天煤矿。这种开采方式比地下坑道采煤节省成本，但也造成其他后果。虽然采矿公司必须在煤矿储量耗竭后恢复地表地貌，但是，恢复工作不可能做得彻底。开矿区域的森林植被已被破坏，地势地形已被改变。覆盖矿脉的土壤已经流失。一些水源被污染。爆破作业产生的有毒物和尘土以及表层土壤的清除,严重影响附近居民健康。一句话,爆破采矿作业对当地居民和企业产生恶性影响,并且,在更大范围里产生了不利的环境影响。

在做生产决策时,采矿企业考虑到了煤价、劳动力成本、材料成本和必需的地表地貌恢复成本,但没有考虑对当地居民的健康造成的影响和由此导致的成本,没有考虑河流污染成本,没有考虑对地形地貌造成的持久改变和由此导致的成本。山区采矿企业开采了过多的煤,市场无效率。

6.**石油和全球变暖**。当我们用煤油取暖、用汽油为汽车提供动力和用煤发电时,我们向大气层释放二氧化碳。二氧化碳是温室气体,许多专家认为二氧化碳排放加快了全球变暖。全球变暖的终极影响并不确定,但可能巨大且不利。消费者决定购买多大排量的汽车,决定行驶多少里程。在做这些决策时,他们考虑汽油的价格。在他的最终选择上,每升汽油带给他的边际收益等于每升汽油的价格。但是,消费者没有考虑自己的行为在未来 50 年或 100 年里给其他人造成的成本,即由汽油生成的二氧化碳导致的成本。他耗用了过多的汽油,他的市场决策无效率。

这种例子还有很多。在全球经济中,存在着大量的外部性现象。其中一些外部性并不确定,还有一些外部性则是确定无疑的;一些外部性相当轻微,还有一些外部性相当显著。我们现在分析外部性现象。

17.3 炼油厂和养鱼场

江边有家炼油厂,它把原油加工为汽油、燃料油、机油和液化气等成品油。有意或无意,炼油厂有时把生产过程中的废水废物等排放到江里,最终排入大海。海边有家养鱼场。炼油厂排放的废水对养鱼场产生不利影响。炼油厂产量越大,造成的污染就越严重;污染越严重,养鱼场的成本就越高。

设 o 和 f 分别为炼油厂的成品油产量和养鱼场的鱼产量。两家企业在出售自己产品的市场上和在购买投入品的市场上都是竞争企业。我们用加工为成品油的原油的桶数表示炼油厂的产量。炼一桶原油的价格为 p_o;鱼的单价为 p_f。炼油厂的成本函数为$C_o(o)$,养鱼场的成本函数为$C_f(f,o)$。养鱼场的成本取决于它自己的产量 f 和炼油厂的产量 o。在这一例子中,外部性体现在 o 进入C_f中的事实。

在最大化利润时,两个企业让价格等于边际成本。和以前一样,我们假定两个企业都有正的和递增的边际成本。我们用$MC_o(o)$表示炼油厂的边际成本函数,用$MC_f(f,o)$表示养鱼场的边际成本函数。炼油厂的利润最大化决策使它得到市场基础上的产量水平,我们用 o^M 表示这一产量。养鱼场的利润最大化决策使它得到市场基础上的产量水平f^M。

我们看炼油厂。它的决策问题相当直接(但实际炼油过程相当复杂)。它通过求解下面的方程找到 o^M:

$$p_o=\frac{\mathrm{d}\,C_o(o)}{\mathrm{d}o}=MC_o(o)。$$

我们看养鱼场。养鱼场的问题并不十分直接。它的利润最大化条件是

$$p_f=\frac{\partial C_f(f,o)}{\partial f}=MC_f(f,o)。$$

变量 o 出现在养鱼场的成本函数中,但养鱼场无法控制 o。它把这个变量看作是外生变量,因为 o 不在它的控制之中。

养鱼场知道上游炼油厂损害了自己的利益。这一损失体现在成本函数$C_f(f,o)$中。如果它增加鱼产量,则它的成本上升。就是说,

$$MC_f(f,o)=\frac{\partial C_f(f,o)}{\partial f}$$

是正的并且递增。如果炼油厂加工更多原油,它增加养鱼场的成本。就是说,

$$\frac{\partial C_f(f,o)}{\partial o}$$

也是正的。$\frac{\partial C_f(f,o)}{\partial o}$被称为炼油厂施加给养鱼场的**边际外部成本**(marginal external cost,MEC)。仅靠自己,养鱼场对边际外部成本无能为力。

图 17.1 描述了炼油厂的利润最大化问题。它面对着市场价格 p_o,有边际成本曲线$MC_o(o)$。在 o^M 上,价格等于边际成本。所以,它在 o^M 上实现最大利润。

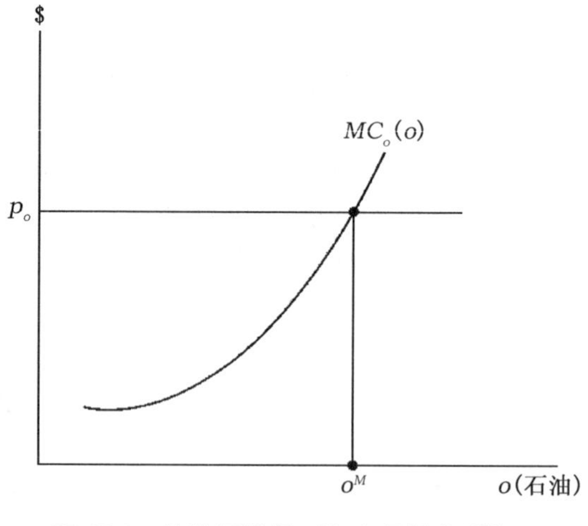

图 17.1　炼油厂选择 o^M,实现最大利润

这就是炼油厂和养鱼场的市场均衡的实现过程。炼油厂通过让价格等于边际成本,或者说利用图 17.1,找到 o^M。养鱼场把 o^M 代入自己的价格等于边际成本的方程中,并求解这个方程:

$$p_f=MC_f(f,o^M)。$$

它得到f^M。我们现在有了 o^M 和f^M。在这两个产量上,两个企业都实现最大利润,一切都很美好。根据福利经济学第一基本定理,这一市场结果应是帕累托最优的。

但是,这一市场结果不是帕累托最优的。每个人都做出了正确的算计,但**边际外部成本被忽视了**。炼油厂产量越大,养鱼场的成本就越高;然而,炼油厂或养鱼

场都没有把这一事实包含到自己的计算中。

要探讨市场失灵，我们必须首先定义这个模型中的最优性，然后证明竞争市场结果(o^M, f^M)不是最优的。

在这个只有两个企业的模型中，最优性是什么呢？两个企业都只关注自己的利润。设π_o是炼油厂的利润，π_f是养鱼场的利润。如果存在市场均衡之外的某个结果，而这个结果增加了两个企业的利润，则(o^M, f^M)就不是帕累托最优结果。由于资金很容易从一个企业转手给另一个企业，所以最优性的必要条件是联合利润或者说总利润$\pi_o+\pi_f$达到最大。在这一模型中，$\pi_o+\pi_f$是这两个企业共同创造的“饼”的大小。

要求解这个简单经济的帕累托效率结果，我们只需求解联合利润最大化问题。

假设两个企业被合并为一个企业——一个炼油/养鱼联合体。合并后的企业在江的上游炼油，在江的下游养鱼。把这两个企业合并为一个企业，我们**内部化了外部性**。就是说，合并后的炼油/养鱼企业的追求利润最大化的经理，不再忽视炼油业务给养鱼活动造成的边际外部成本。合并后的企业最大化两种生产活动产生的总利润，即最大化$\pi(o,f)=\pi_o+\pi_f$。两种生产活动的成本函数没有改变，但现在，炼油/养鱼企业最大化

$$\pi(o,f)=p_o o+p_f f-C_o(o)-C_f(f,o)。$$

这个最大化问题有两个一阶条件。

第一个条件要求$\pi(o,f)$对o的偏导数等于零：

$$\frac{\partial\pi}{\partial o}=p_o-\frac{\mathrm{d}\,C_o(o)}{\mathrm{d}o}-\frac{\partial C_f(f,o)}{\partial o}=0,$$

或者说

$$p_o=\frac{\mathrm{d}\,C_o(o)}{\mathrm{d}o}+\frac{\partial C_f(f,o)}{\partial o}=MC_o(o)+MEC。$$

第二个条件要求$\pi(o,f)$对f的偏导数等于零：

$$\frac{\partial\pi}{\partial f}=p_f-\frac{\partial C_f(f,o)}{\partial f}=0,$$

或者说

$$p_f=\frac{\partial C_f(f,o)}{\partial f}=MC_f(f,o)。$$

设(o^*, f^*)为上述两个一阶条件方程的解。就是说，(o^*, f^*)是帕累托最优的炼油厂和养鱼场的产量。那么，市场结果(o^M, f^M)和帕累托最优结果(o^*, f^*)有什么不同呢？它们不同，因为求得(o^M, f^M)的方程组不同于求得(o^*, f^*)的方程组。由于(o^M, f^M)不同于(o^*, f^*)，所以，市场结果不是最优结果。

这种差异的根源可追溯至炼油厂产量的决定方程。市场方程为$p_o=MC_o(o)$，它没有考虑MEC。联合利润最大化方程为$p_o=MC_o(o)+MEC$，它考虑了边际外部成本。就效率目的而言，我们必须让价格等于边际成本加边际外部成本。

我们可以利用图17.2找到o^*。图17.2中画出了图17.1中的边际成本函数

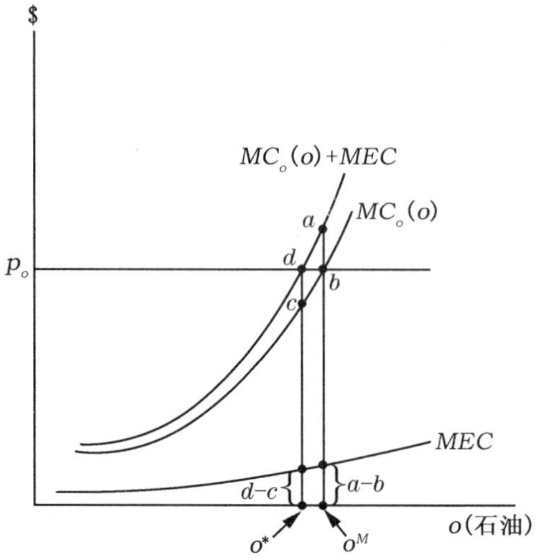

图 17.2　有效率的炼油产量低于市场结果。在图上，$d-c$ 等于 o^* 上 MEC 的高度，$a-b$ 等于 o^M 上 MEC 的高度。

$MC_o(o)$，画出了穿过成品油价格 p_o 的水平线，画出了正的(向上倾斜的)MEC 曲线。(在图 17.2 中，要找到 o^*，我们让 $f=f^*$，因为 MEC 的精确位置决定于 f。)图 17.2 中还画出了边际成本与边际外部成本曲线之和。我们看到，最优炼油产量 o^* 小于市场产量 o^M。

简言之，当炼油厂产生外部性而这种外部性对养鱼活动产生不利影响时，竞争市场无效率，或者说不是帕累托最优。这是市场失灵，由炼油/养鱼外部性导致的市场失灵。在市场上，产生外部性的产品对另一个企业的不利影响即 MEC 被忽视，所以，这种产品产量过高。要实现帕累托最优，外部效应不能被忽视。

那么，如何纠正这类市场失灵呢？自由市场的卫士们会说："政府不能介入！不要插手市场。市场知道怎么做！"但是，正如我们看到的，这是错误的主张。另一方面，环保主义者会说，"政府应该消灭制造污染的那些家伙。导致水源污染和伤害养鱼业的一切活动都应该被禁止"。这也是错误的主张，因为最优炼油水平(和相伴随的污染)并不等于零。(并且，我们知道，在现实世界中，养鱼活动也导致污染。)下一节探讨外部性问题的解决机制。

17.4　外部性问题的古典解决机制：庇古和科斯

我们看到，在存在外部性时，就是说，当一个生产者的生产决策对另一个生产者的成本有直接影响时，关于生产的市场决策可能是非最优的或者说是无效率的。对于由外部性导致的市场失灵，有几种可能的解决机制。本节和后面两节探讨这些机制。

庇古税和庇古补贴

前一节中的问题之所以发生，是因为炼油厂没有承担它施加给养鱼场的外部成本。一种解决方案是政府对炼油厂征税。理想情况下，税收应该与炼油厂施加给养鱼场的成本紧密挂钩。

伟大的英国经济学家阿瑟·庇古(1877—1959)在自己的著作《福利经济学》中建议用税收解决外部性问题。我们因此将其称为**庇古税**。如果外部性是正的而不是负的，则帕累托效率要求政府给创造外部性的企业提供补贴，增加产生有利外部性的商品的产量。这种补贴被称为**庇古补贴**。

我们既可以在**边际**意义上也可以在**总量**意义上定义庇古税。在炼油厂/养鱼场例子中，边际意义上的庇古税，记为 $t(o)$，被定义为：

$$t(o)=MEC=\frac{\partial C_f(f^*,o)}{\partial o}。$$

这种情况下，在决定成品油产量时，炼油厂的决策过程如下：增加 1 件产品，带给它的成本为边际成本 $MC_o(o)$ 加 $t(o)$。就是说，它现在得使用图 17.2 上的曲线 $MC_o(o)+MEC$，找到这条曲线与穿过点 p_o 的水平线的交点。它选择 o^*，这是炼油厂的最优产量。

总量意义上的庇古税，记为 $T(o)$，是给定有效率的养鱼场产量 f^*，边际庇古税从起征点 o^0 到炼油厂所选择的产量 o 的积分。就是说，它是 MEC 曲线下方从 o^0 到 o 之间的区域的面积。如果起征点 $o^0=0$，则炼油厂必须缴纳的税收 $T(o)$ 为

$$T(o)=C_f(f^*,o)-C_f(f^*,0),$$

即炼油厂的存在给养鱼场增加的成本。

边际意义上的庇古税和总量意义上的庇古税，实际上是一回事。只是总量庇古税的定义中明确包含了税收的起征点，边际庇古税的定义中没有涉及起征点。这是两个概念间的唯一区别。

这里要指出的是，总量庇古税的起征点未必为零。例如，政府认为炼油厂在养鱼场之前就已存在，因此产量中 $o^0>0$ 以下的部分可免税。只要 o^0 小于或等于 o^*，政府就对炼油厂征收总量庇古税，税额为

$$T(o)=C_f(f^*,o^*)-C_f(f^*,o^0)。$$

这种税收安排依然能诱使炼油厂选择 o^*。

科斯产权

在这个故事中，炼油厂不是"坏人"。它的不幸在于养鱼场选址在它的下游。如果没有这一选址问题，就不存在外部性(这一点适用于嘻哈音乐和哈雷摩托产生的噪音外部性)。人们(和企业)常通过搬家解决选址失误问题。养鱼场可以换条河流；如果你与嘻哈音乐爱好者比邻而居而你喜欢贝多芬，你不妨换个居住地点。但是，搬家要花钱，并且对一些外部性(例如，全球变暖)而言，搬家不解决问题。这里假定通过搬家逃避外部性的做法或者成本极高或者根本不可行。

在英国出生的美国经济学家罗纳德·科斯(Ronald Coase，1910—2013)，在 1960 年发表的题为《社会成本问题》的论文中指出，外部性问题更多地是因为选址不当而不是坏人的坏行为。科斯指出，经济学家习惯用税收包括庇古税解决各种问题包括外部性问题。他认为，以外部性为基础的市场失灵不是作恶企业在把成

本转嫁给无辜企业。这类市场失灵的根源在于产权没有界定。碰巧在江边为邻的炼油厂和养鱼场之间的问题，是因为没有清晰界定对江中清洁水源的法律权利，或者说，是因为没有清晰界定向江中倾倒废水的权利。（在科斯撰写此文之时，美国尚未通过清洁水资源法案；但是，美国 1972 年《清洁水资源法案》（Clean Water Act）等立法并没有采纳科斯所设想的法律结构。）

科斯对市场失灵问题的解决方案是：法庭应该确立法律规则，处理炼油厂和养鱼场之间的这种关系。（事实上，在英美法律中，存在一些法律领域，例如公害法，就明确了诸如此类情况中有关各方的权利。）法律规则应该明确炼油厂是否有权向江河中倾倒废水，或者明确养鱼场是否拥有对无污染水资源的权利主张。法律规则应该明确权利被侵犯的一方如何对侵权者采取法律行动，应该明确裁决此类官司的法庭能做出什么样的裁决。标准的裁决包括货币赔偿或法庭禁止令即停止侵权的法令。这一法律程序应该快捷、有效和低成本。希望如此！（科斯认识到，这些特征是法律行动可能具有或不具有的特征。）

假设法庭授予养鱼场拥有对无污染水资源的权利，假设法庭用货币赔偿（而不是禁止令）作为解决纠纷的手段；假设炼油厂的产量为 o^M，养鱼场的产量为 f^M。现在，养鱼场把炼油厂告上法庭（假设司法程序快捷、便利且成本低）。养鱼场胜诉。法庭做出对养鱼场有利的判决，责令炼油厂赔偿损失，赔偿额等于炼油厂的行为给养鱼场造成的成本。法庭算出了赔偿额，判决炼油厂赔偿养鱼场，赔偿额为 $C_f(f^M, o^M) - C_f(f^M, 0)$。

假设所有的产量变量和成本都为年度变量；只要双方不改变自己的行为，则这些变量的取值在各年中不变。在下一年度开始时，炼油厂计算司法体系将对它做出的惩罚。它知道，如果自己的产量继续为 o^M，它支付的赔偿额就等于总量庇古税，年复一年皆是这个金额。当然了，在这一过程中没有税务机构掺和进来。它决定不再选择产量 o^M 而选择 o^*，即有效率的产量水平。养鱼场最终选择产量 f^* 同时每年向炼油厂索赔。

科斯的故事并没有到此结束。假设法律对初始权利的配置与上述正好相反。就是说，法庭明确规定炼油厂拥有向河道中排放废水的权利。假设两家企业的经理们坐到一起开会、谈判和订立合同，并且是以极低成本在进行这些活动。我们看接下来的故事情节。炼油厂选择产量 o^M。养鱼场知道与这一产量相对应的污染水平和给自己造成的成本负担。它找到炼油厂，说："我知道你有权向河中排放废水。如果你减少些产量，例如从 o^M 降低到 o^*，我就付钱给你。如果你肯这样做，如果我的产量为 f^*，则我的成本将下降，降幅为 $C_f(f^*, o^M) - C_f(f^*, o^*)$。当你把产量从 o^M 降低到 o^* 时，你从炼油业务中得到的利润将下降。但是，如果你研究一下这幅图（说话间，他从口袋中掏出图 17.2。他在会面之前从本书中撕下了这幅图），你会发现，你的利润的降幅等于三角形 bcd 的面积。我补偿你这块利润损失，**再送**你三角形 abd 面积的一半。怎么样？"炼油厂回答，"好吧。我在麻省理工学院学过经济学和微积分，我能看出，只要把你给我的补偿与我从炼油业务中获得的利润相加，你所建议的交易就能让我的企业得到更大好处"。它们于是订立合同。从此以后，两个企业每年的产量为 (o^*, f^*)，养鱼场每年向炼油厂支付合同中规定的补偿额。

简言之，科斯认为，炼油厂/养鱼场外部性问题可以用法律原理而不是通过征税解决。法律应该把明晰的产权授予双方中的某一方。如果司法程序快捷、简单且成本低，如果双方能很容易地、低成本地谈判互惠合同，则从效率角度看，是养鱼场得到对清洁水资源的权利还是炼油厂得到向江河中倾倒污水的权利，并不重要。当然了，把权利归属给哪一方的法律安排，影响双方的利润。

在这里，我们假定了快捷和低成本的法律结构，假定了低成本的和快捷的合同谈判机制。但是，科斯没有说在现实社会中，这些假定成立。他只是认为，如果在一方或在另一方存在着高成本或摩擦，则法庭在做出赋予哪一方产权的初始决策时，应该把这些成本或摩擦考虑在内。

科斯的观点被概括为**科斯定理**。在我们的炼油厂/养鱼场背景中，科斯定理说的是：

1.假设法律授予养鱼场对清洁水资源的权利，养鱼场因此能向污染其水资源的企业索赔。假设法庭诉讼快捷、准确且成本低。则这两个企业就能实现有效率的产量水平(o^*,f^*)，并且，炼油厂为自己给养鱼场造成的外部成本向养鱼场支付货币赔偿。

2.假设法律授予炼油厂向江中倾倒废水的权利。假设双方快捷、便利且低成本地订立和执行合同。则这两个企业就能实现有效率的产量水平(o^*,f^*)，并且，养鱼场定期向炼油厂提供合同中承诺的支付，作为交换，炼油厂把自己的产量从o^M下降到o^*。

17.5 外部性问题的现代解决机制：污染权市场

现在修改上述炼油厂/养鱼场例子。我们不再让炼油厂的产量直接进入养鱼场的成本函数和边际成本函数中，而把炼油厂制造的污染或废水数量记为x。炼油厂加工o件原油，同时作为生产过程的副产品，生产x件污染品。它的成本函数为$C_o(o,x)$，$\partial C_o(o,x)/\partial o>0$。污染品的数量$x$未必与$o$成正比。我们假定对给定的原油加工量$o$，有各种不同的(需要发生成本的)技术能降低污染水平x。假定x能被观察到并且容易衡量。对养鱼场，我们用x替换成本函数和边际成本函数中的o。它的成本函数现在为$C_f(f,x)$。

如果炼油厂和养鱼场都以常见方式最大化各自利润，它们最终将到达点(o^M,f^M)，污染品数量为x^M。

现在，政府设计了一个污染权交易市场。这似乎有些异想天开，因为没有人去购买污染品。它的设计思路如下：

1.政府选择某个基本污染水平，我们称这一基本水平为x^0。政府允许(在单位时间里)排放至多x^0件污染品。政府必须决定x^0的大小。为确定x^0的大小，政府进行最优性分析，类似前面为找到(o^*,f^*)所进行的分析，找到最优污染数量x^*。政府决定炼油厂可以(在单位时间里)排放至少x^*件污染品，否则产量(o^*,f^*)无法实现。政府把基本污染水平规定为$x^0\geqslant x^*$。

2.政府创造**污染许可证**。一张许可证允许持证人在单位时间里生产1件污染品。生产的污染品数量超过所持有的许可证数量的企业，将被关停。

3.政府发放许可证。最直接的发放方式是把所有许可证都发给炼油厂。但这不是唯一方式；政府可以把许可证发给养鱼场；也可以在炼油厂和养鱼场之间分配；可以发给穷人；或者，留在政府手中。

4.政府建立污染许可证交易市场（或者允许别人建立这样一个市场）。想要许可证的企业在市场上购买许可证，拥有许可证的企业、穷人或政府在市场上出售许可证。我们假定这个污染许可证市场是竞争市场。

污染许可证交易市场解决了外部性问题，因为外部性现在反映于污染许可证价格中。我们现在看对这一重要机制的并不完整的解释。

假设所有许可证都发给养鱼场。炼油厂需要许可证（这是许可证市场上需求的来源），养鱼场拥有自己不需要的许可证（这是许可证市场上供给的来源）。养鱼场在市场上出售自己拥有的 x^* 张许可证；炼油厂买下这些许可证。在 (o^*, f^*) 上，市场价格为 MEC。（这一结果类似于科斯理论中的第一种情况。）我们也可以假定政府把 x^* 张许可证发给炼油厂，把 x^0-x^* 张许可证发给养鱼场。这种情况下，市场上没有任何交易行为。我们也可以假定所有许可证都发给了炼油厂，并且，$x^0>x^*$。这种情况下，养鱼场在市场上向炼油厂购买 x^0-x^* 张许可证。（这一结果类似于科斯理论中的第二种情况，但更具有可行性。）我们也可以假定所有许可证都掌握在政府手中（政府可以在市场上出售许可证）。炼油厂购买 x^* 张许可证，养鱼场购买 x^0-x^* 张许可证。（这一结果类似于庇古税——从产量零开始在所有的油品产量上都征收的庇古税——所导致的后果。）

简言之，在这里，我们看到污染许可证市场是解决源于外部性的市场失灵的一种合理机制。许可证市场之所以能解决外部性问题，是因为外部性被反映于许可证价格中，因此无法被忽视。

17.6 外部性问题的现代解决机制：限额交易

污染许可证市场还可用于实现另一种效率目标。我们探讨**限额交易**机制。它类似前一节中的污染权市场，是污染权市场的变形，适用于有多个污染企业的经济。限额交易的目的是建立污染减排的市场协调机制，协调多个污染企业的减排活动。污染减排的市场协调机制能实现污染减排活动或者说污染源的有效率配置（这一机制的核心是影响每个炼油企业排放的污染品的数量）。

为解释限额交易，我们假定江边建有许多家炼油厂。所有炼油厂都在炼制原油和生产污染品；企业 i 在炼油和污染排放上的产量为 (o_i, x_i)。炼油厂的成本函数彼此不同，污染减排技术彼此不同。一些企业在炼油产量很高时能低成本地减少污染品数量，一些企业在炼油产量很低时能低成本地减少污染品数量，一些企业在任何炼油产量上都能低成本地减少污染品数量，一些企业在任何炼油产量上都无法低成本地减少污染品数量。养鱼场的成本取决于江中污染品的总量，我们将其表示为 x，它是各个企业污染数量 x_i 的和。

我们用(o_i^M, x_i^M)表示在市场或者说在自由放任政策下，企业 i 的炼油产量和所生产的污染品数量。我们依然用f^M 表示在市场均衡状态上养鱼场的产量。当然了，市场结果不是有效率的结果或者说不是帕累托最优结果。我们用(o_i^*, x_i^*)表示企业 i 的有效率的炼油产量和污染品产量，用f^* 表示养鱼场的有效率的鱼产量，用 $x^* = x_1^* + x_2^* + \cdots$ 表示有效率的污染总量。

政府现在介入，建立限额交易市场。政府可能不知道各个企业的污染减排技术，不知道各个企业的成本函数。但是，我们假定政府能观察到每个企业的污染水平 x_i。我们看限额交易机制的运作原理：

1.政府首先决定一个基本的总污染水平，我们称这个基本水平为 x^0。假设政府选择有效率的污染总量作为其基本水平，就是说，$x^0 = x^*$。政府创造 $x^0 = x^*$ 张污染许可证。（我们可以扩展这一模型，像前一节中那样，允许许可证数量超过有效率的污染总量。但这里的处理方式更简单。）对所生产的每件污染品，企业需要一张许可证。没有足够数量的许可证的企业将被关停。

2.政府把所有的许可证发给排放污染物的各个炼油企业。由于政府不拥有关于各个企业的详细信息，所以，发给企业 i 的许可证数量未必等于 x_i^*。设政府**发放 a_i** 张许可证给企业 i；它没有采用销售方式。为简化分析，我们假定政府把 x^* 张许可证都分发给了炼油企业。（我们可以扩展这一模型，允许政府自己留下一些许可证，或者政府把一些许可证发给其他人或其他企业。）

3.政府建立污染许可证市场（或者允许其他人建立这个市场）。需要许可证的企业在市场上购买许可证。一个企业如果想生产 x_i 件污染品而 $x_i > a_i$，则它在市场上购买自己需要的 $x_i - a_i$ 张许可证。企业如果想生产 x_i 件污染品而 $x_i < a_i$，即它从政府那儿得到的许可证超过它的需要，它在市场上出售多余的许可证。（在更一般的模型中，如果政府保留了一些许可证，它可以在市场上出售这些许可证；如果其他人或其他企业从政府手中拿到了一些许可证，他们也可以在市场上出售这些许可证。）

那么，结果是什么呢？首先，如果政府选择了正确的基本污染水平，创造了总量为 x^* 的许可证，则污染总量将是有效率的，并且，养鱼场会选择有效率的产量水平 f^*。更重要的是，污染数量将以有效率的方式减少。我们来看对这一结果的直观解释。

我们必须确定在这一模型中效率或帕累托最优性概念的含义。由于我们在探讨一群炼油企业，所以关于炼油产量和污染数量的最优决策应该最大化这些企业的总利润。因此，我们探讨由所有炼油厂组成的一个联合型企业。作为一个整体，它们得到 x^* 张许可证。并且，作为一个整体，它们不需要花钱购买许可证。（它们得为彼此之间买卖的许可证支付费用。但是，把所有炼油企业的许可证支出相加，得到的总的净支付等于零。）设 n 为炼油厂数量。n 个炼油厂的总利润为

$$\pi = p_o(o_1 + o_2 + \cdots + o_n) - C_1(o_1, x_1) - C_2(o_2, x_2) - \cdots - C_n(o_n, x_n)。$$

约束条件为

$$x_1 + x_2 + \cdots + x_n = x^*。$$

在这个约束条件下，这个联合型企业最大化总利润。最大化利润的必要条件，是对

任意两个企业 i 和企业 j，

$$\frac{\partial C_i(o_i, x_i)}{\partial x_i}=\frac{\partial C_j(o_j, x_j)}{\partial x_j}。$$

在这个方程等号左边，是企业 i 的边际污染成本（它小于零）。它等于 -1 乘以污染减排活动的边际成本（它大于零）。等号右边的项是企业 j 的污染减排活动的边际成本。

这个方程有相当好的直观含义。它指出，保持 o_i 和 o_j 固定，有效率的配置，要求企业 i 的污染减排活动的边际成本等于企业 j 的污染减排活动的边际成本。

这是个相当直观、相当清晰的效率条件。假设与这个条件相反，两个企业的边际成本不同。例如，保持 o_i 不变，降低 1 单位污染，企业 i 发生 100 元成本；保持 o_j 不变，降低 1 单位污染，企业 j 发生 50 元成本。这不可能是有效率的安排，因为包含 i 和 j 的联合型企业的经理可以让企业 i 多排放 1 单位污染品（节省 100 元）同时让企业 j 少排放 1 单位污染品（增加 50 元成本）。这样做的净结果是炼油总产量没有改变，总污染数量没有改变，利润却上升 50 元。

最后，我们解释限额交易市场的出现，为什么意味着方程

$$\frac{\partial C_i(o_i, x_i)}{\partial x_i}=\frac{\partial C_j(o_j, x_j)}{\partial x_j}$$

必须对任何两个企业都成立。把边际成本缩写为 MC，则这个方程说的是：

企业 i 污染减排活动的 MC＝企业 j 污染减排活动的 MC。

这个方程背后的原理如下：限额交易市场确定了污染许可证的竞争市场价格，我们称其为 p_x。随着限额交易市场的建立，独立的炼油企业在市场上买卖污染许可证。如果 p_x＞企业 i 污染减排活动的边际成本，企业 i 就在市场上出售 1 张许可证，并投入资源减少 1 单位污染品。它因此提高了自己的利润，提高幅度为 p_x 与其污染减排活动的边际成本之间的差。如果 p_x＜企业 i 污染减排活动的边际成本，企业 i 就在市场上购买 1 张许可证，省下减排 1 单位污染品的成本，提高自己的利润。因此，要实现最大利润，企业 i 的最终选择必然使 p_x 等于其污染减排活动的边际成本。

这一结论必须对所有炼油企业都成立。就是说，对所有的 i，$p_x=\partial C_i(o_i, x_i)/\partial x_i$。所以，对所有的企业 i 和 j，

$$\frac{\partial C_i(o_i, x_i)}{\partial x_i}=\frac{\partial C_j(o_j, x_j)}{\partial x_j}$$

肯定成立，这就是我们的效率条件。

简言之，限额市场确定了单位污染品的价格。所有炼油厂都面对这一价格。它们调整自己的炼油业务和污染减排活动，使所有企业污染减排活动的边际成本等于单位污染品的市场价格。这就保证了在所有企业的最终活动水平上，污染减排活动的边际成本对所有企业都相同：这就是实现效率所需的条件。

在结束本章之前，我们谈谈限额交易市场中的政治问题。如果政府把所有污染许可证都留给自己，不给炼油企业任何污染许可，则政府是把许可证出售给炼油企业，效率依然能够实现。这类似于对污染活动征收庇古税，并且是对所生产的所

有污染品征税，税率等于许可证价格。炼油厂自然希望政府把许可证发给炼油厂，而不是留给政府或发给其他人。如果许可证全部发给炼油厂，所有炼油厂作为一个整体承受的唯一的损失是 x^M 上实现的利润与 x^* 上实现的利润的差。不仅如此，限额交易机制还能使潜在竞争对手更难进入炼油行业。简言之，对污染企业而言，最幸福的状态无疑是没有管制；接下来是限额交易机制；它们最不喜欢污染税。

17.7 例题

问题

假设有两家钢铁企业；企业 1 的产量为 s_1，企业 2 的产量为 s_2。没有养鱼场。钢材的市场价格为 $p_s=1$。假设存在由污染导致的外部性。企业 1 的生产活动导致企业 2 成本上升。企业 1 的成本函数为$C_1(s_1)=s_1^2$，企业 2 的成本函数为$C_2(s_1,s_2)=(s_2+0.75s_1)^2$。就是说，企业 1 不受企业 2 影响，但是企业 1 的生产活动对企业 2 产生不利影响。

(a)我们说过，在短期，企业的利润可以为负；但在长期中，企业的利润只能非负。求解短期市场均衡(s_1^M,s_2^M)。

(b)证明(a)中的短期均衡是无效率的。

(c)描述长期市场均衡。

(d)假设负外部性双向起作用：$C_1(s_1,s_2)=(s_1+0.75s_2)^2$，$C_2(s_1,s_2)=(s_2+0.75s_1)^2$。求解市场均衡，证明它无效率。

答案

(a)企业 1 让价格等于边际成本，最大化自己的利润。它的边际成本为$MC_1=2s_1$。价格等于边际成本，意味着

$$1=2s_1\text{，或者说，}s_1^M=0.5\text{。}$$

企业 1 的利润为

$$\pi_1=p_s s_1^M-C_1(s_1^M)=0.5-(0.5)^2=0.25\text{。}$$

企业 2 让价格等于边际成本，最大化自己的利润。但是，s_1 出现在企业 2 的边际成本函数中。对 s_1，企业 2 无能为力，所以，它假定 s_1 是常数。企业 2 的边际成本为$MC_2=2(s_2+0.75s_1)$。企业 2 让价格等于边际成本，得到

$$1=2(s_2+0.75s_1)\text{，或者说，}s_2=0.5-0.75s_1\text{。}$$

代入 s_1^M，得到

$$s_2^M=0.5-0.75\times0.5=0.125\text{。}$$

企业 2 的利润为

$$\pi_2=p_s s_2^M-C_2(s_1^M,s_2^M)=0.125-(0.125+0.75\times0.5)^2=0.125-0.25=-0.125\text{。}$$

企业 2 在亏损，这在短期中可行，但在长期中不可行。

(b)要证明上述结果不是效率结果，我们只需证明存在另一种安排，在这种安排中，企业 1 和企业 2 实现更高总利润。当两个企业选择(s_1^M,s_2^M)时，总利润为

$$\pi_1+\pi_2=0.25-0.125=0.125\text{。}$$

我们现在设想另一种安排。关掉企业1。就是说，让 $s_1=0$。则 $\pi_1=0$。在 $s_1=0$ 的前提下，企业2让价格等于边际成本，得到 $s_2=0.5$。企业2的利润为

$$\pi_2=0.5-(0.5)^2=0.25>0.125。$$

(c)在长期，企业2退出市场，因为它在短期中的利润为负。随着企业2退出市场，企业1让 $s_1=0.5$，得到利润 $\pi_1=0.125$。在长期，由于企业2退出市场，外部性问题消失。

(d)现在假定外部性双向起作用，与企业2一样，企业1的成本函数中也包含外部性。就是说，

$$C_1(s_1,s_2)=(s_1+0.75s_2)^2。$$

企业1的利润最大化条件为

$$1=2(s_1+0.75s_2)，或者说，s_1=0.5-0.75s_2。$$

企业2的利润最大化条件为

$$1=2(s_2+0.75s_1)，或者说，s_2=0.5-0.75s_1。$$

联立求解这两个利润最大化条件(并将其结果表示为分数而不是小数形式)，得到

$$s_1^M=s_2^M=2/7。$$

两个企业的利润分别为

$$\pi_1=\pi_2=2/7-(2/7+3/4\times 2/7)^2=1/28。$$

两个企业的总利润为

$$\pi_1+\pi_2=2\times 1/28=0.071。$$

这一结果无效率；如果其中一个企业的产量为零，则总利润增加。例如，企业1停产，就是说，让 $s_1=0$。企业2让价格等于边际成本，得到

$$s_2=0.5。$$

此时，企业2的利润为

$$\pi_2=0.5-(0.5)^2=0.25。$$

因为停产，企业1实现(短期)负利润，为

$$\pi_1=0-(0+0.75\times 0.5)^2=-0.141。$$

企业1的(短期)利润与企业2的利润相加，得到两个企业的总利润，为

$$\pi_1+\pi_2=-0.141+0.25=0.109>0.071。$$

习　题

1.莫伊养了两条宠物狗，自己照料它们。莫伊有两个室友：莱瑞与克莉。莱瑞喜欢宠物狗，克莉厌恶宠物。三人从饲养宠物中获得的效用分别为 $u_m(x)=x^2-2x+2$、$u_l(x)=x^2$ 和 $u_c(x)=-x^2-1$，其中，x 是宠物狗的数量。

(a)计算莫伊、莱瑞和克莉从饲养两条宠物狗上获得的效用。

(b)莫伊准备再养一条宠物狗。她的这一决策使三个人的效用如何变化？

(c)在宠物狗数量为多少时，三个人的总效用达到最大？

2.塞姆和盖姆是邻居。塞姆整了个很漂亮的花园。他的生产函数为 $p=2h$，效用函数为 $u_s(p,h)=50p-p^2-28h$，其中，p 为花园中植物数量，h 为他每周伺

候花园的小时数。植物不需要花费成本，但需要费时照料。盖姆从塞姆的花园中获得享受，但没有提供任何帮助。盖姆的效用为 $u_g(p)=\frac{1}{4}p^2+3p$。

(a)塞姆花园中植物的均衡数量是多少？他每周投入多少个小时伺候花园？

(b)计算塞姆和盖姆的效用。

(c)塞姆花园中植物的帕累托最优数量是多少？

3.11 个有相同偏好的人住在一栋公寓里。每个人都喜欢用音箱播放音乐，但抱怨其他人播放音乐。他们每天在不同时间播放音乐；但在任何时候，至多有一个人在播放音乐。每个人的效用函数可以表示为 $u_i(m,x)=8m-2m^2-\frac{3}{10}x$，其中，$m$ 是此人每天播放音乐的小时数，x 是其他所有人每天播放音乐的总的小时数。

(a)如果每个人都不在乎自己的音乐对其他住户的影响，则每人每天播放多少个小时的音乐？每天播放音乐的时间加到一起等于多少？

(b)计算每个人的效用。

(c)所有人开会解决每个人的行为对其他住户造成的不利影响。他们同意限制每天播放音乐的小时数，借此最大化每个人的效用。他们决定把每个人播放音乐的时间限制为每天m^*个小时。m^*是多少？

4.弗洛是农民，在自己的农场种植鲜花。比特莱斯的农场紧挨着弗洛农场。比特莱斯是个养蜂人，他的每箱蜂能给弗洛一亩地的鲜花授粉。弗洛的成本函数为 $C_f(f)=5\left(f-\frac{1}{3}b\right)^2$，比特莱斯的成本函数为$C_b(\mathrm{b})=10\left(b-\frac{1}{2}f\right)^2$，其中，$f$ 是鲜花的种植亩数，b 是蜂箱数量。每亩地的鲜花产量价值 50 元，每个蜂箱的蜂蜜产量价值 100 元。

(a)弗洛视蜂箱数量为外生给定，在这个条件下最大化自己的利润。比特莱斯视鲜花种植亩数为外生给定，在这个条件下最大化自己的利润。则鲜花种植量为多少亩？蜜蜂箱数为多少个？计算两人的利润。

(b)如果弗洛和比特莱斯决定最大化联合利润。则鲜花种植量为多少亩？蜜蜂箱数为多少个？计算两人的利润。

(c)要让弗洛和比特莱斯同意最大化联合利润，需要什么样的转移支付机制？

5.柯莱德生产化工原料，成本函数为$C_c(\mathrm{c})=5c^2+100c$，其中，$c$ 是所生产的化工原料数量，以公升数表示。每公升化工原料的市场价格为 $p_c=700$。本尼开了个面包作坊。柯莱德生产过程中释放的有毒气体影响本尼。本尼的成本函数为 $C_b(\mathrm{b})=1/2\,b^2-140b+bc$，其中，$b$ 是本尼的面包产量。面包的市场价格为 $p_b=10$。

(a)在市场均衡状态，化工原料的产量为多少？面包产量为多少？

(b)柯莱德与本尼决定最大化联合利润。则化工原料的产量为多少？面包产量为多少？

(c)比较(a)中的竞争市场结果和(b)中的联合利润最大化结果。哪个结果是帕累托最优结果？为什么？

(d)外部性问题的一种解决办法是征收庇古税。在这个例子中，谁在缴税？庇古税如何解决这里的外部性问题？

(e)外部性问题的另一种解决办法是科斯产权。假设柯莱德拥有排放有毒气体的法律权利。他们两人如何达到帕累托最优结果呢？

6.在某个国家，有两家工厂制造空气污染。政府决定治理污染，把总的污染数量限制为30个单位。每家工厂得到15张污染许可证；一张许可证允许排放1单位污染品。一家工厂可以向另一家工厂买卖许可证，把污染品排放量提高或降低到初始许可数量以上或以下。两家工厂的污染减排成本分别为$C_1(x_1)=60x_1^2$和$C_2(x_2)=x_2^3$，其中，x_i是第i个工厂制造的污染品数量。在均衡中，两家企业各拥有多少张污染许可证？

第十八章

公共品

18.1 导论

前一章探讨了由外部性导致的市场失灵。一种商品产生消费基础上的外部效应或外部性,当第 i 个人对商品的消费对第 j 个人产生直接影响,并且这种影响没有反映于市场价格中时。在存在外部性时,市场无法实现效率或帕累托最优,因为第 i 个人只考虑自己为商品支付的市场价格,没有考虑自己对商品的消费给第 j 人造成的成本(或收益)。

本章探讨由公共品导致的市场失灵。**公共品**是在使用上**无排他性的**商品。就是说,如果这种商品存在且能被一个消费者消费,它就能被所有消费者消费。在某种意义上,公共品是产生超级外部性的商品。司法系统是公共品。如果法律、法庭和警察为第 i 个人提供保护,则它们也为第 j 个人提供保护。(当然,不同人对同一件公共品有不同的价值认定;第 i 个人在购物,自然乐意周围有警察保护她,但第 j 个人是个贼!)

一种商品,如果不是公共品,就是**私人品**。袜子是私人品。如果 i 穿着一双袜子,则 j 不可能同时也穿着这双袜子。但是,如果 i 拥有司法系统,则 j 也拥有这一司法系统。我们知道,对袜子这类商品,市场能提供有效率的或帕累托最优的数量。但是,我们将看到,在公共品上,市场提供的数量是无效率的。公共品导致市场失灵。

本章首先列举一些公共品,然后探讨一个简单的公共品模型。这一模型揭示私人市场在公共品的提供上为什么是无效率的。换句话说,它告诉我们公共品为什么导致市场失灵。我们然后探讨**萨缪尔森最优性条件**,这是公共品数量达到帕累托最优数量或有效率的数量时必须满足的条件。我们然后讨论**搭便车**问题:消费者 j 决定生产一些公共品,消费者 i 从消费者 j 的这一决策中得到好处,因为当 j 消费这些公共品时,i 能乘机消费这些公共品。我们还将讨论通过自愿出资提供公共品的问题。本章最后探讨有效率地提供公共品问题的一些解决方案。**维克塞尔/林达尔税**和**需求揭示税**便是两种解决方案。

18.2 一些公共品例子

公共品产生外部性。如果第 i 个人在消费公共品，则这一公共品就可以被所有人消费。上面提到过一个例子：司法系统。我们再看一些例子。

1.**国防**。对一个国家的人民，国防是公共品。军队在保护某个人不被其他国家侵略时，同时也在保护其他国民不被侵略。当然了，如果一个人居住在一个国家而另一个人居住在另一个国家，则前一国家的国防不被后一个人视为公共品。简单地说，国防是典型的公共品，它具有真正的非排他性，但我们必须界定接受国防保护的人群的边界。

2.**街灯**。晚上，城市街道亮着街灯。街灯的作用之一是防止犯罪。如果居民 i 和 j 住在同一条街道，则街灯为居民 i 点亮，也为居民 j 点亮。街灯的使用具有非排他性。当然，i 可能喜欢街灯，j 可能不喜欢街灯。

3.**消防队**。城市中如果有消防队，则消防队既为市民 i 灭火也为市民 j 灭火。在城市中，消防队不可能只为一个人却不为其他人提供消防服务。

4.**电视**。在过去，电视通过信号塔转播。任何人，只要在信号覆盖范围内，架起根天线就能接收到信号，就能在电视机上看电视节目。如果 i 能接收信号，则 j 也能接收信号。（在美国，一些人依然以这种方式收看电视节目。）在美国，电视台不为发送电视信号向观众收费；它们从广告费中获得收入。

电视广播是个十分有意思的现象，它展示了公共品如何通过排斥潜在的用户而变身为私人品。在英国，BBC 电视台收取电视用户费，家里有电视机的居民都得缴纳这笔费用。如果 i 和 j 都是英国 BBC 的观众，如果信号被提供给 i，则信号也被提供给 j（在使用上具有非排他性）。但是，如果 i 或 j 收看电视却没有缴费，则他或她会被罚款（导致使用上的排他性）。

在美国，电视广播基本上以付费使用方式被有线电视或其他形式的电视信号传播方式所取代。如果你是有线电视用户，则电视信号通过有线电缆传输到你家里，在这个过程中没有出现公共品；如果你想要有线电视服务，你就得每月付费；如果你停止付费，对你的有线电视服务就被终止。卫星电视则通过卫星上的信号播放器传递信号；你所在地区的每个人都能接收卫星电视信号，但需要每月付费购买解码盒以对信号解码。

5.**公园、公共图书馆和公共纪念馆**。美国大峡谷国家公园对 i 开放，也对 j 开放。纽约公共图书馆对一位纽约人开放，也对所有纽约人开放；法国埃菲尔铁塔能让你享受巴黎景观，它也为所有人提供这种享受。但是，公园、图书馆和纪念馆等，如果限制进入，就具有私人品特征。公园和公共图书馆可能实行收费使用制度。当然，还有许多私人公园（如迪士尼乐园），有许多私人图书馆。

6.**公共教育和公共卫生**。在现代国家，受教育人口一般被认为有利于整个社会，对整个社会而言是个好东西。因此，教育一般由政府提供，至少中学和中学以前的教育一般由政府提供。医疗卫生服务也是如此。但是，历史上，教育和公共卫生都曾由私人提供，甚至在现在，它们依然可以转变为私人商品。教育和医疗服务都可以被限制使用，实行收费服务，美国大学生都知道这一点。教育和公共医疗被我们称为**准公共品**，这类商品主要由政府提供，具有非排他性，但未必一定如此。

7.**科技知识**。公有领域中的知识是极重要的公共品。它是公共品，就是说，如果物理法则和化学法则能被 i 知道，则也能被 j 知道。知识使用上的非排他性并非没有例外。专利法限制了知识使用上的非排他性，一些知识在一定时期中被限制为私人品。（例如，专利药品的配方只有专利所有者知道，但仅限制在有限的专利保护期内。）

我们探讨一个简单的公共品模型，它告诉我们以私人市场方式提供公共品为什么是无效率的。

18.3 简单的公共品经济模型

假设只有两种商品，一种是公共品，另一种是私人品。公共品的数量为 x。你可以把它想象为在使用上具有非排他性的许多东西如公园、高速公路、学校、法庭和武装力量等构成的复合品。这里不去界定公共品的数量和讨论公共品的生产函数，而用货币支出衡量公共品。就是说，一单位公共品是复合公共品上的一元钱的支出。换句话说，公共品的价格为每件 1 元钱。

假定无论公共品数量为多少，所有人都可以使用这一数量的公共品。换句话说，x 进入每个消费者的效用函数。但是，不同消费者对公共品的价值认定可能不同。一般情况下，消费者喜欢公共品。但是，有时候，一些人可能对它无感觉，还有些人可能不喜欢它。

这里的私人品也是复合商品，是由在使用上具有排他性的商品如食品、衣服和住房等构成的复合商品。它是私人品，就是说，第 i 个人对它的消费只让他本人受益。我们用 y_i 表示第 i 个人对私人品的消费数量。第 i 个人对私人品的消费数量进入他的效用函数，但不进入其他人的效用函数。我们用货币支出衡量私人品数量，就是说，私人品的价格为每件 1 元钱。

这一模型中的生产活动是把私人品转化为公共品，或者相反。为简化分析，我们假定一单位私人品可以被企业转化为一单位公共品；反之亦然。就是说，要增加一单位公共品或一单位私人品，生产成本皆为 1 元钱；或者说，两种商品的边际成本都等于 1 元钱。进行商品转换的企业是竞争企业，实现零利润。

假设经济中共有 n 个人。第 i 个人的收入为 M_i，效用函数为 $u_i(x, y_i)$。为简化分析，假定所有消费者的效用函数都具有**拟线性**特征。在第七章讨论消费者们剩余概念时，我们用到这个假定。我们说消费者具有**拟线性偏好**，如果他的效用函数可以写为

$$u_i(x, y_i) = v_i(x) + y_i。$$

在拟线性假定下，每个人的私人品消费数量都以简单的加法项形式进入效用函数。函数 $v_i(x)$ 被称为第 i 个人**从公共品中获得的收益**，它的导数是他**从公共品中获得的边际收益**，缩写为$MB_i(x)$。假定 $v_i(x)$ 是个递增凹函数。

我们看消费者 i 的预算约束。这里暂时假定消费者 i 购买公共品。就是说，

他得花钱购买公共品，就像花钱购买私人品一样。当然，这一假定有些奇怪，因为如果消费者 i 购买 x 数量的公共品，这些公共品就会被所有人消费。但是，这一假定很重要，我们能借此看到在公共品由市场提供时可能出现的情况。两种商品的数量都用货币表示，所以，如果消费者 i 购买 x 件公共品，同时消费 y_i 件私人品，则他的预算约束为

$$x+y_i=M_i。$$

我们假定消费者 i 求解如下问题：

$$\max u_i(x,y_i)=v_i(x)+y_i \quad \text{s.t.} \quad x+y_i=M_i。$$

给定关于函数 $v_i(x)$ 的上述假定，消费者 i 的无差异曲线是凸的。为在自己的预算约束下最大化自己的效用，消费者 i 在预算线上找到最优点。在这个点上，私人品对公共品的边际替代率等于两种商品的价格比率，而根据我们对商品单位的定义，价格比率等于 1。因此，

$$MRS_{x,yi}=\frac{\mathrm{d}v_i(x)/\mathrm{d}x}{\mathrm{d}y_i/\mathrm{d}y_i}=\frac{v_i'(x)}{1}=MB_i(x)=1。$$

拟线性假定意味着私人品对公共品的边际替代率等于公共品的边际收益，而后者只决定于 x。这使我们的公共品分析相对简单。

图 18.1 告诉我们在消费者同时购买公共品和私人品时，他如何选择效用最大化消费束。其他消费者可能已经购买和提供了一些公共品，但是，图 18.1 没有考虑这种可能性。我们等会儿引入这种情况。

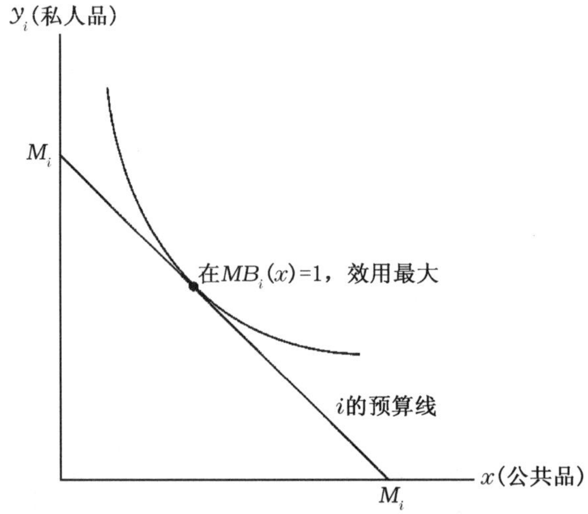

图 18.1　消费者 i，在既购买公共品 x 又购买私人品 y_i 时，如何最大化自己的效用。他选择 x，因为在 x 上，他从公共品中获得的边际收益等于 1。

我们用(x_i^M，y_i^M)表示消费者 i 在自己的预算约束下最大化效用时，所购买的公共品和私人品的市场数量。这里需要对数量 x 中的下标 i 做番解释，因为 x 是**公共品**。我们之所以使用 x_i^M 这种符号，只是因为它是消费者 i 所购买的公共品的数量。上标 M 表示市场。我们用 $x^M=x_1^M+x_2^M+\cdots+x_n^M$ 表示当每个消费者负担自己所购买的公共品的全部成本时，所有消费者购买的公共品的总量。

市场均衡或者说**私人市场均衡**或者说**私人市场结果**，是当各个消费者做出上述选择时所实现的结果。因此，$(x^M, y_1^M, y_2^M, \cdots, y_n^M)$是市场均衡。我们用$(x^*, y_1^*, y_2^*, \cdots, y_n^*)$表示有效率的公共品和私人品组合。

市场均衡结果没有效率。为说明其中缘由，我们假定只有两个消费者，他们有完全相同的偏好和收入水平。我们用图 18.2 进行分析。图 18.2 中画出了消费者 1 的预算线和两条无差异曲线，这两条无差异曲线可以是任何一个消费者的无差异曲线，因为两人有相同的偏好。假设消费者 1 通过上述选择过程，认定在自己的预算约束下，(x_1^M, y_1^M)最大化自己的效用，他于是购买了这一商品束。从图 18.2 中看，(x_1^M, y_1^M)是消费者 1 的预算线与一条无差异曲线的切点，并且，在公共品数量为 x_1^M 时，消费者 1 的边际收益等于 1。

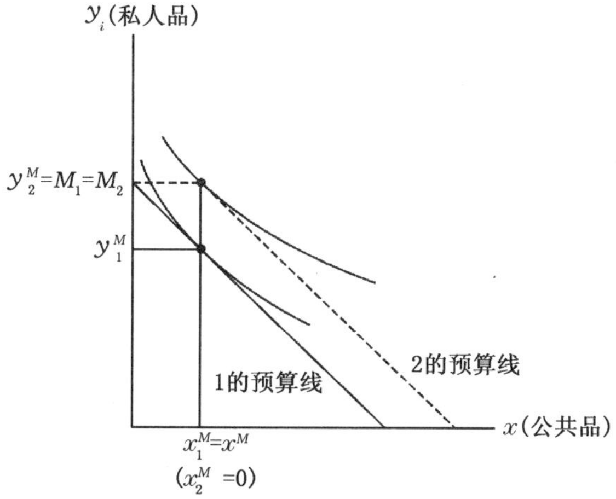

图 18.2　两个消费者，有完全相同的偏好和收入。消费者 1 首先行动，购买了一些公共品。消费者 2 随后行动，使用消费者 1 已购买的 x_1^M 件公共品，不再购买任何公共品。

现在看消费者 2 的选择。他看到消费者 1 购买了 x_1^M 数量的公共品。由于 x 是公共品，所以消费者 2 能使用消费者 1 所购买的公共品。换句话说，消费者 2 不用花钱就能消费 x_1^M 数量的公共品。感谢消费者 1！如果消费者 2 愿意的话，他依然可以购买公共品，例如购买 x_2^M 数量的公共品。但是，对所购买的每件公共品，他得支付 1 元，所以，他不会这么做。现在，他的预算约束不再是斜率为-1的标准直线。如果他把所有预算 M_2 都用于购买私人消费品，他依然能消费 x_1^M 件公共品，因为消费者 1 已经购买了这么多的公共品。消费者 2 的预算线的第一部分为水平线，自纵轴上的 M_2 开始直至到达 x_1^M。预算线的第二部分开始自(x_1^M, M_2)，向右下方伸展。这部分预算线是条斜率为-1的直线。如果他想消费数量超过 x_1^M 的公共品，他就得减少私人品的消费数量，两者的替换比率是每增加一件公共品就得减少一件私人品。

在图 18.2 中，消费者 2 的预算线为虚直线，在顶部有个水平部分，然后是斜率为-1的直线部分。我们现在探讨这样一个问题：消费者 2 还想购买多少公共品？如果他想选择预算线向下倾斜部分上的某个点，他就得寻找预算线与一条无差异曲线的切点，换句话说，在他所寻找的点上，$MB_2(x)=1$。但是，我们已假定消费者 2 和消费者 1 的效用函数完全相同，因此，边际收益函数也相同，就是说，$MB_2(x)=MB_1(x)$。所以，如果在 x_1^M 上，$MB_1(x)=1$，则在 x_1^M 上，$MB_2(x)$也等于 1。

简言之，消费者 2 满足于 $x=x_1^M$，他不想增加公共品；就是说，他选择 $x_2^M=0$。在图 18.2 中，消费者 2 的一条无差异曲线在点(x_1^M,M_2)与预算线向下倾斜的部分接触。（在这里，我们可能不能说消费者 2 的无差异曲线与预算线在点(x_1^M,M_2)上相切，因为这个点是预算线的折点，预算线在这个点上的斜率没有定义。但(x_1^M,M_2)显然是消费者 2 在预算约束下效用最大的点。）

我们得到了私人市场均衡。消费者 1 购买图 18.2 中的商品束(x_1^M,y_1^M)；消费者 2 购买商品束$(x_2^M=0,y_2^M=M_2)$但消费(x_1^M,y_2^M)。两个消费者所生产和消费的公共品的总量为 $x^M=x_1^M+x_2^M=x_1^M$，见图 18.2。

我们进一步探讨这一市场均衡。在消费者 1 的商品束(x^M,y_1^M)上，消费者 1 从公共品中获得的边际收益为 1。在消费者 2 的商品束(x^M,y_2^M)上，消费者 2 从公共品中得到的边际收益也为 1。把这两个边际收益相加，得到：

$$MB_1(x^M)+MB_2(x^M)=2。$$

这个结果没有效率（不是帕累托最优），因为边际收益的和等于 2，而增加一件公共品的成本为 1。两个消费者可以调整自己的选择，提高两人的福利。例如，两个消费者可以各出资 0.50 元增购一单位公共品。这将改变消费者 1 的效用水平：他的效用因为 x 上升而上升 1.0 个单位，因为私人品消费下降而下降 0.5。u_1 上的净变化为 $1.0-0.5=0.5$。消费者 2 的效用因为 x 上升而上升 1.0 个单位，因为私人品消费下降而下降 0.5。u_2 上的净变化为 $1.0-0.5=0.5$。我们能以这种方式使两个消费者效用都上升，所以，(x^M,y_1^M,y_2^M)不是帕累托最优。

18.4 萨缪尔森最优性条件

现在探讨前一节末所使用的最优性条件。假设在我们的公共品经济中，有 n 个人，每个人有拟线性偏好。作为一个整体，他们在约束条件下选择$(x,y_1,y_2,\cdots,y_n)$，约束条件是$(x,y_1,y_2,\cdots,y_n)$的总成本不超过这 n 个人在开始时拥有的货币总量 $M_1+M_2+\cdots+M_n$。在拟线性假定下，$u_i(x,y_i)=v_i(x)+y_i$。由于 y_i 项出现在每个消费者的效用函数中，因此，对每个消费者，增加一元钱等价于增加一单位私人品，等价于增加一单位效用。

我们于是可以把这 n 个消费者的效用相加，就像在讨论消费者们剩余时，把 n 个消费者的效用（或支付意愿）相加一样。于是，$(x,y_1,y_2,\cdots,y_n)$是帕累托最优当且（仅当）给定社会的整体预算约束

$$x+y_1+y_2+\cdots+y_n\leqslant M_1+M_2+\cdots+M_n,$$

$(x,y_1,y_2,\cdots,y_n)$最大化

$u_1(x,y_1)+u_2(x,y_2)+\cdots+u_n(x,y_n)=v_1(x)+y_1+v_2(x)+y_2+\cdots+v_n(x)+y_n$。

我们可以用等号替换约束条件中的小于或等于号。帕累托最优性要求在

$$y_1+y_2+\cdots+y_n=-x+M_1+M_2+\cdots+M_n$$

的约束下，整个社会最大化

$$v_1(x)+v_2(x)+\cdots+v_n(x)+y_1+y_2+\cdots+y_n。$$

在这里，$M_1+M_2+\cdots+M_n$是常数，可以在最大化问题中被省略；代入约束条件，则在我们的公共品模型中，帕累托最优性条件是

$$v_1(x)+v_2(x)+\cdots+v_n(x)-x$$

达到最大。函数 $v_1(x)+v_2(x)+\cdots+v_n(x)-x$ 有个简单直观的解释。它是公共品带给经济中所有人的总收益减去其成本。我们称其为**公共品的总的净收益**。在我们的公共品模型中，最优性意味着公共品的总的净收益最大化。

我们现在介绍名为萨缪尔森最优性条件的效率条件，它以 20 世纪伟大的美国经济学家保罗·萨缪尔森（Paul Samuelson，1915－2009）名字命名。最大化总的净收益函数，我们得到如下必要条件：

$$v_1'(x)+v_2'(x)+\cdots+v_n'(x)=1,$$

或者说，

$$MB_1(x)+MB_2(x)+\cdots+MB_n(x)=1。$$

就是说，**公共品边际收益之和等于边际成本**。这就是萨缪尔森最优性条件。

为直观理解萨缪尔森条件，我们看个例子。设经济中有 100 个人。增加一件公共品的成本为 1 元，给每个人带来的收益为 2 分。于是，更多的公共品被生产出来，因为增加一单位公共品的成本只有 1 元，社会从这件公共品中实现的总收益却为 2 元。

前一节中的市场均衡不满足萨缪尔森最优性条件，所以它是个无效率的结果。

我们最后直观地比较私人品的市场提供与公共品的市场提供。在市场上购买私人品或购买公共品，在所购买的数量上，**消费者**从商品中得到的边际收益都等于商品价格，在我们的模型中，等于 1 元钱。如果商品是私人品，这一结论有意义，因为购买商品的消费者也是从商品中获得收益的唯一的人；从社会角度看，他所购买的最后一件私人品的社会收益正好等于 1 元钱。但是，如果这个消费者增加一件公共品，则这件公共品给他带来边际收益，**也给其他人**带来边际收益。因此，从社会角度看，消费者购买的最后一件公共品所实现的总收益超过成本。就是说，如果公共品是在私人市场上像购买私人品那样购买的，则公共品的市场均衡数量很低。

18.5 搭便车问题和自愿出资机制

第 18.3 节用例子阐述了标准的市场机制导致公共品数量非最优或者说无效率。在那个例子中，有两个完全相同的消费者。消费者 1 首先行动，购买 x_1^M 件公共品。消费者 2 随后行动，没有购买任何公共品。他看到消费者 1 已经购买 x_1^M 件公共品，这些公共品可供消费者 2 消费，因为它们是公共品。换句话说，消费者 1 此前已购买了公共品，消费者 2 免费搭乘了消费者 1 的便车。这种情况相当普遍，被称为**搭便车问题**。

第 18.3 节所描述的均衡有些特别，它决定于哪个消费者先行动。本节从另一个角度探讨公共品的提供问题，这里的模型更加一般，并且与博弈论中的纳什均衡概念更一致。但是，新瓶依然装旧酒：公共品的提供，导致搭便车者出现，导致非最优或无效率的结果。

这里探讨通过自愿出资机制提供公共品的问题。我们依然假定只有两个消费者，他们都有拟线性偏好。现在允许他们有不同的 $v_i(x)$ 函数，有不同的收入水平 M_1 和 M_2。和前面一样，我们依然假定公共品和私人品能以 1∶1 的比率相互转换，每件公共品或私人品的价格都为 1 元钱。

和前面一样，两个消费者依然购买和消费私人品，但是，他们现在不再到市场上购买公共品。一位名为“理性筹款人”的中介人把他们召集到一起，要求他们自愿出资，用筹集的资金购买公共品。设 x_1 是消费者 1 的自愿出资额，x_2 是消费者 2 的自愿出资额。筹款人拿着筹集到的 x_1+x_2 元到市场上，购买 $x=x_1+x_2$ 件公共品，提供给消费者 1 和消费者 2 消费。

筹款人告诉他们，“我自然希望你是圣人，但我知道你是理性的。因此，当你决定自己的出资额为 x_i 时，你要预测 x_j，在你所预期的 x_j 的约束下，通过对 x_i 的选择，最大化你的效用”。

自愿出资机制的均衡结果是一对出资额(x_1，x_2)，使得给定对方的选择，每个消费者都最大化自己的效用。就是说，给定消费者 i 对 j 的选择的推断，x_i 在消费者 i 的预算约束 $x_i+y_i=M_i$ 下最大化 $v_i(x_i+x_j)+y_i$。这是个博弈，类似于第十四章中讨论的博弈(也类似于第十三章讨论的双寡头模型)，我们寻找这个博弈的纳什均衡。

我们看消费者 1 的选择。他在预算约束 $x_1+y_1=M_1$ 下，根据自己对消费者 2 的出资额 x_2 的推断，通过对 x_1 的选择，最大化自己的效用 $u_1(x,x_1)=v_1(x_1+x_2)+y_1$。从预算约束中求出 x_1，将其代入目标函数，他能轻松解出这个最大化问题。他不必考虑 M_1，因为 M_1 是常数。换句话说，他现在最大化 $v_1(x_1+x_2)-x_1$。他把 x_2 视为常数，对 x_1 求导，令导数等于零。他得到

$$v_1'(x_1+x_2)=1。$$

消费者 1 利用这一方程求解 x_1，得到的解决定于消费者 1 对消费者 2 出资额 x_2 的推断。

现在看消费者 2 的选择。他的决策过程与消费者 1 完全相同。他最终得到的方程为 $v_2'(x_1+x_2)=1$。他利用这一方程求出自己的出资额 x_2，他的解决定于他对消费者 1 出资额 x_1 的推断。

我们现在定义这一**自愿出资机制的均衡**。我们说(x^e，x_1^e，x_2^e)是个均衡，如果 x^e 是 x_1^e 和 x_2^e 的和，x_1^e 最大化 $v_1(x_1+x_2^e)-x_1$，x_2^e 最大化 $v_2(x_1^e+x_2)-x_2$。就是说，(x^e，x_1^e，x_2^e)是均衡当且仅当：

1.$x^e=x_1^e+x_2^e$，

2.$v_1'(x_1^e+x_2^e)=1$，

3.$v_2'(x_1^e+x_2^e)=1$。

在这里，两人有相同的边际收益函数，所以，$v_1'(x_1+x_2)=v_2'(x_1+x_2)=v'$

(x_1+x_2)。我们能找到这个自愿出资机制的所有均衡(它有许多个均衡)。首先,利用 $v'(x^e)=1$,求解 x^e。然后,设 x_1^e 和 x_2^e 是和等于 x^e 的任意一对出资额。它们给出了自愿出资机制的所有均衡。

但是,不管是在这里还是在更一般的情况下,有一点是确定无疑的:这一机制的任何一个均衡都不是帕累托最优结果。它不满足萨缪尔森最优性条件,因为

$$v_1'(x_1^e+x_2^e)+v_2'(x_1^e+x_2^e)=1+1=2>1。$$

所以,这里所描述的自愿出资机制依然导致公共品供给不足。每个消费者 i 都在搭消费者 j 的预期出资额的便车,只是搭便车程度可能不及第 18.3 节中消费者 2 享受消费者 1 的公共品购买行为那么强。

18.6 公共品经济中如何实现效率

我们看到,公共品导致市场失灵。如果消费者是理性的,则私人市场没有提供足够多的公共品,自愿出资机制也没有提供足够多的公共品。我们现在介绍一些机制,它们能解决由公共品导致的市场失灵问题。

计划经济

如果政府拥有足够多的信息,如果它想达到帕累托最优,则它可以计算最优公共品数量 x^*,然后对各个消费者征税,税收总额为 x^*,用这笔税收购买 x^* 件公共品。这种做法有时可行。但是,如果政府不了解边际收益函数(或者更一般地,不了解每个人在私人品和公共品之间的边际替代率),则这种办法行不通。如果政府以某种可能被抵制、被反抗、不公平或因人而异的方式征税,则这种办法也行不通。如果政府不关心效率,这种方法也行不通。这种计划经济手段有时行不通的原因很简单:人们只是不喜欢被告知,“山姆大叔认为,我们的社会需要 x^* 数量的武装力量(或科学研究或公立学校或街灯)。所以,你得缴纳 10 000 美元税收”。

维克塞尔/林达尔税和林达尔均衡

政府也可以设计人们欢迎的征税机制为公共品提供资金——瑞典经济学家科纳特·维克塞尔(Knut Wicksell,1851—1926)和埃里克·林达尔(Erik Lindahl,1891—1960)于 20 世纪提出了这样一种税收机制。

维克塞尔对经济学的一个重要贡献是提出了**公平税收**原则。只要存在税收,人们就会盯着谁应该缴税和应该缴多少税等问题不放。大体上说,在这些问题上,存在着三个主要的思想流派:(1)第一个流派认为税收大体上应该为收入(或财富)的固定比例。让税收与收入(或财富)成正比的税制公平而且简单。这种观点可以追溯至旧约时代。(2)第二个流派认为税收应该与纳税人的纳税能力挂钩。这意味着累进税制,富人的税收占收入的比重比穷人高。这是功利主义者的立场,他们认为收入的边际效用随收入增加而下降。就是说,税收要让两个纳税人牺牲相同数量的效用,所以,富人适用的税率应该比穷人高。(3)第三个流派认为税收应该与受益程度挂钩。按照这一原则,对第 i 个人征税,让他为他不关心和不想要的东

西付费的税收制度是不公平的。公平的税制是让第 j 个人为对自己有用、有益或有利可图的东西缴纳高税收。这是维克塞尔的观点：一个人必须缴纳的税收应该以此人从公共品中得到的收益为基础。

我们现在探讨以维克塞尔的依收益征税原则为基础的、为公共品融资的税收制度。准确地说，我们将使用**依边际收益征税**原则。现在回到包含 n 个消费者的模型上。我们继续假定拟线性偏好，第 i 个人的效用函数为 $u_i(x,y_i)=v_i(x)+y_i$。政府征税并用税收为公共品提供资金。

开始时，政府为每个人规定一个**税收份额**。第 i 个人的税收份额，写为 t_i，是公共品总成本中由第 i 个人承担的份额。政府的收入必须等于它在公共品上的支出；就是说，

$$t_1+t_2+\cdots+t_n=1。$$

政府给每个消费者发去邮件：

"尊敬的 i 先生/女士：

我们准备提供公共品。为支付公共品成本，我们对每个人征税。你的税收份额，即你所承担的成本份额为 t_i。换句话说，如果我们最终以 x 元的成本提供 x 件公共品，则你的纳税额为 t_ix。现在请你告诉我们：在这一政策下，你希望我们提供多少件公共品？"

消费者 i 阅读了邮件，坐下来，开始思考。他可能以诚实和直接的方式思考这个问题，也可能以邪恶的和并不直接的方式思考这个问题。我们先看他的诚实和直接的思考方式；后文将谈到他的并不直接的思考方式。他想在自己的预算约束下最大化自己的效用。假设政府提供了他告诉政府的公共品数量，假设为 x。他的效用就为 $v_i(x)+y_i$；给定政府所告知的征税方式，他的预算约束为 $t_ix+y_i=M_i$。利用这一预算约束，他代换效用函数中的 y_i，并从最大化问题中省略 M_i，因为 M_i 是常数。就是说，他最大化 $v_i(x)-t_ix$。他把这个函数求导，让导数等于零，得到

$$v_i'(x)=MB_i(x)=t_i。$$

他求解这个方程；我们把解写为 $x_i(t_i)$。这就是消费者 i 想要的公共品数量，它决定于政府规定他承担的税收份额。

他给政府回信，告诉政府自己想要的公共品数量为 $x_i(t_i)$。（他只报告了这个结果，没有报告完整函数。）

现在，政府知道了每个人想要的公共品数量。各个人想要的数量可能不一样。

如果各人想要的公共品数量不同，政府就给所有人再发一封邮件。在新邮件中，对那些想要很多公共品的人，政府提高他们承担的税收份额；对那些想要很少公共品的人，政府降低他们的税收份额。邮件中写道：

"尊敬的 i 先生/女士：

前一封邮件作废。我们现在给你规定了新的税收份额。请用本邮件中确定的税收份额计算你想要的公共品数量，然后，告诉我们你认为我们应该提供多少件公共品。"

这一过程不断进行下去，直至所有人在应提供的公共品数量上达成一致。这

一结果被称为**林达尔均衡**。它是一个税收份额向量($t_1,t_2,\cdots,t_n$)和公共品数量x^e,使得每个人在被告知自己的税收份额 t_i 时,向政府报告了自己想要的公共品数量 $x_i(t_i)$,并且,所有人在这一数量上达成一致,就是说:

$$x_1(t_1)=x_2(t_2)=\cdots=x_n(t_n)=x^e。$$

维克塞尔/林达尔机制有两个特点。首先,它把每个人的税收与每个人的边际收益联系在一起。如果 i 从最后一件公共品上获得高效用,则他的税收份额很高;否则就很低。其次,当每个人都像我们所描述的那样,诚实地报告自己想要的公共品数量,这一机制就能实现有效率的或帕累托最优的公共品产量。原因如下:每个消费者 i 都根据方程$MB_i(x)=t_i$ 计算自己想要的数量,他们都得到了自己想要的数量,因为林达尔均衡概念要求所有人在想要的公共品数量上达成一致。因此,

$$MB_1(x^e)+MB_2(x^e)+\cdots+MB_n(x^e)=t_1+t_2+\cdots+t_n=1。$$

x^e满足萨缪尔森最优性条件。

图 18.3 描述了两人经济中的林达尔均衡。这幅图与前面的图不同。t_1 和 t_2 都画在横轴上。横轴是个长度为 1 的线段。线上的点同时明确了 t_1 和 t_2 的大小;从线段左面端点到给定点的长度为 t_1,从线段右面端点到给定点的长度为 t_2。这幅图上画出了两个纵轴,分别位于横轴线段左右两端。这两根纵轴都表示公共品数量。消费者 1 想要的公共品数量 $x_1(t_1)$表示在左纵轴上,消费者 2 想要的数量 $x_2(t_2)$表示在右纵轴上。图中点的高度表示公共品数量,不管你读的是左纵轴还是右纵轴。对任何消费者 i,随着 t_i 上升,他降低想要的公共品数量,所以图中画出了两条向下倾斜的曲线,表示函数 $x_i(t_i)$,$i=1,2$。这两条曲线可以理解为公共品需求曲线,需求量取决于税收份额。消费者 1 的需求曲线向下倾斜,这一点很直观;消费者 2 的需求曲线也向下倾斜,但这一点不很直观,因为在图中它向上倾斜。原因很简单,t_2 是到右端点的距离,所以当你在图上向左移动时,t_2 上升。公共品需求曲线可能渐近于相应的纵轴,因为税收份额为零的消费者可能想要无穷大量的公共品。消费者 i 的需求曲线与 j 的纵轴的交点的高度,给出了 $t_i=1$ 时,消费者 i 想要的公共品数量;此时的情况类似于消费者 i 必须在私人市场上购买公共品(并负担公共品全部成本)时的情况。

在图 18.3 中,林达尔均衡为两条公共品需求曲线的交点。对应这个点上的税收份额(t_1,t_2),两个人对公共品的需求量相等。这个交点的高度便是林达尔均衡公共品数量。这是个有效率的公共品产量。

我们看维克塞尔/林达尔机制中存在的致命缺陷。我们说过,当消费者 i 被政府要求揭示自己想要的公共品数量时,他对这一问题的思考过程可能是直接的,也可能不那么直接。我们讨论了他的直接思考过程,现在讨论他的邪恶的思考过程。

图 18.3 可以说明这一过程。我们依然假定经济中只有两个人。消费者 1 人品耿直,从不说谎。消费者 2 则相反,他愿意扭曲真相。当政府告诉他税收份额为 t_2,问他想要多少公共品时,他说,“公共品?我根本就不需要。如果你要为这破东西向我征税的话($t_2>0$),我的答案总是不需要。如果你免费提供的话($t_2=0$),你尽可以生产那位头脑简单老兄想要的数量,我不在乎。”于是,在图 18.3 中,对所有的 $t_2>0$,消费者 2 对公共品的需求量都为零;在 $t_2=0$ 上,需求曲线(不连续地)向

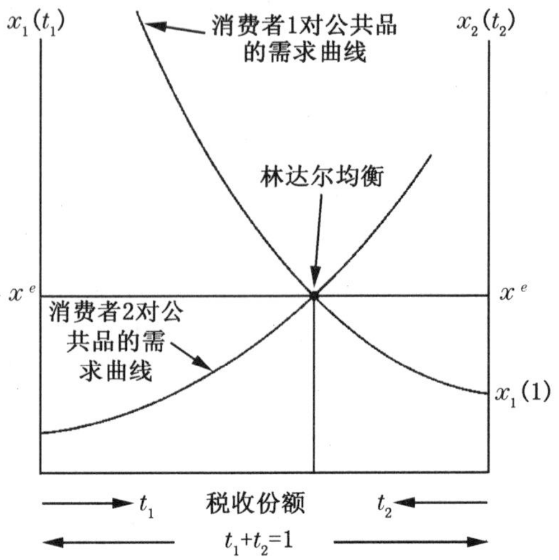

图 18.3　两人经济中的林达尔均衡

上跳跃。新的林达尔均衡数量为 $x^e=x_1(1)$，这一数量显然无效率。这正是在公共品的私人市场提供机制中，消费者 1 先行动时，我们所得到的结果。搭便车问题再次出现。

能揭示需求的税收机制

在 20 世纪 60 年代和 70 年代，爱德华 · H.克拉克（Edward H.Clarke，1939—）和西奥多 · 格罗夫（Theodore Groves，1942—）等美国经济学家，就提供公共品和通过征税获得公共品资金来源问题，提出了一个具有革命意义的机制。这一机制的目标是：(1)保证生产出帕累托最优数量的公共品；(2)为这一数量的公共品筹措到足够资金；(3)不为纳税人瞒报自己对公共品的需求创造激励。

在这个需求揭示机制或者说在这个能揭示需求的税收制度中，每个消费者都向政府发去一条信息。这一信息是他的公共品收益函数 $v_i(x)$。当然，如果第 i 个人发去虚假信息（类似于维克塞尔/林达尔机制的讨论中，消费者 2 发出的信息），政府被愚弄，这一机制也就不起作用。需求揭示机制的特点是消费者没有动机发布虚假信息。消费者都揭示自己的真实需求，更准确地说，揭示自己真实的 $v_i(x)$ 函数。

当政府得到所有的 $v_i(x)$ 函数后，它求解公共品总的净收益的最大化问题。它求解萨缪尔森最优性条件，得到 x^*。然后，它发出税单。每个人的纳税额都经过仔细核算，使得任何人都没有动机在自己的函数 $v_i(x)$ 上做手脚。每张税单分为两部分：主要部分和次要部分。关于次要部分，我们只想指出一点：它的目的是确保筹措到足够资金，并且不给任何人创造说谎动机。

税单的主要部分的内容是：消费者 i 必须缴纳数额为 T_i 的税收，它等于总成本 x^e 减去**除消费者 i 以外**所有人的收益 $v_j(x^e)$ 之和。就是说，

$$T_i=x^e-\sum_{j\neq i}v_j(x^e)。$$

我们能证明(但不证明),在这种税收制度下,消费者 i 即使对政府谎报自己的函数 $v_i(x^e)$,他也无法从中得到好处。而且,不管其他人是否说出真实函数,第 i 个人都无法通过说谎得到好处。换句话说,在这个需求揭示机制中,说出真相是占优策略。

因此,这一机制确实是个**需求揭示**机制或者说是个**激励一致性**机制——它使人们诚实地揭示自己的收益函数。它导致最优公共品数量,因为政府用(真实的)函数 $v_i(x)$和萨缪尔森最优性条件求解 x^e。

简言之,这个能揭示需求的税收机制是个为公共品提供资金的灵巧机制。在这个机制下,人们诚实地揭示自己对公共品的需求,或者说,揭示自己从公共品中得到的好处,并且,它实现帕累托最优结果。

我们看个例子。为简化分析,这个例子被设计为离散结构:提供公共品或不提供公共品。这意味着不存在函数 $v_i(x)$,并且,不存在这个函数的导数。公共品为座桥。政府或者建桥($x=1$),成本支出为 1 000 元;或者不建桥($x=0$)。这个经济中有五个人。如果不建桥,则所有人无法从中受益;如果建桥,则每个人都得到一个收益。各个人得到的收益如下:

$$v_1(1)=0,v_2(1)=500,v_3(1)=100,v_4(1)=200,v_5(1)=300。$$

在这个离散例子中,我们无法使用萨缪尔森最优性条件。但是,我们看到,最大化公共品总的净收益的解是建桥。(如果建桥,总的净收益为 0+500+100+200+300−1 000=100;如果不建桥,总的净收益为 0。)

现在回想需求揭示机制如何发挥作用。政府向每个人了解他的 $v_i(1)$。(第 i 个人对不建桥的价值认定 $v_i(0)$,对每个人都相同,并且,政府知道这一点。)每个人 i 都知道T_i 是如何计算出来的。在所有人都报告自己真实的 $v_i(1)$时,各个人缴纳的税收T_i 分别为:

$$T_1=-100,T_2=400,T_3=0,T_4=100,T_5=200。$$

现在问:这一机制是需求揭示机制吗?或者,有人有动机说谎吗?

你从五个人中随机选出一个人 i,思考如下问题:如果建桥,则第 i 个人因此获得的净收益为 $v_i(1)-T_i$。如果第 i 个人夸大桥对自己的价值,政府建桥决策会如何变化?政府会改变此人的纳税额T_i 吗?夸大自己的价值认定的行为会给他带来好处吗?当第 i 个人所报告的价值小于他的真实价值认定时,政府决策可能改变也可能不改变。如果政府决策不改变,则第 i 个人的纳税额T_i 会改变吗?第 i 个人能从说谎中得到好处吗?如果政府的决策改变,取消了建桥决策,第 i 人从说谎中得到了好处吗?

请你思考和回答上述问题。你将发现,没有人能从谎报建桥给自己实现的价值中得到好处。这就是需求揭示性税收机制的优势所在。

遗憾的是,需求揭示机制过于复杂;对大部分情况,它没有什么用处。但是,公共品提供中用到的一些机制(特别是**次高价格拍卖**机制),在现代商业中有着十分重要的应用。在次高价格拍卖或者说在以加拿大经济学家威廉·维克瑞(William Vickrey,1914—1996)名字命名的**维克瑞拍卖**中,商品以拍卖方式出售。它被卖给了出价最高的人,但买方所支付的价格却是次高出价人报出的价格。和我们刚才讨论的需求揭示性税收机制一样，次高价格拍卖具有激励一致性，它让所有参加竞价的人揭示自己的真实价值认定。并且，它比需求揭示机制更简单，因此更实用。简言之，需求揭示机制是次高价格拍卖的近亲，不合群的近亲。

18.7 例 题

问题

经济中只有三个人，他们消费公共品和私人品。和前面一样，公共品数量为 x，第 i 个人消费的私人品的数量为 y_i。单位公共品和私人品的价格都为 1 元。私人品的初始配置为$(M_1, M_2, M_3)=(10,10,10)$。三个人的效用函数分别为：

$u_1(x, y_1)=\ln x+y_1$，

$u_2(x, y_2)=2\ln x+y_2$，

$u_3(x, y_3)=3\ln x+y_3$。

(a)假设公共品可以通过市场购买。第三个人首先到市场购买公共品。假设他没有策略性地行动。就是说，他在购买公共品时，没有考虑第一和第二个人的行为，而只考虑自己的效用最大化问题。结果是什么？第三个人购买了多少公共品？第一和第二个人各购买了多少公共品？

(b)利用萨缪尔森最优性条件求解帕累托最优公共品数量 x^*。

(c)描述林达尔均衡。

(d)这三人中任何一人，只要向政府谎报自己的偏好就能从中受益。请阐述这一结论。

答案

(a)第三个人在自己的预算约束下最大化效用函数 $u_3(x, y_3)=3\ln x+y_3$。他的预算约束为 $x+y_3=10$。把预算约束代入效用函数中，替换 y_3，忽略其中的常数项，得到

$$u_3(x)=3\ln x-x。$$

求导，令导数等于零，得到

$$x=3。$$

就是说，第三个人用自己的钱购买 3 件公共品。公共品具有公共特征，能被所有人使用。现在，第一和第二个人决定是否增加公共品。第一个人的边际收益函数为 $MB_1(x)=1/x$。在 $x=3$ 时，公共品带给第一个人的边际收益为 1/3。公共品的价格为 1 元，所以第一个人不会增加公共品。第二个人也不会购买公共品。市场结果为$(x_1^M, x_2^M, x_3^M)=(0,0,3)$。整个经济中，只有三件公共品，全部由第三个人购买；第一和第二个人在免费搭车。

(b)萨缪尔森最优性条件要求公共品实现的边际收益之和等于边际成本。在这里，三个人的边际收益函数分别为$MB_1(x)=1/x$，$MB_2(x)=2/x$ 和$MB_3(x)=3/x$。因此，最优性条件要求

$$\frac{1}{x}+\frac{2}{x}+\frac{3}{x}=1。$$

解得 $x^*=6$。

(c)假设没有人瞒报自己的偏好，则在林达尔均衡上，第 i 个人的税收份额 t_i 等于他从公共品中得到的边际收益。就是说，$MB_i(x)=t_i$。假设所有人都诚实正直，则在林达尔均衡上，公共品数量有效率，就是说，$x^*=6$。利用前述边际收益函数，让 $x=6$，得到 $t_1=1/6$、$t_2=2/6$ 和 $t_3=3/6$。在这些税收份额下，每个人都要求政府提供 6 件公共品。第一个人为公共品支付 $t_1x=1$，第二个人支付 $t_2x=2$，第三个人支付 $t_3x=3$。政府征税，得到 6 件私人品，生产出所有人要求的 6 件公共品。

(d)假设第一个人声称自己从公共品中获得的边际收益为零；对任意的 $t_1>0$，他要求 $x=0$。假设第二和第三个人诚实地报告自己的边际收益。政府于是找到一个林达尔均衡，在这个均衡上，税收份额为 $(t_1,t_2,t_3)=(0,2/5,3/5)$，公共品产量为 5 件。第一个人的税负为零。第一个人的效用为

$$u_1(x,y_1)=\ln5+y_1=\ln5+10=11.61。$$

如果第一个人为人诚实，像(c)中那样，则他的效用为

$$u_1(x,y_1)=\ln6+y_1=\ln6+10-t_1x=\ln6+10-1=10.79<11.61。$$

第一个人因为谎报自己的偏好而得到好处。

习 题

1.法比奥和保罗是室友。他们想花 300 元钱买台电视机。每个人都从电视机上获益 200 元。如果两人都不肯出钱，这台电视机就买不成。两人有几种购买方式。他们可以各出资 150 元。或者，其中一人出资 300 元，希望室友事后给他 150 元。但是，这两个室友都不是说话算数的人，事实上，他们永远不会给对方这笔钱。

(a)这台电视机如果要成为公共品，则需要满足哪两个条件？

(b)画出收益矩阵，找出所有的纳什均衡。

(c)现在，世界杯临近，每人将从电视机上受益 400 元。画出新的收益矩阵并找出所有的纳什均衡。

2.这里依然探讨法比奥和保罗的行为。假定他们都消费两种商品：网上购买和观看电影与喝啤酒。假设他们两人分别购买和观看自己想看的电影。他们有相同的效用函数：$u_i=\sqrt{x_iy_i}$，其中，x_i 是第 i 个人购买和观看的电影流量，y_i 是第 i 个人消费的啤酒数量。两种商品的单价都是 1 元。法比奥每周有 10 元收入，保罗每周有 20 元收入。

(a)法比奥在电影流量和啤酒上的支出各为多少钱？保罗呢？计算两人的效用水平。

一个月后，法比奥和保罗意识到他们没有必要使用两个电影账户，完全可以共享一个电影账户，一起观看电影。他们的效用函数现在为 $u_i=\sqrt{xy_i}$，其中，$i=f,p$，$x=x_f+x_p$。电影流量的单价依然为 1 元。

(b)假设法比奥和保罗依然维持(a)中的选择。计算每个人的效用水平，并将

结果与(a)中的效用水平作比较。

(c)(a)中的配置是帕累托最优的吗?

(d)证明:帕累托最优性要求法比奥把所有收入支出于啤酒上,要求保罗在啤酒和电影流量上的支出分别为 10 元。

3.三头小猪想买栋石头房子。它们的效用函数分别为 $u_1=(3+H)y_1$、$u_2=(2+H)y_2$ 和 $u_3=(1+H)y_3$。如果他们买下一栋石头房子,则 $H=1$,否则,$H=0$;y_i 为私人消费支出。三头小猪都有些储蓄,数额分别为 M_1、M_2 和 M_3。

(a)每头小猪为购买石头房子最多愿意出多少钱?

(b)假设 $M_1=2\ 800$ 元,$M_2=1\ 800$ 元,$M_3=1\ 000$ 元。现在,有栋石头房子的售价为 1 800 元。三头小猪会买下这栋房子吗?

4.一个村子有 1 000 个居民。这些居民只享受两种东西:节日和食品。节日是公共品,食品是私人品。在这两种商品上,所有居民有相同的偏好,都可以表示为效用函数 $u_i=\sqrt{x}/5+y_i$,其中,x 为节日活动上的支出,y_i 为食品上的支出。

(a)计算食品对节日活动的边际替代率 $MRS_{x,yi}$。

(b)节日活动上的帕累托最优支出是多少?

5.我们看搭便车问题中的自愿出资机制。假设 $u_1(x,y_1)=\sqrt{x}+y_1$,$u_2(x,y_2)=2\sqrt{x}+y_2$。证明第二个人不会搭乘第一个人的便车。你能解释其中的原因吗?

6.一个城市的市长想在城里建个公园,如果他能筹措到足够多税金的话。公园的建设成本为 1 000 元。城市里只有四个家庭。各个家庭从公园中获得的收益分别为 $v_1=100$、$v_2=200$、$v_3=300$ 和 $v_4=400$。市长想使用第 18.6 节中介绍的需求揭示性税收机制。

(a)如果每个家庭报告自己获得的真实收益 v_i,则每个家庭必须支出多少钱,或者说,T_i 为多少?

(b)假设第四个家庭把自己的收益夸大为 500 而其他家庭都报告自己的真实收益。这个公园能建成吗?如果能建成的话,第四个家庭得出多少钱?第四个家庭获得的净收益与(a)中的收益不同吗?

(c)假设第四个家庭把自己的收益瞒报为 300 而其他家庭都报告自己获得的真实收益。这个公园能建成吗?如果能建成的话,第四个家庭得出多少钱?第四个家庭获得的净收益与(a)中的收益不同吗?

(d)证明萨缪尔森最优性条件得到满足。

第十九章 不确定性和期望效用

19.1 导论和例子

此前大部分章节都假定**完全信息**，市场上每件商品和服务的买方和卖方都拥有关于所有有关事实的完全信息。所有买方和卖方都知道市场价格，都知道所买卖的商品和服务的特征。在商品特征容易观察到的商品市场上，这是个合理假定。但是，在很多情况下，它不是个合理假定。我们看一些例子。在这些例子中，我们所购买和出售或消费和支付的商品和服务的特征或品质并不确定，商品和服务的买方和卖方或者说消费者和供给者面对着显著的**不确定性**或**随机性**。

1.**二手车**。在购买二手车时，你对车况没有把握。你可能请第三方技师验车，你可能到二手车验车网站了解车的情况，但你永远不知道前任车主在过去 25 000 英里的行驶里程中是否更换过机油。换句话说，你可能运气好，买到一辆精心保养且没有机械问题的车子；你也可能不走运，买到一辆中看不中用的车子。

2.**新车**。对新车，你依然不可能有完全把握。你是个深思熟虑小心谨慎的消费者，所以买了辆丰田普锐斯。但你依然可能遇到机械问题，甚至是加速器故障这类可怕问题。（想想 2010 年曝光但可能被夸大的丰田质量事件。）

3.**大学**。你考上大学，学费很高。当你选择要报考的大学（或几所大学）时，你对它（或它们）了解多少？对自己的专业了解多少？知道自己将在课程中学到什么吗？知道有多少个教授重视教学并且讲课精彩，多少个教授漠视教学并且讲课乏味？知道你的同学和室友有多好或多坏？

4.**危险活动**。你乘汽车、火车或飞机往返于学校和家乡。每种交通方式都有以很低概率发生致命事故的风险。你知道事故概率是多少吗？如果你知道的话，这一知识如何进入你的效用最大化计算和你的决策过程中？

5.**寿险和年金**。你担心自己英年早逝。你想购买寿险保单，在你英年早逝之后，用保单为配偶和子女提供保障。你应该购买哪种保单？你应该购买多少保单？或者，你预期自己长寿，担心在去世前用完储蓄。你不想成为子女的负担。你听说可以通过购买年金保险防范这种情况发生。你应该购买年金吗？你应该购买多少年金？

6.**投资**。你有些钱。你准备购买银行存单（风险最低，收益最低）或投资股票

(风险很大,收益很高)。你应该怎么做呢?

7.**赌博**。你想到赌场过把赌瘾,你想购买彩票。这种赌博或彩票要求你投入1元钱,作为回报,你以不同概率赢得0元、50元、1 000元或100万元。如果你知道每种结果的发生概率,你会怎么做呢?

我们还可以说下去。这里要说的是,我们所购买或投资或从政府、朋友和亲属那里得到的许多东西,都包含某种程度的不确定性。我们所做的许多事情增加了生活中的不确定性,还有些事情降低了不确定性。我们有时花钱买风险,我们有时花钱躲避风险。我们此前进行的所有模型分析都没有考虑不确定性;但在现在进行的模型分析中,我们明确引入不确定性。

本章中,我们介绍不确定性条件下消费者行为的基本模型——它由冯·纽曼和摩根斯特恩提出。这一模型提出了可用于分析不确定性的效用函数。我们将探讨一些例子。在这些例子中,我们应用冯·纽曼-摩根斯特恩效用函数,分析想降低或规避风险的消费者的行为,分析喜欢风险并想增加风险的消费者的行为。从这些例子中,我们看到人们如何通过买卖风险而给所有人带来好处。

19.2 冯·纽曼-摩根斯特恩期望效用:初步知识

本书开始的几章用**标准消费者选择模型**探讨消费者选择。在标准模型中,消费者选择商品束,即各种商品的数量组合。消费者知道商品是什么,知道自己多么的喜欢(或不喜欢)这些商品。在这种商品束上,不存在任何随机因素或不确定性。消费者是在确定的选项之间做出选择。我们假定消费者在这些选项上有完全的和传递的偏好。我们假定偏好具有单调性和凸性,以此保证无差异曲线具有良好型态。我们定义了消费者的效用函数,它以消费者的偏好为基础表示消费者的偏好。

在标准消费者选择模型中,效用函数是序数效用函数。对这种函数,只有相对值重要;$u_i(X)=15$、$u_i(Y)=10$ 和 $u_i(Z)=5$ 只是表明消费者 i 认为 X 比 Y 好且 Y 比 Z 好。效用值本身没有任何内在意义。如果函数 u_i 表示消费者 i 的偏好,则 u_i 的任意的保持序不变的转换也表示消费者 i 的偏好。如果 u_i 始终为正,则 $v_i=\sqrt{u_i}$,和 u_i 一样,表示 i 的偏好。

本节介绍另一种消费者选择模型,并用它分析消费者在**随机的**或者说**不确定的**选项上的选择。我们以不确定选项上的选择模型为基础,引入新的效用函数。这种效用函数不再是纯粹的序数函数;它具有的一些特征使得它类似于(但并不完全等同)19世纪功利主义经济学家提出的基数效用函数。更重要的是,它为我们严谨分析不确定性条件下的选择奠定了基础。

现在介绍概率与统计学中的一些概念和术语。如果你学过统计学或计量经济学,那么你对这些概念和术语不陌生。

我们看一个简单的赌局或游戏,它有两个可能的结果。这个游戏中的结果为货币奖金:一个结果为 X 元,另一个结果为 Y 元。它只有这两种可能的结果。就是说,如果你玩这个游戏,则结果或者为 X 或者为 Y。每个结果以给定的**概率**发生。我们用 p_x 和 p_y 表示结果 X 和 Y 的发生概率。(在本章,p_x 和 p_i 等符号表

示结果 X 和 x_i 的概率，不表示商品 X 或商品 i 的价格。）

由于 X 和 Y 是这个游戏的全部的可能的结果，所以，它们的概率和等于 1，即 $p_x+p_y=1$。一个理性的人，如果玩这个游戏，就会想知道它的（加权）平均结果。加权平均结果被称为游戏的**期望值**或**期望**。我们用 E 表示期望值。游戏的加权平均结果或者说期望值为 $E=p_xX+p_yY$。如果 $X=5$ 元，$Y=10$ 元，$p_1=0.9$，$p_2=0.1$，则 $E=5.50$ 元。（到现在为止，本章告诉你的是：如果要玩这个游戏，你就要知道这些概率！）

我们把期望值概念推广至有 n 种结果的游戏中。我们看一个游戏，它有 n 种结果：$(X_1,X_2,\cdots,X_n)$，这些结果为不同数额的货币奖金。结果 x_i 以给定概率 p_i 发生。我们把这个游戏称为**彩票**，写为 L。（政府发行的彩票是我们所说的“彩票”中的一种，只不过政府彩票中没有很糟糕的结果。上面讨论的两种结果的游戏是一种彩票。后文还将讨论一些更复杂的彩票。）有 n 种结果的彩票的期望值或者说期望为

$$E(L)=p_1X_1+p_2X_2+\cdots+p_nX_n。$$

彩票的结果可以为彩票。我们抛枚硬币。如果硬币正面向上，则游戏结束，你赢得 10 元钱；如果反面向上，则再抛一次硬币。如果第二次抛出的是正面向上，则你赢得 10 元钱。如果第二次抛出反面向上，则你输掉 40 元钱。（你会购买这一彩票吗？）

我们探讨如何计算这种结果为彩票的彩票的期望值。我们假定最终的奖金为不同数量的货币。我们用例子演示计算方法。设 L 是张**复合彩票**，它只有三个可能的结果，分别为彩票 L_1、L_2 和 L_3。假设这三种结果的发生概率为 $(p_1,p_2,p_3)=(1/3,1/3,1/3)$。（符号：$p_{12}$ 是当复合彩票第一阶段的结果为彩票 L_1 时，结果 x_2 的发生概率。）

对 L_i，我们做如下规定：L_1 以概率 $(p_{11},p_{12})=(1,0)$ 产生奖金 $X_1=0$ 元和 $X_2=50$ 元；L_2 以概率 $(p_{21},p_{22})=(1/2,1/2)$ 产生奖金 $X_1=0$ 元和 $X_2=50$ 元；L_3 以概率 $(p_{31},p_{32})=(1/3,2/3)$ 产生奖金 $X_1=0$ 元和 $X_2=50$ 元。如何计算 $E(L)$ 呢？这一复合彩票的期望值是**期望值的期望**。就是说，

$$E(L)=p_1E(L_1)+p_2E(L_2)+p_3E(L_3)=\frac{1}{3}(0)+\frac{1}{3}\left(\frac{1}{2}\times 50\right)+\frac{1}{3}\left(\frac{2}{3}\times 50\right)\approx 19.44。$$

我们看更一般的情况。假设有 n 种最终结果，i 表示最终结果；复合彩票 L 有 m 种不同的可能的结果，每个结果本身是张彩票，j 表示彩票。假设彩票 L_j 以最终奖金（例如，货币数量）为结果，p_{ji} 为彩票 L_j 中结果 X_i 的发生概率。则这张复合彩票的期望值就为期望值的期望，或者说，

$$E(L)=\sum_{j=1}^{m}p_jE(L_j)=\sum_{j=1}^{m}p_j\sum_{i=1}^{n}p_{ji}x_i=\sum_{j=1}^{m}\sum_{i=1}^{n}p_jp_{ji}x_i=\sum_{i=1}^{n}\left(\sum_{j=1}^{m}p_jp_{ji}\right)x_i。$$

最右边括号中的求和项，是在穷尽这一复合彩票所包含的两个阶段后，奖金 x_i 的最终发生概率。

19.3 冯·纽曼－摩根斯特恩期望效用：假设和结论

我们现在介绍不确定性条件下消费者行为模型。约翰·冯·纽曼（John von Neumann，1903－1957）与摩根斯特恩（Oscar Morgenstern，1902－1977）于 1944 年出版的著作《博弈和经济行为理论》中提出这一模型。冯·纽曼是匈牙利裔美国人，天才数学家，在数学、核物理、核武器、博弈论和其他科学领域中做出重要贡献。摩根斯特恩是出生于德国的奥地利裔美国经济学家。

设一位消费者面对着一个选项集。在这个选项集中，有一些确定的选项，例如一些商品束、不同数量的金钱和其他东西等。这里依然用符号 X_1 和 X_2 等表示这些确定的结果。除了这些确定的选项外，选项集中还有一些风险选项。我们用符号 X、Y 和 Z 等表示任意选项，包括确定的选项和风险选项。一个风险选项是一张彩票，它赋予每个结果一个发生概率。当我们想强调某个选项是彩票时，我们使用 L、L_1 和 L_2 等符号。在所有的选项上，消费者拥有完全的和传递的偏好。

如果彩票的所有的可能结果都是确定结果，如果共有 n 个确定结果，则一个风险选项不过是$(X_1, X_2, \cdots, X_n)$上的一张彩票。就是说，它是所有这些确定结果上的一组和等于 1 的概率数字。（如果确定结果的数量为无穷多个，这一模型就需要更复杂的数学表述。为简化分析，我们假定只有 n 个有穷结果。）

任意一个确定结果都可以表述为一张（退化）彩票，因为结果 x_1 肯定发生的事件等同于一张彩票，在这张彩票中，$p_1=1$，$p_2=p_3=\cdots=p_n=0$。

一些风险选项的结果可能为其他风险选项（即彩票上的彩票），或者，风险选项中的一些结果是确定结果，另一些结果是风险结果。（现实世界中的许多博彩形式具有这种特征。你以 1 元买到一张彩票，它有三种可能结果：以 0.95 的概率赢得 0 元，以 0.04 的概率赢得 10 元，以 0.01 的概率赢得一张彩票。）

冯·纽曼－摩根斯特恩效用理论以以下五个假定为基础：

1.**完全性和传递性**。消费者在所有选项包括确定选项和不确定选项上的偏好，是完全的和传递的。

2.**连续性**。假设消费者认为 X 比 Y 好且 Y 比 Z 好。就是说，在消费者的偏好序中，Y 位于 X 和 Z 之间。则存在某个概率 p_X，$0<p_X<1$，使得消费者在中间选项 Y 与最好选项 X 以概率 p_X 发生和最差选项 Y 以概率 $1-p_X$ 发生的彩票之间无差异。

3.**独立性**。假设消费者在选项 X 与 Y 之间无差异，Z 是任意一个选项。我们看两张彩票。一张彩票只有 X 和 Z 两个结果，另一张彩票只有 Y 和 Z 两个结果。假设两张彩票赋予两个“无差异”选项（X 和 Y）相同概率，并因此赋予“另一”选项 Z 相同概率。则消费者在这两张彩票之间无差异。

4.**不相等的概率**。假设消费者认为 X 比 Y 好。我们看两张彩票，它们都只有 X 和 Y 两种结果。假设这两张彩票赋予两个结果不同概率。则消费者认为赋予他所偏好的结果 X 更高概率的彩票更好。

5.**复合彩票（复杂性）**。消费者得在两张彩票之间做出选择。彩票 L_1 是张简单彩票，它赋予确定结果（$X_1, X_2, \cdots, X_n$）的概率为（$p_1, p_2, \cdots, p_n$）。彩票 L_2 中的结果是各种彩票。但是，在 L_2 转换为简单彩票后，L_2 和 L_1 有相同的确定结果（$X_1, X_2, \cdots, X_n$）和相同的发生概率（$p_1, p_2, \cdots, p_n$）。（这些概率的计算公式类似于前面计算复合彩票期望值时所使用的概率计算公式。）则消费者在 L_1 和 L_2 之间无差异。

在介绍冯·纽曼—摩根斯特恩定理之前，我们就这些假定简单说几句。

假定 1，即完全性和传递性，是标准消费者理论模型中相应假定的推广。假定 2，即连续性假定，一目了然并相当直观。实际上，正是这一假定使得冯·纽曼—摩根斯特恩效用函数不仅仅是个序数函数；当然了，它也不是个彻底的基数函数。假定 3，即独立性假定，也十分直观。假定 4，即不相等的概率假定，凭感觉便肯定成立。消费者肯定喜欢其偏好的结果以更大概率发生的赌局。假定 5，即关于复合彩票的假定，对只关注最终结果的最终发生概率的“理性”消费者而言，是个十分合理的假定。但是，一些消费者可能喜欢或不喜欢复合彩票中作为中间结果出现的彩票（在我们的模型中，他们不费吹灰之力就能算出最终结果和最终概率）。一些学者探讨了在上述某些假定缺失时，冯·纽曼—摩根斯特恩模型可能遇到的问题。

我们现在介绍著名的冯·纽曼—摩根斯特恩定理。

冯·纽曼—摩根斯特恩期望效用定理

设消费者 i 面对着一个选项集，一个由确定选项和不确定选项构成的集合；她的偏好满足假定 1 到假定 5。则存在效用函数 u_i，使得

1.**它表示这个消费者的偏好**。就是说，这个函数赋予每个选项一个效用值，并且，对任意一对选项 X 和 Y，$u_i(X) > u_i(Y)$ 当且仅当消费者 i 认为 X 比 Y 好，$u_i(X) = u_i(Y)$ 当且仅当消费者 i 在 X 和 Y 之间无差异。

2.**它具有期望效用特征**。设 L 是个风险选项，就是说，是张彩票。它的结果为 $X, Y, \cdots, Z$。它们可能是确定结果，也可能是各种彩票。（L 可能有任意数量的结果。为简化分析，这里假定它只有有限个结果。）与这些结果对应的概率为 p_X，$p_Y, \cdots, p_Z$。**则风险选项 L 的效用是其所有可能结果的效用的期望值**，即：

$$u_i(L) = p_X u_i(X) + p_Y u_i(Y) + \cdots + p_Z u_i(Z)。$$

19.4 冯·纽曼—摩根斯特恩期望效用：例子

在本节，我们探讨几个冯·纽曼—摩根斯特恩效用函数。我们用 $u(x)$、$u_i(X)$ 或 $u_j(x)$ 表示这种函数。

1.冯·纽曼—摩根斯特恩效用函数不是序数函数。假设消费者 i 认为 X 比 Y 好且 Y 比 Z 好，她从 X 和 Z 中得到的效用为 $u_i(X) = 15$ 和 $u_i(Z) = 5$。如果她的偏好是序数偏好，则她赋予 Y 的效用可以是大于 5 且小于 15 的任意数字。但是，连续性假定限制了 $u_i(Y)$ 的取值。下面，我们看看其中的原因。

给定连续性假定，我们问消费者：“假设有张彩票 L，它以概率 p_X 产生（你更偏好的）选项 X，以概率 $1 - p_X$ 产生选项 Z。如果要使你在 L 和中间选项 Y 之间无差异，则概率 p_X 应该为多少？”对这个问题，她的答案必须是某个具体数字 p_X。

她从 Y 中得到的效用必须等于从 L 中得到的效用，而她从 L 中得到的效用又必须等于 L 的所有结果的效用的期望值。就是说，

$u_i(Y)=u_i(L)=p_Xu_i(X)+(1-p_X)u_i(Z)=p_X15+(1-p_X)5=5+10p_X$。

一旦她明确了 p_X 的取值，则她从 Y 上获得的效用也就唯一地确定了。

假设她的答案是"我的 p_X 等于 0.4"。则她从 Y 上得到的效用就等于 9。对消费者而言，$u_i(X)=15$、$u_i(Y)=9$ 和 $u_i(Z)=5$ 的事实不仅仅意味着"我最喜欢 X，然后是 Y，最后是 Z"。这一事实还揭示了她对不确定性的态度。而且，以这种方式生成的效用函数在 u_i 的保持序不变的转换下不再能得到效用函数。

设 $u_i(X)=15$，$u_i(Y)=9$，$u_i(Z)=5$。如果 $v_i=\sqrt{u_i}$，则 $v_i(X)=3.87$，$v_i(Y)=3.00$，$v_i(Z)=2.24$。在函数 v_i 下，彩票 L 的效用为：

$v_i(L)=p_Xv_i(X)+(1-p_X)v_i(Z)=p_X3.87+(1-p_X)2.24=2.24+1.63p_X$。

令 $p_X=0.4$，得到

$$v_i(L)=2.89\neq 3=v_i(Y)。$$

换句话说，如果我们以这种方式把 u_i 转换为 v_i，则消费者 i 在 $p_X=0.4$ 的彩票 L 与选项 Y 之间不再无差异；这一转换破坏了其偏好的这一特征。

这里的关键是，冯·纽曼—摩根斯特恩效用函数和纯粹的序数效用函数一样，允许任意设定两个选项的效用水平。就是说，对选项 X 和 Y，如果消费者 i 认为 X 比 Y 好，则这两个选项的效用水平可以任意设定，只要 $u_i(X)>u_i(Y)$。但是，一旦确定了这两个选项的效用水平，其他所有选项的效用水平随即确定，不能对它们进行任意的保持序不变的转换。在这一意义上，冯·纽曼—摩根斯特恩效用不仅仅是序数效用，有时，它甚至被不严格地称为**基数效用**。

2.厌恶风险的消费者。在**厌恶风险**的消费者眼中，风险是厌恶品，是需要花钱避免的东西。假设确定结果为各种数量的金钱。x 为消费者 i 得到的金钱的数量。假设她的效用函数为 $u_i(x)=10\sqrt{x}$。给定这一效用函数，u_i(0 元)$=0$，u_i(100 元)$=100$。就是说，这里确定了两个效用水平，这意味着消费者的效用函数的图穿过点(0,0)和点(100,100)。图 19.1 画出了这个函数，横轴表示金钱数量，纵轴表示消费者 i 的效用 $u_i(x)$。函数的图是条抛物线，穿过点(0,0)和点(100,100)，并且"向右敞开"。这是个凹函数，就是说，随着 x 上升，$\mathrm{d}u_i(x)/\mathrm{d}x$ 下降。导数 $\mathrm{d}u_i(x)/\mathrm{d}x$ 是消费者 i 从金钱上获得的边际效用(或者说是其收入的边际效用)。所以，此人收入的边际效用递减。

假设消费者 i 在开始时拥有 50 元。这笔钱带给她的效用为 u_i(50 元)$=10\sqrt{50}=70.71$。

现在引入风险。她发现，自己可能因为交通事故、失窃或其他随机事件，蒙受 25 元的损失。假设不发生损失的概率为 1/2，发生 25 元损失的概率为 1/2。期望损失因此为 12.50 元。

那么，为规避这一损失，她愿意支付多少钱呢？假设她花了 P 元钱购买了一张保单；如果她发生损失，保险公司全额赔付她的损失。在这里，她实际上出售了

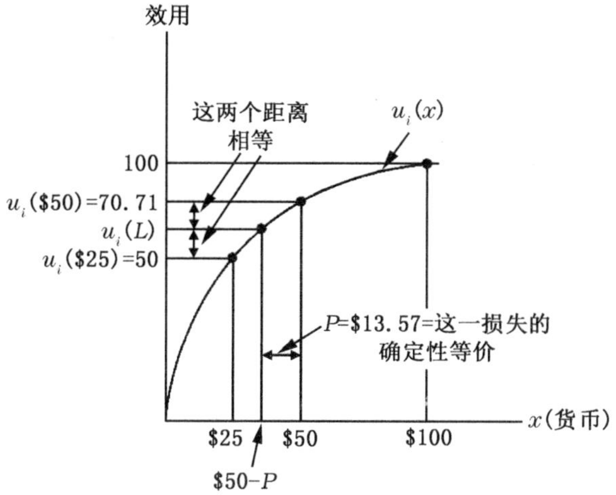

图 19.1 厌恶风险的消费者 i，开始时拥有 50 元；损失 25 元的概率为 1/2。换句话说，她拥有一张彩票 L。这张彩票以概率 1/2 带给她 25 元，以概率 1/2 带给她 50 元。图 19.1 中纵轴标明了她从这两个结果中得到的两个效用水平。图 19.1 中还标出了这张彩票带给她的效用 $u_i(L)$；基于我们所假定的概率，$u_i(L)$ 肯定位于两个结果的效用水平之间。随机损失的确定性等价为 P，期望值为 12.50 元。$u_i(x)$ 是凹函数，所以，$P>12.50$ 元。

一种不确定的状态，我们称其为彩票 L，得到了某一确定数量的金钱，数值等于其初始财富减去保费，或者说，等于 50 元$-P$ 元。

彩票 L 是在没有任何保险时她所面对的状态；它以概率 1/2 带给她 $50-25=25$ 元，以概率 1/2 带给她 50 元。她对保单的最大支付意愿 P 将使她在无保险状态和保险状态之间无差异。就是说，

$$u_i(L)=u_i(50-P),$$

或者说，$(1/2)\cdot u_i(25)+(1/2)\cdot u_i(50)=10\sqrt{50-P}$，

或者说，$(1/2)\cdot 10\sqrt{25}+(1/2)\cdot 10\sqrt{50}=10\sqrt{50-P}$。

求解 P，得到 13.57 元。

图 19.1 描述了这一切。在图 19.1 中，L 的效用值表示在纵轴；$u_i(25)=50$，$u_i(50)=70.71$。两个结果的发生概率都为 1/2，所以，L 的效用水平位于两个结果的效用值正中间。$u_i(L)$ 位于 $u_i(25)$ 和 $u_i(50)$ 正中间的事实，意味着 P 大于 $1/2\times(50-25)=12.50$(元)。

在这里，为避免期望值等于 12.50 元的随机损失，厌恶风险的消费者最多愿意支付 13.57 元。对她来说，这一随机损失等价于 13.57 元的确定损失，她愿意支付 13.57 元以消除随机损失。13.57 元被称为消费者 i 的**损失的确定性等价**。它高于随机损失的期望值，因为她厌恶风险。

3.好冒风险的消费者。一些消费者认为，风险是好东西，是值得花钱得到的东西，而不是要躲避的坏东西。寻求风险而不规避风险的消费者被称为**好冒风险的**消费者或者说**风险爱好者**。我们看个例子。我们依然假定确定结果为各种数量的

金钱。消费者 j 的效用函数为 $u_j(x)=x^2/100$，和前一例子中厌恶风险的消费者的效用函数一样，它也穿过点(0,0)和点(100,100)。图 19.2 画出了这个函数。和消费者 i 的效用函数一样，$u_j(x)$ 也是条抛物线，但它“向上敞开”而不是“向右敞开”。它是个凸函数。消费者 j 的收入的边际效用 $\mathrm{d}u_j(x)/\mathrm{d}x$ 递增而不递减。

前一个例子假定消费者 i 在开始时拥有 50 元，但面对着以概率 1/2 损失 25 元的可能性。我们算出了为规避这一风险，她愿意支付的最大金额。

我们现在为好冒风险的消费者 j 修改前一例子，以使我们更容易在图 19.2 中看到确定性等价。设消费者 j 在开始时处于风险状态中。她在开始时拥有彩票 L：以概率 1/2 得到 0 元，以概率 1/2 得到 100 元。L 的期望值为

$$E(L)=(1/2)\cdot 0+(1/2)\cdot 100=50(\text{元})。$$

现在有人找到 j，想花钱购买 L。消费者 j 想要多少钱呢？我们用 P 表示对方需支付给 j 的最低价。如何找到 P 呢？如果她卖掉 L，她只拥有 P，一笔数额确定的钱。这笔钱带给她的效用为 $u_j(P)=P^2/100$。如果她卖掉 L，她得到的效用为

$$u_j(L)=(1/2)\cdot u_j(0)+(1/2)\cdot u_j(100)=(1/2)\cdot 0+(1/2)\cdot 100=50。$$

如果 P 是她为卖掉 L 而要求得到的最低价，则她肯定在确定的 P 和随机的 L 之间是无差异的，就是说

$$u_j(P)=u_j(L),$$

或者说，$P^2/100=20$。求解这个方程，得到 $P=70.71$ 元。这个金额便是消费者 j 的彩票 L 的确定性等价。这个好冒风险的消费者，拥有期望值为 50 元的风险彩票 L，要求至少得到 70.71 元才肯卖掉彩票。

图 19.2 描述了这一切。在图 19.2 中，L 的效用表示在纵轴上；$u_j(0\text{ 元})=0$，$u_j(100\text{ 元})=100$。L 的效用水平为 50 元，正好处于两个结果的效用值的中间位置，因为两个结果的发生概率为 1/2 和 1/2。$u_j(L)$ 位于 $u_j(0\text{ 元})$ 和 $u_j(100\text{ 元})$ 正中间的事实意味着 P 大于 $E(L)=50$ 元。

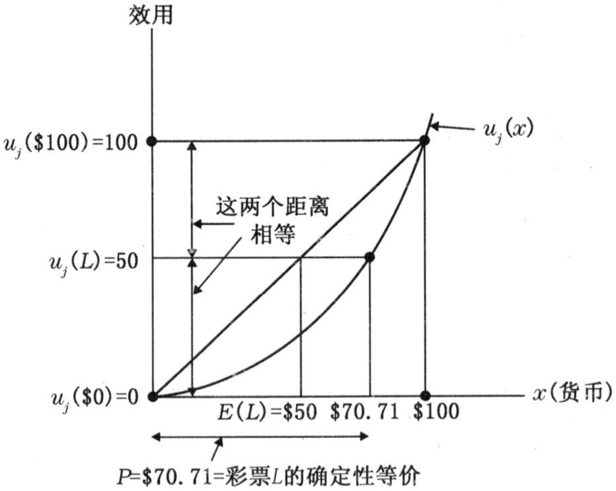

图 19.2 好冒风险的消费者 j 在开始时拥有彩票 L，它以概率 1/2 带给她 100 元，以概率 1/2 带给她 0 元。彩票的效用等于 50，确定性等价为 $P=70.71$ 元。$u_i(x)$ 是凸函数，所以，$P>E(L)=50$ 元。

4.风险中性的消费者。消费者是风险中性的，如果她既不逃避风险也不好冒风险。就是说，她的效用函数既不(像厌恶风险情况中那样)向下弯曲也不(像好冒风险情况中那样)向上弯曲。如果消费者 k 风险中性，她的效用函数的图就是条向上倾斜的直线。最简单的风险中性效用函数为 $u_k(x)=x$。风险中性消费者看重彩票的期望值。例如，前面的厌恶风险的消费者所面对的可能损失，即以概率1/2损失 0 元和以概率 1/2 损失 25 元，对风险中性消费者而言，等价于 12.50 元的确定损失。

我们最后阐述一个极其重要的原理。在现实世界，存在着形形色色的消费者和企业，它们对待风险的态度千奇百怪。有不同的风险厌恶态度的两个人，常常能通过交换风险而都从中受益。假设好冒风险的消费者 j 口袋中有 70.71 元，但没有任何彩票。她遇到风险中性消费者 k，后者经营一家赌场。k 设计各种类型的赌局，出售给想要赌局的人。我们看 k 会怎么做。她向消费者 j 提供一个赌局："只要你付给我 69.95 元，我就抛枚硬币。如果硬币正面向上，我就给你 100 元。如果它反面向上，我不给你任何东西。"消费者 j 会接受这个赌局，因为她好冒风险，并且，她的最高支付意愿为 70.71 元。接受这个赌局，能使她的状态略好于只拥有 70.71 元。消费者 k 则改善很多。我们可以算出 k 所增加的效用或者说所实现的货币收益，因为她的效用函数为 $u_k(x)=x$。我们计算她的货币收益。她的收入为 69.65 元，她的期望成本为 50 元。她的期望利润为 19.95 元。

双方都从这笔交易中得到好处：风险中性的消费者 k 赚到近 20 元；而前面例子中的厌恶风险的消费者 i 也可以把自己可能发生 25 元损失的彩票，出售给好冒风险的 j 或风险中性的 i，双方都能从交易中得到好处。请你证明这一结论。

19.5 例　题

问题

消费者 i 的效用函数为 $u_i(x)=\sqrt{x}$。假设有两种金融资产，价格都为 100 元。消费者 i 要购买其中一种资产。两种资产都在不长时间之后产生回报。资产 1 的回报为 103 元。资产 2 则以 0.95 的概率实现 110 元的回报，以 0.05 的概率实现 0 元的回报。这个消费者会购买哪一种资产？

消费者 j 的效用函数为 $u_j(x)=x^2$。她会购买哪一种资产？

答案

从 $A_1=103$ 元中，消费者 i 的得到的效用为

$$u_i(103)=\sqrt{103}=10.149。$$

她从 A_2 中得到的期望效用为

$$u_i(A_2)=0.95u_i(110)+0.05u_i(0)=0.95\sqrt{110}+0.05\sqrt{0}=9.964。$$

因此，消费者 i 购买资产 1。

从 $A_1=103$ 元中，消费者 j 得到的效用为

$$u_j(103)=103^2=10\ 609。$$

她从 A_2 中得到的期望效用为

$$u_j(A_2)=0.95u_j(110)+0.05u_j(0)=0.95\times110^2+0.05\times0^2=11\ 495。$$

因此，消费者 j 购买风险资产 2。

习　题

1.第 19.4 节中的厌恶风险的消费者遇到了同一节中的风险中性的消费者。设计一种简单的交易，使双方都能从交易中得到好处。

2.乔治参加一个游戏节目。他能以相同概率赢得 5 元、50 元或 500 元。他的效用函数为 $u_g(x)=\frac{1}{2}x^2$，x 为奖金额。

(a)计算这一彩票的期望值。

(b)计算乔治从这一彩票中获得的期望效用。

(c)计算这一彩票对乔治的确定性等价并解释其含义。

(d)乔治是厌恶风险、风险中性还是好冒风险？为什么？

3.杰克和吉尔要抬桶泉水下山。25%的概率杰克在下山时摔倒，25%的概率吉尔摔倒，25%的概率两人都摔倒，25%的概率两人都没有摔倒。如果没人摔倒的话，桶里会剩下 6 升水。如果只有一人摔倒，桶里将剩下 2 升水。如果两人都摔倒，桶里水全部洒掉。杰克的效用函数为 $u_a(w)=w^2$，吉尔的效用函数为 $u_i(w)=2w$，其中，w 是桶里剩下的水的数量。

(a)你估计杰克和吉尔抬下山的泉水数量是多少升？

(b)计算两人的期望效用。

假设山下有个泉眼。如果两人从泉眼中取水，能得到 3 升泉水(并且不需要爬山)。

(c)哪个人愿意在山脚下取水，哪个人愿意上山取水？

(d)杰克是厌恶风险、风险中性还是好冒风险？吉尔呢？请解释。

4.亚当、迈克尔和斯蒂勒常去一家酒吧喝啤酒。三人的啤酒预算都为 24 元。他们的效用函数分别为 $u_a=\sqrt[3]{b_a}$、$u_m=b_m$ 和 $u_s=b_s^3$，其中，b_i 是第 i 个人消费的啤酒的杯数。一杯啤酒 3 元。假设啤酒能够拆开消费，例如，你可以只买半杯。假设在去酒吧的路上三人都被打劫的概率为 50%。如果被打劫，三人身上的钱全被抢走。

(a)计算每个人啤酒消费量的期望值。

(b)计算每个人的期望效用。

假设当地黑帮愿意为他们提供保护，保护费为每人 6 元。交纳保护费的人不被打劫。

(c)三人中谁会交保护费？

(d)如果当地黑帮想为三人都提供保护，并且按同一个价格向每个人收费，则保护费应该定为多少？

5.凯面对着一个赌局。有个罐子中装有 6 个球：1 个蓝色球、2 个红色球和 3

个黄色球。赌局的结果取决于凯从罐子中摸出的球的颜色。如果他摸出蓝色球，得到 10 元钱；如果摸出红色球，输掉 5 元钱；如果摸出黄色球，输掉 1 元钱。凯的效用函数为 $u_k(x)=x$，其中，x 是他赢得的奖金额。凯会接受这个赌局吗？

6.威尔以 6 元钱购买了一张彩票。彩票以相同概率为 A 型、B 型或 C 型彩票。A 型彩票以 30％的概率带给他 20 元钱奖金，以 70％的概率带给他 0 元钱奖金；B 型彩票以 40％的概率带给他 15 元钱奖金，以 60％的概率带给他 0 元钱奖金；C 型彩票以 50％的概率带给他 10 元钱奖金，以 50％的概率带给他 0 元钱奖金。计算威尔所购买的彩票的期望值。

第二十章
不确定性和不对称信息

20.1 导　论

前一章讨论了冯·纽曼－摩根斯特恩效用函数，并用这种函数表示不确定性条件下即信息不完善或缺失情况下人们的偏好。本章继续分析不确定性条件下的决策。只是这里所讨论的问题是在信息分布不同时，即在市场上当一些人掌握的信息比另一些人多时，所出现的问题。

更准确地说，在我们所探讨的商品或服务的市场上，存在着不确定性，并且，市场上一方（例如买方）面对的不确定性强于另一方（例如卖方）面对的不确定性。这种市场被称为信息不对称的市场；信息之所以“不对称”，是因为市场一方知道的信息比另一方多。在完全确定的世界中，没有信息不对称性；但是，在本章中，存在不确定性。我们将看到，信息不对称性可能导致严重的市场失灵，需要设法纠正的市场失灵。

当某种风险性或不确定的商品或服务的卖方掌握的信息比买方多时，情况会怎样呢？在二手车市场上，卖方常常比买方更了解车子性能。这种市场上，会发生什么情况呢？第 20.2 节分析二手车市场。在保险市场上，当保险公司无法区分低风险和高风险客户时，会发生什么情况呢？第 20.3 节探讨保险市场上不对称信息所引发的问题。当然了，相对于没有保险时人们的行为，保险的存在会使一些人更加冒险。这种情况被称为**道德风险**问题。第 20.4 节探讨这一问题。在许多经济环境中，负责的人（称为**委托人**）无法直接观察到为其工作的人（称为**代理人**）的行为。委托人和代理人之间的这种信息不对称性会导致哪些问题呢？第 20.5 节讨论委托代理问题。在第 20.6 节中，我们简单讨论如何纠正由不对称信息导致的市场失灵。

20.2 当卖方知道得比买方多：“二手车”市场

本节以美国经济学家乔治·阿克洛夫（George Akerloff，1940－）1970 年发表的论文为基础。[乔治·阿克洛夫、迈克尔·斯彭斯（Michael Spence，1943－）和约瑟夫·斯蒂格利茨(Joseph Stiglitz,1943—)因为对信息不对称条件下的市场的研究,于 2001 年分享了诺贝尔经济学奖。]

我们看二手车市场。市场上交易的每辆二手车,都存在着高度的不确定性。它可能明天就出故障,需要更换发动机或传送系统;它也可能性能良好,只需在未来十年里坚持常规保养。当人们购买和出售二手车时,卖方通常比买方更了解车子性能。对车子在下个月或在下一年发生机械故障的概率,卖方知道得更多。

假定市场上只有两类二手车:"好车"和"差车"。假定这两类车子看上去一样,即使专业技师也无法区分它们。但车子的主人了解车子的类型。他知道车子的维修保养情况,并因此知道车子在未来需要维修的概率。不拥有车子的人不知道这些概率。

为简化分析,假定二手车市场上的所有人,包括买方和卖方,都是风险中性的。假定好车和差车带给所有人相同效用;它们的差别体现在预期维修成本上。

根据自己对车子在未来的维修成本的了解,差车主人对自己的车子有个**保留价格**。这是她愿意接受的最低价格,反映了她对车子的喜欢程度,反映了把车子继续留在手中的话,她要发生的预期维修成本。假定差车主人的保留价格为 1 000 元钱。好车子的主人对自己的车子也有个保留价格,反映了她对自己车子的预期维修成本的了解。假定好车子的主人的保留价格为 2 000 元钱。车主知道自己车子的类型。

每个潜在的买车人对每种类型的车子有自己的支付意愿,对不同类型车子有不同的支付意愿。假定所有买方愿意为坏车支付 1 200 元钱,愿意为好车支付 2 400元钱。但是,当潜在的买方看到一辆二手车时,她不知道车子的类型。

如果潜在的买方能够区分车子的类型,情况会怎样呢?差车的市场价格位于 1 000 至 1 200 元之间,好车的市场价格位于 2 000 到 2 400 元之间。市场将出清,结果是有效率的或者说是帕累托最优的。但是,买方无法分辨车子类型。在这种市场上,会出现什么情况呢?

为简化分析,我们假定市场上好车子与差车子数量大致相等。在这种情况下,买方把买二手车看作是购买彩票 L:以 0.5 的概率买到差车,以 0.5 的概率买到好车。由于我们假定所有人都风险中性,所以,潜在的买方根据彩票 L 的货币期望值确定它的价值。因此,

$$E(L)=0.5\times 1\,200+0.5\times 2\,400=1\,800(\text{元})。$$

就是说,对一辆二手车,买方愿意支付的价格不超过 1 800 元。

一旦卖方意识到买方只愿为二手车支付 1 800 元,好车子就会离开市场。随着好车子离开市场,买方不再愿意为二手车支付 1 800 元。

在均衡状态,市场上没有好车子被买卖。换句话说,好车子的交易市场不复存在。二手车的市场价格最终落在 1 000~1 200 元之间,并且,市场上只有坏车子。这一结果显然是无效率的,因为好车子的潜在买方和卖方无法进行交易。

这就是不对称信息导致的市场失灵。

20.3 当买方知道得比卖方多：医疗保险市场

购买保险的人常常比保险公司更了解自己面临的风险。对车险而言，情况如此，因为开车人比保险公司更了解自己开车的谨慎程度和驾驶经验；财产险亦如此，因为财产所有者比保险公司更了解自己的防火态度；医疗险亦如此，因为消费者比保险公司更了解自己的健康状况。下面的例子阐述了在医疗险市场上，这种不对称信息可能导致的后果。

医疗保险/逆选择。假设市场上只有两类医疗保险产品的消费者。他们都可能患上某种严重但非致命疾病，治疗成本为 100 000 元。

第一类消费者患此疾病的风险低，患病概率仅为 0.01 或者说 1%。每个消费者愿意支付最高 1 200 元购买一张保单，保险公司保证在她患上这一疾病时得到免费治疗。如果她自己承担医疗费用，则预期治疗成本为 0.01×100 000＝1 000(元)。她愿意支付最高 1 200 元购买保单的事实意味着她厌恶风险。如果保险公司(保险公司风险中性)能确定消费者属于第一种类型，它就能在 1 000～1 200 元之间的某个价格上把保单卖给这个消费者。对保险公司而言，这是笔划算的买卖。

第二类消费者患此疾病的风险高，患病概率为 0.05 或者说 5%。这类人群的治疗成本与第一类人群相同。每个消费者愿意支付最高 6 000 元购买一张保单。在投保人患病时，保险公司承担全部治疗成本。如果不买保单而自己负担治疗成本，则她的预期治疗成本为 0.05×100 000＝5 000(元)。她愿意支付最高 6 000 元购买保单的事实意味着她厌恶风险。如果保险公司能够确定消费者属于第二种类型，它就能在 5 000 至 6 000 元之间的某个价格上把保单卖给这个消费者。对保险公司而言，这是笔划算的买卖。

在**完全信息**条件下，就是说，在保险公司知道每个人的类型时，它就会对两类消费者实行不同价格。在竞争的保险合同市场上，在均衡状态，利润为零。换句话说，在竞争均衡状态上，市场上只有两类保险合同：以 1 000 元卖给第一类消费者的保单和以 5 000 元卖给第二类消费者的保单。根据福利经济学第一基本定理，这一结果是有效率的，并且，所有消费者——他们全都厌恶风险——都得到保险。

假定第一类消费者有 9 000 个人，第二类消费者有 1 000 个人。全部人口为 10 000 个人。在全部人口中，患病概率为预期患病的人口数除以 10 000。预期患病人口数量为 0.01×9 000＋0.05×1 000＝140(人)。就是说，整个人口的患病概率为 0.014。如果所有患病人口都得到治疗，则分摊到全部人口上，预期治疗成本为 0.014×100 000＝1 400(元)。

表 20.1 概括了这些假定。

表 20.1　　医疗保险市场

分类	人数	人均期望治疗成本	支付意愿
第一类	9 000	1 000 元	1 200 元
第二类	1 000	5 000 元	6 000 元
总人口	10 000	1 400 元	

假设在这一保险市场上存在着**不对称信息**。信息不对称性表现为：潜在的投保人，即两类消费者，知道自己的类型；但是，保险公司不知道每个人的类型。由于保险公司无法把两类消费者区分开来，它们只能以相同价格向所有人出售保单。我们用 P 表示保单价格。

在竞争均衡状态上，保险公司实现零期望利润。因此，P 等于投保人群的预期治疗成本。前面说过，分摊到全部人口，疾病的预期治疗成本为 1 400 元。但是，$P=1\ 400$元的保单价格行不通。在这个价格上，做不到全部人口都投保。

原因很简单。在 1 400 元的价格上，第一类消费者不购买保险，他们退出市场。购买保险的消费者全是第二类人，但是对这类人，预期治疗成本为 5 000 元。如果只有第二类消费者购买保险，则保险公司制定的保单价格至少为 5 000 元。竞争均衡价格于是为 5 000 元，第二类消费者得到保险，第一类消费者没有保险。这一市场结果是无效率的：第一类消费者无法在有利于自己且有利于保险公司的价格上买到保险产品。他们被从市场上排斥出去。在这一市场上，对两类差异甚大的消费者，只实行一个价格。

这就是保险中的逆选择：保险公司无法分辨不同风险的投保人，因此对所有人按同一个价格出售保单，无法对所有厌恶风险的消费者都提供保险。所有消费者都愿意以精算意义上公平的价格购买保险，甚至愿意以高于精算意义上公平的价格购买保险。但是，市场上存在着如此多的高风险消费者，使得统一的市场价格对低风险消费者而言过高。结果，低风险消费者被挤出市场。

这是由不对称信息导致的市场失灵。

20.4　当保险鼓励冒险时：道德风险

在前一节中，我们假定了两类人，他们有不同的患病概率，保险公司无法把两类人区分开来。保险公司无法区分两类人的事实，导致市场失灵。在保险中，还有另一种市场失灵：投保人由于购买了保险而改变自己的行为，增加发生损失的概率。如果保险公司无法观察到投保人行为上的这种变化并相应地调整保费以反映这种变化，就会出现市场失灵。

如果投保人因为购买了保险而更加冒险，我们就说保险导致**道德风险**。保险本身导致损失上升，增加社会成本。

经济学家(和其他人)常用“道德风险”一词，描述由损失补偿机制导致的不良行为。经济学家(和其他人)相信激励：正激励鼓励良好行为，负激励阻止不良行为。这就是**胡萝卜加大棒**政策的理论基础。道德风险是当你拿走大棒即缺少对不良行为的负激励机制时所导致的后果。一些人认为，2008 年金融危机后，美国政府拯救华尔街的行动诱发道德风险。华尔街大企业因政府救援而减少了损失，一些企业侥幸逃脱破产噩运，高风险金融决策的恶性后果被弱化或消除。政府救援行动的一个后果，是在将来，华尔街企业不会审慎经营；而如果政府不曾伸出援手，这些企业将会小心经营。

再看几个例子：

1.交通责任险。如果驾车人得负担由其导致的责任事故的全部损失，他们就会小心驾驶。当然，保险公司通过审查事故历史、超速行驶罚单和酒驾记录等措施，能发现投保车主不负责任的驾驶行为，但是保险公司不可能做得很成功、很彻底。

2.房产业主的火灾险和失窃险。如果房产主人没有购买保险，他们就会小心防范火灾，消除火灾隐患：他们不乱拉电线，晚上锁门。

3.房产业主的水灾险。水灾保险对房产主人的水灾损失提供赔偿。水灾损失主要发生在山区盆地、江河流域和低矮的临海地区。在美国，联邦政府补贴水灾保险；这一政策鼓励人们在水灾易发地区建房，恶化了道德风险问题。

驾车打手机/道德风险。我们看一个例子。有 1 000 个完全相同的人，他们喜欢驾车时使用手机。如果驾车时不使用手机，则每个人每年发生事故的概率为 0.04；如果驾车时使用手机，则每个人每年发生事故的概率为 0.08。事故给驾车人造成的损失为 10 000 元。（如果交通事故还伤害到其他人，我们的分析就更复杂。）如果驾车人在驾车时不使用手机，则每年的期望损失为 400 元；如果驾车人在驾车时使用手机，则每年的期望损失为 800 元。假定保险市场是竞争市场，各家保险公司开出的保险费率正好等于期望损失。如果没有人在驾车时使用手机，则每年的保费为 400 元；如果每个人都在驾车时使用手机，则保费为每年 800 元；如果有些人在驾车时使用手机，还有些人不使用手机，则保费在 400 至 800 元之间。驾车人喜欢开车打手机，但是没有喜欢到愿意为此嗜好付出 400 元钱的地步，因为使用手机导致期望损失增加 400 元。假定驾车时使用手机给驾车人带来便利，给驾车人带来价值 300 元的便利。

假定驾车人都厌恶风险；对以 0.04 的概率发生的 10 000 元钱的事故损失额，每个人愿意每年花费 600 元购买保险防范事故；对以 0.08 的概率发生的 10 000 元的事故损失额，每个人愿意每年花费 1 200 元购买保险防范事故。

假定保险公司无法确定客户是否在驾车时使用手机。

在这个例子中，均衡是什么呢？因为保险公司无法确定驾车人是否在驾车时使用手机，所以，如果驾车人已经投保，她就会在驾车时使用手机。她以 0.08 的概率（每年）发生事故，每年的期望损失为 800 元。驾车人愿意支付最高 1 200 元的保费防范这一风险。但是，保险市场是个竞争市场，利润为零或接近零，所以，每年的保费为 800 元。结果，每个人都购买保险，每个人都驾车打电话。设驾车带给驾车人的收益为 D。每个人得到的净收益等于驾车的收益 D，减去 800 元的保险成本，加上驾车打手机所实现的价值 300 元的便利，即等于 $D-800$ 元$+300$ 元$=D$

－500 元。如果驾车人不购买保险但开车打手机，则她从不确定性中获得的期望效用等于确定性等价净收益所实现的效用，即 $D-1\ 200$ 元＋300 元＝$D-900$ 元，远低于购买保险但驾车时打电话实现的效用。如果驾车人没有购买保险同时在驾车时不打手机，则她得到的净收益为 $D-600$ 元，低于购买保险但驾车时打电话所实现的收益。

表 20.2 **驾车打手机**

	驾车带来的收益	驾车打手机带来的收益	支付意愿	保险费	净收益
投保，使用手机	D	300 元	1 200 元	800 元	$D-500$ 元
投保，不使用手机	D		1 200 元	800 元	$D-800$ 元
不投保，使用手机	D	300 元	1 200 元		$D-900$ 元
不投保，不使用手机	D		600 元		$D-600$ 元

表 20.2 概括了这些假定。

在这个例子中，在均衡状态，每个人都以每年 800 元的价格购买保险，每个人都在开车时使用手机。这是个无效率的均衡，因为如果每个人都驾车时不使用手机，则每个人都能以每年 400 元而不是 800 元的价格购买到保险，每个驾车人得到的净收益是 $D-400$ 元＞$D-500$ 元。并且，保险导致道德风险，因为保险本身的赔付机制使所有驾车人更加冒险。风险上升给社会造成的成本为 400 元（因为每个驾车人的期望事故损失上升 400 元），但每个驾车人得到的收益仅为 300 元。这是由道德风险导致的市场失灵。

20.5 委托代理问题

在前一节中，所有驾车人完全相同，但是，保险公司和驾车人之间存在信息不对称性。保险公司无法确定驾车人是否在驾车时使用手机。保险导致道德风险，它鼓励驾车人开车时使用手机，驾车人的这种行为导致市场失灵，导致无效率的均衡。

我们现在探讨导致市场失灵的另一种信息不对称性。在许多经济环境中，两个人（或多个人）一起进行一个项目，但他们有不同目标。一个人负责这项工作，他被称为**委托人**；另一个人为委托人工作，他被称为**代理人**。这种例子很多：办公室或工厂中的雇主和雇员；建筑工程项目中的总包商和分包商；患者和医生；出售房产的房产所有者和房产经纪人；法律诉讼中的原告和律师；农场主和农场工人；立法机构和执行法律法规的行政机构。

一般情况下，委托人能观察到代理人所做的一些事，但是观察不到他所做的一切事；并且，委托人对代理人工作效率的观察受随机事件干扰。病人手术后病情恶化，他不知道原因是手术医生没有尽责还是自己的癌症无法治愈。房产所有者没能卖掉房子，他不知道原因是房产经纪人没有进行足够多的推广活动还是自己房子的潜在买方都丢掉了工作。简言之，在委托人与代理人之间存在着信息不对称性，随机信号进一步恶化了信息不对称性。

委托人有自己的目标。代理人虽然为委托人工作，他也有自己的目标。委托人能够观察到结果，但无法观察到代理人所做的一切或没有做到的一切。**委托代理问题**是给定信息不对称性，给定内在于行为到结果的过程中的随机性，委托人最大化自己的期望收益的问题。

委托代理问题：例子

我们构造个例子。有个农场主，他是委托人。他雇用一位农场工人，这个工人是代理人。农场种植玉米。为简化分析，玉米只有两个可能的产量：5 吨和 10 吨。假定农场主的收入和成本以及农场工人的工资，都用玉米吨数表示。于是，玉米产量便是农场主的收入，它取决于工人的努力程度和随机事件。工人可以很努力地工作，也可以出工不出力。（在其他因素相同时，他更愿意出工不出力。）农场主能够观察到产量，但观察不到工人的努力程度。而且，由于随机噪音，农场主无法判断在产量为 10 吨时工人是否尽力工作，或者在产量为 5 吨时工人是否出工不出力。

我们用 e 表示工人的努力程度。假定只有两种努力程度：$e=1$（努力程度低）和 $e=2$（努力程度高）。相对于低努力程度，在努力程度高时，工人显然得到更多负效用。我们假定负效用水平等于努力程度；低努力程度导致 1 单位负效用，高努力程度导致 2 单位负效用。要使工人工作，农场主必须通过报酬机制，为工人提供足够高的效用，抵消工作带给工人的负效用。在努力程度低时，工人要求报酬带给他至少 1 单位效用；在努力程度高时，工人要求报酬带给他至少 2 单位效用。

我们看工人的努力程度与农场产量之间的关系。设 $p(e)$ 表示玉米高产（10 吨）概率，它是努力程度 e 的函数；用 $1-p(e)$ 表示玉米低产（5 吨）概率。（在本章，p 表示概率，不表示价格。）我们假定，在努力程度低时，$p(e)=p(1)=0.1$；就是说，在努力程度低时，高产概率为 10%，低产概率为 90%。在努力程度高时，$p(e)=p(2)=0.9$；就是说，在努力程度高时，高产概率为 90%，低产概率为 10%。

假定农场主即委托人风险中性，工人即代理人厌恶风险。委托人提供一份合同给代理人。合同规定工人工资与产量挂钩。工资只决定于产量而不决定于工人的努力程度，产量能被观察到，努力程度无法被观察到。我们用 w_h 表示高产时的（状态）工资，用 w_l 表示低产时的（状态）工资；工资用玉米数量表示。如果产量高（10 吨），农场主的利润就为 $10-w_h$ 吨玉米；如果产量低（5 吨），农场主的利润就为 $5-w_l$ 吨玉米。由于委托人风险中性，所以，他最大化期望利润。期望利润为

$$E(\pi)=p(e)(10-w_h)+(1-p(e))(5-w_l)。$$

显然，期望利润决定于代理人的努力程度 e 和状态工资 w_h 与 w_l。

假设厌恶风险的代理人有平方根效用函数。就是说，给定工资 w，他的效用为 $u=\sqrt{w}$。他的期望效用是其努力程度 e 的函数：

$$E(u|e)=p(e)\sqrt{w_h}+(1-p(e))\sqrt{w_l}。$$

($E(u|e)$的含义是“努力程度为 e 时的期望效用”。)

表 20.3　有关的假定、符号、诱使工人付出给定努力程度所需的工资和委托人的期望利润

	代理人努力程度低	代理人努力程度高
玉米产量的概率分布(高产,低产)	(0.1,0.9)	(0.9,0.1)
产量低时,代理人的工资	w_l	w_l
产量高时,代理人的工资	w_h	w_h
诱使工人工作所需的工资水平	$0.1\sqrt{w_h}+0.9\sqrt{w_l}=1$	$0.9\sqrt{w_h}+0.1\sqrt{w_l}=2$
委托人的期望利润	$0.1(10-w_h)+0.9(5-w_l)$	$0.9(10-w_h)+0.1(5-w_l)$

于是,在努力程度低和高时,期望效用分别为

$$E(u|e=1)=0.1\sqrt{w_h}+0.9\sqrt{w_l},E(u|e=2)=0.9\sqrt{w_h}+0.1\sqrt{w_l}。$$

如果与产量挂钩的工资水平使工人勉强愿意工作,则工资所实现的期望效用正好抵消了工作带来的负效用。就是说,对应着低与高两种努力程度,

$$0.1\sqrt{w_h}+0.9\sqrt{w_l}=1,0.9\sqrt{w_h}+0.1\sqrt{w_l}=2。$$

表 20.3 罗列了这个例子中的一些假定、符号和初步结论。

委托人的最佳结果

我们计算委托人的最佳结果。如果委托人给工人的报酬使工人勉强愿意工作,如果与委托代理模型的基本假定相反,委托人能观察到并能选择工人的努力程度,则委托人所实现的最大期望利润是他的最佳结果。委托人必须给工人提供前述状态工资,以使工人付出委托人所要求的努力程度。(在这里,工资依然与产量挂钩。)我们用关于状态工资的两个必要条件,计算在努力程度低和努力程度高时所实现的最大利润,然后在两种努力程度之间,选择为委托人带来更高利润的努力程度。

在努力程度低时,委托人的目标函数为

$$E(\pi)=0.1(10-w_h)+0.9(5-w_l)=5.5-0.1w_h-0.9w_l。$$

这里要用到努力程度低时代理人的约束条件 $0.1\sqrt{w_h}+0.9\sqrt{w_l}=1$ 或 $w_h=100-180\sqrt{w_l}+81w_l$。把这一约束条件代入委托人的目标函数,得到

$$E(\pi)=-4.5+18\sqrt{w_l}-9w_l。$$

$E(\pi)$的最大化问题很容易求解,它等价于最大化 $2\sqrt{w_l}-w_l$。在 $w_l=1$ 时,目标函数取得最大值;代回约束方程,得到 $w_h=1$;把两个状态工资代回期望利润函数,得到

$$E(\pi)=0.1(10-1)+0.9(5-1)=4.5。$$

这是委托人为代理人选择低努力程度时,他所得到的最高期望利润。

我们分析努力程度高时的情况。假设委托人为代理人选择高努力程度,他支付给代理人的工资恰好使代理人愿意工作;目标函数为

$$E(\pi)=0.9(10-w_h)+0.1(5-w_l)=9.5-0.9w_h-0.1w_l。$$

这里使用努力程度高时代理人的约束条件 $0.9\sqrt{w_h}+0.1\sqrt{w_l}=2$ 或 $w_l=400-360\sqrt{w_h}+81w_h$。(我们把 w_l 表示为 w_h 的函数。相对于把 w_h 表示为 w_l 的函数,这种处理方法能简化这里的分析。)把这一约束条件代入委托人的目标函数,得到

$$E(\pi)=-30.5+36\sqrt{w_h}-9w_h。$$

$E(\pi)$的最大化问题很容易求解,它等价于最大化 $4\sqrt{w_h}-w_h$。在 $w_h=4$ 时,目标函数取得最大值;代回约束方程,得到 $w_l=4$;把两个状态工资代回期望利润函数,得到

$$E(\pi)=0.9(10-1)+0.1(5-1)=5.5。$$

这是委托人为代理人选择高努力程度时,他所得到的最高期望利润。表 20.4 总结了这些计算结果。

表 20.4　委托人能观察到并能选择代理人的努力程度以最大化委托人的期望利润时,委托人和代理人所实现的收益

	代理人努力程度低	代理人努力程度高
玉米产量的概率分布(高,低)	(0.1,0.9)	(0.9,0.1)
在产量低时,代理人的工资	1	4
在产量高时,代理人的工资	1	4
委托人的期望利润	4.5	5.5

委托人知道这些结果。他最大化自己的期望利润。因此,委托人的最佳结果,即在他能观察到并能选择代理人的努力程度时,他所得到的结果为:代理人付出高努力程度,状态工资为 $w_l=4$ 和 $w_h=4$,委托人的期望利润为 $E(\pi)=5.5$。

上述例子中的数字全是虚构,得到的结果取决于委托人能选择代理人努力程度的假定。但是,委托代理问题的关键是委托人无法观察到代理人的努力程度。我们探讨这一事实如何影响我们的分析。

当委托人无法观察到代理人的努力程度时

首先,如果代理人选择低努力程度,则委托人能得到的最好的结果,正如前面所指出的,为 $E(\pi)=4.5$。如果状态工资相同或接近,代理人极可能选择低努力程度。如果 w_h 和 w_l 差距很大,则代理人将投入更大努力程度,无论委托人是否能观察到其努力程度。我们现在计算"激励"代理人,即诱使他努力工作所需的工资差。所需的工资差被称为**激励一致性约束条件**。

我们现在推导激励一致性约束条件。在代理人选择高努力程度时,代理人的效用,在减去努力程度带给他的负效用后,为 $0.9\sqrt{w_h}+0.1\sqrt{w_l}-2$;在代理人选择低努力程度时,为 $0.1\sqrt{w_h}+0.9\sqrt{w_l}-1$。在代理人的努力程度无法被观察到时,诱使代理人选择高努力程度的必要条件是前一效用值大于或等于后一效用值。

就是说，

$$0.9\sqrt{w_h}+0.1\sqrt{w_l}-2\geqslant 0.1\sqrt{w_h}+0.9\sqrt{w_l}-1,$$

调整后，得到

$$\sqrt{w_h}-\sqrt{w_l}\geqslant 1.25。$$

在这一不等式中，如果大于关系成立，则代理人选择高努力程度；如果等号成立，则代理人在低努力程度和高努力程度之间无差异。（对委托人而言，最好的结果是代理人对两种努力程度无差异，但依然选择高努力程度。）

如果代理人选择高努力程度，则对委托人而言，最好的结果应满足两个条件：第一个条件（激励一致性约束条件），要求代理人选择高努力程度而不是低努力程度：

$$\sqrt{w_h}-\sqrt{w_l}\geqslant 1.25;$$

第二条件要求代理人选择工作而不是不工作：

$$0.9\sqrt{w_h}+0.1\sqrt{w_l}=2。$$

求解这两个方程，得到$\sqrt{w_l}=7/8$和$\sqrt{w_h}=17/8$。整理得到，$w_l=0.765\ 6$，$w_h=4.515\ 6$。把这两个解代入期望利润表达式，得到

$E(\pi)=0.9(10-w_h)+0.1(5-w_l)=0.9(10-4.515\ 6)+0.1(5-0.765\ 6)=5.36$。

表 20.5 归纳了这些结论。

表 20.5　委托人无法观察到代理人的努力程度时，最大化委托人的期望利润，所实现的委托人和代理人收益

	代理人努力程度低	代理人努力程度高
玉米产量的概率分布（高，低）	（0.1，0.9）	（0.9，0.1）
在产量低时，代理人的工资	0.765 6	0.765 6
在产量高时，代理人的工资	4.515 6	4.515 6
委托人的期望利润	5.36	5.36

我们的结论如下。如果农场主即委托人，能选择农场工人即代理人的努力程度，则农场主得到最佳结果，期望利润水平为 5.5；风险中性的委托人为厌恶风险的代理人提供不与产量挂钩的固定工资，即为后者提供完全保险，见表 20.4。如果委托人无法选择或无法观察到工人的努力程度，则他需要为代理人提供与产量挂钩的非固定工资，激励代理人；委托人得到的最好结果为 5.36，见表 20.5。由于随机噪音，委托人无法观察到代理人的努力程度，也无法根据最终结果推断代理人的努力程度。代理人的工资与产量挂钩，代理人承担玉米产量波动风险；委托人必须为代理人提供足够高的报酬，激励他承担这一风险，确保他选择高努力程度。所以说，信息缺失导致了效率损失，损失等于 5.5 和 5.36 的差。简言之，委托代理关系导致市场失灵，由信息不对称性导致的市场失灵。

20.6 如何解决由不对称信息导致的市场失灵？

在前面几节，我们看到，不完善信息特别是不对称分布的不完善信息，导致无效率或市场失灵。那么，如何解决这类市场失灵呢？答案是设计某种机制，使信息从拥有信息的人流向不拥有信息的人；或者说，设计一些机制，为人们提供恰当的激励。我们有如下解决方案：

1.**信号揭示机制**。信号揭示机制是促使拥有信息的一方主动揭示信息的规则或机制。在二手车市场上，有各种各样的信号揭示机制，包括验车标志和二手车经销商对车子性能的认证。卖车人可能得提供车子的维修记录。在医疗保险市场上，投保人得进行体检，得回答保险申请表上列出的各种各样的关于健康状况的问题。房产市场上有各种各样的"问题"房产。许多州和城市要求卖方提供房产质量声明，回答有关排水系统、电路系统、取暖成本和遭受水灾可能性的各种问题。雇用员工的企业要求申请工作的人提供能力证书，如电工证书或焊工证书等；要成为医生或律师，需要提供资格证书；要成为教师或股票分析师，需要提供大学学历证明等。

2.**甄别合同**。与信号揭示机制不同，在甄别合同下，市场上缺少信息的一方通过对合同的设计，从对方那儿获取私人信息：通过合同，为拥有私人信息的人创造激励，让他们自我选择，进入具有特定风险特征的群体中。通过选择自己所偏好的合同，买方揭示自己的信息。在医疗保险市场上，一个人真实的健康状况可能是私人信息。保险公司设计各种保险合同，通过不同的保费、不同的自付额和不同的减免额，区别买方。在某些条件下，保险公司能够通过合同成功区分不同风险类型的买方。每种类型的买方有动机选择最有利于自己的投保额—自付额组合，保险公司通过观察买方所选择的合同推断她的风险特征。在委托代理关系中，委托人通过设计合同或报酬结构，更好地使双方目标相一致。

3.**监督**。对投保后驾车人或房产主人的道德风险问题，保险公司有些应对办法。对驾车人，保险公司要求他定期提供超速驾驶和醉驾拘留等信息；对房产主人，保险公司要求他定期提供关于建筑质量、维修、增建和当地房产价格等信息。在委托人期望代理人付出高努力程度而代理人可能投入低努力程度时，委托人可以监督代理人。在19世纪，我们就有了考勤机；现在，我们有GPS系统和其他无数新奇玩意儿，帮助雇主监督雇员。

4.**法律制度**。法律合同（和普通法）常常激励卖方（或买方）向买方（或卖方）提供信息。许多买车人为所出售的二手车提供质量担保。在未来 X 个月里，如果车子需要修理，则经销商提供免费修理服务。如果医疗保险投保人伪造病史，保险公司可以取消保险合同。驾车人如果隐瞒自己的违章记录，保险公司可以取消交通责任险。（除车子以外）许多商品在出售时附有质量保证或担保。这些都是法律合同，卖方承诺在存在质量缺陷时维修或更换产品。隐含担保的法律规定要求缺陷商品的卖方承担对买方的义务，即使没有卖方的书面或口头承诺。法律责任规定还常常要求缺陷产品卖方承担事故或伤害成本，如果产品缺陷导致事故或伤害的话。法律责任也能影响道德风险问题。在一些情况中，委托人可以就代理人不尽责而起诉代理人。在这个世界上，有各种各样的保证和担保，有明确的，有隐含的；一旦明确的或隐含的承诺被违背，就有各种法律解决方案出台；被误导或没有被告知信息的一方可以通过法律诉讼，向误导他和对他隐瞒信息的另一方索赔；期望对方尽职的一方可以通过法律诉讼起诉没有尽职的另一方。

20.7 例 题

问题

在医疗保险市场上，只有两类人群，他们有不同的患病概率，见第 20.3 节。表 20.1 中关于患病概率和治疗成本等的假定适用这一市场，但是，第二类人的支付意愿与表 20.1 不同。在这里，第二类人只愿意支付 4 000 元购买保单。这一支付意愿低于 5 000 元的预期治疗成本，因为第二类人好冒风险，或者，在我们所假定的高治疗成本上，他们宁可不治疗。第二类人只愿意为社会成本等于 5 000 元的医疗服务支付 4 000 元，所以，为这类人提供保险不是有效率的做法。

(a)假设保险公司无法区分两类消费者。描述这种情况中均衡的特征。

(b)如果保险公司能区分两类消费者，情况又如何呢？

(c)政府介入保险市场，禁止保险公司对两类消费者区别对待。此时情况又会如何？

答案

第一类消费者的患病概率是 0.01，第二类消费者的患病概率是 0.05。对两类消费者，疾病的治疗成本都是 100 000 元。第一类消费者愿意花 1 200 元购买保单，第二类消费者愿意花 4 000 元购买保单。人口为 10 000 人。

在全部人口中，预期患病人口数量为 $0.01\times9\ 000+0.05\times1\ 000=90+50=140$(人)。因此，在全部人口中，患病概率为 $140/10\ 000=0.014$。疾病的治疗成本为 100 000 元。如果所有患者都得到治疗，则在全部人口中，预期治疗成本为 $0.014\times100\ 000=1\ 400$(元)。

(a)如果保险公司无法区别两类消费者，它们只能按统一价格对所有人出售保单。设保险公司把价格定为 P。(1)如果 $P\leqslant1\ 200$ 元，所有人都购买保单，保险公司亏损，因为在全部人口中，预期治疗成本为 1 400 元。所以，保险公司会提高价格。(2)如果 $1\ 200<P\leqslant4\ 000$ 元，第一类消费者不购买保险，只有高风险的第二类消费者购买保险。但是，第二类消费者的预期治疗成本为 $0.05\times100\ 000=5\ 000$(元)。保险公司依然亏损。(3)如果 $P>4\ 000$ 元，没有人购买保险。

(b)如果保险公司有办法区别两类消费者，它们就会实行差别定价。设第一类消费者适用的价格为 p_1，第二类消费者适用的价格为 p_2。假设保险市场上的竞争把利润降低到 0，均衡价格于是为 $p_1=1\ 200$ 元，$p_2=5\ 000$ 元。第一类消费者购买保险；第二类消费者不购买保险，他们宁可不要保险也不愿花 5 000 元购买保险。这是有效率的结果。

(c)如果保险公司无法区别对待两类消费者，则可能有两种情况发生：

(1)保险市场崩溃,没有人得到保险。

(2)政府为保险公司在第二类消费者身上发生的损失提供补贴。(美国 2011 年医保法案,即所谓的"奥巴马医保法案",包含各种条款,目的正是应付这种情况。)如果保险公司以 $P=1\ 200$ 元的价格向所有人出售保单,则所有人都购买保险。在第一类消费者身上,保险公司盈亏平衡;但是,第一类消费者没有从保险中得到好处,因为保单价格等于他们的最高支付意愿。在每个第二类消费者身上,保险公司平均亏损 5 000−1 200=3 800(元)。对每个第二类消费者,政府补贴保险公司 3 800 元。每个第二类消费者得到的收益为 4 000−1 200=2 800(元)。社会为每个第二类消费者发生的净损失,等于政府补贴减去消费者收益:3 800−2 800=1 000(元)。

习　题

1.哈里经营二手车生意。市场上有三类二手车:A 类车,他对 A 类车的估价为 3 000 元;B 类车,他对 B 类车的估价为 2 000 元;C 类车,他对 C 类车的估价为 1 000 元。车子的真实类型只有车主人知道,哈里不知道。对车主人而言,A 类、B 类和 C 类车的价值分别为 2 400 元、1 600 元和 800 元。

(a)哈里认为三类车以相同概率存在于市场。对一辆二手车,他愿意支付多少钱?在均衡状态,他购买什么类型车子?

(b)一个月后,哈里意识到自己为所购买的车子支付了高价。他修正了自己的先验推断,认为自己遇到 A 类车的概率为零,遇到 B 类车和 C 类车的概率相同。对一辆二手车,他愿意支付多少钱?在均衡状态,他购买什么类型车子?

2.林肯市有 1 000 人想卖掉自己的车子。车子的价值 V 从 0 到 3 000 元不等。价值的分布为:价值小于 V 的二手车数量为 $V/3$。只有车主人才知道车子的真实价值。潜在的买方都为风险中性,就是说车子对他们的价值等于车子的期望价值。车主人只要花 300 元,就能为车子做性能质量鉴定,有了鉴定证书,就能以真实价值卖掉车子。

(a)假设没有人对车子做质量鉴定。二手车的市场价格为多少?

(b)假设价值超过 X 元的车子都做了性能鉴定,价值小于 X 元的车子都没有做性能鉴定。则未进行质量鉴定的二手车的市场价格是多少?

(c)在均衡状态,价值为 X 的车子的主人对进行和不进行性能鉴定无差异。X 的均衡值是多少?

(d)在这个城市中,多少辆车没有进行性能鉴定?每辆车的售价是多少?

3.普拉西多(p)、约瑟(j)和露西安(l)是歌手。三人患咽喉炎的概率分别为 $p_p=0.6$、$p_j=0.2$ 和 $p_l=0.1$。患咽喉炎的概率只有本人知道。患咽喉炎的人得放弃演唱会,演唱会带给每个人的收入为 100 万元。

(a)计算每个歌手因为咽喉炎发生的期望损失。

三人都在考虑购买保险:一旦患有咽喉炎,保险公司支付投保人 100 万元。对这一保单,三人的支付意愿分别为 $WTP_p=50$ 万元、$WTP_j=175\ 000$ 元和 WTP_l

=125 000 元。保险公司知道三个人患咽喉炎的概率分别为 0.6、0.2 和 0.1，但不知道每个人的患病概率。

(b)普拉西多是厌恶风险、风险中性还是好冒风险？约瑟和露西安呢？请解释你的答案。

(c)假设保险公司为三个人都提供了保险。计算保险公司的期望理赔额。

(d)假设保险公司让保单价格等于期望理赔额。谁购买保险？保险公司赚钱还是亏钱？

4.在一个小镇，有 1 000 个完全相同的房产所有者。房产所有权的收益为 H。其中一人名叫凯文，他考虑是否为房产购买财产保险。如果他总是记得锁门，则他的家被盗概率仅为 2%。如果他只在 80%的时间里锁门，则被盗概率上升到 6%。仅在 80%的时间里锁门，对凯文而言，方便很多，给他带来价值 100 元的效用。如果家里被盗，凯文损失 5 000 元。凯文愿意花 250 元购买保险，防范以 2%的概率失窃 5 000 元；愿意花 750 元购买保险，防范以 6%的概率失窃 5 000 元。假设保险市场是竞争市场，保费收入等于保险公司的期望损失。假设保险公司无法监督房产主人多频繁地锁门。

(a)如果凯文不购买保险，他会多频繁地锁门？

(b)如果所有人都始终记得锁门，则保单价格是多少？

(c)如果所有人在 80%时间里锁门，则保单价格是多少？

(d)在均衡状态，保单价格是多少？凯文多频繁地锁门？他的净收益是多少？

(e)解释为什么(d)中的结果不是社会最优结果。

5.在第 20.5 节讨论的委托代理模型中，我们假定在农场产量高(10 吨)时，代理人得到工资 w_h；在农场产量低(5 吨)时，代理人得到工资 w_l。这里不再假定状态收入为高产时的 w_h 和低产时的 w_l，而假定工资为产量的固定份额 c。(符号 c 表示“佣金”。)就是说，如果产量为 10，则代理人得到 $10c$；如果产量为 5，则代理人得到 $5c$。(很多委托代理关系具有这种特征。例如，房产代理人卖掉一套房子，就得到售价的 5%作为佣金，就是说，对房产代理人，$c=0.05$。)

(a)求解使代理人在低努力水平与完全不工作之间无差异的 c。如果代理人投入的努力程度低并按照这里求到的 c 得到报酬，则委托人的期望利润为多少？

(b)求解使代理人在高努力水平与完全不工作之间无差异的 c。如果代理人投入的努力程度高并按照这里求到的 c 得到报酬，则委托人的期望利润为多少？

(c)如果代理人可以自由选择高努力水平或低努力水平，则 c 为多大才能确保代理人选择高努力水平？(这是这道题目中的激励一致性部分。)阐述你所算得的 c 的特征。

6.在一个城市中，有两类工人。低劳动生产率工人每月生产价值 900 元的产品，高劳动生产率工人每月生产价值 3 000 元的产品。低劳动生产率工人的数量是高生产率工人数量的 2 倍。两类工人的效用函数都是 $u(w)=2\sqrt{w}$，其中，w 是月工资。

(a)假设没有办法把两类工人区分开，所有人因此得到相同工资。假设劳动力市场是竞争市场。工资是多少？

企业A雇用咨询专家解决信息不对称问题。咨询专家建议企业提供培训课程，让工人们选修。选修课程的工人每月工资增加600元。培训课程非常乏味，并且对劳动生产率没有影响。对低劳动生产率工人，选修这一课程等价于每月工资减少 X 元；对高劳动生产率工人，选修这一课程等价于工资减少 Y 元。

(b)如果高生产率工人和低生产率工人都选修这一课程，则 X 和 Y 有什么特征？

(c)咨询专家把600元的培训奖励降低到400元。如果只有高生产率工人选修这一课程，则 X 和 Y 有什么特征？